|高|等|院|校|公|共|经|济|管|理|系|列|教|材|
Series of Textbooks on Public Economic Management for Colleges and Universities

ADMINISTRATIVE MANAGEMENT SCIENCE

行政管理学

（第二版）

王 炜 金 菊 洪富艳 / 主编
王曙光 / 主审

中国财经出版传媒集团
经济科学出版社
Economic Science Press

第二版前言

从世界各国行政改革实践看，行政改革、行政发展是伴随着政治、经济、文化、社会的变迁而产生的，不断进行行政管理的改革、发展和创新已经成为时代发展的趋势。党的十九大明确提出了“全面深化改革的总目标是完善和发展中国特色社会主义制度、推进国家治理体系和治理能力现代化”，要“转变政府职能，深化简政放权，创新监管方式，增强政府公信力和执行力，建设人民满意的服务型政府”等目标要求。

深化简政放权、放管结合、优化服务改革是推动经济社会持续健康发展的战略举措，推进行政管理体制改革是中国全面深化改革的重要内容。行政管理学是研究行政管理活动及其规律的一门科学，面对日益复杂的新情况、新形势与新要求，学习和研究行政管理学显得尤为重要，这对转变政府职能，提高政府治理能力、行政人员素质和行政管理效率，以及实现行政管理的科学化、法制化和现代化等方面，都具有积极的理论价值和实践意义。

结合中国行政发展实际，行政管理学领域中有关政府职能转变、行政组织机构改革、现代化政府治理、行政决策的新理论和新方法，以及如何完善国家公务员制度、加强行政监督与廉政建设等方面的研究成为重点与热点。同时，定量、案例、数据、技术、政策文本分析等研究方法的丰富与运用，打破了行政管理学以理论研究为主的局限，丰富了行政管理学研究的内容与手段。为适应高等院校相关专业学生及在职人员更好地学习掌握行政管理理论、知识和技能的需要，我们组织编写了《行政管理学》（第二版）一书。

本书在梳理行政管理理论研究及其实践的基础上，结合中国发展实际，博采国内外行政管理著作之长，紧密结合中国特色社会主义进入新时代的具体要求，力求做到体系完整、层次分明、逻辑严谨、言简意赅，为进一步完善行政管理理论体系、科学指导行政管理实践活动提供有益的参考。本书的特点主要表现在以下几个方面。

第一，注重行政管理学体系的科学性。根据行政管理理论与方法，结合西方和我国实际，确定了行政管理理论、行政管理手段和行政管理实施三篇共十三章的结构体系。

第二，注重行政管理学理论的学术性。主要包括学界最新研究观点，行政管理的概念、特征、类型、原则和效应等基础理论，以及行政管理过程与内容的基本分析。

第三，注重行政管理学内容的实践性。基于行政管理改革目标和法律制度，具体研究和阐述行政管理中的现实问题、主要举措及其改革思路与内容。

本书由王炜、金菊、洪富艳任主编，刘萍、刘西涛任副主编，时丹丹、孙延华和王晰参加编写，博士研究生王盼、张泽群、宋海山和硕士研究生孙涛参加了部分章节的撰写或校对等工作。由王炜教授负责编写大纲及全书统稿，王曙光教授审定。在撰写过程中，参考、借鉴、汲取了国内外相关领域专家、学者的研究成果，在此深表谢意！

限于作者水平，书中不足之处敬请学界同仁赐教，欢迎读者批评指正。

前 言

行政管理学是关于行政管理活动及其规律的科学。胡锦涛总书记在党的十七大报告中指出“要抓紧制定行政管理体制改革总体方案，着力转变职能、理顺关系、优化结构、提高效能，形成权责一致、分工合理、决策科学、执行顺畅、监督有力的行政管理体制。健全政府职责体系，完善公共服务体系，推行电子政务，强化社会管理和公共服务”。面对日益复杂的新情况、新形势与新要求，学习和研究行政管理学显得尤为重要，即有利于转变政府职能，改进管理方式；有利于提高行政人员的素质，提高行政效率，降低行政成本；有利于实现行政管理的科学化、法制化和现代化。进入21世纪后，市场经济的完善、民主政治的发展与和谐社会的构建，迫切需要政府提高自身行政管理的能力，为了高等院校相关专业学生及有关在职人员更好地学习掌握行政管理理论、知识和技能，我们编写了《行政管理学》一书。

本书在梳理行政管理理论研究及其实践的基础上，结合中国发展实际，力求博采国内外行政管理著作之长，紧密结合我国改革开放与构建和谐社会的实际，做到体系完整、层次分明、逻辑严谨、言简意赅，为进一步完善行政管理理论体系，科学指导行政管理实践活动提供有益的参考。其特点：一是注重行政管理学体系的科学性，全书根据行政管理的基本理论、内容与方法，结合西方和我国的客观实际、发展需要和问题研究，确定了行政管理理论、行政管理手段、行政管理实施三篇十四章的结构体系；二是注重行政管理学理论的学术性，主要包括学术界最新研究动态及其学术观点，行政管理的基本概念、特征、类型和效应等基础理论，以及行政管理基本过程与环节分析的研究和阐述；三是注重行政管理学内容的实践性，基于中国行政管理内容及其研究思路，具体研究和阐述行政管理中的具体内容、问题及其改革取向。

本书由刘萍、王炜、李红星任主编，刘西涛任副主编，苏之涛参加编写。由刘萍负责编写大纲及全书统稿，王曙光教授审定。在撰写过程中，我们参考、借鉴、汲取了国内外相关领域专家、学者的研究成果，在此深表谢意！

限于作者水平，书中不足之处敬请学界同仁赐教，欢迎读者批评指正。

编著者

2008年8月

目　录

Contents

第一篇　行政管理理论

第二篇　行政管理手段

第三篇　行政管理实施

第一篇

行政管理理论

任何实践活动都应在一定理论指导下进行，行政管理活动也不例外。行政管理理论是政府实施行政管理的基石，只有在正确理论的引导下，行政管理活动才会更加高效。本篇主要在阐释行政管理学及相关学科发展历程的基础上，阐述和研究涉及行政管理学的重要理念性问题，包括行政管理概述、行政职能、行政组织、行政领导和行政效率等内容的研究。

第一章

绪 论

行政管理学是管理科学的一个重要组成部分，是一门研究行政活动规律的学科，是研究如何对国家行政组织内部及其社会公共事务进行有效管理的科学，其实质是揭示行政管理活动的客观运行规律。当今社会，世界经济趋于一体化，市场经济社会发展日益复杂，政府行政管理作用越来越重要。如何按照行政管理规律，科学地行使行政管理职能，有效地处理国家政务，实现行政管理目标，对建设有中国特色的社会主义有着重要的现实意义。本章的重点是行政和行政管理的含义、行政管理的产生与发展、行政管理和行政环境的相互作用；难点是行政管理理论的发展过程、主要代表人物及其理论要点。

第一节 行政管理概述

一、行政和行政管理的含义

（一）西方学者对行政的认识

关于行政的含义，各国学者还没有一个统一的定义。概括起来说，西方学者对行政含义的解释大体有：行政被认为是一种具有高度理性的人类合作努力（Waldo Dwight，1955）；行政乃是为完成或为实行一个政权机关所宣布的政策而采取的一切活动（Leonard D White，1926）；行政是执行国家意志的职能（Frank J. Goodnow，1900）；

行政是行使国家权力、从事国家事务的活动（R. J. Stillman，1959）；行政是决定和政策的执行程序，行政是政府及公共机构事务的管理和指挥（[美]《公共行政学词典》）；行政是行政人员的责任或职责，特别是政府的执行职能，……它既不是立法的，也不是司法的（[美]《世纪词典》）。

从以上定义可看出，西方学者分别从行政等同于管理、是政府事务管理、是与政治相区别的表现某种职能的概念、是一种执行活动、是与立法及司法相区别的一种活动等不同的角度描述了行政的含义。

（二）我国学界对行政管理的认识

我国行政学方面的著作一般对“行政”和“公共行政”未作明确区别，统称为“行政”或“行政管理”。我国对行政的理解比较广泛，除政府机构行政外，还包括企事业单位中的科、室、部、处等行政事务。

1. 行政的含义

对行政的认识主要包括以下观点。

（1）所谓行政，是指国家行政系统行使公共权力，执行国家意志，推行国家政务，管理社会公共事务的活动（张德信、李兆光，1993）。

（2）行政是指国家行政部门管理国家事务、政府事务和社会事务的活动（谭健等，1987）。

（3）行政是国家的组织活动，是行使国家权力，管理整个社会的活动（田禾，1986）。

2. 行政管理的含义

对行政管理的认识主要包括以下观点。

（1）行政管理是国家的基本职能之一，是对国家事务的一种有组织的管理活动，目的是实现统治阶级的意志（彭和平，2015）。

（2）所谓行政管理，是指国家依据宪法和有关法律，通过各级行政机关对国家事务、社会事务和政府事务进行管理的活动（蒋翰庭，1989）。

（3）所谓行政管理，是指国家产生以后，国家政府部门通过组织、领导、指挥、协调和全体工作人员的共同努力，以完成行政任务，实现国家目标的一种基本政府职能（李方、李福玉，1988）。

（4）行政管理是从社会管理中演化出来的一种特殊管理，随着国家的产生而产生，是一种高层次的管理。它的基本含义应该理解为：是国家政府系统对社会公共事务的管理（向美清，1990）。

（5）行政管理也即行政，主要是指国家行政机关对国家政务的管理活动。这里包括国家行政机关对国防、外交等国家事务的管理；对经济、科教文卫、治安、环保等社会公共事务的管理；对行政机关自身的机构设置、人员、经费、财物、工作程序等国家行政系统内部事务的管理（王乐夫、许文惠，2000）。

（三）本书对行政管理含义的认识

1. 行政管理的含义

上述行政和行政管理的认识，主要涉及行政管理的主体及其任务和活动范围。我国学者侧重于“谁（主体）”管理“什么（客体）”的问题，如行政主体包括国家、国家行政部门（机关）、国家政府系统等，行政范围包括国家事务、社会事务、政府事务、社会公共事务等。而国外学者则侧重于如何管理的问题，如强调执行法律、实现政治决定的目标、制定并执行公共政策等。

综上所述，我们认为，行政管理是国家行政机关和其他行政组织及其官员，依据国家法律，运用法定的行政权力，通过各种行政管理职能，为实现国家和行政组织的目标，对国家公共事务、社会事务和行政组织内部事务所进行的一系列组织和管理活动。行政管理学是研究国家运用法定的权力和各项行政管理职能，管理国家事务、社会公共事务和机关内部事务客观规律的科学。

2. 对行政管理的理解

从上述行政管理含义中可以看出，行政管理包括以下要点。

（1）行政管理的主体是国家权力机关的执行机构，即行政机关和其他行政组织，在我国主要是指国务院和地方各级人民政府的行政机构。

（2）行政管理的客体是国家事务、社会事务和行政机关的内部事务。

（3）行政管理的权限是国家的法律法规规定的国家行政机关和其他行政组织所拥有的行政权力。

（4）行政管理是一种特殊的管理，不是普通管理，但为了完成管理目的，仍然需要运用各种管理职能，如计划、组织、领导、决策、人事、控制等基本管理职能。

（5）行政管理活动的根本原则是依据国家法律法规进行依法管理。

（6）行政管理的自身目标是实现行政管理的科学化、规范化和高效化。

（7）行政管理的最终目的是推进国家和社会公共事务发展进步，实现和谐、安定、繁荣的社会环境。

二、行政与政治、管理的关系

（一）行政与政治的关系

行政与政治是既相互联系又存在区别的两个概念。一般认为行政管理学起源于政治学，从渊源上说可以认为行政管理学是政治学的分支学科。但经过近百年的发展，二者已经表现出较明显的区别。

西方早期的一些政治学家和行政学家把政治和行政相分离，认为政治是国家意志活动的领域，主要指国家政策的制定；行政是实现国家政治目的的方法和技术，主要指国家政策的执行。例如，美国学者古德诺（Frank. J. Goodnow）在其1900年出版的《政治与行政》一书中，明确提出了政治职能与行政职能相分离的观点。他认为，在所有的政府体制中都存在着两种主要的或基本的政府职能，即政治职能和行政职能。政治职能是表达国家意志的职能，也是民意的表现和政策的制定，它是由议会掌握的制定法律和政策以表达国家意志的权力；而行政职能是执行国家意志的职能，也是民意的执行和政策的执行，它是由行政部门掌握的执行法律和政策的权力。

古德诺认为，政治与行政这两种职能的性质是截然不同的。政治职能涉及的问题非常广泛，如主权、政府、选举、立法程序等，并且与政党组织、政党体制有密切关系。政治职能除了与国家意志的表达有关外，还与国家意志的执行有关。古德诺在《政治与行政》一书中指出："为了保证国家意志的执行，政治必须对行政进行控制""尽管政府的这两种职能的分化非常明显，把这两种职能委派给两个分立的机构行使是不可能的。"他还举例说，"美国最高行政官就经常通过行使其否决权，而对政治职能的行使发生重要的影响"，因此，这两种职能的划分不等同于两种机构的划分。

现在一般认为，政治学主要研究国家的基本理论和制度，如国家的起源、构成要素、体制，国家的政治原则、政治权力、政治制度以及其他政治性的原理和实践；行政管理学则主要研究政府体制和政府行为等行政现象，研究如何制定正确的政府目标和有效地达到这些目标，因此，实务是其基本内容。

（二）行政与管理的关系

从英文上理解，"行政"（administration）与"管理"（management）是有区分的。"行政"本身含有管理的意思，但它主要与政府或行政机关的活动有关，而"管理"除指一般性的管理外，主要与工商企业的活动有关。一些学者曾试图从管理的角度来分析和解释行政，例如，美国学者怀特（Leonard. D. White）在其1926年所著的《行政学导论》一书中说："行政乃是为完成某种目的时，对许多人所作的指挥、协调和控制"；美国学者费富纳（John M. Phiffner）在其1930年出版的《行政学》一书中解释说："行政就是由一些人的协调的努力，使政府的工作得以做成"；被称作"决策理论之父"的西蒙（Herbert A. Simon）在其1950年出版的《公共行政》一书中认为："行政就是通力合作达到共同目标的集体行动"。这些观点从管理的功能及其过程来考察行政，强调行政活动中人的行为的作用和行政的动态性，对于正确把握行政的含义有重要参考的意义。

行政与管理二者的区别主要表现在：一是从产生的时间看，管理的历史长于行政的历史，自从出现人类就出现了管理活动，而行政则是随着阶级、国家的产生而产生的；二是从含义范畴的大小看，行政与管理两者是从属和包含的关系，管理具有普遍性，而行政是一种特殊形式的管理活动，它同非行政性的管理活动，如经济组织的管理活动有显著的区别，即国家行政管理是一种以国家强制力为后盾的管理，一切行政活动均以法律为依据，是凭借国家法定权力，依法管理国家事务的活动；三是从管理的主体和对象看，管理具有普遍性，只要存在组织的地方，一定存在管理，而国家行政组织是行政管理的主体，行政组织内部和社会公共事务是行政管理的对象，是普遍管理中的一部分。

行政与管理二者的联系主要表现在：一是从职能上看，行政和管理是相似的，即都是运用计划、组织、领导、决策、人事、控制等职能完成管理工作；二是从管理的目的看，二者都是为了达到一定的管理目的，使管理工作科学、有序、高效；三是从运用的方法和技术看，二者都是运用先进的管理理念和先进的科学技术，经过获取信息、知识积累、创新等阶段，运用系统方法、运筹学等先进技术达到管理科学、高效率的目的。

第二节 行政管理学研究

一、行政管理学产生的原因

行政作为一种社会政治现象，是人类社会发展到一定阶段的产物，并随着阶级和国家的产生、发展而不断发展。受资本主义社会化大生产和资本主义国家政权体制的发展，以及"天赋人权""社会契约""三权分立"等政治思想和管理理论的影响，19世纪初在美国产生了最早的行政管理学。现代政府的行政管理问题研究，开始于20世纪30年代的西方资本主义国家，在60年代的社会正义运动和70年代的经济"滞胀"过程中得到发展，在80年代产生了反传统思潮、改革政府运动，90年代又产生了再造政府运动、学习型政府等观点。进入21世纪，一些西方学者又提出一些新的观点和思路，出版了一些有影响的著作，如《无缝隙政府》《政府全面质量管理》《突破官僚制：政府管理的新愿景》等，对行政管理的发展提出了新的观点和思路。

（一）社会和经济的发展

行政管理萌芽于原始氏族和部落公共事务的管理，随着人类社会分工的深化，一般社会管理职能逐渐演变成具有政治性质的行政管理功能，专职的管理者也随之出现，从而为行政管理的产生提供了可能性。而国家的产生标志着行政管理的正式产生，社会分工和私有制的出现导致了阶级的出现，阶段斗争又进一步导致国家的形成，行政管理也就随着国家的形成而正式形成了，同时随着国家的发展变化而发展变化。

行政管理学的产生，首先得益于经济的发展和工业化进程的推进。在漫长的农业社会，整个社会是以农业为主导的自给自足经济，社会关系和社会结构比较简单，对于公共事务的管理和指挥，可以依靠威信、习惯和自觉。在这个时期虽然也积累了很多有价值的行政管理思想，但往往比较简单，行政管理学不可能作为一门独立的学科产生。

随着社会、经济、科技的发展，国家的管理范围和国家的行政管理职能日益复杂，行政职能突破了政治职能的束缚，导致政治职能和行政职能的分离，如美国立法、司法、行政三权分立，政府职能由政治统治扩大到对经济和社会生产的各个方面，管理活动包括干预经济、科技、教育、文化、卫生和公共事业等各个方面，行政职能的复杂和行政活动范围的扩大使行政机构迅速膨胀，行政人员队伍日益壮大，行政管理本身成为亟待管理和研究的领域。这必然要求将行政管理学从政治学中分离出来，作为一门独立的学科，对其进行更加科学和系统的研究。因此，社会和经济的发展为行政管理学成为一门独立的学科奠定了社会基础。

（二）政府职能发展和体制改革

19世纪末，美国的文官改革运动直接推动了对行政管理学的研究。这场运动的主要目的是废除政党分赃制，建立“中立的”文官制度和功绩制。1877年纽约成立了第一个文官改革协会，1881年成立了文官改革同盟。1883年美国国会制定了《彭德尔顿法案》（即文官法），开始确立功绩制原则，其行政人员的考核、培训、廉洁、工作效率等也开始成为重要的研究课题。

此外，行政机关规模日益膨胀，机构臃肿，效率低下，将行政管理问题摆在了一个突出的地位。例如，英国公务人员1841年为1.7万人，1881年已达8.1万人，1901年为11.6万人，到1955年则猛增至63.56万人；美国的政府雇员人数1791年为4479人，1831年达到上万人，1881年达到10万人，1941年突破百万人。这种行政管理职能的扩大化、政府机构和人员的日益膨胀，虽然强化了分工，提高了专业化水平，但在职责设定、提高效率、沟通协调等方面也产生了很多问题，这对政府的工作提出了更高的要求。

因此，行政组织、行政人员、行政经费等的优化管理和政府工作效率效能的提高成为人们日益关注的课题。

（三）其他学科的发展和支持

政治学、管理学、经济学、法学等学科的发展，促进了对行政组织、行政管理和行政效益的研究，特别是管理学的产生和发展为行政管理学从政治学中分离出来创造了理论条件，为行政管理学的建立提供了有力的学科支撑。19世纪末到20世纪初，管理学、心理学、社会学等学科迅速发展，一些学者的著作对行政管理学的产生和发展产生了重要的影响，如泰勒的《科学管理原理》（1911年）、莉莲·吉尔布雷斯（L. Moller Gilbreth）的《管理心理学》（1914年）、亨利·法约尔的《一般管理与工业管理》（1916年）、马克斯·韦伯的《社会组织与经济组织理论》等都对行政管理学的产生起了很大的促进作用。同时，一些国家和政府的实践也为行政管理学的建立提供了丰富的素材。例如，普鲁士在18世纪初首先创立了依据考试的任官制度；英国则在1805年设立了常任文官，并于1854年正式确立了常任文官制度。

另外，一些国家的政府机构也认识到行政管理人才对提高政府行政效率的重要性，在一些进行行政改革的城市多次举办专业教育和职业教育，培训专门人才，邀请大学教授讲授行政管理有关的专业课程，还有欧美产业革命后的一些企业管理实践，这些相关学科的发展以及实践和教育的促进，都为行政管理学的产生提供了理论基础和依据。

二、西方国家行政管理学的产生与发展

关于行政管理学发展阶段的划分，目前国内外学者存在分歧。有的学者将行政管理学划分为前期（1887～1939年）和近期（1939年至今）两个发展阶段；有的学者将其划分为科学管理时期（1900～1930年前后）、行为科学时期（1930～1960年前后）和系统理论时期（1960年至今）三个发展阶段；还有的学者认为应划分为形成阶段（19世纪末至20世纪初）、传统阶段（20世纪初至30年代）、成长阶段（20世纪30至60年代）和科学化阶段（20世纪60年代至今）四个发展阶段（丁煌，2010）。

（一）行政管理学的形成阶段

行政管理学的形成阶段为19世纪末至20世纪初。该阶段是从1887年美国学者威尔逊（Woodrow Wilson）发表《行政学之研究》一文，到科学管理理论形成之前的一段时间。在这一时期，行政管理学建立了基本的理论基础，形成了初步的学科体系，产生了比较大的影响。

德国学者史坦因（V. Stein）于1865年撰写了《行政学》一书，这一著作被认为是最早提出“行政学”这一概念的，主要是在行政法上使用。美国学者威尔逊（曾任美国普林斯顿大学教授和校长、新泽西州州长和美国第28任总统）1887年在美国哥伦比亚大学《政治科学（季刊）》上发表了《行政学之研究》一文，在文中“行政学”被作为一个行政管理学的概念出现，这标志着现代意义上的行政学在西方的产生。威尔逊主张将研究的重点放到政府的行政管理上，认为一个良好的政府需有两大支柱，即强有力而负责的政务官和有效能的文官制度。这篇论文影响巨大，虽然其并未涉及行政学的基本框架，也未规定行政学的基本范畴，但因其拟定了行政学的内涵而奠定了行政学的基础，因此引起学术界重视，威尔逊也被誉为行政学的奠基人、鼻祖。

美国学者古德诺（F. J. Goodnow）也是这一时期的一位主要的代表人物，他曾任美国哥伦比亚大学教授和霍普金斯大学校长，以及美国政治学会的第一任主席和塔夫脱总统的经济与效率委员会顾问。古德诺对行政管理学的贡献在于他于1900年出版了《政治与行政：对政府的研究》一书，创立了政治、行政两分法，该书是早期行政学的专著之一，对行政学的发展起着强有力的推动作用。他明确提出政治是国家意志的表现，政治职能涉及的具体问题非常广泛，如主权、政府、选举、立法程序等，与政党组织、政党体制密切相关。政治职能除与国家意志的表达有关外，还与国家意志的执行有关，而行政就是国家意志的执行。他否定了立法、司法、行政的三分法，而代之以政治与行政的二分法。古德诺进一步认为，行政学不研究政治问题，而研究政府的行政效率、使用方法和技术标准。古德诺为行政管理成为独立的研究领域奠定了理论基础。威尔逊与古德诺对行政管理学的重大贡献在于：他们突出强调了公共行政活动及其研究在所有国家行为中的特殊意义，并为此提出了一系列的理论观点和某些范畴，从而将行政管理学推上了独立发展的轨道。

（二）行政管理学的传统阶段

行政管理学的传统阶段为20世纪初至30年代。该阶段行政管理学理论研究的主要特点是侧重行政制度、机构、程序、方法的研究，主要贡献是系统地论述了行政管理学的研究对象、内容和方法，提出了应遵循的一般原理原则，为行政管理学理论体系的建立奠定了基础，因此被后来学者称为传统阶段。这一时期从泰勒（F. Taylor）1911 年出版《科学管理原理》一书开始，到 20 世纪 30 年代行为科学产生为止。

20 世纪初是一个管理思想多样化的时期，企业管理从如何改进作业人员生产效率角度看待管理；一般行政管理者关心的是整个组织的管理和如何使之更有效；一批管理研究人员强调人力资源或管理人的方面，而另一批人则专注于开发应用数量方法。美国管理学家泰勒于 1911 年出版《科学管理原理》一书，提出了科学管理的 4 项原则和 8 个内容，提出以分工协作、研究动作与时间的关系、规范操作程序方式、培训职工、规定定额和实行差别工资的办法来提高效率的主张，对行政管理学的产生和发展起了积极作用。泰勒因此被称为“科学管理之父”。

同时期的代表人还有法国工程师亨利·法约尔（Henri Fayol）和德国著名社会学家马克斯·韦伯（Max Weber）。1916 年法约尔出版了《一般管理和工业管理》一书，把行政管理分为计划、组织、指挥、协调和控制五个基本要素，并确定了管理的 14 条原则。组织理论是法约尔行政管理五要素的核心内容之一，他在这方面的主要贡献集中于组织的目的和结构方面，对早期的行政学也产生了重要影响，因此法约尔被称为“管理过程之父”。

德国著名社会学家马克斯·韦伯提出了理想的行政组织体系理论，其代表作为《社会组织与经济组织理论》等，被称为“组织理论之父”。韦伯认为纯官僚式的行政组织（即各种独裁的官僚形式）从纯技术观点看能够获得最高的效率，因此是最合理、最理想的方式。他还描述了理想官僚组织的特点：有明确的分工、自上而下的等级系统、科学地考核和任用人员、聘用职业管理人员、遵守规划和纪律，以及良好的组织人员关系等。韦伯将社会学和政治学的知识运用到行政管理中，将行政组织和行政管理问题放到比较广泛的社会经济、政治环境中考察，为现代生态行政管理学奠定了基础。

上述泰勒、法约尔和韦伯的研究内容，为行政管理学的形成奠定了理论基础，他们创造的理论和原则也一直成为行政管理学的核心内容。后来，英国学者厄威克和美国学者古利克较为系统地整理和阐述了他们三人的科学管理理论。厄威克（Lyndall F. Urwick）的著作有《管理的要素》《组织的科学原则》《管理备要》等。厄威克受韦伯的影响很大，提出了他认为适用于一切组织的原则：一是目标原则，即所有组织都应当表现出一个目标；二是相符原则，即权力和组织必须相符；三是职责原则，即上级对所属下级工作的领导职责是绝对的；四是组织阶层原则；五是控制幅度原则；六是专业化原则；七是协调原则；八是明确性原则。而古利克主要在管理职能上有所突破。

这一时期行政管理学研究的特点是侧重行政组织、制度和程序的研究，但忽视工作的复杂性和特殊性；注重组织的静态研究，但忽视动态研究；注重效率的提高，但忽视了人的尊严和行为的研究。

（三）行政管理学的成长阶段

行政管理学的成长阶段为 20 世纪 30～60 年代。该阶段行政管理学理论研究的特点是强调研究人的行为和人际关系，从人与组织、环境的关系角度来研究决策问题，因而使行政管理学研究的重点和角度发生了转变，也使行政管理学理论体系大大完善，被称为成长阶段。

科学管理理论在行政管理史上具有重要的意义，真正使行政管理学成为科学，但随着时代的发展，其缺陷日益显露出来，如过分重视组织效益而忽视社会效益、过分重视组织的静态而忽视动态、过分重视机构和制度而忽视环境影响及人的精神面貌等。而行为科学应用心理学、社会学、人类学和其他学科的成果研究人的行为以及人与人之间的关系，弥补了科学管理理论的不足，因此很快发展起来。

这一时期是行为科学理论盛行时期，其标志是梅奥（Elton Mayo）于 1933 年发表的《工业文明中人的问题》一文。美国哈佛大学梅奥等 3 位教授在西方电气公司设在伊利诺伊州西赛罗的霍桑工厂进行了一系列有关人的行为的试验，即著名的霍桑实验。该实验分为工场照明试验、继电器装配室试验、大规模的访问与调查、接线板接线工作室试验 4 个阶段，根据实验结果，梅奥得出结论，即生产效率不仅受生理方面、物理方面等因素的影响，更重要的是受社会环境、社会心理等方面的影响，这对科学管理是一个修正。他在 1933 年发表的《工业文明中人的问题》一文中提出三个观点：一是工人是社会的人，不单纯是追求金钱收入的经济人；二是企业除正式组织外还有非正式组织；三是新型的领导通过增加职工满足度提高工人的士气。通过霍桑实验，梅奥得出在其他条件不变的情况下，可通过注重人的行为来提高效率的新结论。

其他学者也从不同角度提出一些新的管理理论。例如，巴纳德（C. Barnard）提出了发挥非正式组织作用的理论；马斯洛（A. H. Maslow）提出了需求层次理论，认为人的需要从低到高依次分为生理、安全、归属、尊重、自我实现五个层次，只有低级的需求得到满足的前提下，才能产生更高层次的需求。管理者应注重研究人当前最迫切的需求，以调动人的积极性。麦克雷戈（D. M. McGregor）从评价人性出发，提出 X 理论和 Y 理论，即把传统管理理论称为 X 理论，把他自己提出的人并非天生厌恶劳动，只要通过民主领导、适当授权、积极沟通、启发自觉就可发挥人的潜能的理论，称为 Y 理论。

另外，还有被称为“决策理论之父”的西蒙（H. A. Simon），他认为要用行政行为动态的研究方法来取代传统的静态研究方法，从而使行政研究更加有效，他的理论被称为管理决策理论。西蒙于 1944 年出版了《管理行为——管理组织决策过程的研究》一书，认为传统的行政研究所提出的一些行政原则还不够科学；必须区分事实因素与价值因素，并在此基础上区分政策与行政；行政管理学与包括自然科学在内的各个科学相通，都应以事实为对象进行实证研究；正确的概念工具是建立科学原则的基础；研究行政行为必须重视经济学、社会学、心理学等科学的发展；决策是行政行为的核心问题。

这一阶段的研究特点是：把行为科学的研究方法引入行政学，重视人心理和行为的研究；侧重行政组织内部人员的作用，但忽视外界环境对人员的影响；注重个别具体的事实研究，但忽视整体和系统视角研究。

（四）行政管理学的科学化阶段

行政管理学的科学化阶段为 20 世纪 60 年代至今。该阶段行政管理理论研究的特点是：以全面性、整合性姿态出现，综合了前几个时期的理论研究成果，强调整体宏观研究，既重视与外界环境之间关系的研究，又注意本系统内各部分关系的研究；既强调组织结构、工作程序制度等静态方面，又强调人的因素及动态方面；运用系统理论等现代科学理论的新成果来进行研究，使行政管理理论更加科学、完善，更加适应现代行政管理的需求。因此，这一阶段被称为科学化阶段。

科学化阶段始于 20 世纪 60 年代。这一时期社会经济、政治和科技的飞速发展，特别是系统理论的兴起、电子计算机的应用，向行政管理发展提出了新要求，也提供了新思路和新方法。这一时期的管理流派主要有系统管理学派、权变学派、管理科学学派、生态行政理论、比较公共政策理论和公共选择学派等。系统管理即把行政作为系统进行管理，该管理理论强调以目标、责任为中心，强调系统整体化。

美国学者贝塔朗菲（Ludwig Von Bertalanffy）于 1937 年提出一般系统论，该理论摒弃了科学管理和行为科学的偏颇，用动态的、开放的、联系的思想和方法取代之，倾向于“原则性”而非“技术性”，它运用一般系统理论、系统分析方法来研究管理，强调组织的部分与部分之间的相互影响，强调整体的重要性，强调组织对环境的影响和环境对组织的影响，把组织看成一个相互联系的、动态的、开放的系统，从而使人们对组织的一般性质和一般发展规律有了更深刻的认识。该理论兴盛于 20 世纪 60 年代，主要代表人物还有理查德·约翰逊（Richard Johnson）、詹姆士·罗森茨韦克

（James E. Rosenzweig）、费里蒙特·卡斯特（Fremont E. Kast），他们三人在1963年出版了《系统理论和管理》一书，该书是系统管理学派的代表作。

一般系统理论与行政管理学相结合，形成了生态行政学。其主要观点是强调政府与其环境的互动和动态平衡。一般认为，最早运用生态观点来研究公共行政现象的是美国人高斯（John M. Gaus），他于1936年和1947年分别出版了《美国社会与公共行政》《公共行政的政界》和《政府生态学》等著作，阐述了政府及其行政行为与社会环境相互关系的重要性，强调政府与其生态环境的交互作用，开创了从社会文化的角度研究公共行政的先例。集生态行政学之大成者是美国学者雷格斯（Fred W. Riggis），他于1961年出版了《生态行政学》一书，将各国的行政模式划分为融合型（fused mode）的农业型行政模式、棱柱型（prismatic mode）的过渡行政模式和衍射型（diffracted mode）的工业型行政模式三类，各国应结合国情选择，这部著作被认为是生态行政学论著的典范。

20世纪70年代，权变理论、管理科学学派和新公共行政运动兴起。以菲德勒（Fred E. Fiedler）等人为代表的权变理论学派是现代管理有较大影响的理论流派，它以系统理论为基础，否认一成不变、普遍适用的管理理论与方法，认为每一种组织都有其特定的社会环境和内部条件，因此应随时间、地点、条件不同，对组织采用不同的方法进行管理。管理科学学派又称管理数量学派，该学派认为管理就是制定和运用数学模型与程序的系统，即用数学符号和公式表示计划、组织、控制、决策等合乎逻辑的程序，求出最优解，以达到管理目标。一些美国学者试图通过回顾行政管理学的发展历程，讨论公共行政面临的问题，寻求公共行政未来的发展方向。1968年若干名行政学者在美国纽约州雪城大学的明诺布鲁克会议中心召开会议，提出了“新公共行政学”，以区别于以往的公共行政学。

20世纪80年代中后期兴起了新公共管理运动。这个运动以追求“三E”（economy, efficiency and effectiveness），即以经济、效率和效益为目标，创立公共管理尤其是政府管理的新范式，以适应当代行政管理实践发展的需要。英国是新公共管理运动的发源地之一，1979年玛格丽特·撒切尔执政后，开始推行西欧最激进的政府改革计划，主要包括：一是缩减政府规模，裁减公务员数量；二是开展著名的雷纳评审，发起一场反对浪费和低效率的改革运动；三是政府出售40多家大型国有企业，缩减政府规模，提高经济效率；四是1988年开始的“下一步行动方案”（即中央政府全面转换管理和责任机制），强调政府的职能是“掌舵”，而不是“划桨”；五是1991年制定《竞争以求质量》（*Competing for Quality*）白皮书，主张打破政府对公共服务的垄断，允许私人部门参加竞争，把市场竞争机制引入公共部门；六是1991年开展“公民宪章”运动，即用宪章的形式把政府公共部门服务的内容、标准、责任等公之于众，接受公众的监督。英国这一系列政府改革取得了显著的效果。

20 世纪 80 年代的新公共管理运动很快波及全世界，美国、新西兰、日本、澳大利亚等国被认为是改革最迅速、系统、全面的国家，这场以新公共管理为价值取向的公共行政改革席卷了整个发达国家并波及发展中国家。我国学者柴生秦根据西方行政学者 P. 格里尔、D. 奥斯本和 T. 盖布勒等人的论述，将新公共管理的主要思想概括为以下八个方面：一是政府的管理职能应是“掌舵”而不是“划桨”；二是政府服务应以市场或顾客为导向；三是政府应广泛采用授权或分权方式进行管理；四是政府应广泛采用私营部门成功的管理手段经验；五是政府应在公共管理中引入竞争机制；六是政府应重视提供服务的效率、效果和质量；七是政府应放松严格的行政规则，实施明确的绩效目标控制；八是公务员政治上不必保持中立。

新公共管理范式的出现是人类社会管理模式的一次重大变革，文森特·奥斯特罗姆（Vincent A. Ostrom）在《美国公共行政的思想危机》一书中，把新公共管理范式的出现称为“一个‘哥白尼式革命’的转折点”，尽管它仍然在形成过程中，只是一个雏形，但它已经改变了传统行政管理学研究范围、研究主题、研究方法、学科结构、理论基础和实践模式，反映了当代西方公共管理实践的发展趋势，体现了公共部门管理研究的新成就。也可以说，它是当代西方政府改革实践在理论上的总结，并且反过来成为政府改革的指导思想。

进入 21 世纪，行政管理学研究呈现出新的发展趋势，在以下几个方面有所创新和突破。

第一，突破传统行政管理学的学科界限，把当代经济学、管理学、政策分析、政治学和社会学等学科知识融合在一起，建立起一个更全面、综合性的知识框架，为公共部门尤其是政府管理研究奠定更广泛、更坚实的理论基础。

第二，行政管理的理论研究视野更加开阔，一些新的研究主题广泛涉及行政管理学的各个方面，如公共物品、外部经济、公共服务供给、制度选择、公共选择和政府失灵等。

第三，在处理公共管理实践，尤其是处理政府与市场、政府与企业、政府与社会的关系时，如何寻求一套不同于传统行政学的新思路，寻求更加适合政府管理的新实践模式，是理论研究的重点问题。例如，治理理论（governance theory）日益成为谋求政府与公民社会合作共治的重要理论，关于如何实现善治等方面的研究方兴未艾。詹姆斯·罗西瑙（James N. Rosenau）的《没有政府的治理》、罗伯特·罗茨（R. A. W. Rhodes）的

《新治理：没有政府的统治》、盖伊·彼得斯（B. Guy Peters）的《政府未来的治理模式》，以及沃尔特·基克（Walter B. Kiechel）等的《管理复杂网络：公共部门的行动战略》成为研究治理理论的主要著述，为政府职能转变、政府与社会关系等研究提供了理论参考。

三、中国行政管理学的产生与发展

（一）中国古代行政管理思想

中国是文明古国，行政管理出现很早，特别是在长期的封建社会中，形成了一套完整的封建行政管理体系和思想。从夏王朝成为第一个奴隶制国家起，到庞大的周王朝，再到逐步由奴隶社会转变为封建社会的春秋战国时期，逐渐形成了完整的行政体制和丰富的行政管理思想，比世界上绝大多数国家都早得多。从秦王朝开始到汉朝，以儒家的礼教学说为思想基础，形成了中央集权和组织严密的官吏制度，包括官吏的任用与选拔，官吏的考核与奖励、品位与俸禄，致仕（退休）制度等，如官位设置，省州县三级制、内阁制、察举制度、监察制度、科举制度等都曾被欧美、亚洲等一些国家所借鉴。尤其是科举制，对西方文官制度的产生和发展有重大影响。

中国古代行政管理体制经过两千多年的演变和逐步完善，不但有一套大一统的国家行政组织制度，有分工明确、相互制约的权力结构，还有较为细致具体的行政法典，如中国最早的成文法典《周礼》，以及《秦律》《唐六典》《元典章》《明清会典》等；有比较先进的官吏制度和监察制度；有较为完善的封建官僚制度，在中央集权制内部实行等级尊卑主从制度等。中国古代行政管理虽然有辉煌的成就，但同样不可避免地存在着历史的局限性。

中国古代行政管理和行政管理思想是为适应奴隶社会、封建社会的需要而产生和发展起来的，它强调的是专制的王权或皇权，具有浓厚的神权和宗族、家族伦理关系的色彩，存在着许多造成吏制腐败的弊端，是造成中国古代社会后期发展缓慢的主要原因之一。但不能否认，中国古代行政管理的辉煌成就对西方国家和中国现代行政管理的发展有巨大的影响。在中国，现阶段的政治、思想、文化、行政理念、行政体制和行政区划甚至机构名称等各个方面，都可以看到历史留下的深深烙印。

（二）中国近代对行政管理学的研究

中国接触现代行政管理学还是较早的，20 世纪初中国就翻译出版了美国学者和日本学者的一些行政学著作，当时较有影响的译著有《行海要术》《行政纲目》《行政学总论》等。1896年梁启超在《论译书》中建议“我国公卿要学习行政学”。孙中山先生参考国外行政学的理论与实践，结合中国实际，提出立法、司法、行政、考试、监察五权分立制度。

自20世纪30年代起，不少学者致力于行政管理学研究，开设行政管理学课程，创办行政管理学刊物，出版行政管理学著作，建立行政管理学会。1935年由商务印书馆出版的中国台湾学者张金鉴的《行政学之理论与实践》，是我国第一部行政管理学著作，代表了30年代我国行政管理学研究的成就。

（三）中国当代行政管理学的研究状况

新中国成立后，我国政府适应新环境、新任务的需要，在行政管理中贯彻精简、统一、效能、节约和反对官僚主义等原则，促进了社会主义革命和建设的胜利。但由于“左”的思想影响，1952年行政管理学被当作资产阶级的伪科学砍掉了，行政理论研究工作被迫中断，一定程度上影响了国家行政效能和社会主义制度优越性的发挥。党的十一届三中全会后，随着党和国家工作重点的转移，行政管理和形势任务不相适应的状况凸显，社会发展迫切需要行政理论的研究与指导。在党中央的关怀下，行政管理学很快得到恢复和发展，并掀起了学习和研究热潮。

1980年8月邓小平在中央政治局扩大会议上作了题为《党和国家领导制度的改革》的讲话，这篇讲话成为我国政治体制改革的指导性文件，在这个文件的指导下，1982年我国政府自上而下开展了一场历时3年之久的行政体制改革，改革的重点在行政管理方面，改革的主要内容是撤并机构，裁减人员，改革政企关系，实行利改税，给企业更多的自主权。1982年1月29日夏书章在《人民日报》发表了题为《把行政学的研究提上日程是时候了》一文，立刻引起了学术界和中央领导的重视，行政管理的研究开始了“中国热”。

1982年和1983年中国政治学会分别在上海和北京举办讲习班，开始讲授行政管理和人事管理等课程。1984年7月中国政治学会、中国法学会和天津行政学会在天津召开了“行政科学”学术研讨会，积极倡导开展对行政管理学的研究。1984年8月在国务院领导的重视和支持下，国务院办公厅和劳动人事部在吉林市召开了“行政管理学研讨会”。根据该研讨会建议，并经国务院领导批准，成立行政管理学会筹备会，历经4年，于1988年10月正式成立中国行政管理学会。

在中国行政学会的影响和带动下，绝大多数省份相继成立了行政管理学会，并由政府领导人主管学会工作。许多高校、党校开设了行政学专业，招收本科生和硕士生，培养了许多从事行政学研究和行政管理实际的工作人员。1985 年中国行政管理学会创办了《中国行政管理》，1986 年上海市人事局和上海市行政管理学会联合主办了《行政与人事》等，有关行政管理的刊物不断涌现。

中国行政管理学自 20 世纪 80 年代恢复以来，取得了辉煌的研究成果。该时期的主要成就可以概括为：确立行政管理学独立的学科地位，行政管理学、公共管理学的学科建设在各大院校得到重视和发展；拓宽行政学的研究领域，电子政务、公务员管理、公共事业管理和社区管理等研究成果受到重视并得到发展；突出改革的现实问题的研究重点；建立一支行政学的研究力量，并不断开展国际学术交流活动。

步入 21 世纪，中国特色的行政管理活动不断深入，赋予行政管理学研究以新的历史使命，为行政管理学研究注入了新的活力。近年来，行政管理学研究紧密结合中国实际，对政府职能转变、中央与地方关系、政府治理、机构改革等问题的研究大量涌现；对于完善国家公务员制度、加强行政监督与廉政建设等方面的研究成为理论热点。定量研究、案例分析、政策文本分析等研究方法逐步增多，打破了行政管理学理论研究为主的局限，丰富了行政管理学研究的手段。

四、行政管理学的理论体系

（一）行政管理学的研究对象

西方学者很早就对行政管理学的研究对象进行了探讨。美国学者怀特认为行政管理学包含组织原理、人事行政、财务行政、行政法规四个方面的基本构成；古立克（L. H. Gulick）认为行政管理包含七要素，即计划（planning）、组织（organizing）、人事（staffing）、指挥（directing）、协调（coordinating）、报告（reporting）、预算（budgeting）。

行政管理学作为一门系统化的理论知识体系，逐步形成自身的研究范畴和研究领域。行政管理学的研究对象和研究范围主要围绕政府管理实践活动展开，包含行政活动的主体、功能、过程、手段、资源和目标等方面。

1. 行政管理的主体

行政管理的主体——行政领导、公务员。行政领导和公务员是行政活动的主体，行政领导的艺术与方法、公务员的素质都成为行政管理活动顺利开展的重要基础。

2. 行政管理的载体

行政管理的载体——行政组织。行政组织是行政活动开展的重要载体，行政组织结构与体制影响行政管理活动效能的发挥。

3. 行政管理的功能

行政管理的功能——行政职能和机关行政。行政职能是政府的职责和功能，从宏观上规定政府的基本作用以及管理领域与范畴；机关行政则是政府管理职能具体发挥的显现，通过对人事、档案等机关事务进行管理，使行政职能得以发挥。

4. 行政管理的过程

行政管理的过程——行政决策、行政执行和行政监督。行政决策、行政执行和行政监督是行政管理活动的动态过程，行政管理活动是一个制定决策、执行决策的过程，行政监督是使行政决策过程科学化和民主化、对行政执行偏差进行防控和纠正的过程。

5. 行政管理的资源

行政管理的资源——财政行政、行政信息、行政文化。行政管理活动的开展依赖于财政资源的有效管理与运用；行政信息的搜集与管理对有效决策发挥具有重要作用；行政文化通过对行政人员的思想意识发挥作用而影响行政管理实践活动的开展。

6. 行政管理的目标

行政管理的目标——行政效率和行政发展。行政管理学研究的直接目标在于促进行政管理活动的科学化，提高行政效率；而通过理论与实践的创新，不断促进行政发展也成为行政管理活动的重要目标。

（二）行政管理学的学科特点

行政管理学作为一门理论与应用相结合的系统学科，具有鲜明的学科特点。

1. 政治性与公共性

行政管理活动是政治活动的重要组成部分，是对国家意志的执行，行政管理学对特定的行政文化、行政体制等方面的研究具有鲜明的政治性；伴随行政管理职能领域的不断拓展，对于公共事务的管理、公共服务的提供等的相关研究，更多展示出行政管理学的公共性。

2. 理论性与实践性

行政管理学不仅包含对行政管理基本原理的研究，更是一门研究行政管理实践活动基本原则、技术方法、管理程序的实践科学。

3. 独特性与综合性

行政管理学具有独特的研究领域，主要是为政府公共部门管理国家公共事务提供科学依据；同时它是交叉的，行政管理学的研究需要借鉴管理学、经济学、政治学、社会学等相关学科的研究方法。

4. 规范性和发展性

行政管理活动是依法行使国家权力，要遵循一定的管理原理、基本原则，行政管理学研究也要体现行政管理活动的规范性；但是，行政管理学研究是动态发展的，理论研究会伴随实践活动不断深入而发生研究重点、研究领域等方面的改变与发展。

（三）行政管理学的研究方法

行政管理是基于行政权力基础上的国家权力机关和其他行政组织对国家事务、社会事务和行政机关内部事务的管理，因此，学习和研究行政管理学对指导我国政府的行政管理实践具有重要意义。行政管理的目的是追求行政管理活动的高效率，科学有效的方法是行政管理最有力的工具。常用的行政管理学的研究方法主要有以下几种。

1. 理论研究方法

理论研究方法是早期较流行的方法，古典学派是这一方法论的典型代表。该方法对行政现象进行探讨时，着眼于建立一般理论和一般原则，特点是偏重价值考虑，讨论的是“应当如何”和“应当是什么”。例如，魏洛比的《行政学原理》和怀特的《行政学导论》，就是这一研究方法的代表作。此种研究方法的最大优点在于能帮助人们对繁杂的行政现象有明确而深刻的理解，对于掌握行政管理活动也有一定的指导意义。但由于行政管理问题的主客观条件不同、环境不同，20 世纪 40 年代这一方法在西方开始受到挑战，并自那时起不再作为一种主流的方法。但是，理论研究对价值的考虑并非完全没有道理，事实上，今天的行政管理学研究在相当程度上还受到一般理论和原则的影响。

2. 案例分析方法

案例分析方法是对已发生的真实的行政事件，通过广泛收集各种可能的资料，再以公正的态度撰写成文，供分析和借鉴。20 世纪 40 年代以来，该方法在西方行政学研究中成为一种主流的方法。这一方法的特点是专注于寻找事实。它关注“是什么”，而非“应当是什么”，即认为要解决问题，首先要了解问题。着眼于发现事实是案例分析方法的优点，这是任何科学研究的前提，也是这一方法为何自 20 世纪 40 年代以来一直成为西方一种主流的研究方法的原因。典型案例的研究有助于对行政管理规律的认识和把握。

3. 系统研究方法

系统研究方法是将相关行政活动进而将整个行政过程乃至社会环境视为一个有机整

体，着重研究各个相关部分的相互影响、动态平衡、彼此关系，进而寻求最优的行政选择。

4. 历史研究方法

历史研究方法是从纵向、历史的角度去考察和研究行政管理的起源、发展、演变过程、不同历史时期的特点，以及行政的历史类型和经验、政府管理制度的发展和影响、行政管理方法的演变及意义等，从中总结出一些有规律性的东西，以指导现在和未来的行政管理实践。通过对行政思想、行政理论以及行政要素的历史考察，提供一些重要的历史经验。

5. 比较研究方法

比较研究方法采用横向比较的形式，通过对不同行政制度、模式、行政问题的对比分析，或通过对相似行政制度、模式、行政问题的对比分析，以探求行政管理的一般规律，研究异同，取长补短。例如，怀特 1936 年所著的《各国文官制度》、西芬（J. Siffin）1957 年所编的《比较行政研究》等，就是这种研究方法的代表作。现在世界上盛行的“模式比较”，就是将世界上各国行政制度概括出若干种行政模式，然后对采用同一模式的某些国家进行比较，以求有更高的比较价值。

此外，还有文献研究、模拟研究、量化研究等方法，都对行政管理学的学习和研究具有借鉴作用。

第三节　行政环境分析

行政环境是行政主体进行行政活动所依赖的外部条件。任何行政活动都必然受到自然环境、社会条件、国内外局势的影响和支配，行政环境与行政活动之间还存在着复杂的相互作用关系。人类管理实践证明，行政管理系统必然要在行政环境系统的范围之中运行。研究行政学不能只就行政而研究行政，行政不是自给自足的独立行为，应将范围扩大至与环境的互动关系上，作全盘性整体性研究。因此，研究行政环境，把握行政与环境的关系，是把握行政本质、洞悉行政主体与行政活动过程的基础和前提。

一、行政环境的含义和类型

（一）行政环境的含义

行政环境是一个复杂的概念，目前国内外还没有一个一致公认的定义。一般认为，行政环境就是政府管理的环境，是指围绕行政活动和行政现象这一主体的外部境况，是各种直接地或间接地作用和影响行政活动的客观因素的总和。包括两个方面：一是指行政活动和行政现象的所有外部因素；二是指行政活动内部系统的相关因素。

一般认为，最早运用生态学的观点研究行政环境的是美国哈佛大学教授高斯（John M. Gaus），他于1936年发表《美国社会与公共行政》、1947年发表《公共行政的境界》和《政府生态学》等文章，首先以生态学方法来研究公共行政现象，阐述了政府及其行政行为与社会环境相互关系的重要性，认为在行政管理中应重视政府赖以生存和运用的生态系统，强调政府与环境的互动和动态平衡。生态行政学的代表人，还有美国夏威夷大学教授弗雷得·雷格斯（Fred W. Riggs），他于1957年和1961年分别发表《农业型与工业型行政模式》和《行政生态学》两篇文章，通过对各国行政生态要素的分析，提炼出最重要的五要素，并对这些要素造成的影响进行了分析。这五个要素分别是经济要素、社会要素、沟通网、符号系统和政治构架，它们之间不是互相孤立的，而是交叉作用、互相影响的，在实际中既要注意单个分析，又要注意到彼此之间的互动性。

（二）行政环境的类型

行政环境是一个庞大而复杂的系统，它由各种类型的环境构成。不同类型的环境对行政主体系统会产生不同的作用。

1. 按行政环境总体范围、规模和层次划分，可分为宏观行政环境、中观行政环境和微观行政环境

宏观行政环境即通常所说的国情，包括国际的社会、自然环境和国内的社会、自然环境，是行政环境的基础，对行政活动有决定性的作用。宏观行政环境对公共行政活动的影响范围最广、规模最大、层次最高，以直接或间接方式制约和影响着公共行政的总体活动和方向。

中观行政环境是指行政系统的组织结构和运行情况，包括行政组织的结构是否合理、职权划分是否明确、沟通是否顺畅、制度是否健全等。中观行政环境对行政活动有直接的影响。

微观行政环境是指一个行政机构内部甚至一个行政领导班子内部的具体情况，是行政组织所处的工作环境，包括结构是否合理，责任是否明确，人际关系是否良好，工作方法、技术是否科学等。微观行政环境对行政活动的影响是最直接的。

2. 按照行政环境的内容来划分，可把行政环境分为社会环境和自然环境

本书只阐述行政环境中的社会环境。而社会环境又可细分为一般社会环境和具体工作环境。

（1）一般社会环境。一般社会环境是指客观地存在于社会生活中的所有行政组织面临的共同的环境。它影响到所有行政组织的结构、功能和运行，有利的社会环境会给行政系统提供影响和支持，不利的社会环境会给行政系统造成破坏和阻碍。

一般社会环境主要包括文化、政治、经济、社会、法律、科技、教育和人口等环境。文化环境包括文化传统、意识形态、价值观念、行为规范和人伦关系等；政治环境包括国内的政权体制、政治形势、政党政治、政治风气和民主程度等，以及国际形势、国际关系、战争与和平及周边环境等；经济环境包括经济体制、经济结构、经济发展水平、银行制度和财政金融政策等；社会环境包括社会结构、社会阶层划分、社会发展水平、社会习惯、社会风气和社会管理水平等；法律环境包括法制的完善程度、宪法的功能与作用、立法程序和法制观念等；科技环境包括科学技术发展水平、科学技术的社会功能和科学技术发展的政策等；教育环境包括教育制度、教育形式、公民的一般教育水平和受教育人口的比例等；人口环境包括人口数量、人口素质、平均寿命及出生率和死亡率等。

（2）具体工作环境。具体工作环境是指与某一特定的行政组织和行政活动发生直接关系的环境。它是与个别行政系统的管理活动相关联的更具体的力量。凡是影响某一行政系统及其活动的具体问题都可视为具体工作环境。

具体工作环境主要包括薪金待遇、地位保障、晋升机会、参与权力、人际关系、工作条件和福利保障等。薪金待遇指工资和待遇制度及现时水平；地位保障指工作职位和等级的稳定性、可靠性；晋升机会指是否存在可晋升的职位，能否经过努力即可晋升；参与权力指是否具有参与决策的权力；人际关系指与领导、周围同事的关系，上级领导对自己是否信任、对工作是否支持，人际环境是否融洽等；工作条件指办公或处理事项时所处的工作环境和工作条件及手段；福利保障指是否能够提供优越的福利和保险措施。良好的具体工作环境对行政人员的情感、需要、欲望会产生良好的刺激，引起良好反应，使他们工作努力、士气高昂、态度积极、效率提高；反之则气氛僵冷、情绪沮丧、士气低落、工作懈怠。

二、行政环境和行政管理的相互作用

行政环境与行政管理的关系是双向的、辩证的。行政管理都处在一定的行政环境中，并受到行政环境的影响和制约，有什么样的行政环境，就要求有什么样的行政管理模式与之相适应。由于行政环境不是一成不变的，所以行政管理也不是一成不变的，行政管理必须从实践出发，从客观的行政环境出发；同时行政管理对行政环境具有能动的反作用，它可以改造行政环境。两者的具体关系主要表现在以下几个方面。

（一）行政环境决定、制约行政管理

政府作为上层建筑的重要组成部分，是建立在一定经济基础之上的，与其他上层建筑的组成部分有着密切的关系。行政管理的根本性质、基本原则和职能只能由行政环境来决定。行政体制、行政目标、行政职能，乃至行政决策、行政经费及行政人员的行为方式和心理，都受行政环境的制约。因此，行政管理必须适应政治环境的性质，适应经济环境的发展水平，适应文化环境等综合状况，适应特定文化和社会背景，如美国的“大熔炉”效应就是适应多文化的管理模式。此外，行政管理还要适应自然环境的特点，如日本、西班牙等海洋岛屿型国家资源匮乏，因此采取过海外殖民扩张的政治策略。

（二）行政管理必须适应行政环境

行政管理如果不适应行政环境，就表明政府没有适应环境的能力，一个与行政环境格格不入的政府无法进行有效的行政管理的。所谓适应行政环境是指行政管理必须符合特定的行政环境所提出的要求，能够顺利地行使管理职能。行政环境的变化必然导致行政管理的发展变化。社会形态不同，行政管理不同，即使是同一社会形态的不同发展时期，行政管理也是不同的。政府可以通过制定政策改善行政环境，如良好的文化政策可提高参政议政的能力；相反，如果违背规律，阻碍和破坏行政环境，就会受到环境的惩罚，如资源过度开采给经济、社会发展带来的恶果。

（三）行政管理对行政环境具有能动作用

行政管理对行政环境的能动作用是研究行政环境的重要原因之一。行政管理可以利用行政环境实际的条件和要求，确定恰当的行政目标，确立科学的行政关系。通过行政目标的实现，达到改善行政环境的目的，这是积极地适应行政环境的必然结果。如果消极地适应行政环境，行政管理会使行政环境恶化。

三、行政环境的利用及对行政管理的要求

（一）行政环境的利用

行政管理必须适应行政环境，但在适应的同时又要积极地利用和改造行政环境。行政管理存在和发展的全部价值就在于：在适应行政环境的基础上，积极地促进其所赖以建立的经济基础和国家政权的巩固和发展，以及对行政环境的能动的改造。

罗伯特·达尔在《行政学的三个问题》中曾指出："从某一个国家的行政环境归纳出来的概论，不能够立刻予以普遍化，或被应用到另一个不同环境的行政管理上去。一个理论是否适用于另一个不同的场合，必须先把那个特殊场合加以研究之后才可以判定。"

（二）行政环境对行政管理的要求

我国现在还处于社会主义初级阶段，这种行政环境决定了我国行政管理的基本任务和发展方向。中国现阶段行政环境对行政管理的要求主要包括以下几点。

第一，从中国实际出发，吸收国外行政管理的先进经验，建设有中国特色的行政管理。由于我国行政管理学的研究起步晚、时间短，在理论研究、人才建设上与国外相比还有较大差距，这使得我国行政管理水平总的来说处于相对落后的状态。如何提高政府行政管理水平，培养高素质的公务员队伍，尽快转变政府职能，提高行政效率，是社会主义现代化建设的重要内容之一。

第二，将组织和领导经济建设作为政府的最主要职能。党的十九大报告指出，中国特色社会主义进入新时代，我国社会主要矛盾已经转化为人民日益增长的美好生活需要和不平衡不充分的发展之间的矛盾。这就决定了我国政府行政体制、行政机构、行政行为等各种行政措施、制度和法规，都必须服从、适应这一新的变化需要，行政管理的各个方面是否合理，都要用是否有利于解决这一矛盾来衡量，对那些阻碍经济发展、妨碍生产者积极性发挥的行政制度、行政管理方式、社会管理方法等都要进行改革。

第三，根据各地区、各方面的不同状况实施行政管理。我国人多地广，经济和社会发展不平衡，沿海与内地、特区与非特区、汉族聚集地与少数民族区域、中心城市与边远地区之间的差异较大，在这种特殊的格局中，行政管理不能"一刀切"。政府对不同的管理对象应采取切合实际的办法来进行管理。例如，党和国家提出并实施的"振兴东北老工业基地"战略，就是为振兴东北三省老工业基地发展，加快资源型城市转型，从各省自身资源优势的实际出发，大力发展装备制造产业、石化工业产业、能源工业产业、农产品精深加工产业、医药产业、森林工业产业等，促进产业发展、加快经济建设。

第四，加强社会主义民主，健全社会主义政治制度。社会主义民主建设是初级阶段面临的又一重要任务，需要不断调整和改革与生产力发展水平不相适应的旧体制，改革政治体制中落后的和不合理的部分。这是社会主义政治制度自身完善和发展的一个重要内容，行政系统在这方面应发挥巨大作用。一方面，进行自身的改革，如机构改革、干部人事制度改革、行政工作方法改革等，以适应新时期对行政管理提出的要求；另一方面，动员群众积极参与政治生活，完善民主机制，使行政活动公开化、民主化，推进我国社会主义民主进程。

本章小结

● 行政管理是国家行政机关和其他行政组织及其官员，依据国家法律，运用法定的行政权力，通过各种行政管理职能，为实现国家和行政组织的目标，对国家公共事务、社会事务和行政组织内部事务所进行的一系列组织和管理活动。应把握行政与政治的关系、行政与管理的关系。

● 行政管理学是研究国家运用法定的权力和各项行政管理职能，管理国家事务、社会公共事务和机关内部事务的客观规律的科学。

● 行政管理的主体是国家权力机关的执行机构；客体是国家事务、社会事务和行政机关的内部事务；权限是国家的法律法规规定的国家行政机关和其他行政组织所拥有的行政权力；原则是依据国家法律法规进行依法管理；目标是实现行政管理的科学化、规范化和高效化；最终目的是推进国家和社会公共事务发展进步，实现和谐、安定、繁荣的社会环境。

● 行政管理学产生的原因有社会和经济的发展、政府职能发展和体制改革、其他学科（如管理学等学科）的发展和支持。

● 西方国家行政管理学按照四阶段划分理论，可分为形成阶段、传统阶段、成长阶段和科学化阶段。中国行政管理学的产生与发展分为古代对行政管理的研究、近代对行政管理学的研究和当代行政管理学的研究状况。中国现代行政管理学的发展虽然起步较晚，但自20世纪80年代恢复以来，研究所取得的成果也是辉煌的，它的发展必将突破传统行政学的学科界限，将多学科知识融合在一起，建立起一个更全面、综合性的知识框架，其理论研究视野必将更加开阔，探讨出更加符合公共管理实践的理论体系。

● 行政管理学作为一门系统化的理论知识体系，逐步形成自身的研究范畴和研究领域。行政管理学的研究对象和研究范围主要围绕政府管理实践活动展开，包含行政活动的主体、功能、过程、手段、资源和目标等方面；行政管理学作为一门理论与应用相结合的系统学科，具有政治性与公共性、理论性与实践性、独特性与综合性、规范性和发展性的学科特点；常用的行政管理学的研究方法主要有理论研究、案例分析、系统研究、历史研究和比较研究等方法。

● 行政环境是行政主体进行行政活动所依赖的外部条件。任何行政活动，都必然受到组织内、外行政环境的影响和支配，行政管理系统必然要在行政环境系统的范围之中运行，同时，行政环境与行政活动之间还存在着复杂的相互作用关系。

● 行政环境与行政管理的关系是双向的、辩证的，行政环境决定、制约行政管理，行政管理必须适应行政环境，并对行政环境具有能动作用。中国现阶段行政环境对行政管理的要求包括：从中国实际出发，吸收国外行政管理的先进经验，建设有中国特色的行政管理；将组织和领导经济建设作为政府的最主要职能；根据各地区、各方面的不同状况实施行政管理；加强社会主义民主建设，健全社会主义政治制度。

复习思考

一、概念题

行政管理　　行政管理学　　政治行政两分法　　新公共管理　　行政环境

二、思考题

1. 如何理解行政管理的含义？
2. 行政管理与政治、管理的区别和联系是什么？
3. 行政管理学产生的原因是什么？
4. 行政管理学经历了哪些发展阶段？其代表人和主要观点是什么？
5. 行政环境可分为哪些类型？如何理解行政环境和行政管理的相互作用？

三、材料阅读与拓展思考

学术争鸣：行政生态学与生态行政学的比较

原本作为自然科学的生态学认为，任何一种生命有机体的生存与发展，都需要与周围的生物或非生物的各种环境因素不断进行物质、能量和信息的交换，生命有机体与其周围环境相互作用、相互影响，二者始终处于平衡与不平衡的矛盾运动过程中。一个国家的行政系统运行也离不开其所处的特定的社会环境，而我们对一个国家的公共行政研究，也不能仅仅局限于行政系统本身，而应该跳出行政系统，研究行政系统之外的社会环境。所以，创立行政生态学学科的美国学者高斯认为，公共行政生态学包括对人、地区或财产、人所期望的自然和社会技术、思想、个体和紧急状态的研究。雷格斯则进一步发展了高斯的理论，他将行政生态学明确地定义为“自然以及人类文化环境与公共政策运行之间的相互影响情形”的科学，并着重分析了影响一个国家行政系统的五种要素：经济要素、社会要素、沟通网、符号系统和政治构架，根据这些要素对一个国家行政系统影响的不同，区分了三种行政模式：融合型、棱柱型和衍射型。

我国一些学者认为，行政生态学与生态行政学有一定的区别和联系。例如，高小平认为，所谓生态行政管理，是指政府按照统筹人与自然全面、协调、可持续发展的要求，遵循生态规律与经济社会规律，依法行使对生态环境的管理权力，全面确立政府加强生态建设、维持生态平衡、保护生态安全的职能，并实施综合管理的行政行为。黄爱宝认为，生态行政学应是指研究行政主体为了解决生态环境问题所引起的人类生存危机，促进人与自然的生态和谐，维护人类的生态安全，推动社会走上生态良好的文明发展道路，在把握自然科学意义上的生态学知识的前提下，适应遵循自然生态平衡规律的需要而如何实施行政行为的一门科学。

综合学者的观点，生态行政学研究的主要内容是适应作为自然科学的生态学知识，应对自然生态环境危机的行政系统自身改革与创新，即行政系统生态化发展的规律。因为在传统的公共行政学知识体系中，还存在着行政系统“非生态化”甚至“反生态化”的内容。为了适应解决生态危机的需要，必须对传统的公共行政学知识加以一定的改造、补充、创新与发展，如倡导政府绩效的生态价值导向、建立行政决策的生态评估体系等，然后在此基础上创立一门新的学科即生态行政学。显然，与行政生态学不同，生态行政学的研究范围着力涉及的是一个国家的公共行政系统与自然生态环境的关系，而且主要研究如何改造一个国家的公共行政系统以适应保护自然生态环境、促进人与自然生态和谐的需要；而不是探讨如何改造或保护自然生态环境以适应一个国家行政系统完善与发展的需要。

从生态行政学研究的直接对象或主要内容来看，它主要还是应用行政学的一般原理，以适应生态学知识和保护自然生态环境的需要，研究行政系统自身完善与发展的规律。所以，生态行政学应定位于一种应用行政学，是行政学的一个分支学科。

通过对“行政生态学”与“生态行政学”的比较分析，可以看出，由于行政生态学与生态行政学对“生态学”的界定和理解不同，因而不仅对生态学中的概念术语含义的理解有不同，而且二者在价值目标、研究内容、学科定位和功能意义等方面都存在着明显的差异，这些差异足以表明二者是两种不同的“话语体系”或学科定位。概而言之，其主要表现为以下几点。

（1）行政生态学将原本是自然科学的“生态学”上升与转化为一种哲学方法与哲学意义上的和谐价值观。因此，它是一种生态主义的行政社会学理论，反映了行政学理论研究方法的创新与丰富。而生态行政学将“生态学”定位为原本意义上的自然科学，同时其价值观表现为追求自然生态系统的平衡与稳定，促进人与自然的生态和谐，因此，它是一种环境保护主义的行政科学，反映了当今生态学日益显要的理论初衷。

（2）行政生态学的研究内容是一个国家的行政系统与其周围环境的各种因素之间相

互影响、相互作用，是追求如何实现一个国家的行政系统与其周围环境之间的哲学意义上的生态平衡与协调。当然这里也应包括一个国家的行政系统与其周围的自然生态环境之间的相互关系。但雷格斯的行政生态学理论的主要局限之一，就在于没有分析诸如自然环境对行政造成的影响、自然灾害对行政的冲击等问题。还有的学者认为，在整个生态环境中，对行政系统发挥重大影响作用的不外乎政治因素、经济因素、社会因素和文化因素。而同样没有把自然生态环境列入最重要的因素。生态行政学的研究内容着重在于如何改造一个国家的行政系统以适应保护自然生态环境、促进人与自然生态和谐的需要。这个研究内容虽然也追求一个国家的行政系统与自然生态系统之间的协调或平衡关系的理论目标，但在行政生态学的研究内容中已被大大弱化，并不能有效地凸显出来。

（3）行政生态学定位于一种生态主义的行政社会学；生态行政学定位于一种环境保护主义的行政学。因为二者都是各自所界定的生态学与行政学相结合的产物，所以，从这个角度上说，二者都是一门交叉性、边缘性的学科。又由于行政生态学关涉到行政系统与经济、政治、文化、自然等多种因素的联系，表现为一门综合性较强的学科；而生态行政学也需要涉及行政系统与自然生态系统之间的关系，且由于行政学本身就是一门具有一定综合性的学科，所以，生态行政学也具有明显的综合性特征。但上述的“交叉”、“边缘”或“综合性”的具体内容并不雷同。行政生态学体现的是生态哲学方法的应用内容；而生态行政学体现的是作为自然科学的生态学与作为社会科学的行政学知识相结合的内容。

（4）行政生态学将生态理论引入行政学方法论研究中，这本身反映了行政学发展过程中的理论创新和其学科体系建设中的进一步完善和尝试。行政生态学的意义直接表现为研究方法论的创新，目的主要在于为行政学研究提供新的理论框架。在这里，“生态”是方法，“行政”是对象。行政生态学呈现更多的是理论性、逻辑性和体系性。而生态行政学研究的意义直接表现为应对日益严峻的自然生态危机，保护自然生态平衡，促进人与自然生态和谐的目的。在这里，“行政”是手段，“生态”是目的。生态行政学表现更多的是实践性、问题性和针对性。

当然，行政生态学与生态行政学也存在着互通与互补的联系。生态行政学强调改造与完善一个国家的行政系统以适应自然生态系统的平衡与稳定，目的也在于促进行政系统与自然生态环境之间的哲学意义上的协调与平衡，这也内在地包含在行政生态学的价值目标之中。而且行政系统与自然生态环境之间的哲学意义上的协调与平衡也离不开行政系统与经济、政治、文化等其他环境因素之间的哲学意义上的协调与平衡，它们之间也存在着互为中介的动态交互作用关系。生态行政学的研究也不能离开行政生态学的理论关联与指导。

资料来源：改编自黄爱宝，《行政生态学与生态行政学：内涵比较分析》，载于《学海》2005年第3期。

拓展思考题：

1. 行政生态学与生态行政学各自的侧重点是什么？

2. 生态行政学对现代行政管理的意义是什么？

3. 生态行政学是如何将社会环境发展与行政管理具体实践结合起来的？

第二章

行政职能

研究行政职能是认识行政管理的前提，要达到政府管理的目的，必须通过一系列的行政职能来进行行政管理，行政管理是否高效，一定程度上取决于行政管理的各个职能及其相互关系；行政机构是行政职能的载体，行政职能决定了行政机构的设置、规模、层次、数量及运行方式；政府工作机构及人员编制是由政府的职能所决定的，只有依据行政职能的需要，抓住行政职能的转变，才能真正搞好机构改革。实践证明，正确认识行政职能对国家社会的发展有着重要的影响，对实现行政管理科学化具有重要的指导意义。本章的重点是行政职能的分类、构成和现代行政职能演进，对建设有中国特色的行政管理职能模式进行探讨；难点是如何建设具有中国特色的行政职能模式。

第一节　行政职能概述

一、行政职能的含义

（一）国外学者对行政职能的理解

早期的行政管理学家曾从不同角度对行政职能进行过细致的分析和探讨。例如，法国管理学家亨利·法约尔使用了“（行政）管理”一词，提出管理职能五要素（计划、组织、指挥、协调、控制），即行政职能的五要素。法约尔是从企业角度研究（行政）管理的，他认为行政职能不仅仅限于政府或行政组织，而是一种普遍存在于企业、政府等各种组织中的、较高层次的、一般的管理职能。

美国公共行政学研究著名学者卢瑟·古利克（Luther H. Gulick）和英国管理学家林德尔·厄威克（Lyndall F. Urwick）于1937年共同编辑出版《行政管理科学论文集》，在法约尔思想的基础上提出了行政管理的七职能论。古利克用七种行政管理职能的首个字母“POSDCRB”来说明“行政”和“管理”所具有的七种职能：一是计划（planning）：为实现企事业单位所设定的目标，制定出需要完成的事情的纲要及完成这些事情的方法；二是组织（organizing）：为实现明确规定的目标建立起正式的权力机构，通过这种结构安排，规定和协调各种逐级分工的工作；三是人事（staffing）：雇用和训练工作人员以及保持有利的工作条件等整个人事工作方面的职能；四是指挥（directing）：对组织的工作作出决策，并以各种特殊的和一般的命令使之具体化，发挥企事业单位领导者的作用；五是协调（coordinating）：使工作的各个部分相互联系起来的所有重要的职责；六是报告（reporting）：使最高管理者应对之负责的那些人不断了解正在进行的工作，也包括通过记录、调查和检查，使最高管理者及其下属不断了解有关情况；七是预算（budgeting）：包括所有以财务计划、会计和控制形式出现的预算。古利克提出的人事、报告、预算等较为具体的职能，特别是预算职能，实际是只与政府活动有关的具体职能。他的七职能论，基本上包括了古典管理学派有关行政管理职能的一般论述。

（二）中国学界对行政职能的认识

中国行政管理文献中，对行政职能或行政功能的理解也是多种多样的。大体上包括以下三类。

第一类观点：认为行政职能既是行政管理活动所具有的能力和作用，又是行政机关为执行其任务、实现国家使命所进行的职务活动。

第二类观点：认为行政职能也称政府职能，是立法功能、司法功能的对称，指行政机关在一定时期内，根据国家、社会发展的需要，依法对国家社会生活诸领域所进行的管理活动，从而体现的功效和能量。简而言之，即行政活动在国家、社会生活中所起的作用。

第三类观点：认为行政职能就是行政主体作为国家管理的执行机关，依法对国家政治和社会事务进行管理时，所应承担的职责和所具有的功能作用。

（三）本书对行政职能的理解

1. 行政管理职能

行政管理职能也称行政功能、公共行政职能或政府职能，是指狭义的政府即国家的行政机关，依法对国家社会生活各个领域进行管理所具有的职责和作用。行使行政职能的目的是实现国家行政机关的价值观念和协调有关部门的利益关系。主要涉及政府管什么、管到什么程度、发挥什么作用的问题，是行政职责和行政功能的辩证统一。广义的政府还包括军事机关、司法机关等。

2. 行政职能体系

从基本职责看，包括政治统治（含民主和专政、组织经济文化建设职能）、社会服务与社会管理两项基本职能；从行政过程看，包括计划、组织、领导和控制四项运行职能。

3. 行政职能特性

行政职能特性主要包括阶级性、共同性、动态性和多样性。

（1）阶级性。政府的行政职能具有阶级性，这是由国家的政治性特征所决定的。全心全意为人民服务是我国行政管理的根本宗旨。

（2）共同性。任何类型国家的行政组织都有共同的职能，即统治职能、社会职能和经济管理职能等基本职能。

（3）动态性。行政职能不是静止不变的，不同社会形态国家的政府，其职能不尽相同；同一社会形态国家的不同时期的政府，其职能也有区别；同一时期政府基本职能的比重也是各有倾斜、互为消长的。

（4）多样性。行政管理的职能是多种多样的，范围遍及国家和社会生活的各个方面。

二、行政职能的分类

从静态和动态上考察和划分，行政职能可分为基本职能和运行职能。基本职能与运行职能之间又是相互渗透、相互交叉、相互作用的，在彼此的联系与制约中发挥作用。

（一）基本职能

行政职能的基本职能包括政治统治、经济文化建设、社会服务和社会管理等。它是按照政府管理所涉及领域划分的，这些职能体现了政府在国家社会生活中的作用，以及行政管理的基本内容和范围，集中反映了行政管理这一上层建筑同经济基础及其他上层建筑的辩证关系。

1. 政治统治职能

政治统治职能主要包括维护统治阶级的统治地位，保卫国家和社会的安全，维护公民的各项民主权利。具体表现为国家有关行政机关对国防军事方面的管理、对公安司法行政的管理等。

2. 经济文化建设职能

经济文化建设职能具体表现为国家行政机关对整个国民经济的宏观调控和指导、对对外贸易和对外经济等各项事务的管理，以及维护市场秩序、提供经济信息服务、加强文化教育和科学技术方面的管理等。

3. 社会服务和社会管理职能

社会服务和社会管理职能主要是组织和动员全社会力量，开展各种形式的社会服务工作，发展各种社会公益事业。具体表现为国家有关行政机关对社会福利事业的管理，对与人民物质生活和文化生活息息相关的社会保障、环境保护、医疗卫生、社会公共事业发展等各类社会公共事务的管理等。

（二）运行职能

1. 运行职能的一般认识

运行职能是按照行政管理的过程来划分的行政职能，从运行的过程上可划分为计划、组织、领导和控制四项职能。

（1）计划职能。计划职能是指管理者预测未来、确定目标、制定实现这些目标的行动方针的过程。它涉及原因与目的、活动与内容、人员安排、时间安排、空间安排以及手段与方法的选择等问题。计划在行政职能中处于首要地位，直接关系到其他职能的作用和效果，管理者必须制订计划，以确定需要什么样的组织关系，什么样的人员配备，按照什么样的方针、政策去领导员工，以及采取什么样的控制方法。计划工作直接影响并且贯穿于组织、领导和控制等管理活动全过程。计划职能主要包括：一是确定目标；二是制定工作程序和工作计划，以保证行政工作的协调、稳定和系统性；三是制定预算，计划必须考虑人力、财力、物力方面的限制，其任务是准确计算实现计划的可行性，为检查和控制实际执行计划的结果提供依据。

（2）组织职能。组织职能是指所确定的任务由谁来完成，以及如何管理和协调这些任务的过程。管理者要根据组织的战略目标和经营目标来设计组织结构、配备人员和整合组织力量，以提高组织的应变力。

（3）领导职能。领导职能是指管理者为组织结构中各个职位配备合适的人员。主要包括：公务员的选拔、聘任、使用、考评、培训等；激励和引导组织成员以使他们为实现组织目标做贡献。为使领导工作有成效，管理者要了解个人和组织行为的动态特征、激励员工及进行有效的沟通，只有通过有成效的领导，组织的目标才有可能实现。

（4）控制职能。管理者要对组织的运行状况加以监督，通过控制可发现当初的计划与实际的偏差，采取有利的行动纠正偏差，保证计划的实行，确保原来的目标得以实现。

上述四种行政职能从理论上说，相互之间存在着逻辑的先后关系，即先计划与组织，然后领导，最后控制。但实际上，某种职能进行中往往穿插着其他的职能活动，因此，行政职能在实际中并不是严格分开的，而是经常融合在一起。

2. 对运行职能的新认识

随着社会经济的发展，一些专家、学者对运行职能提出了一些新的看法，主要包括以下几种。

（1）决策职能。著名管理学家西蒙提出，“管理就是决策，决策贯穿行政管理活动的始终”。因为无论计划、组织、领导、人员配备还是控制，都是由决策的制定和决策的执行两大部分组成。行政管理实际上是由一系列的决策活动连贯起来组成的，决策职能渗透于行政管理的各个环节，从这个意义上说，行政管理就是行政决策。

（2）协调职能。行政管理的协调职能就是对各行政机关之间、行政人员之间，以及各项行政活动之间的关系进行调整和改善，使其按照分工协作的原则互相配合、互相支持。现代行政机关组织庞大，分工细致，各方面的关系复杂，要达到预期的目标，就要及时消除管理过程中的不和谐因素，因此，协调工作也存在于行政管理的全过程。现代行政管理十分重视协调工作，许多发达国家将协调工作放在首位，甚至规定政府机关的主要任务是协调各部门之间的行政事务，认为不会做协调工作的人不配做行政领导者。

（3）创新职能。组织、领导与控制职能是保证计划目标实现不可缺少的手段，从某种意义上说，它们属于管理的“维持职能”，维持对系统的延续至关重要，其任务是保证组织按预定的方向和规则运行，但仅有维持是不够的。任何行政组织都是由众多要素组成的，不断与外界发生物质、信息、能量的交换，外部的环境也在不断变化，这些变化对行政管理的活动内容和要素都会产生很大影响，同时组织内部的某个要素在特定时期的变化也会引起内部其他要素的变化，从而对系统原有目标产生一定的影响。若不及时根据内外变化的要求适时进行调整，则可能会被外界变化的环境淘汰，为适应组织内外变化而进行的局部和全局的调整即是创新职能。

三、行政职能的构成

（一）传统理论对行政职能构成的认识

关于政府行政职能的构成，张金鉴（1935）的行政职能构成说具有重要的参考价值。他认为，在一般的意义上说，行政职能大体可以分为维护、保卫、扶助、管制、服务和发展六个方面。

1. 维护职能

行政维护（maintenance）职能是指维护国家法典和制度的职能。主要通过制定得到社会公众较为普遍认同的国家典章法令，建立、确定和巩固国家的政治意识形态、国家的基本社会制度、国家的主要价值规范和国家的法律。其中，维护宪法和国家政治制度是政府维护职能的核心。

2. 保卫职能

行政保卫（protection）职能是指保卫国家主权、国家和民族独立，以及保卫公民生命、财产和公民权利（如财产拥有权、言论自由权、劳动权、种族和性别平等权、被保护权）等的职能。通过运用国家强制力量，如警察、军队、监狱等维持社会秩序。

3. 扶助职能

行政扶助（assistance）职能是指政府帮助各界发展和社会保障的职能。包括：政府确定价值取向和价值标准，进而通过广泛的产业、税收等政策规制和倾斜，帮助各界顺利发展；政府的保障和救济，如医疗保障、健康保险、失业救济和老弱病残者救济等。扶助职能直接关系到社会的公平和稳定。

4. 管制职能

行政管制（regulation）职能是指管制社会行为主体与国家公共权力主体的社会行为的职能。例如，依法控制、限定和约束社会行为主体与国家公共权力主体的行为，使其不会、不能因自身的利益而非法或不当地侵扰国家、社会、他人、其他行为主体的权利；进行外汇、尾气排放标准管制等，都是为实现国家利益、社会利益和长远利益而进行的依法管制。

5. 服务职能

行政服务（direct service）职能是指通过兴办各类公共事业直接造福于国民的职能。公共设施、公共卫生、公共交通、公共通信、公共信息和公共教育等政府投资兴办及监管的事业，都属于政府公共服务的范畴；公立图书馆、公立学校、政府公共信息网页等，则是典型的政府公共服务方式。

6. 发展职能

行政发展（development）职能是指运用各种可能的方式启发创新的意愿和积极性，促进发展和进步行为的职能。在信息化社会、知识经济的时代，政府要通过积极而有效的公共引导，推动社会的全面进步。科学技术的不断创新、综合国力的不断增强、国民生活质量的不断提高，是政府发展职能的价值内涵，是政府发展职能的价值评判标准。

（二）市场经济对行政职能构成的认识

随着社会主义市场经济的发展，特别是党的十六大对政府职能的重新定位，狭义的行政职能包括经济调节、市场监管、社会管理和公共服务四个基本职能。

1. 市场经济下行政的基本职能

（1）经济调节职能。主要是指政府通过宏观调控手段，如产业政策的导向作用，对需要重点发展的基础产业、支柱产业、高新技术产业等积极加以影响，并在促进企业技术改造和技术创新方面发挥积极作用。

（2）市场监管职能。主要体现在维护市场经济秩序的执法活动方面。市场监管必须以为市场服务理念为前提，以完善市场服务体系和培育成熟的市场机制为基础实行市场监管；加强市场准入条件、审批程序、市场竞争、维护市场公平秩序等各方面的法制建设。

（3）社会管理职能。市场经济体制下的管理，重在服务而不在管；在于依法行政，在于在行政许可法范围内行政，不可不作为，更不许乱作为、野蛮作为。因此，市场经济体制下的管理职能是真正意义的服务职能，而不是计划经济体制下的简单地服从领导、政府一切说了算的管理职能。

（4）公共服务职能。社会性公共服务是靠政府财政投入与政府统筹规划实现的公共、公益行为。社会性公共服务水平高低，是衡量社会发达程度的一把尺子，更是衡量政府服务职能水平、民信程度高低的标志。公共服务可划分为两部分：一是促进社会进步、维持效率与公平的教育公共服务、基础科学研究公共服务等科教型公共服务；二是以公平为主要目标的社会保障与福利的转移支付型公共服务。

2. 市场经济下行政职能的新发展

随着我国社会主义市场经济的不断发展与完善，以及社会发展的新要求，对行政职能构成也有了新的认识。党的十八大首次提出经济建设、政治建设、文化建设、社会建设、生态文明建设的“五位一体”的战略布局，突出了环境保护、生态文明建设的重要战略地位。

党的十八届三中全会明确提出，加强中央政府宏观调控职责和能力，加强地方政府公共服务、市场监管、社会管理、环境保护等职责，首次将“环境保护”与其他四项职能并列，提出了政府的五项基本职能构成：宏观调控、公共服务、市场监督、社会管理、环境保护，这是经济社会发展的必然选择，同时也体现了政府职能观的与时俱进。

第二节　现代行政职能演进

一、西方现代行政职能的演进

（一）现代行政职能问题的由来

进入20世纪，特别是第二次世界大战之后，国家行政管理系统的功能不断强化和扩大。无论是在职能范围上，还是在实现职能的程度上都有了前所未有的发展。政府对公共事务主动、积极地发挥着调节和管制的功能，直接干预社会经济生活的程度逐步扩大，政府的行政活动几乎涉及社会生活的每一个领域。

现代行政职能问题的提出，始于20世纪30年代西方资本主义世界的经济大危机。二战结束至50年代中期，西方主要资本主义国家调整战时行政体制，通过所谓“重建”促进行政体制的变革；在60年代的社会正义运动和70年代的经济“滞胀”过程中，一些西方国家根据当时经济高速增长、科技取得巨大进步的现实，积极改进行政职能和体制，以推动社会经济的迅速发展，重点是控制机构膨胀、激励公务员工作热情及削弱中央集权等；80年代西方开始了反传统思潮、改革政府运动；进入90年代后，西方发达国家政府根据国际政治斗争的新特点和国际上经济竞争日趋激烈的现实，在转变政府职能、改进行政管理方式等方面又相继采取一系列新的措施，掀起了再造政府运动，取得了良好的效果。

（二）经济危机爆发推动行政职能的变革

1929～1933年资本主义世界爆发了前所未有的经济大危机。1929年10月24日，在美国历史上被称为“黑色的星期四”，股票一夜之间从顶巅跌入深渊，从10月29日开始的一周内，美国人在证券交易所内的100亿美元财富就地蒸发（乔纳森·阿尔特，2010）。股票市场的大崩溃导致了持续4年的经济大萧条，从此美国经济陷入了危机的泥沼，以往蒸蒸日上的美国社会逐步被存货堆积、工人失业、商店关门的凄凉景象所代替。

为维持农产品的价格，农场主大量销毁“过剩”的产品，用小麦和玉米代替煤炭做燃料，把牛奶倒进密西西比河，使这条河变成“银河”。到1932年至少13万家企业倒闭，占全国劳工总数1/4的人口失业；5500家银行倒闭，全国金融界陷入窒息状态，千百万美国人多年的辛苦积蓄付诸东流，GNP由危机爆发时的1044亿美元急降至1933年的742亿美元，失业人数由不足150万人猛升到1700万人以上，占整个劳动大军的1/4还多，整体经济水平倒退至1913年（乔纳森·阿尔特，2010）。1933年3月4日富兰克林·德兰诺·罗斯福就任美国第32届总统，取代了焦头烂额的胡佛。

（三）罗斯福“新政”的改革内容

罗斯福一上台，就大刀阔斧地实施了一系列旨在克服危机的政策措施，后来被称作“新政”，概括为3个R，即复兴（recover）、救济（relief）和改革（reform）。

1. “新政”的复兴

由于大萧条是由疯狂投机活动引起的金融危机而触发的，罗斯福的新政也先从整顿金融入手。在被称为“百日新政”（1933年3月9日至6月16日）期间制定的15项重要立法中，有关金融的法律占1/3。1933年3月9日美国国会通过《紧急银行法》，决定对银行采取个别审查颁发许可证制度，对有偿付能力的银行允许尽快复业；从3月13～15日有14771家银行领到执照重新开业，与1929年危机爆发前的25568家相比，淘汰了10797家（乔纳森·阿尔特，2010）。罗斯福采取的整顿金融的非常措施，对收拾残局、稳定人心起了巨大的作用。

罗斯福在整顿银行的同时，还采取了加强美国对外经济地位的行动。1933年3月10日宣布停止黄金出口；4月5日宣布禁止私人储存黄金和黄金证券，美钞停止兑换黄金；4月19日禁止黄金出口，放弃金本位；6月5日公私债务废除以黄金偿付；1934年1月10日宣布发行以国家有价证券为担保的30亿美元纸币，并使美元贬值40.94%（乔纳森·阿尔特，2010）。通过美元贬值加强了美国商品对外的竞争能力，这些措施对稳定局势、疏导经济产生了重要的作用。

在“百日新政”期间，罗斯福在解决银行问题的同时，还竭力促使议会先后通过了《农业调整法》和《全国工业复兴法》。罗斯福要求资本家们遵守“公平竞争”的规则，制定各企业生产的规模、价格、销售范围；给工人们做出最低工资和最高工时的规定，从而限制了垄断，缓和了紧张的阶级矛盾。罗斯福随之又尽力争取中小企业主的支持，中小企业的发展为美国社会的稳定、经济的复苏发挥了积极的作用。

2. “新政”的救济

“新政”的另一项重要内容是救济工作。1933年5月国会通过联邦紧急救济法，成立联邦紧急救济署，合理划分联邦政府和各州之间的使用比例，制定优惠政策鼓励地方政府用来直接救济贫民和失业者。1934年又把单纯救济改为“以工代赈”，给失业者提供从事公共事业的机会，维护了失业者的自力更生精神和自尊心。

“新政”期间，全美国设有名目繁多的工赈机关，包括以从事长期目标的工程计划为主的公共工程署和民用工程署。通过在全国范围内兴建众多的小型工程项目，如校舍、桥梁、堤坝、下水道系统及邮局和行政机关等公共建筑，先后吸引了400万人工作。后来又继续建立了几个新的工赈机构，其中最著名的是国会拨款50亿美元兴办的工程兴办署和专门针对青年人的全国青年总署，二者总计雇用人员达2300万人，占全国劳动力的一半以上（乔纳森·阿尔特，2010）。从1935年开始的第二期“新政”，着重通过社会保险法案、全国劳工关系法案、公用事业法案等法规，以立法的形式巩固新政成果。制定了《社会保险法》和《公平劳动标准法》（又称《工资工时法》）等法律。

3. “新政”的改革

在经济大危机面前，传统的“守夜人”——政府显现出相当大的软弱性。针对资本主义世界的经济危机，凯恩斯在1936年出版了《就业、利息和货币通论》一书，认为失业和危机不是资本主义制度的必然产物，它只是“有效需求”不足的结果。依据凯恩斯的理论，政府要干预经济生活，借此刺激有效需求，即刺激消费和投资。在财政政策方面，当总需求小于总供给时，主张减税、增加财政支出，以扩大投资和消费；利用政府和政府首脑特有的影响力促进本国企业与他国企业之间的贸易或合作；发挥政府专属的权威制定对外经济贸易政策，以推动或保护本国企业的发展。

由于政府的这类活动和行为直接关系到社会经济整体发展水平的持续提高，直接关系到国民生活质量的不断提升，以及其他相关的切身利益，因此，有关政府职能的定位和调整，以及政府公共行政能力的提升和强化，就成了社会普遍关注的焦点问题之一。政府干预经济事实上已经成为西方国家的一种普遍的既定国策。但干预的合理性或实践效用，则取决于政府的职能定位以及政府履行职能的能力。

（四）罗斯福“新政”导致行政职能的重大转变

以国家干预为核心的罗斯福“新政”的推行，使危机得到了有效的控制，并逐步走出了困境。以罗斯福为首的新政派相信，大萧条不仅是经济衰退的结果，而且是政治崩溃的结果，因此，必须大大扩展联邦政府的权力，加强国家的作用。

罗斯福明确提出：政府必须“像一支训练有素、忠贞不渝、愿为公共的利益而作出牺牲的军队一样”行动。为保证“行动”的有效性，罗斯福扩充了总统的立法职能；扩充了总统干预经济的职能，设立了田纳西河流域管理局等经济管理机构，第一次规定联邦政府对华尔街的管制，由政府承担巨大的公共工程开支并进行工程监管等；同时，罗斯福扩充了总统的行政职能，建立了总统办事机构——总统办公厅，以及各种各样的总统辅助机构，同时，将预算局、经济顾问委员会、国家安全委员会等重要机构置于总统的直接领导之下。

罗斯福“新政”开创了国家强力干预社会经济的先例，并因此结束了放任自由的资本主义时代，使19世纪的个人自由主义让位于强调社会保障和集体行动，成为西方各国政府行政管理的榜样。

二、“东亚模式”国家（地区）行政职能的转变

（一）罗斯福“新政”对东亚国家（地区）行政职能的影响

罗斯福“新政”的初衷在于对付经济危机，其直接后果不但表现在经济效用上，更导致了政府职能的重大转变。“东亚经济奇迹”的出现，则从积极的意义上证明了政府主动转变行政职能对于后发展国家和地区社会经济发展的重大作用。从20世纪50年代末到80年代，先是日本，后是韩国、新加坡、中国香港和中国台湾，陆续出现经济腾飞，创造了一个又一个“经济奇迹”。

20世纪60年代日本经济年均增长率超过10%，1960～1980年韩国和新加坡的年均增长率分别为9.9%和10%；1990年泰国和马来西亚的年均增长率分别达到10%和9.4%。1968年，日本超过联邦德国，成为仅次于美国的第二号资本主义经济强国。20世纪90年代，号称“亚洲四小龙”的韩国、新加坡、中国台湾、中国香港的富裕程度，也接近或超过西欧诸国。据《亚洲周刊》统计，1993年人均国民收入韩国为6740美元、日本为27326美元、新加坡为15200美元、中国香港为16382美元、中国台湾为10215美元。

通过分析这些东亚国家和地区经济腾飞的过程可以看出，吸取资本主义经济大危机的教训、引进西方行政职能理念、转变和扩张政府职能是其基本原因，这些国家和地区政府职能转变的模式值得参考和借鉴。

（二）日本行政职能模式

日本是发达国家后发展的代表，为追求经济高速发展实行了政府主导型的市场经济体制。政府对经济进行范围广泛的、强有力的宏观调控。

1. 强调政府调控职能与发挥市场机制相结合

日本认真吸取西方发达国家发展市场经济的经验，充分认识到市场机制是保持整个经济活动的源泉，是推动经济发展的强大动力，而市场机制的核心是竞争，因此政府调控不是违背市场规律去干预经济，而是为竞争创造条件，运用政府的权力排除各种阻碍

竞争的因素，保证市场充分竞争。政府的宏观调控以制定经济计划和产业政策为主要内容，目的在于为企业指明方向，调整和促进产业发展的高度化和外向化，提高经济效率和竞争能力。

2. 建立政府与企业的“协调体制”

政府不是市场经济活动的主体，而是市场经济主体——企业的帮手。日本政府以“服务者”的身份建立起一套较为完整的经济信息系统，向企业提供各种国内外宏观经济状况的信息，以及一些专业性很强的信息。政府发挥了信息提供者的作用，使企业得以凭借这些信息来决策和运作。政府为企业提供财政、金融、税收等方面的帮助，促进企业发展。政府承担了作为企业保护和扶植者的责任，一方面通过贸易保护和投资保护促进本国产业的成长，另一方面通过财政金融优惠等手段扶植本国企业发展；政府根据经济的发展，适时地退出了一些经济领域，放手让民营企业参与竞争，以维护企业间的正常竞争，促进企业间的合作。

（三）韩国行政职能模式

1. 制定有力的经济发展计划

韩国政府的行政职能模式是经济计划与市场机制相互协调的模式。资源配置和企业运行主要依据市场经济规律，政府在充分发挥市场机制作用的同时加强了对经济的干预，利用其强大的行政管理职能，通过各种途径有力地推行经济计划。经济计划由政府经济企划院制定，制定经济计划要求遵循市场规律，充分协商，广泛发动和鼓励各种公私组织和机构参与，重视专家意见，坚持科学性和民主性，以保证经济计划的有效性和可靠性；同时还要求制定一系列相应的政策措施，使计划得以有效实施。

2. 计划服从市场，政策扶持企业

韩国政府尽管制定了相当完备和科学的经济发展中长期计划、年度计划及经济政策，但计划是非指令性的，计划服从市场，经济计划对于企业和个人不具有强制的约束力，企业和个人可参照政府计划调整自己的经营目标和经营方法。为了加强政府经济计划的引导作用，政府采取了相应的政策措施来诱导企业，这些措施主要包括财政、税收、汇率、货币及投资政策等。由于政府经济计划的科学性和可靠性，加上政府政策措施的引导，使企业能够从中获得很大的经济利益。因此，在大部分情况下，企业能自觉地接受政府经济计划的指导，把企业自身的发展方向和目标与国家整体经济计划协调起来，使企业同政府形成“合力”，极大地促进了经济的发展。

（四）新加坡行政职能模式

新加坡政府实行的行政职能模式是自由市场经济与政府干预相结合的模式。这是由新加坡的地理环境和历史文化背景决定的。新加坡是一个四面环海的岛国，国土面积小、人口密度高，缺乏自然资源，经济发展和人民生活都离不开国际市场，历史上新加坡是一个彻底贯彻自由贸易政策的自由港。1965 年新加坡独立后，政府为了迅速发展经济，充分利用地理位置的优势和历史上实行自由贸易的传统，实行了自由市场经济与强有力的政府干预相协调的职能模式。

1. 政府重视市场机制的作用，实行自由港和自由企业政策

新加坡实行自由港政策，包括自由通商、自由通航、人员自由进出、货币自由汇兑等，有力地推动了国内市场的发育，并迅速同国际市场接轨，成为具有国际影响的交易中心；实行自由企业政策，大大调动了市场主体的活力，较早地建立了现代企业制度，包括向外资开放国内各个经济领域，实行内外投资一视同仁，不规定投资比例，不强制或限制投资方式，使企业享有充分自由的竞争条件等。自由市场经济构成了新加坡政府与市场关系模式的基础。

2. 政府实行了符合国际规范的强有力的干预政策

政府在货币和资本、财政支出、就业和工资、物价、基础设施和社会服务事业等方面都采取了强有力的宏观调控措施，使市场调节和政府调控实现了成功的结合，取得了辉煌的成就。新加坡独立后短短 30 年，就成为世界上 30 个高收入国家之一，社会文明达到了很高的水平。

上述三种模式具有共同特点，即都加强了政府对经济的干预。这种干预主要表现为宏观调控与市场机制相结合，制定优惠政策，从各方面支持、帮助、扶持市场主体，这种干预是建立在充分尊重市场规律基础上的，因此都实现了市场调节与政府调控的有机结合。

第三节　中国政府职能模式

21 世纪中国应选择什么样的政府职能模式，是行政改革必须探索的问题。中国是发展中国家，建立社会主义市场经济必然要求正确处理政府与市场、政府与社会的关系，要有一个与中国社会主义市场经济发展水平和社会整体发展环境相适应的、具有中国特色、符合中国国情的政府职能模式。

一、中国政府行政职能转变的特殊性

（一）中国政府行政职能转变的滞后性

我国从20世纪70年代末实行改革开放政策以来，一直在不断调整政府职能。与计划经济时期相比，政府职能已经发生了很大的变化。但由于中国实施渐进式改革与开放战略，各部门改革的进程是不同步的，还存在着三个“滞后”：一是国内体制改革滞后于对外开放；二是政府管理体制改革滞后于经济体制改革的总体进展；三是政府职能的转变滞后于政府机构改革。

（二）政府职能转变要满足全球化与市场化的要求

我国是一个从计划经济向市场经济体制转轨的国家，这就要求重新定位政府角色。随着经济全球化以及市场的对外快速开放，将不可避免地带来短期的冲击，客观上要求政府在市场开放过程中加快改革进程。

中国又是一个发展中的大国，发展极不均衡，东部与西部、城市与农村、现代产业与传统产业之间差距巨大。这一特殊的国情，对我国政府职能提出了比一般发展中国家政府更高的要求。因此，我国政府职能的转变，既要兼顾不同地区、不同部门的发展要求，又要兼顾参与全球经济发展、区域经济发展协调的要求。

（三）21世纪政府职能转变问题依然是改革的热点

党的十六届三中全会明确指出，要“深化行政审批制度改革，切实把政府经济管理职能转到主要为市场主体服务和创造良好发展环境上来”“加快形成行为规范、公正透明、廉洁高效的行政管理体制”“推进依法行政，严格按照法定权限和程序行使权力、履行职责”。上述决定明确地规定了政府转变职能的目标、任务和主要目的，这是适应我国经济社会发展的战略决策。

党的十七大明确提出了“科学发展观，第一要义是发展，核心是以人为本，基本要求是全面协调可持续，根本方法是统筹兼顾”；明确了“加快行政管理体制改革，建设服务型政府”的改革目标，主要包括制定行政管理体制改革总体方案、健全政府职责体系、减少政府对微观经济运行的干预、规范垂直管理部门和地方政府的关系等内容。

党的十八大对政府职能转变的提法更加宽泛，提出推动政府职能向“创造良好发展环境、提供优质公共服务、维护社会公平正义”转变；党的十八届三中全会则在党的十八大提出建设“职能科学、结构优化、廉洁高效、人民满意”的服务型政府的基础上，进一步提出建设法治政府的目标。

党的十九大提出：“转变政府职能，深化简政放权，创新监管方式，增强政府公信力和执行力，建设人民满意的服务型政府。”政府职能转变一直是服务型政府建设的核心。政府职能转变的重心在于使市场在资源配置中起决定性作用、更好发挥政府作用，构建起高效廉洁的体制机制。为此，要继续深入推进简政放权改革，提高资源配置效率，切实将政府工作重点转到创造良好发展环境、提供优质公共服务、维护社会公平正义上来。进一步优化政府机构设置和职能配置，形成职责明确、依法行政的政府治理体系，全面提升政府效能。

二、中国政府职能的转变方向与模式

（一）中国政府职能的转变方向

1. 由全能政府转变为有限政府

在计划经济体制下，政府的作用是全方位的，不仅要充当传统的维护公共秩序和社会利益的“守夜人”的角色，而且要发挥分配资源、安排生产、照顾社会的“家长”作用。在社会主义市场经济建立之后，这种全能型的政府角色已不适应国家经济社会发展的客观规律，不符合社会经济发展的需要。

2. 由封闭政府转变为透明政府

传统体制下的政府是在封闭的氛围中保持权威的，政府的许多活动都处于不公开状态。在新的经济运行体制下，特别是经济全球化下，经济、社会的发展必须公开化，因此行政行为必须公开、透明，公务人员的行政行为不再是简单地依靠上级的要求和道德自律，而是要依法行政，由法律约束，靠法律强制。

3. 由权力政府转变为责任政府

市场经济社会是法制社会，任何影响利害关系人的政府行为都必须接受司法审查，政府必须为自己的违法行为承担法律责任。政府是执行权力的机关，国家的法律法规赋予政府大量的行政执行权，法律在赋予政府权力的同时，还确定了政府应当承担的责任和义务。从法制的角度讲，权力与责任应当是对等的。政府必须从权力政府转为责任政府，承担起应尽的责任。

4. 由政企不分转变为中立政府

政府的利益和企业的利益联系在一起是计划经济的直接结果。当政府担负起企业的盈亏责任时，政府的政策就会发生倾斜，就会为某些企业制定一些特殊的优惠政策。在市场经济体制下，经济资源主要靠市场调节，要求按市场经济规律办事，企业之间是平等竞争关系。因此，政府要对各类企业一律平等，成为真正的中立政府。

（二）中国政府职能的转变目标

党的十八届三中全会明确提出了“加快转变政府职能”的要求，即“科学的宏观调控，有效的政府治理，是发挥社会主义市场经济体制优势的内在要求。必须切实转变政府职能，深化行政体制改革，创新行政管理方式，增强政府公信力和执行力，建设法治政府和服务型政府”。

1. 健全宏观调控体系

宏观调控的主要任务是保持经济总量平衡，促进重大经济结构协调和生产力布局优化，减缓经济周期波动影响，防范区域性、系统性风险，稳定市场预期，实现经济持续健康发展。健全以国家发展战略和规划为导向、以财政政策和货币政策为主要手段的宏观调控体系，推进宏观调控目标制定和政策手段运用机制化，加强财政政策、货币政策与产业、价格等政策手段协调配合，提高相机抉择水平，增强宏观调控前瞻性、针对性、协同性。形成参与国际宏观经济政策协调的机制，推动国际经济治理结构完善。

深化投资体制改革，确立企业投资主体地位。企业投资项目，除关系国家安全和生态安全、涉及全国重大生产力布局、战略性资源开发和重大公共利益等项目外，一律由企业依法依规自主决策，政府不再审批。强化节能节地节水、环境、技术、安全等市场准入标准，建立健全防范和化解产能过剩的长效机制。

完善发展成果考核评价体系，纠正单纯以经济增长速度评定政绩的偏向，加大资源消耗、环境损害、生态效益、产能过剩、科技创新、安全生产、新增债务等指标的权重，更加重视劳动就业、居民收入、社会保障、人民健康状况。加快建立国家统一的经济核算制度，编制全国和地方资产负债表，建立全社会房产、信用等基础数据统一平台，推进部门信息共享。

2. 全面正确履行政府职能

进一步简政放权，深化行政审批制度改革，最大限度减少中央政府对微观事务的管理，对于市场机制能有效调节的经济活动，一律取消审批，对保留的行政审批事项要规范管理、提高效率；对于直接面向基层、量大面广、由地方管理更方便有效的经济社会事项，一律下放地方和基层管理。

政府要加强发展战略、规划、政策、标准等的制定和实施，加强市场活动监管，加强各类公共服务提供。加强中央政府宏观调控职责和能力，加强地方政府公共服务、市场监管、社会管理、环境保护等职责。推广政府购买服务，凡属事务性管理服务，原则上都要引入竞争机制，通过合同、委托等方式向社会购买。

加快事业单位分类改革，加大政府购买公共服务力度，推动公办事业单位与主管部门理顺关系和去行政化，创造条件，逐步取消学校、科研院所、医院等单位的行政级别。建立事业单位法人治理结构，推进有条件的事业单位转为企业或社会组织。建立各类事业单位统一登记管理制度。

3. 优化政府组织结构

转变政府职能必须深化机构改革。优化政府机构设置、职能配置、工作流程，完善决策权、执行权、监督权既相互制约又相互协调的行政运行机制。严格绩效管理，突出责任落实，确保权责一致。

统筹党政群机构改革，理顺部门职责关系。积极稳妥地实施大部门制。优化行政区划设置，在有条件的地方探索推进省直接管理县（市）体制改革。严格控制机构编制，严格按规定职数配备领导干部，减少机构数量和领导职数，严格控制财政供养人员总量。推进机构编制管理科学化、规范化、法制化。

（三）中国政府职能的转变模式

1. 建立新型政府执政观念

（1）服务观念。政府官员必须尽快转变观念，克服以管理代替服务的行政管理模式，从进行发号施令的权力运作转到为社会提供周到的服务，注重满足社会公共需要和国家利益及公众利益的实现。

（2）规则观念。政府在制定政策、处理问题上，要符合市场经济规则，只有政府强化市场规则观念，严格按照市场规则行使职能，才能引导和规范社会企业主体建设完善的现代化的市场体系。

（3）法律观念。加强法治建设，是建立完善的社会主义市场经济体制的重要保证。要加快经济立法、依法行政、依法监督，引导和规范社会企业依法从事各项经济活动，同时要特别注意经济立法与国际规则相衔接。

（4）公平观念。政府必须树立公平观念，对各类企业的经济活动不得有歧视行为，同时要严格监管经济活动中的不正当竞争行为。

（5）透明度观念。实行政务公开，加强公众对于公共政策信息的知情权，加强公众监督，防止利用信息不对称进行“暗箱操作”的幕后交易行为。

2. 建立政府引导与公共服务相结合的新型政府

（1）发挥政府引导作用，提高资源配置效率。政府引导是在充分尊重和发挥市场机制前提下的引导，引导社会主动地、自觉地遵循市场经济规律，创造有利于市场经济发展的各种条件，而不是坚持“政府本位”，由政府去指挥市场、代替市场，因此，政府职能应实现由“政府本位”到“市场本位”的转变。政府发挥作用的基点应从对企业的直接管理，转变为培育企业主体作用，实行政企分离；从对资源配置的直接干预，转向使市场机制起作用，通过市场力量提高资源配置的效率；从对经济的直接干预，转变为宏观调控，引导企业按照国家设计的方向发展，增强本国经济的竞争力。政府对市场的过度干预，将对市场机制造成扭曲和损害，影响企业的竞争力和发展动力，降低资源配置的效率，最终将严重影响经济的发展，降低本国的经济竞争力。

（2）加强政府监管职能，健全现代市场体系。健全现代市场体系是一个制度变革和制度创新的过程，是引导型职能模式的重要内容之一。因此，政府应加强宏观调控，为市场发育创造良好的环境和条件，充分发挥市场在资源配置中的基础性作用，健全统一、开放、竞争、有序的现代市场体系。把完善政府调节、加强市场监督、搞好社会管理和公共服务、减少和规范行政审批、促进经济增长、增加就业、稳定物价和保持收支平衡作为宏观调控的主要目标。

（3）突出政府服务职能，保护社会公平正义。在市场经济体制下政府的服务职能凸显出来，因为市场经济体制下的政府已不是无限政府，而是有限政府。市场规律在国家经济建设与发展中起着基础作用，国家在发展经济方面的作用主要是宏观调控和规范市场秩序，维护市场公平、公正，这也更加突出了政府在经济建设上的维护和服务职能；与此同时，由于政府在公共、公益事业上的服务职能的重要性，为了保证市场经济体制下的社会公平、公正，政府必须利用手中掌管的权力，通过公共、公益事业的投资建设，维护绝大多数人民和弱势群体的基本利益和基本权利。一般而言，国家治理现代化进程都伴随着政府职能转变，特别是以公共服务为核心转变政府职能。党的十八届三中全会提出，政府要“加强各类公共服务提供”“加强地方政府公共服务、市场监管、社会管理、环境保护等职责”。这表明，服务型政府的建设过程也是政府职能加快转变的过程，公共服务逐步成为政府职能的重心，为国家治理现代化奠定坚实基础。

3. 发挥地方政府积极作用，加快地方政府职能转变

地方政府职能转变的主要目的，就是进一步理顺政府和市场、政府和社会、中央和地方的关系，更好地发挥市场和社会的作用，更好地调动中央和地方两个积极性，推动政府全面、正确地履行职能，加快现代政府建设，努力促进经济持续健康发展、社会不断进步，不断满足人民群众的新期待、新要求。

（1）地方政府职能转变要抓好“放、管、服”。第一，“接好”“放好”中央下放的审批事项。中央明令取消的审批事项，要不折不扣地放给市场、放给社会，地方不能变相保留。第二，最大限度地取消地方行政审批事项。省级政府对现有的审批事项要严格清理，该取消和下放的坚决取消下放。第三，加强地方政府管理服务职能。地方政府面对千千万万生产经营者，必须把市场监管这个职能履行到位。加强事中、事后的监管，加强市县政府的市场监管职能和力量，建立好监管网络，改革创新监管方式，建立一套科学监管的规则和方法。第四，加强地方政府的服务职能。搞好保障民生的基本公共服务，也是地方政府需要加强的管理服务职能。

（2）配合地方政府职能转变，机构改革做好“控、调、改”。“善政必简”，加快地方政府职能转变必须加快地方政府机构改革。“控”，就是严格控制机构编制总量；“调”就是调整优化机构编制结构；“改”就是通过深化改革推动机构编制释放潜力。第一，严控机构编制总量。一是对地方政府机构设置实行总额限制，控制政府规模。二是确保财政供养人员只减不增。第二，调整优化机构编制结构。第三，深化改革、创新管理。通过深化改革满足事业发展的需要。严控机构编制总量、调整结构，根本上还是要靠深化改革、创新管理。例如，有的地方推行大部门制改革，整合多个部门的市场监管职能和资源，构建统一的大市场监管体系，提升了服务管理水平和效率；有的地方实行编制实名制，从制度和管理上解决“吃空饷”等问题，这些都是地方政府在推进机构改革上的积极有效的探索。

本章小结

● 行政管理职能也称行政功能、公共行政职能或政府职能，是指狭义的政府即国家的行政机关，依法对国家社会生活各个领域进行管理所具有的职责和作用。行使行政职能的目的是实现国家行政机关的价值观念和协调有关部门的利益关系。

● 行政职能可分为基本职能和运行职能。前者包括政治统治、经济文化建设、社会服务和社会管理的职能；后者分为计划、组织、领导和控制的职能，但一些专家、学者提出了一些新的看法，包括决策、协调、创新职能等。基本职能与运行职能之间又是相互渗透、相互交叉、相互作用的。随着社会主义市场经济的发展，行政职能不断调整和完善，党的十八届三中全会提出，政府要“加强各类公共服务提供”“加强地方政府公共服务、市场监管、社会管理、环境保护等职责”。这表明，服务型政府建设过程也是政府职能加快转变的过程，公共服务逐步成为政府职能的重心。

• 20世纪30年代西方国家经济危机的爆发，推动了西方行政职能的变革，罗斯福“新政”开创了国家强力干预社会经济的先例，并因此结束了放任自由的资本主义时代。20世纪六七十年代东亚国家和地区，如日本、韩国、新加坡政府行政职能都是加强了政府对经济的干预，主要表现为宏观调控与市场机制相结合，制定优惠政策，从各方面支持、帮助、扶持市场主体。这种干预是建立在充分尊重市场规律基础上的，因此都实现了市场调节与政府调控的有机结合。

• 中国21世纪政府职能转变问题依然是改革的热点，同时要满足全球化与市场化的要求。其转变的方向是由全能政府转变为有限政府，由封闭政府转变为透明政府，由权力政府转变为责任政府，由政企不分转变为中立政府；目标是切实转变政府职能，建设服务型政府；模式是树立新型政府执政、建立政府引导与公共服务相结合的观念。按照党的十九大报告的要求，中国行政管理体制改革的趋势是转变政府职能，深化简政放权，创新监管方式，增强政府公信力和执行力，形成职责明确、依法行政的政府治理体系，全面提升政府效能。

复习思考

一、概念题

行政管理职能　行政基本职能　行政运行职能　行政保卫职能
行政管制职能　行政服务职能　行政发展职能　罗斯福“新政”
东亚经济奇迹　行政职能模式　政府执政观念

二、思考题

1. 行政职能可以划分为哪些类型？
2. 如何理解行政职能的构成？
3. 罗斯福“新政”对政府职能转换有哪些影响？
4. 东亚经济奇迹对政府职能再认识的现实意义是什么？
5. 中国行政职能转变的重点是什么，如何建设有中国特色的行政职能模式？

三、材料阅读与拓展思考

“放管服”与政府职能的转变

党的十八大以来，以习近平同志为核心的党中央从全局出发，把转变政府职能作为深化行政体制改革的核心，把简政放权等改革作为供给侧结构性改革的重要内容，多次做出重要部署，提出明确要求。党的十八届二中全会指出，转变政府职能是深化行政体制改革的核心。党的十八届三中全会强调，经济体制改革的核心问题是处理好政府和市场的关系，使市场在资源配置中起决定性作用和更好发挥政府作用，关键是转变政府职能。党的十九大提出：“转变政府职能，深化简政放权，创新监管方式，增强政府公信力和执行力，建设人民满意的服务型政府。”新一届政府成立之初，在“放”上下大气力，努力做好简政放权的“减法”；在“管”和“服”上不断创新，努力做好监管的“加法”和服务的“乘法”。

近五年来，逐步形成了“放管服”改革的系统工程，对经济新常态下的稳增长、促改革、调结构、保就业、惠民生、防风险发挥了积极而重大的作用。从海南省人大代表“晒”出“行政审批长征图”，到河北邯郸市2894枚被取消公章集中展示的“公章墙”，再到三年时间489件国务院文件宣布失效……党和政府用壮士断腕的勇气，“削手中的权、去部门的利、割自己的肉，进行着这场刀尖向内的自我革命，”切实转变政府职能。

社会主义进入新时代，转变政府职能，要将简政放权、放管结合、优化服务结合起来，把更多的精力放到事中、事后监管和优化对人民群众的服务上，放宽市场准入，为市场主体公平竞争营造良好环境，有效推进新时代社会主义现代化建设。

推动政府职能转变要强化“放”的力度。简政放权关键在简，核心在放。简化办事程序，公开办事指南，全面梳理“正面清单”和“负面清单”。积极推进机构改革，减少职能交叉导致重复“跑路”的弊端。各级政府通过“自上而下”的改革，敢于向自己“开刀”，集中梳理现有行政职权，把该放的权力全部下放到基层，力促管理型政府向服务型政府转变，破除办事“中梗阻”，打通服务群众“最后一公里”道路。

推动政府职能转变要改善“管”的方法。简政放权不是“减”责，而是更加科学有效地“管”，从而促进更大力度的“放”。政府要切实履行职责，避免权力下放后当“甩手掌柜”，不闻不问，而要将更多的精力放到事中、事后监管上。积极探索新的监管模式，建立责任明确、任务清晰、程序规范的监管制度和信息公开、失信联合惩戒等机制，完善市场监管和执法体制，将“权力关进制度的笼子”。

推动政府职能转变要提高“服”的水平。积极探索新途径、新方式，推进“互联网政务服务”，实现数据共享，减少同一事项重复办理情况。开通网上办理模式，让信息多跑路、群众少跑腿，最大限度取消不必要的许可、审批和证明，减少政府对市场的干预，降低企业办事成本。推出“一窗受理、一站服务”等便民举措，简化办事流程，真正做到群众办事“只进一扇门”“最多跑一次”。加强信息公开，开通网上政务平台，公开投诉举报电话，设立意见箱、留言簿等，通过多种途径积极接收群众的建议意见，适时调整优化服务。提高政府办事效率，提升群众满意度。

资料来源：改编自柳佳序，《深化“放管服”，推动政府职能转变》，https：//www.9235284a001b0cd94?cota =4&kuai_so =1&tj_url = so_rec&sign =360_57c3bbd1&refer_scene =so_1,2019 -11 -25。

拓展思考题：

1. “放管服”如何体现政府的职能转换？

2. “放管服”与服务型政府建设有什么联系？

第三章

行政组织

行政组织是行政管理活动的基础，是社会公共事务管理的主体。任何行政活动都要通过行政组织来完成，只有依靠科学的行政组织，才能有效地行使国家行政管理的职能。行政组织类型、行政组织制度及行政人员的活动等构成了行政组织体系，并由此确定了行政管理的方向和内容，影响着行政管理工作的质量和效率，因此，行政组织始终是行政管理学最基本的问题之一，为各国政府及行政研究学者所重视。本章的重点是行政组织的含义、行政组织的分类和特征，行政组织理论的演变进程及其主要代表人和观点；难点是组织结构设计。

第一节　行政组织概述

一、行政组织的含义和地位

（一）行政组织的含义

组织是指一群人为达到共同的目的，通过权责分配和层次结构所构成的一个随环境变化而不断进行自我适应与调整的完整的有机体。行政组织是行使国家行政权力、管理国家行政事务和社会公共事务的机构体系。对行政组织可从以下几方面来理解。

1. 广义与狭义的理解

广义上，行政组织是指为执行一定行政事务，而将从事共同工作的人们通过权责和任务分配结成系统协调的组织机构，具有计划、组织、指挥、协调及控制的功能。它既包括政府的行政机关，也包括立法、司法等部门中管理行政业务的机构，同时还包括政府部门以外的企业单位、事业单位、社会团体中管理行政业务的机构。狭义上，行政组织仅指政府的行政机关，是为执行国家的政务、依据宪法和法律规定的程序所组成的机构。我国政府的行政组织包括中央人民政府和地方各级人民政府内设机构所组成的系统。

2. 静态与动态的理解

从静态上说，行政组织是指国家为执行政务而依法组建的行政机关体系；从动态上说，是指行政机关作为管理系统发挥领导和管理国家政务职能而产生的各种组织活动。行政组织是静态结构与动态过程的统一体，通常由四大要素组成：一是物质要素，指行政组织的成员所需的经费、设备、房屋等；二是精神（形式）要素，指行政组织成员行使权力的过程、领导方式、合作关系、职责划分及团体意识等；三是环境要素，指行政组织形成的原因，包括时间、地点、人物等条件；四是目的要素，指行政组织所要达到的任务和目标。在四大要素中，组织成员及其职位构成了行政组织两个最基本的元素，它们是行政组织的基本单位。

3. 阶级属性与社会属性的理解

从阶级属性上说，行政组织是占国家政治生活主导地位的阶级推行本阶级意志的组织工具；从社会属性上说，则是国家为实现社会目的而通过一定的法律程序所建立和规定的，有一定行政目标、人员设置、权责分配、结构形态、财物所有的行政机关体系，其组织行为受国家强制力保障。

4. 生态和心态的理解

从生态角度理解，行政组织是一个开放的社会生态系统，其目标与价值、技术、社会结构、管理状况等密切相关，与特定的环境相依存，受环境的影响和制约，随着环境的发展而发展，可以不断地自主适应、自动调整与外界适应的有机体；从心态角度理解，行政组织是一个群体的心理系统，受工作人员的责任心、荣誉感、工作态度、合作观念及服务精神等一系列心理因素的影响和制约，并与社会心理系统相互作用。

（二）行政组织的地位

行政组织在国家政治范畴里具有突出的地位和作用，它是国家机构的主要组成部分。国家行政组织以其特有的公共行政管理方式，最直接地表现国家职能的性质。行政组织要保证反映国家性质的宪法和法律的全部、正确地实施；同时，政府行政机关是社会和公众利益的正式代表者，要实现国家对广泛的社会生活的有效领导和管理。

行政是日常、大量、繁重国务活动的直接承担者，其管理思想、管理行为和管理方式，直接关系到国计民生以及社会的稳定与发展。组织是管理的物质存在形式，任何行政管理的问题都与行政组织相联系，所以行政组织始终是管理学的最基本问题之一，也是关于国家组织的最重要的宪法和法律范畴之一，因而始终为各国政府及行政研究者所重视。

二、行政组织的特征与分类

（一）行政组织的特征

行政组织在国家政治经济生活中的地位，其阶级属性、社会属性，以及由此产生的对国家和国民所承担的重大责任，决定了国家行政组织具有以下特征。

1. 行政组织的阶级性

任何国家的行政组织，都是由占统治地位的阶级按其阶级意志所组成，是统治阶级管理国家的工具。因此，阶级性是国家行政组织最本质的特征，该特征体现在行政组织的机构设置、人员构成和管理过程的全部活动中。

2. 行政组织的社会性

国家行政组织既然是统治阶级为管理国家而设置的管理体系，它就不可能简单地维护本阶级的利益、管理本阶级的事务，而必须要管理国家的所有事务、所有国民，并为全体国民服务，只有这样阶级统治才能牢固。因此，国家行政组织的主要功能是执行和维护国家的宪法和法律，并依法为经济社会的发展和全体公民福利、安全等方面服务。

3. 行政组织的法制性

行政组织的法制性主要体现在依法设置和依法行政两个方面。依法设置是指国家行政组织自身建设的法制性，包括行政体制必须依据宪法和法律规定的原则、规范、程序确立；行政组织宗旨、组织构成、人员编制、财政预算及其变更，也必须依法行事和符合法定程序。依法行政是指国家行政组织的行政管理活动的法制性，即国家行政组织及其成员的行政内容和行政行为，必须限制在宪法和法制的范围内。

4. 行政组织的系统性

行政组织的系统性主要表现在国家行政组织结构和权力关系的系统性两个方面。从国家行政组织结构上看，国家行政组织都是按一定组织设计原则设置，有明确的管理和服务对象以及具体的社会分工，构成一个完整的结构体系。从权力关系上看，国家行政组织是一个权力关系、组织结构、上统下属、上下贯通、相互联系、纵横交错、头尾呼应的统一体。在统一体内，以一定序列和等级顺序为基础，采取逐级授权的方式，形成各级行政首长与部属或机关内部职责与权力的统属关系，如我国国务院、省、市、县、乡的上下级关系，行政首长与公务员之间的统属关系等。

5. 行政组织的适应性

行政组织作为一个开放的社会系统，受各国的社会文化、政治制度、经济发展水平、技术条件等环境因素的影响和制约，其内部机构设置必须适应国家社会政治经济文化的发展变化而不断加以调整和变革。

6. 行政组织的权威性

行政组织既然是阶级统治的工具，它就必须以国家强制力为后盾而运行，其权威性不容挑战。其权威性表现在以下三个方面。

（1）决策力。国家行政组织具有行政决策权。在关系到国家的政治、经济、社会生活的各方面，国家行政组织做出的行政决策，国家的任何组织、团体、企事业单位和公民都必须遵照执行。任何组织、团体、企事业单位的内部法规、章程、决议、决定，都不得与国家的公共决策相违背。

（2）约束力。国家行政组织依据法律法规对各种社会组织和公民，以及社会生活、社会行为、公民行为实施领导、干预、裁量、管制等，适用者必须遵从。

（3）强制力。国家行政组织对有关社会行为主体依法实行的约束，如果遭到抵制、抵抗或触犯、违背、破坏，它有权视社会行为主体触犯法制的情节，采取勒令停止、经济罚款、行政处罚等行政制裁，直至提起公诉。如遇到法律规定的特殊情况时，可以宣布紧急状态、戒严、军管，直至使用国家武装力量。

（二）行政组织的分类

政府复杂的国家公共管理功能是通过不同行政机关功能的整合体现的。按照各种机关的职权和管辖范围，行政组织大体可分为领导机关、职能机关、辅助机关、咨询机关、派出机关、监督机关、信息反馈机关等类型。

1. 领导机关

领导机关又称首脑机关、中枢机关，是指中央政府和地方各级政府统辖全局的指挥中枢和决策监督核心。其主要职能是制定组织的总目标和长远规划，以及颁布大政方针和政策，对辖区内的重大行政管理问题进行决策，并指挥督导决策的实施。我国中央人民政府和地方各级人民政府的领导机关的功能，主要是在民主集中制的基础上通过行政首长行使其职权来实现。领导机关统辖全局、运筹决策，是决定政府运行效能的关键。

2. 职能机关

职能机关也称执行机关，是指在中枢机关的直接领导下，各级政府负责分管专业行政事务的执行机关。是根据政务管理的需要，按照法定程序建立。我国的职能机关有国务院的各部、委及直属机关，省（自治区、直辖市）、市、县各级政府负责专业行政管理的厅（局）、处、科等。其主要任务是：对上听命于领导机关，贯彻领导机关的政策和决定，接受行政首长的指挥和监督；对下负责领导或指导业务上相同的下属行政部门的工作，行使政府管理职能。

3. 辅助机关

辅助机关是指为领导机关和职能机关能顺利有效地进行管理活动，在机关内承担辅助性业务工作的机关，即协调行政首长处理日常事务的综合性办事机关。包括办公厅和办公机关。辅助业务可分为综合性、专业性、政务性和事务性四种。其中，综合性参与政务协助领导决策，加强各方面联系，管理机构日常事务，如我国各级政府的办公厅（室）的业务；专业性是专门负责内部某一项具体事务，如内部的人事、财务等部门的业务；各级政府的政策调研室业务，属政务性业务；事务管理局或行政处（科）的业务则是事务性业务。辅助机关直接听从行政首长的指挥和要求，对各专业职能部门没有指挥和监督权力，但在授权条件下可代表行政首长行使职权。

4. 咨询机关

咨询机关也称参谋机关、智囊团。咨询机关是由权威的专家学者和富有实际经验的政府官员组成，专门为政府出谋划策、提供咨询意见和决策方案的机关。它既不代表行政首长，也不直接执行机关业务，具有很强的独立性，但本身也有一定的责任和权限。其基本职能是研究咨询、协调政策、参与决策和收集相关资料等。现代公共管理面临的问题日趋复杂，政府首脑无暇就具体问题进行深入系统的研究，而是将其委托给咨询机关进行研究，提供可参考的各种政策方案。因而，现代政府对咨询机关的依赖程度逐渐增强。

5. 派出机关

派出机关是一级政府根据业务管理的需要，按管辖地区授权委派的代表机关，如我国省政府下设的行政公署等。派出机关不构成一级国家行政机关，其权力是委派机关的延伸，因而是派出那一级国家行政机关的分支机关。派出机关的主要职能是检查并监督下级国家行政机关贯彻执行上级国家行政机关的指令和决定，向上一级行政机关汇报辖区内行政机关的情况。

6. 监督机关

监督机关是对各种行政机关及其管理活动进行监督检查的执法性机关。政府机构中的监察机构、审计机构和政府办公厅（局、室、科）内部设置的相关机构等即属此类。监督机关是政府内部建立制衡机制的重要组成部分，其职责是保证各行政机关完成工作目标、遵纪守法、认真履行法定义务。

7. 信息反馈机关

信息反馈机关负责了解各行政机构运行情况，搜集、整理、加工、分析、传递、贮存各种信息情报，为领导机构决策提供依据。政府内部的信息中心、统计局、档案室、情报室、资料室及政府办公厅（局、室、科）内部设置的相关机构，就是信息反馈机关。

三、行政组织产生与确立的依据

（一）宪法和有关法律的要求

行政组织的产生与成立，一般指国家行政机构的设置及其合法性，包括行政组织产生与成立的依据、法定程序及合法性等基本问题。国家行政组织不同于社会组织，是一种法定的组织形态。因此，行政组织的产生与成立必须有法律的依据，经过法定的程序，得到法律的认可，才能获得和行使合法的权力。其中，宪法是行政组织产生与成立的基础，各国宪法通常都有关于国家行政组织即政府的原则规定。这些规定明确政府的基本职权和宗旨，以及组建和撤销的程序等。

除宪法外，现代国家通常都有关于国家行政组织的专项法律，这是行政组织产生与成立的具体法律依据，这种法律一般称为国家组织法或政府组织法。其中，以国家行政组织法最为常见。此外，各国政府还可根据需要，依据行政裁量权自行裁定某些组织的设置与否。但在多数情况下，政府基本职能部门的设置需要依据法律，行政裁量通常只适用于某些委员会、临时机构或过渡性行政单位。

（二）充分行使行政职能的要求

行政组织的建立和改革，与充分发挥政府的行政职能是密不可分的。只有按照行政职能的要求设计行政组织结构，才能实现行政组织目标，达到提高效率、效能的目的。每一次的行政组织机构调整与改革，都是为了更好地配合行政职能的发展需要。

第二节 行政组织理论

本节主要根据西方行政组织理论的演变过程阐述行政组织理论。西方行政组织理论主要经历了古典组织理论、新古典组织理论、人本主义组织理论和现代组织理论四个阶段。

一、古典组织理论

古典组织理论又称传统组织理论，产生于19世纪末20世纪初行政管理学的早期研究时期，是西方早期的行政组织理论。该理论又可分为以韦伯为代表的科层组织理论、以泰勒为代表的科学管理组织理论、以法约尔和古立克为代表的行政管理组织理论三种学派。其共同特点是从制度规范的角度研究行政组织。

（一）科层组织理论

科层组织理论也称“官僚组织理论”，由德国著名政治学家和社会学家马克斯·韦伯创立，在组织理论中占有十分重要的地位，对现代的各种行政组织理论有很大影响。

韦伯提出的“官僚”这个术语，并非指低效率，而是专指组织结构设计中的某些特点。他认为，从纯技术的观点来看，官僚制度是效率最高的组织形式。精确性、工作的速度、任务的明确性、对文件的熟悉程度、活动的连续性、权限的划分、指挥的统一、严格的上下级关系、人员摩擦的控制，以及在物质和人员方面成本的减少，这一切在严格的官僚机构中将达到最佳的状态。官僚式行政管理将是最合理的形式。对于现代大型行政管理工作来说，这种官僚形式是不可缺少的，在行政管理领域中，人们只能在官僚形式与外行之间进行选择。

韦伯认为，任何组织都必须以某种形式的权力作为基础，没有某种形式的权力，任何组织都不能达到自己的目标。人类社会存在三种为社会所接受的权力，即传统权力、超凡权力和法定权力。韦伯勾画出的理想的官僚组织模式具有下列特征：一是组织中的人员应有固定和正式的职责并依法行使职权；二是组织的结构是一层层控制的体系；三是成员间的关系只有对事的关系而无对人的关系；四是成员的选用应经公开考试合格予以使用，务求人尽其才；五是专业分工与技术训练；六是成员的工资及升迁。按职位支付薪金，并建立奖惩与升迁制度，使成员安心工作，培养其事业心。他认为，凡具有上述六项特征的组织，可表现出高度的理性化，其成员的工作行为也能达到预期的效果，组织目标也能顺利达成。

韦伯对理想的官僚组织模式的描绘，为行政组织指明了一条制度化的组织准则。韦伯这种强调规则、能力、知识的行政组织理论为社会发展提供了一种高效率、合乎理性的管理体制。现在普遍采用的高、中、低三层次管理就是源于他的理论。行政组织化是人类社会不可避免的进程，韦伯的理想行政组织体系自出现以来得到了广泛的应用，已经成为各类社会组织的主要形式。

（二）科学管理组织理论

科学管理组织理论是美国管理学家泰勒提出的，他提出了一些关于组织的十分有意义的观点和原则，其中最主要的是职能化原则和例外原则。

职能化原则是相对传统的直线组织管理而言的。在直线组织管理中，一切命令都由最高层次的人员发出，中间层次的人员只能负责执行和传递，最低层次的人员只有执行，这种管理过程不存在职能上的分工。职能化原则主张管理职能的分工和统一，根据工作需要，相应设置几个职能部门，并规定其职权范围，职能部门在职权范围内有权决定事项并可向下级人员发布命令，低层人员既受高层人员的指挥，也得接受职能部门的命令。职能化的管理组织是适应管理工作复杂化趋势而产生的新的组织形式。

例外原则是指高层领导应保留的处理例外事项的决定权和控制权，是与职能化原则紧密联系的。高层领导把常规性的管理事务的权力分解给各职能部门，以能用更多的时间和精力来决策重要问题，这并不是说就不再处理具体的事务。在组织的管理过程中会出现两种“例外”：一是由于新情况的不断出现，会产生某些职能部门原权限中未列入的事项；二是各职能部门之间，职能部门和下层人员之间在工作中难免会出现各种矛盾，而这些矛盾是不能自己解决的，这些例外情况就需要高层领导来直接处理。可以说，例外原则是职能化原则的补充，排除例外原则就不能有效地建立职能化组织。科学管理组织理论虽然以生产部门为主要研究对象，但对一般行政组织的研究也有指导意义。

（三）行政管理组织理论

行政管理组织理论也称为一般管理理论，代表人有亨利·法约尔、卢瑟·古利克、林德尔·厄威克、詹姆士·D. 穆尼和艾伦·C. 雷利等人。这一理论的重点是对正式组织结构的说明。法约尔认为管理就是组织，研究管理其实就是研究社会组织的管理，组织的目的是实现计划、组织、指挥、协调、控制。法约尔的组织理论主要涉及组织的外部形态、内在因素、命令统一原则、参谋组织和“跳板法”五个方面。

古利克和厄威克在其《行政管理科学论文集》和其他文章中，提出了八条组织原则：一是人员适应于结构；二是承认一个高层领导为权威的来源；三是坚持统一指挥；四是使用专业人员和一般人员；五是按照目的、方法、人员和地区进行部门划分；六是授权并使用例外原则；七是使职责与职权相称；八是考虑适当的控制跨度。他们提出的组织原则比较全面，为美国政府的历届行政改革委员会所接受。

穆尼和雷利是美国通用汽车公司的两位总经理，他们根据对政府机构、军事组织的研究提出了四条组织原则，包括协调原则、功能原则、参谋原则和等级原则。运用这些原则可以编制正式组织图、职位说明书和组织手册。穆尼和雷利提出的组织原则，对美国的管理实践产生过极大的影响。

二、新古典组织理论

新古典组织理论又称行为科学组织理论，产生于20世纪30年代。主要有以梅奥为代表的人际关系组织理论、巴纳德为代表的组织平衡理论和以西蒙为代表的决策过程组织理论，其内容和特点是以组织中的人为中心。

新古典组织理论是在对早期组织理论进行分析比较的基础上提出来的。这一派理论的主要代表是玛丽·帕克·福莱特、埃尔顿·梅奥、弗里茨·罗特利斯伯格和切斯特·巴纳德。梅奥是人际关系学说和行为科学的早期代表人，被称为“人际关系理论之父”。

通过1927～1932年所进行的霍桑实验，发现人的社会、心理因素及人在组织中的行为与效率的关系是组织理论的重要内容。巴纳德也是推动传统的管理理论向行为科学的管理理论过渡的著名学者。巴纳德认为组织中除了有正式组织外，还存在非正式组织，非正式组织至少有三个方面的积极作用：可以沟通不便由正式组织的正式渠道沟通的资料和意见；可以维持正式组织内部的团结；有助于促进行政人员的独立抉择。

新古典理论是以古典理论为基础的，其承认等级制的存在，研究权力关系和权威问题，追求组织效率和工作效率的提高，但从社会心理方面研究了人的因素和行为对组织及效率的影响，并以此为基础探讨新的组织模式和管理方法，成为传统的管理理论向发展中的行为科学的管理理论过渡的环节。

三、人本主义组织理论

人本主义组织理论以社会心理学及行为科学的理论和研究成果为主要依据，它把组织中的人的社会心理因素、待业动机、工作者个人的工作生活质量、激励方法及效果作为研究的主要内容。该理论产生于20世纪50年代和60年代，代表人有亚伯拉罕·马斯洛、弗雷德里克·赫兹伯格、道格拉斯·麦格雷戈等。

人道主义学家马斯洛，从理论上提出了人类需要的五个层次，依次是生理需要、安全需要、社会需要、尊重需要和自我实现的需要。马斯洛的研究促进了对组织中人的需要和动机，以及对管理方法、领导行为的一系列富有成就的新的研究。

1959年美国心理学家赫兹伯格提出“双因素理论”，或称之为“激励因素—保健因素理论”。赫茨伯格和他的助手，在美国匹兹堡地区对200名工程师、会计师进行了调查访问。调查研究的主要内容是哪些事情使人们在工作中感到快乐和满足，哪些事情造成不愉快和不满足。结果发现，使职工感到满意的都是属于工作本身或工作内容方面的，使职工感到不满的都是属于工作环境或工作关系方面的，他把前者称为激励因素，后者称为保健因素。激励因素基本上是属于工作本身或工作内容的，保健因素基本上是属于工作环境和工作关系的。

美国心理学家道格拉斯·麦格雷戈于20世纪60年代提出了X理论和Y理论，对传统的管理方法和新的管理方法进行了区分和概括，推动了对各种不同的管理类型、领导行为及其效果的研究。

人本主义组织理论家们强调人的高层次需要及内在激励作用。他们认为产生满意和追求效率气氛的组织不是官僚制组织，而是一种鼓励人们民主参与团体决策的组织，那种具有等级权威结构的庞大的正规组织压抑了人们的高层次的需要，组织只有给予人们自我实现或满足高层次需要的机会，才能取得更高的效率。

四、现代组织理论

现代组织理论是相对于20世纪60年代组织理论的研究和发展状况提出来的。该理论可分为权变组织理论、系统组织理论、组织发展理论三种。

（一）权变组织理论

权变组织理论认为不能用单一的组织模式解决所有组织设计问题，哪一种组织结构模式最好，只能根据具体的情况来决定，其主要代表人有J. 伍德洛德、T. 伯恩斯、P. R. 劳伦斯等。

这些学者通过研究得出结论：高绩效的组织都比低效的竞争对手更能适应其环境需求。最成功的组织趋向于既保持分化又保持整合的状态，以便同环境各构成部分的多样性及它们所需要的相互依存性相一致。权变组织理论的观点是，合理的组织结构和组织设计必须以具体的环境、条件为前提和依据。

（二）系统组织理论

系统组织理论把组织作为一种开放的社会技术系统进行研究，其代表人有乔治·霍曼斯、弗里蒙特·E. 卡斯特和詹姆斯·E. 罗森茨韦克等。系统方法在组织中的研究和运用，使组织理论更加系统化。传统组织理论运用了高度结构的、封闭系统的方法，现代组织理论则转向开放系统的方法。他们的代表作有《系统理论与管理》《组织与管理：系统与权变的方法》等。系统组织理论试图将一般系统论的观点同信息论、控制论等新的理论和方法结合起来，从“开放系统”角度研究组织及管理。它的基本观点与权变组织理论有密切的联系。

（三）组织发展理论

组织发展理论也称组织开发理论。它主要从动态过程研究系统的发展和变革，试图通过对组织现行活动方式进行适当干预以适应环境和内部变化，提高组织效率，这种干预建立在行为科学的基础上。

1973 年 F. 弗伦奇和 E. 贝尔在《组织发展》一书中将主要的组织发展干预活动分为分析活动、小组建设、群体之间的活动、调查反馈、教育与训练、技术—结构活动、过程咨询、方格组织发展活动、第三者调解、辅导和咨询、终身性规划和事业计划活动、计划和制定目标活动 12 种。萨尔弗立奇和索科立克将组织发展和变革要解决的问题分为两大类：一类属于组织结构和经营管理性质；另一类属于人的行为和动态过程。

从以上组织理论可以看出，组织理论的发展和演变，呈现出一种由组织的构成特性到组织的组织行为、由静态结构到动态过程、由组织的内部关系到组织的外部联系的发展趋势，表明了对组织认识的深化。但同时应看到，由于受历史条件、社会制度等的限制，这些理论都不可避免地存在一些局限性，在了解和研究西方组织理论时，不能盲目照搬，也不能全盘否定。

第三节　行政组织设计

一、行政组织设计的含义

行政组织设计是管理者为实现组织目标而建立信息沟通、权力和责任的正式系统，是为实现预期目标而用来联结组织中的技术、任务和人员的分工和协作的手段。行政组织设计就在于追求最佳的组织结构，以达到最佳的绩效。不同的设计原则会产生不同的组织结构，不同的组织结构具有不同的影响，并能产生不同的绩效。

行政结构是行政组织内各构成部分和各部分间所确立的关系的形式，是行政组织的框架。从行政组织框架中，可以确定行政组织内的职责形式、权力关系、各个部门和个人的活动方式、决策以及控制的方法等。

二、行政组织设计的原则

（一）西方国家行政组织设计的原则

组织设计是对组织活动和组织结构的设计过程，组织设计原则是为建立健全高效组织所提出的标准和法则。美国学者吉尔摩曾就组织设计的重要性做过这样的评价："根据40多年来在政府部门和工业界的实际经验和观察，我深信，人们在精神和能力上的最大浪费是由于组织不良引起的……而组织中的绝大多数缺陷则是因没有遵守一些基本原则而产生的。"

1. 古典组织理论下行政组织设计的原则

行政组织的设计原则历来就备受行政学者的关注。古典组织理论学者多是从静态结构角度研究组织，因此，他们提出的组织设计原则又称为组织结构设计原则。这一阶段的组织设计价值取向多是对于官僚体制的看法，并将对体制的看法转变为行政组织管理和设计的原则，相信组织必须层级化，并将权力集中于最高的"唯一主管"，而层级化的权威必须要由"控制幅度"予以确保。所谓的控制幅度即管理幅度，是指一名上级管理者可以直接有效领导和控制的下级人员数目。

行政主管的工作内容就是协调和控制组织。古立克的组织理论中主要的主张是：任何既定的政府功能在本质上都存在着一种最有效率的组织方式。他认为，政府可采取目的（如教育、健康和福利）、过程（如人事、会计）、顾客或物质（如农民、老兵、穷人或自然资源）或地域（如省、区、市、乡镇）的方式进行组织设计。就相关的组织价值，如效率、经济和效能而言，这些组织设计的原则虽各有利弊，但却是从事行政组织设计不可缺少的思考方向。

2. 新古典组织理论下行政组织设计的原则

行为科学理论学者从组织内部成员关系角度，提出了一些组织设计原则。巴纳德曾提出三条原则：一是组织的权力应建立在下级同意的基础上，上级命令只有在下级服从的条件下才能生效；二是组织与其职能必须保持平衡关系；三是在组织中要注意发挥非正式组织的作用。

西蒙强调组织机构的建立必须同决策过程联系起来考虑，不能只遵循部门化原则；组织设计要重视部门之间横向交往与联系。

梅奥也认为组织建立不能仅注重法定权力结构，还应注重人际关系群。行为学者的组织设计从结构硬件走向了对内部人际关系、信息沟通等组织软件的思考，使组织设计原则更加丰富。

3. 现代组织理论下行政组织设计的原则

在行为科学的基础上，权变理论学者提出了组织的权变设计原则。所谓权变组织设计就是以系统、动态的观点来理解和设计组织。它是在传统组织理论和行为科学的理论基础上产生和发展起来的新的组织设计理论。权变的组织设计就是要适应当时的具体情况，如技术、战略、人员情况，而采用不同的组织设计，组合成不同的组织结构。

权变组织设计者认为，过去的组织设计总是寻求和认定一种最好的结构模式，忽视环境自变量对组织设计的影响，忽视了任何组织实际上都处在动态变化环境中的客观情况。但权变论一般并不否认普遍性组织原则的存在，而只是不承认存在唯一的最佳的管理原则与管理方法。组织设计的权变论学者劳伦斯和洛尔施认为，要使组织变得有效，就必须使其内部功能同组织的任务、技术特点或外部环境要求以及组织成员的需要相一致。

吉伯森提出了权变组织设计的六个因素：一是有效的组织结构的设计，要以组织形态的有效性为准则，看官僚组织形态和弹性组织形态哪一种对整个组织更为有效；二是充分了解输入次级环境、输出次级环境、技术次级环境和知识次级环境的情况，注意它们对组织内各个部门产生的影响；三是分析四个次级环境之间的关系，寻找最具有支配作用的次级环境；四是分析四个次级环境各自的变动率、稳定性、反馈周期等具体特征，加以比较和判断；五是依据环境情况，为组织内各部门选定与环境相适应的组织形态；六是确立协调方式，协调方式要与各组织部门的具体情况相适应。

4. 新公共管理理论下行政组织设计的原则

新公共管理理论下行政组织设计的特点是：在效率上重视组织精简；在分权上强调管理授权、层级缩减；在设计目的上强调顾客导向的绩效组织。

20 世纪 90 年代以来，新公共管理的观念被引入政府组织设计中。例如，美国政府再造的主要推动者美国副总统戈尔相信：应该在法令上尽量松绑行政组织及其人员，适当地解除管制，并强调成果导向的重要性。新公共管理反对结构是“成本—效益”的关键这一观点，其支持者强调成功的公共行政需要明确的目标和弹性的过程。结构应是促进绩效，而非控制员工、资讯和资源。组织设计应是由下而上地推动，而非由上而下。

因此，新公共管理理论与传统理论在行政组织设计理念上的不同之处在于：新公共管理理论认为分权化和缩减层级以及精简组建，才是提升行政绩效的重要方法之一。新公共管理理论的主要特色就在于通过管理过程的革新，进一步促使行政组织结构朝向“小而美”的方向发展，其重要的管理技术与行政组织再造息息相关。

（二）中国行政组织设计的原则

综合国内外的研究与实践，中国进行组织设计遵循的原则主要包括以下几个方面。

（1）效率原则。行政组织设置要将效率原则放在首位，一切原则都是为了提高行政组织运行效率的。

（2）法制原则。国家行政组织的设置必须规范化和法制化。行政组织的设置必须有一定的法定程序，依宪法和有关法律设置，防止随意设置机构。中国宪法规定：国务院的组织由法律规定，地方各级人民政府组织由法律规定，国务院审定行政机构的编制等。

（3）权变原则。行政组织应根据组织任务、目标和组织外在环境的变化，自觉适应与调整；行政组织设计要因人、因事、因环境而异。

（4）服务原则。一切的国家组织机构都应当为人民服务，这是由我国社会主义国家性质所决定的。

（5）政令统一原则。即行政组织设计应完整，领导指挥要统一。行政组织内部各级管理机构必须服从其上级管理机构的政令。一个下级只能服从一个上级的指挥，避免多头领导与多头指挥；各级管理机构不应越级指挥。

（6）精简精干原则。行政组织的设置要适应社会发展的需要，领导层次要适度，尽量压缩编制；行政组织成员人数和组织管理层次保持在最小限度。我国宪法规定：“一切国家机关实行精简的原则。”

（7）分工协作原则。行政组织内机构与人员按专业化要求严格分工；各部门的任务、目标和职责要明确，分工必须有协作，各部门要加强沟通与联系，做到自动协调。

（8）权责一致原则。行政组织内各部门、成员职责与权限必须协调一致，既要明确每一管理层次的职责范围，又要赋予其完成职责所必须具有的管理权限。

（9）幅度适中原则。上级的控制幅度不能超过有效的控制限度。一般而言，每一个领导人能够直接控制的下级人数是有一定限度的。

最后要强调的是，行政组织是一个复杂的大系统，关于这个系统的任何规定性，都是一个相互联系、互为因果的系统工程。因此，各项原则的互生性、互动性是发挥原则的规范或法则的指导作用的重要前提。

三、行政组织的设置内容

行政组织的设置是在行政组织设计原则指导下进行的，即无论哪种设置方式都必须遵照行政组织设计原则。行政组织是一个庞大的系统工程，主要分为领导组织体系和职能体系，即执行组织体系，领导组织体系各层级间体现指挥与服从的关系，职能组织体系各部门之间是分工协作关系。领导组织体系与职能组织体系之间也是指挥与服从的关系，各层级的职能机构受本级政府的直接领导，上下级政府的职能机构之间是指导关系，但上级政府职能机构代表本级政府下达的指令，下级政府的职能机构同样必须服从和认真贯彻执行。

（一）领导机构的设置

行政组织首先需要设置和确立的是领导机构，我国现行的领导机构是中央政府和地方政府。领导机构是行政系统的最高机构，具有最高决策权和指挥权、监督权。中央政府是国家的最高行政机构，地方政府是地方的最高行政机构。地方政府受中央政府领导，一级服从一级，全体服从中央。中央政府领导机构的表现形式是其领导集体，如我国政府的国务院、西方国家的内阁等；在地方，政府领导集体由领导班子成员组成。

我国中央人民政府是国务院，管辖全国的政治、经济、文化、国防和安全等国家所有行政事务，所制定的方针、政策、法规、命令、指示、规定和条例等，各级政府必须贯彻执行，其效力适用于所有公民。

地方政府在中央政府及其上级政府的领导下，管理本区域内的政治、经济、文化、治安等地方行政事务。省、市、县一级政府，有权根据本区域经济社会发展的需要，制定适用于本区域的政策法规、制度、章程，但必须与中央政府的相关规定一致。特别行政区或民族区域自治的地方政府，按照宪法或基本法的规定以及中央政府的特别授权，管理本区域的行政事务。

（二）职能机构的设置

职能机构即执行机构的设置，主要是根据客观实际的需要，采用横向与纵向的方法来进行设置。

1. 横向方法设置的行政机构

横向方法主要是按管理职能、专业职能、管理区域、服务对象等方面设置行政机构。

（1）按管理职能设置的行政机构。我国行政机构大部分是根据管理职能的需要而设置的，如管理国防与军事的国防部、管理国际事务的外交部、管理国家安全的安全部、管理社会治安的公安部、管理司法行政的司法部。按管理职能设置的行政机构，虽然同时具有管理与服务两种职能，但往往管理职能重于服务职能，如对公安部等部门的依法行政、执法水平、政策观念等的要求往往更高。

（2）按专业职能设置的行政机构。在我国，该类行政机构主要是根据行业的划分而设置的，管理对象专业性强、领域比较专一，如管理教育事业的教育部，管理交通、邮政事业的交通运输部，管理民政福利事业的民政部，管理农业经济发展的农业农村部，以及财政、文化、科技、水利、卫生、铁道、国土等管理部门机构。根据行业管理和行业发展的需要而设置的专业职能比较单一的行政执行机构，其管理职能仍然重要，但服务职能往往更繁重，甚至可以说，只有充分发挥服务职能作用，才能更好地完成其管理任务。

（3）按管理区域设置的行政机构。该类行政机构主要是根据区域管理、区域合作、区域发展需要而设置的，主要存在于行政组织子系统中，如在经济协作区中相关政府内设的协调机构；外交部下设的管理区域外交事务的机构，如亚非司等。在政府行政组织中，该类机构不多，其管理职能更加单一。

（4）按服务对象设置的行政机构。该类行政机构是单一管理和服务于某一特定目标的执行机构，如中国各级政府子系统中管理干部、青少年、留学生、离退休人员的机构等。

2. 纵向方法设置的行政机构

纵向方法设置的行政机构主要是应用于行政组织中的子系统机构的设置，即在政府部门内部设置具体的执行系统，如国务院各部委内部下设司（局）、处（办、室）、科；省政府各厅（局）下设处（局、办、室）、科等。

纵向方法设置行政机构是关系到行政组织是否能够实现精简精干、高效、统一的重要环节。横向方法设置政府的执行机构是分配或划分事权，子系统执行机构的设置是事权之下的职权和责任的划分和落实。子系统机构的设置，精简、高效是最重要的原则。

四、中国行政机构改革的实践

（一）行政机构改革的过程及其意义

1. 行政机构改革的过程

新中国成立后，1982～2018 年中国行政机构进行了八次较大规模的机构调整。大致可以划分为五个阶段：20 世纪 80 年代的精简机构；20 世纪 90 年代的为市场经济奠定基础；2003 年的宏观调控、市场监管、社会管理和公共服务基本定位；2008 年的“大部制”改革；2018 年的以国家治理体系和治理能力现代化为导向，以推进党和国家机构职能优化协同高效为着力点，改革机构设置，优化职能配置的机构改革。历次改革始终以适应市场经济体制改革为目标，以转变政府职能为轴心，以提高行政效率为目的。

2. 中国行政机构改革的背景

按照党的十九大对深化机构和行政体制改革作出的重要部署，以及党的十九届三中全会通过的《中共中央关于深化党和国家机构改革的决定》和《深化党和国家机构改革方案》，这次行政机构改革是以国家治理体系和治理能力现代化为导向，以推进党和国家机构职能优化协同高效为着力点，深化转职能、转方式、转作风，提高效率效能，着力推进重点领域和关键环节的机构职能优化和调整，构建起职责明确、依法行政的政府治理体系，提高政府执行力，建设人民满意的服务型政府。

（二）行政机构改革的内容

1. 机构改革的基本内容

（1）组建自然资源部。主要职责为，对自然资源开发利用和保护进行监管，建立空间规划体系并监督实施，履行全民所有各类自然资源资产所有者职责，统一调查和确权登记，建立自然资源有偿使用制度，负责测绘和地质勘查行业管理等。不再保留国土资源部、国家海洋局、国家测绘地理信息局。

（2）组建生态环境部。主要职责为，制定并组织实施生态环境政策、规划和标准，统一负责生态环境监测和执法工作，监督管理污染防治、核与辐射安全，组织开展中央环境保护督察等。不再保留环境保护部。

（3）组建农业农村部。主要职责为，统筹研究和组织实施“三农”工作的发展战略、中长期规划、重大政策。统筹推动发展农村社会事业、农村公共服务、农村文化、农村基础设施和乡村治理。不再保留农业部。

（4）组建文化和旅游部。主要职责为，贯彻落实党的宣传文化工作方针政策，研究拟订文化和旅游工作政策措施，统筹规划文化事业、文化产业、旅游业发展，深入实施文化惠民工程，组织实施文化资源普查、挖掘和保护工作，维护各类文化市场包括旅游市场秩序，加强对外文化交流，推动中华文化“走出去”等。不再保留文化部、国家旅游局。

（5）组建国家卫生健康委员会。主要职责为，拟订国民健康政策，协调推进深化医药卫生体制改革，组织制定国家基本药物制度，监督管理公共卫生、医疗服务、卫生应急，负责计划生育管理和服务工作，拟订应对人口老龄化、医养结合政策措施等。不再保留国家卫生和计划生育委员会，不再设立国务院深化医药卫生体制改革领导小组办公室。

（6）组建退役军人事务部。主要职责为，拟订退役军人思想政治、管理保障等工作政策法规并组织实施，褒扬彰显退役军人为党、国家和人民牺牲奉献的精神风范和价值导向，负责军队转业干部、复员干部、退休干部、退役士兵的移交安置工作和自主择业退役军人服务管理、待遇保障工作，组织开展退役军人教育培训、优待抚恤等，指导全国拥军优属工作，负责烈士及退役军人荣誉奖励、军人公墓维护以及纪念活动等。

（7）组建应急管理部。主要职责为，组织编制国家应急总体预案和规划，指导各地区、各部门应对突发事件工作，推动应急预案体系建设和预案演练。建立灾情报告系统并统一发布灾情，统筹应急力量建设和物资储备并在救灾时统一调度，组织灾害救助体系建设，指导安全生产类、自然灾害类应急救援，承担国家应对特别重大灾害指挥部工作。指导火灾、水旱灾害、地质灾害等防治。负责安全生产综合监督管理和工矿商贸行业安全生产监督管理等。不再保留国家安全生产监督管理总局。

（8）重新组建科学技术部。主要职责为，拟订国家创新驱动发展战略方针以及科技发展战略。统筹推进国家创新体系建设和科技体制改革。优化科研体系建设，指导科研机构改革发展。牵头建立统一的国家科技管理平台和科研项目资金协调、评估、监管机制。拟订国家基础研究规划、政策和标准并组织实施，组织协调国家重大基础研究和应用基础研究等。

（9）重新组建司法部。主要职责为，拟订司法行政工作方针、政策，起草有关法律法规草案，制定部门规章，制定司法行政工作的发展规划并组织实施等。

（10）优化水利部职责。主要职责为，保障水资源的合理开发利用。拟订水利战略规划和政策，起草有关法律法规草案，制定部门规章，组织编制全国水资源战略规划、国家确定的重要江河湖泊流域综合规划、防洪规划等重大水利规划。生活、生产经营和生态环境用水的统筹和保障等。不再保留国务院三峡工程建设委员会及其办公室、国务院南水北调工程建设委员会及其办公室。

（11）优化审计署职责。将国家发展和改革委员会的重大项目稽察、财政部的中央预算执行情况和其他财政收支情况的监督检查、国务院国有资产监督管理委员会的国有企业领导干部经济责任审计和国有重点大型企业监事会的职责划入审计署，设立国家监察委员会，不再保留监察部、国家预防腐败局，监察部、国家预防腐败局并入国家监察委员会。

按照机构改革方案，改革后国务院正部级机构减少8个，副部级机构减少7个，除国务院办公厅外，国务院设置组成部门26个，为外交部、国防部、国家发展和改革委员会、教育部、科学技术部、工业和信息化部、国家民族事务委员会、公安部、国家安全部、民政部、司法部、财政部、人力资源和社会保障部、自然资源部、生态环境部、住房和城乡建设部、交通运输部、水利部、农业农村部、商务部、文化和旅游部、国家卫生健康委员会、退役军人事务部、应急管理部、中国人民银行、中华人民共和国审计署。

2. 国务院其他机构调整

（1）组建国家市场监督管理总局。主要职责为，市场综合监督管理，统一登记市场主体并建立信息公示和共享机制，组织市场监管综合执法工作，承担反垄断统一执法，规范和维护市场秩序，组织实施质量强国战略，负责工业产品质量安全、食品安全、特种设备安全监管，统一管理计量标准、检验检测、认证认可工作等。不再保留国家工商行政管理总局、国家质量监督检验检疫总局、国家食品药品监督管理总局。

（2）组建国家广播电视总局。主要职责为，贯彻党的宣传方针政策，拟订广播电视、网络视听节目服务管理的政策措施，加强广播电视阵地管理，把握正确的舆论导向和创作导向。负责起草广播电视、网络视听节目服务管理的法律法规草案，制定部门规章、行业标准并组织实施和监督检查，指导、推进广播电视领域的体制机制改革等。不再保留国家新闻出版广电总局。

（3）组建中国银行保险监督管理委员会。主要职责为，依法依规对全国银行业和保险业实行统一监督管理，维护银行业和保险业合法、稳健运行，对派出机构实行垂直领导。不再保留中国银行业监督管理委员会、中国保险监督管理委员会。

（4）组建国家国际发展合作署。主要职责为，拟订对外援助战略方针、规划、政策，统筹协调援外重大问题并提出建议，推进援外方式改革，编制对外援助方案和计划，确定对外援助项目并监督评估实施情况等。

（5）组建国家医疗保障局。主要职责为，拟订医疗保险、生育保险、医疗救助等医疗保障制度的法律法规草案、政策、规划和标准，制定部门规章并组织实施。

（6）组建国家粮食和物资储备局。主要职责为，根据国家储备总体发展规划和品种目录，组织实施国家战略和应急储备物资的收储、轮换、管理，统一负责储备基础设施的建设与管理，对管理的政府储备、企业储备以及储备政策落实情况进行监督检查，负责粮食流通行业管理和中央储备粮棉行政管理等。不再保留国家粮食局。

（7）组建国家移民管理局。主要职责为，协调拟定移民政策并组织实施，负责出入境管理、口岸证件查验和边民往来管理，负责外国人停留居留和永久居留管理、难民管理、国籍管理，牵头协调“三非”外国人治理和非法移民遣返，负责中国公民因私出入国（境）服务管理，承担移民领域国际合作等。由公安部管理。

（8）组建国家林业和草原局。主要职责为，负责林业和草原及其生态保护修复的监督管理。拟订林业和草原及其生态保护修复的政策、规划、标准并组织实施，起草相关法律法规、部门规章草案。组织开展森林、草原、湿地、荒漠和陆生野生动植物资源动态监测与评价等。由自然资源部管理，不再保留国家林业局。

（9）重新组建国家知识产权局。主要职责为，负责拟订和组织实施国家知识产权战略。拟订加强知识产权强国建设的重大方针政策和发展规划。拟订和实施强化知识产权创造、保护和运用的管理政策和制度等。由国家市场监督管理总局管理。

（10）调整全国社会保障基金理事会隶属关系。将全国社会保障基金理事会由国务院管理调整为由财政部管理，承担基金安全和保值增值的主体责任，作为基金投资运营机构，不再明确行政级别。

（11）改革国税地税征管体制。将省级和省级以下国税地税机构合并，具体承担所辖区域内的各项税收、非税收入征管等职责。国税地税机构合并后，实行以国家税务总局为主与省（区、市）人民政府双重领导的管理体制。

本章小结

• 组织是指一群人为达到共同的目的，通过权责分配和层次结构所构成的一个随环境变化而不断进行自我适应与调整的完整的有机体。对行政组织可从广义与狭义、静态与动态、阶级属性与社会属性、生态与心态等方面理解。

• 广义上，行政组织是指为执行一定行政事务，而将从事共同工作的人们通过权责和任务分配结成系统协调的组织机构，具有计划、组织、指挥、协调及控制的功能。包括政府的行政、立法、司法等部门，以及政府以外的企业单位、事业单位、社会团体中管理行政业务的机构。狭义上，行政组织仅指政府的行政机关，是为执行国家的政务、依据宪法和法律规定的程序所组成的机构。中国政府的行政组织包括中央人民政府和地方各级人民政府内设机构所组成的系统。

● 行政组织在国家政治经济生活中的地位，其阶级属性、社会属性，以及由此产生的对国家和国民所承担的重大责任，决定了国家行政组织具有阶级性、社会性、法制性、系统性、适应性和权威性的特征。按照各种机关的职权和管辖范围，行政组织可分为领导机关、职能机关、辅助机关、咨询机关、派出机关、监督机关和信息反馈机关七种类型。

● 西方行政组织理论主要经历了古典组织理论、新古典组织理论、人本主义组织理论和现代组织理论四个阶段。古典组织理论产生于19世纪末20世纪初，分为以韦伯为代表的科层组织理论、以泰勒为代表的科学管理组织理论、以法约尔和古立克为代表的行政管理组织理论；新古典组织理论产生于20世纪30年代，主要有以梅奥为代表的人际关系组织理论、以巴纳德为代表的组织平衡理论和以西蒙为代表的决策过程组织理论；人本主义组织理论产生于20世纪50年代和60年代，代表人有亚伯拉罕·马斯洛、弗雷德里克·赫兹伯格、道格拉斯·麦格雷戈等；现代组织理论产生于20世纪60年代，可分为权变组织理论、系统组织理论和组织发展理论三种。

● 行政组织设计是管理者为实现组织目标而建立信息沟通、权力和责任的正式系统，是为实现预期目标而用来联结组织中的技术、任务及人员的分工和协作的手段。中国行政组织设计原则主要包括效率、法制、权变、服务、政令统一、精简精干、分工协作、权责一致和幅度适中等原则。

● 行政组织设置主要包括领导机构和职能机构的设置，领导机构的设置在中国是中央政府（国务院）和地方政府；职能机构即执行机构的设置，主要是根据客观实际的需要，采用横向与纵向的方法来进行设置，前者主要是按管理职能、专业职能、管理区域、服务对象等方面设置，后者主要是在政府部门内部设置具体的执行系统。

● 1982～2018年，我国行政机构进行了8次较大规模的机构调整。党的十九大对深化机构和行政体制改革作出重要部署，党的十九届三中全会通过了《中共中央关于深化党和国家机构改革的决定》和《深化党和国家机构改革方案》，按照改革方案，2018年国务院机构改革后，设有26个部委，实行大部制的管理体制。

复习思考

一、概念题

行政组织　　古典组织理论　　新古典组织理论　　人本主义组织理论

现代组织理论　　行政组织设计

二、思考题

1. 如何从不同角度理解行政组织的含义？

2. 行政组织的特征是什么？如何进行分类？

3. 行政组织理论的主要代表人及其理论有哪些？

4. 行政组织在不同理论下的设计原则有何不同？

5. 我国行政组织结构设计应遵循哪些原则？

6. 如何进行我国的行政组织设置？

三、材料阅读与拓展思考

历次行政机构改革的主要内容

新中国成立后，1982～2018年我国行政机构进行了8次较大规模的机构调整。大致可以划分五个阶段：20世纪80年代的精简机构；20世纪90年代的为市场经济奠定基础；2003年的宏观调控、市场监管、社会管理和公共服务基本定位；2008年之后的“大部制”改革；2018年的以国家治理体系和治理能力现代化为导向，以推进党和国家机构职能优化协同高效为着力点，改革机构设置，优化职能配置的机构改革。历次改革，始终以适应市场经济体制改革为目标，以转变政府职能为轴心，以提高行政效率为目的。前7次政府机构改革的主要内容归纳如下。

（一）1982年的行政机构改革

1981年国务院的工作部门有100个，达到新中国成立以来的最高峰。臃肿的管理机构已不能适应改革开放和经济社会发展的需要，亟待改革。1982年3月8日五届全国人大常委会二十二次会议通过了关于国务院机构改革问题的决议。

这次改革明确规定了各级各部的职数、年龄和文化结构，减少了副职，提高了素质；在精简机构方面，国务院各部门从100个减为61个，人员编制从原来的5.1万人减为3万人。

（二）1988年的行政机构改革

1988年4月9日七届全国人大一次会议通过了国务院机构改革方案，这次改革着重于大力推进政府职能的转变。政府的经济管理部门要从直接管理为主转变为间接管理为主，强化宏观管理职能，淡化微观管理职能。改革的内容主要是合理配置职能，科学划分职责分工，调整机构设置，转变职能，改变工作方式，提高行政效率，完善运行机制，加速行政立法。改革的重点是那些与经济体制改革关系密切的经济管理部门。

通过改革，国务院部委由原有的45个减为41个，直属机构从22个减为19个，非常设机构从75个减到44个。在国务院66个部、委、局中，有32个部门共减少1.5万多人，有30个部门共增加5300人，增减相抵，机构改革后的国务院人员编制比原来减少了9100多人。

（三）1993年的行政机构改革

1993年3月22日八届全国人大一次会议审议通过了国务院机构改革方案的决定。方案实施后，国务院组成部门、直属机构从原有的86个减少到59个，人员减少20%。

1993年4月国务院决定将国务院的直属机构由19个调整为13个，办事机构由9个调整为5个。国务院不再设置部委归口管理的国家局，国务院直属事业单位调整为8个。另设置了国务院台湾事务办公室与国务院新闻办公室。

（四）1998年的行政机构改革

1998年3月10日九届全国人大一次会议审议通过了关于国务院机构改革方案的决定。改革的目标是建立办事高效、运转协调、行为规范的政府行政管理体系，完善国家公务员制度，建设高素质的专业化行政管理队伍，逐步建立适应社会主义市场经济体制的有中国特色的政府行政管理体制。

根据改革方案，国务院不再保留的有15个部、委。新组建的有4个部、委。更名的有3个部、委。改革后，除国务院办公厅外，国务院组成部门由原有的40个减少到29个。1998年开始的政府机构改革，撤销了经济专业管理机构，并使各部委以及各级政府部门、军警与所办企业脱钩。从1998年开始，国务院机构改革首先进行，随后党中央各部门和其他国家机关及群众团体的机构改革陆续展开；1999年以后，省级政府和党委的机构改革分别展开；2000年，市、县、乡机构改革全面启动。截至2002年6月，经过4年半的机构改革，全国各级党政群机关共精简行政编制115万人。

（五）2003年的行政机构改革

2003年3月十届全国人大一次会议审议通过了国务院机构改革方案。这次国务院机构改革的主要任务集中在七个方面：一是深化国有资产管理体制改革，设立国务院国有资产监督管理委员会；二是完善宏观调控体系，将国家发展计划委员会改组为国家发展和改革委员会；三是健全金融监管体制，设立中国银行业监督管理委员会；四是继续推进流通管理体系改革，组建商务部；五是加强食品安全和安全生产监管体制建设，在国家药品监督管理局基础上组建国家食品药品监督管理局，将国家经济贸易委员会管理的国家安全生产监督管理局改为国务院直属机构；六是将国家计划生育委员会更名为国家人口和计划生育委员会；七是不再保留国家经济贸易委员会、对外贸易经济合作部。

根据机构改革方案，国务院组成部、委数由29个缩减为28个。改革后，除国务院办公厅外，国务院由28个部门组成。这次机构改革突出体现了行政组织的设计与调整必须适应行政职能发展的需要，即按照“经济调节、市场监管、社会管理和公共服务”的政府职能定位，紧紧抓住转变政府职能这个关键，按照加强监管和宏观调控职能、增强服务功能、界定和理顺部门职能关系的要求，对行政组织结构进行重新设计和调整。

（六）2008 年的行政机构改革

按照党的十七大报告精神，2008 年 3 月十一届全国人大一次会议上，审议通过了第 6 次国务院机构改革方案，实行大部制下的行政组织体制。它是为推进政府事务综合管理与协调，按政府综合管理职能合并政府部门，组成超级大部的政府组织体制。国务院机构改革方案公布后，国务院新组建交通运输部、工业和信息化部、人力资源和社会保障部、环境保护部、住房和城乡建设部 5 个部委，改革后的国务院组成部门设置为 27 个，这次调整也被媒体称为“第一轮大部制改革”。这次国务院机构改革涉及调整变动的机构 15 个、正部级机构减少 4 个、新组建 5 个。

（七）2013 年的行政机构改革

党的十八大要求“稳步推进大部门制改革，健全部门职责体系”；2013 年 2 月，十二届全国人大一次会议审议通过了国务院机构改革方案。这次国务院机构改革，重点围绕转变职能和理顺职责关系，稳步推进大部门制改革，实行铁路政企分开，整合加强卫生和计划生育、食品药品、新闻出版和广播电影电视、海洋、能源管理机构。这次改革，国务院正部级机构减少 4 个，其中组成部门减少 2 个，副部级机构增减相抵数量不变。改革后，除国务院办公厅外，国务院组成部门包括 25 个部委。组建部门具体包括组建中国铁路总公司、国家卫生和计划生育委员会、国家食品药品监督管理总局、国家新闻出版广电总局；重新组建国家海洋局、国家能源局等。

资料来源：改编自赖先进，《新中国 70 年政府机构改革历程回顾与成效》，载于《学习时报》2019 年 11 月 11 日。

拓展思考题：

1. 政府机构改革与政府职能转变是什么关系？

2. 中国历次政府机构改革如何体现经济、社会发展的要求？

3. 中国政府机构改革的发展方向和趋势是什么？

第四章

行政领导

行政领导是广泛领导现象中的一种复杂的类别。行政领导既指政府领导机关、领导班子和领导干部等公共行政的决策主体和管理主体，又指公共行政活动中的领导职能和领导过程。行政领导决定着公共行政的方向和效能，有效地推行政治决策和实现政治目标，进行科学化、艺术化的指挥、协调和控制活动，只有在统一领导的前提下才能有效的展开。领导艺术是行政领导者的素质、能力、魅力和影响力的综合体现。行政领导作为执行公共权力的基本条件，成为行政管理学研究的重要对象。本章的重点是探讨行政领导的含义和体制，行政领导者的产生、素质和群体结构，行政领导的方式、类型和内容，以及行政领导艺术的运用；难点是领导艺术的领悟与实际运用。

第一节　行政领导概述

一、行政领导的含义和特点

（一）领导的含义

1. 不同学者对领导含义的认识

在分析行政领导之前，先应明确领导的含义。西方学者史密斯（Smith）和克鲁格（Krueger）提出，不管人们所处的文化背景有何不同，领导这一特殊现象总是存在于任何人群之中。斯道戈迪尔（Ralph M. Stogdill）和巴纳德（Chester I. Barnard）在其编辑的

《领导学手册》中，在总括各种学派和观点的基础上，提出了如下11种界定，即领导意味着群体过程的中心、人格及其影响、劝导服从的艺术、影响力的运用、一种行动或行为、一种说服的形式、一种权力关系、一种互动中逐渐形成的效果、一种分化出来的角色、结构的创始以及一种实现目标的手段。

还有的西方学者认为，领导就是协调与激励个人和团体，以获得预期目标的一种艺术（J. M. Pfiffner & R. V. Presthus，1960）；领导乃是激发部属的热情与信心，以完成工作使命的艺术（H. Koontz & C. O. Donnell，1955）；领导系影响他人，并使其合作无间，共同趋向于所期待的目标和行动的一种力量（O. Tead，1951）。

在中国人的理解中，领导有时是指领导者这一角色；有时是指领导职位；有时是指领导者的行为；有时是指一种特殊的社会现象。

2. 本书对领导含义的认识

本书认为，领导是指领导者在特定的组织中依靠其职务权力和个人的影响力，通过命令、示范、说服等途径，动员下属实现群体目标的过程。

领导的实质就是领导者对权威和影响力的运用和实施。领导的过程涉及领导活动的结构（组织结构）、领导活动的手段（影响力实施的方法与手段）、领导活动的目标（群体目标）三个环节。

职权在领导中的作用是重要的，但领导者的影响力，也就是其个人的人格魅力、修养、能力和知识等凝聚性要素是领导活动顺利推行、领导目标顺利实现的基础所在，也是领导含义的核心；职权（法定权力）这一强制性因素不是构成领导者影响力的唯一要素，它只有建立在凝聚要素基础之上，才能充分发挥其权威作用。所以，领导不仅是在正式结构中进行的一种规范化、科学化的活动，而且是在非正式结构中得以施展领导者影响力的一种艺术化活动。

（二）行政领导的含义

1. 不同学者对行政领导含义的认识

领导与行政领导的含义是有区别的。行政领导是作为社会公共权威而展开的活动和关系，是在人类社会发展到一定阶段，逐渐从日常管理领域中分化出来的社会现象。西蒙在论述这一现象时，认为决策、计划等职能从日常的管理和生产领域中分化出来，即“决策工作专门化”，就直接导致了行政领导这一特殊现象的产生。行政领导成为所有组织能够有计划、有秩序地运转的重要前提。

由于行政领导总是与特定的行政体制、权力分布和机构体系联系在一起，因此，人们对行政领导的理解首先是从权力运用、规章制度这一体制性要素去理解。随着人际关系学派理论的产生，人们开始透过体制性要素，试图从人际关系、感情结构这一视角去理解行政领导。行为科学学派认为行政领导不是强制命令，而是运用影响力使别人自愿接受。因此，不仅上级可以对部属发生影响力，就是部属也能产生领导。如果部属的意见反映到上级而被采纳的话，这表示部属对上级产生影响，凡是能够在组织中产生影响力者就是领导。菲德勒的领导权变理论产生以后，人们便把环境因素纳入进来，试图从组织和外在环境的互动来理解行政领导的含义。这样，就产生了如下三种对行政领导的不同理解。

第一，从权力运用、规章制度的执行与正式组织结构相吻合的角度去观察行政领导。持这种观点的人认为，行政领导就是通过命令、指挥使整个组织活动达成目标的行为过程。

第二，从人际关系、感情因素的角度去观察行政领导。持这种观点的人认为，行政领导是对组织内群体或成员施加影响的活动过程，是一门促使下级满怀信心地完成其任务的艺术，是一种说服他人热心于一定目标的努力。

第三，从行政组织所处的环境这一角度去观察行政领导。持这种观点的人认为，行政领导是如何使行政组织有效地适应外在环境以维持存续和发展的一项活动。张金鉴于1984 年出版了《行政学新论》一书，认为行政领导就是各级主管适应部属的心意与需要，运用思想沟通、人格感召、智能表现及管理措施，促使之踊跃热烈地共赴事功，以协同一致的努力，有效地完成使命与任务。

2. 本书对行政领导含义的认识

归纳各种研究成果，可以看出：行政领导是指国家行政管理中的领导，是国家行政中主管职能的承担者，通过指挥和说服等途径影响组织内的个体和群体，组织和管理行政事务，以实现管理既定目标的行政活动过程。致力于这一过程的人，就是行政领导者。

因此，行政领导就被理解为一个动态的过程，它是领导者、被领导者、环境相互作用和相互结合以实现行政目标的过程。其要素有：一是行为主体，即行政领导者包括个体领导者和领导者集体；二是行为客体，即行政领导者的下属和行政管理的对象；三是行为内容，包括计划、决策、指挥、协调、控制等行政活动，这些行政活动贯穿于整个行政管理的各个层次和各个方面；四是行政环境和目标，即行政领导必须适应环境要求，以实现行政目标为最终目的。

（三）行政领导的特点

1. 时代性

行政管理是一个历史范畴，行政权力的实施必须在一定的政治、经济、文化背景下进行。领导者作为行政权力的承担者必然要代表一定的政治利益集团行使行政权力，因此，在不同时代有其鲜明的政治目的，体现时代性。不同时代行政领导的职能和目的不同。

2. 层级性

行政领导与其他组织中领导活动的最大不同就在于它的层级性，即决策与计划总是遵循着从高层向底层贯通这一特定的线路。行政体制中科层结构决定了领导者总是处于一定的行政职位上，且领导者与被领导者的差异首先体现为职位的高低，居于高职位的人总是要领导居于低职位的人，这样就导致人们总是在这一科层结构中扮演固定的并有等级差异的“职位角色”，以及行政领导在形式上的等级性。

3. 权威性

行政领导的权威性来自其合法性，这是基于法定的地位或是组织的行为规范和命令。具有领导地位的人就具备合法的领导权。无论就国家的法律而言，还是就规章制度而言，部属总是应该服从领导的。如果不服从，就构成违法或抗命行为，便会受到一定的制裁或处罚。在合法的组织中服从合法的权力，是公认的价值观，这也是层级节制体系成立的前提。

4. 服务性

行政管理是要实现国家与人民的意志和利益，服务是行政领导本质所在。行政领导者不是权力的永久占有者。西方关于领导的理论认为，领导者应是代理者、议事者和促进者的统一。尽管有时人们看到行政领导者可以运用强制性的权力以展示公共权威的威严，但从根本上来说，行政领导者仅仅是居于特定行政职位上的民意的代理者，如果他以此推断出权力是私有的，那么也就从根本上违背了领导的本质属性。因此，在现实生活中，行政领导的服务性是通过法律或规章转化为一整套的行政规范。

5. 综合性

行政领导的综合性主要体现为管理事物、涉及知识和整合各方利益的综合性。其中，管理事物的综合性是由社会的劳动分工决定的，劳动分工程度越高，担负主导和统领功能的行政领导活动的综合程度也就越高；涉及知识的综合性，即从事行政管理要求领导者应是一个通晓各专业基本知识的通才，而不必是专精于某一学科、从事纯技术活动的专才，由通才所进行的指挥、协调活动就必须表现为极强的综合性；整合各方利益的综合性，由于现代社会是一个利益多元化的社会，各群体的利益表达会给行政领导造成较大的压力，这就导致了行政领导活动中存在着各方利益一致或冲突与矛盾的方面，因而行政领导活动的重要内容就是将不同的劳动分工和不同的利益进行综合，从而将综合的结果输出给社会。

二、行政领导的体制

（一）领导体制与领导制度的关系

领导体制与领导制度之间既有区别又有联系。领导体制是领导的组织依托，领导的职能与原则、领导者与被领导者之间的关系等都必须通过特定的领导体制才能体现；有效的领导活动需要科学的领导体制得以最终实现，体制顺则领导活动畅通，体制不顺领导活动就会遇到阻碍。

就领导体制本身来说，它是一个狭义的概念。领导体制是指领导系统中权力划分、机构设置、横向及纵向部门之间相互关系的确定的组织形式和制度形式，泛指组织系统中进行领导活动的具体制度或体系。其本质在于哪一个阶级占据国家的领导地位。

一个国家有什么样的领导制度，就必然有什么样的领导体制，这是由国家的阶级本质决定的。领导制度具有内容的单一性和相对的稳定性，领导制度不发生根本的变化，国家的行政组织系统的性质就不会变。领导体制则具有形式的多样性和相对的变动性，如在资本主义国家中，行政领导制度从根本上说是相同的，但其行政领导体制却有各种各样的形式，即使是同样采用总统制的国家，其基本形式和运行机制也有很多差别。

因此，领导制度和领导体制并不是绝对一致或完全吻合的。领导体制既和领导制度相联系，受其制约和影响，同时又有相对的独立性。

（二）行政领导体制的含义及类型

行政领导体制是指国家行政组织或公共行政组织，在国家宪法和有关法律的规定范围内，对国家和社会公共事务进行管理的领导制度体系。其类型主要包括以下两类。

1. 中央集权制与地方分权制

按照中央与地方的关系，可把行政领导体制分为中央集权制和地方分权制。中央集权制是指一切重大问题的最后决定权都集中在中央政府与领导者手中，地方各级领导机关与领导者必须完全按照中央政府的指示或决定办事的领导体制。中央集权制度的建立，对中国两千多年的历史产生了深远的影响。自秦始皇开始，为维护封建统治，确立了以三公九卿制度和郡县制度为核心的中央集权制度，这套加强中央集权的措施成为以后历朝历代的模板，之后历朝历代都是围绕着这一制度来组织自己的政府、管理国家。尽管这其中有许多的变化，但加强皇帝的权力、加强中央政府的权力、将权力牢牢地掌握在皇帝的手中，成为历朝历代皇权统治的思想核心。集权制的优点在于政令统一、标准一致，能够统筹全局、兼顾其他、指挥方便、令行禁止，有利于集中力量、攻克难关。但中央集权制也有明显的缺点，表现为弹性与灵活性差，缺乏应变能力，不能因时因地因人制宜，不利于发展地方个性与特色，也不容易顾及一些特殊情况，不能充分调动下级领导机关与领导者的积极性与创造性，有时甚至会造成官僚主义与独断专行等弊端。

地方分权制是指下级领导机关与领导者在自己的管辖范围内有独立的自主权，可以自主解决问题，上级对下级在自己的管辖范围内决定处理的事情不得随便干预的领导体制。美国是典型的地方分权制，各州在尊重和维护联邦的权威和权力的前提下，共同参与联邦政府的决策和政策实施，并在不损害联邦利益和权力的前提下，行使各自原有的政治和经济自治权。分权制的优点在于，由于下级领导机关与领导者可以在自己的管辖范围内独立自主地工作，因此能够集思广益，充分发挥下级领导机关与领导者的主观能动性，做到从实际出发，具体问题具体分析，从而因时因地制宜地制定具有自身特色的方针与政策等，充分利用并发挥下级与地方的特色与优势。对整个国家或组织而言，则不易产生独断专行等现象；其缺点在于难以坚持政令统一，容易造成各自为政，使组织中各个层级的矛盾与冲突难以协调，也容易造成分散主义、地方主义与本位主义等现象，不利于维护国家与社会的整体利益。

2. 行政首长负责制和委员会制

从行政决策权的行使看，可分为行政首长负责制和委员会制。

（1）行政首长负责制是指在政府工作和其他行政领域中，由政府首长及行政主管全权负责的领导责任制。中国各级政府均实行行政首长负责制。1982 年中国宪法第一次明确规定：国家各级行政机关实行首长负责制。在中央、国务院实行总理负责制，各部委实行部长、主任负责制；在地方，各级政府实行省长、自治区主席、自治州州长、市长、县长、区长、乡长、镇长负责制。中国行政首长负责制的基本内容包括以下几点。

第一，领导本级政府的工作。在行政首长领导下，通过办公机构（如国务院办公厅、省政府办公厅、县政府办公室）负责处理日常工作。

第二，召集和主持本级政府的全体会议和常务会议。这是实现集体领导，充分发挥行政领导群体每一个成员的积极性、创造性，集思广益，贯彻少数服从多数的民主原则，以求优化抉择的重要保证。

第三，向本级人民代表大会及县级以上常委会负责。行政首长要执行本级人民代表大会及其常委会的决定，对其负责，报告工作，受其监督。地方各级政府还要向上一级国家行政机关负责并报告工作，受其监督。

第四，与工作部门首长负责制及工作责任制相结合。在中央，国务院总理负责制与各部委部长主任负责制相结合；在地方，各级政府行政首长负责制与县以上的职能部门工作负责制相结合。

我国的行政首长负责制是独具中国特色的一种行政领导体制。其特色集中表现为：集行政首长制和合议制的优点于一身，集体领导与个人分工负责相结合，是民主集中制原则在行政领导体制中的特殊体现。特点是责任明确、事权集中、分工合作、反应迅速、效率较高。

（2）委员会制又称合议制，指行政组织决策和管理权力由若干人组成的委员会共同行使，按少数服从多数或协调一致的原则集体决定、共同负责的组织体制。以实行合议制的委员会为国家最高执行机关的政体形式。在委员会制下，立法机关和行政机关是议行合一的关系。

瑞士联邦政府是委员会制的典型。1848 年瑞士制定联邦宪法，确立委员会制为共和国的政府形式并延续至今，成为唯一长期实行委员会制的国家。瑞士联邦委员会是瑞士最高行政机构，主席任期 1 年，期满由副主席升任，同时另选出新的副主席。主席、副主席均不得在次年连选连任。主席和各委员之间地位平等，对内负责主持会议，对外代表委员会行使国家元首的各种礼仪性的职责，职权极其有限，无任何特权。委员任期 4 年，分别担任各部行政首长，主管部的行政事务，但一切政务均须集体议决，以委员会名义执行。委员会是受议会委托的执行机关，对议会通过的一切法律必须执行，不得退回复议，更无权解散议会。委员会的决议和建议如遭议会否决，委员会无须辞职，议会也无权通过不信任投票推翻委员会。

（3）首长制和委员会制的利弊。首长制、委员会制各有利弊，应当视情况而灵活运用，不可偏于一隅。首长制的优点是事权集中、责任明确、行动迅速、效率较高和有利于保密等；但其缺点是容易形成专权和独断，导致决策失误和腐败的发生等。委员会制的优点是有利于发扬民主、群策群力、科学决策，有利于相互监督、防止权力垄断等；其缺点是权力分散、责任不明，协调困难、决策缓慢，责任分散、决策容易冒险，容易造成领导机关的内部矛盾等。

首长制和委员会制没有绝对的优劣之分，关键在于适当运用。一般来说，首长制运用于行政、执行、技术和军事等性质的事务；委员会制则运用于顾问、讨论、立法、决策、调节等性质的工作。

第二节　行政领导者的要求

一、行政领导者的产生方式

（一）选任制

选任制是指由法定选举人投票，经多数通过来决定职务的任免。行政领导者由被领导者或被领导者的代表选举产生，选举出的领导人要接受国家权力、上级政府的领导和监督，接受广大人民的监督。这是一种在古希腊、古罗马就曾经实行过的选拔人才的方式。

我国各级人民政府的领导者就是通过各级人民代表大会及其常委会选举产生、决定任命的。一般来说，选任制能较好地反映人民群众的意愿，体现民主管理的原则，并且有利于克服官僚主义。

但由于最能得到选民拥护的人不一定就是最优秀的行政领导者，因而实行选任制时，必须完善选举制度，要明确选举范围，加强选举工作的民主管理，培养人民群众的民主意识，使人民群众真正行使并善于行使自己的民主权利。凡实行选举的职务，就要做到名副其实，有关候选人的提出、名额，对候选人的介绍、讨论和投票，都要使选举人能够真正自由地表达意志，避免流于形式。

（二）任命制

任命制又称委任制，是各国普遍使用的、历史最悠久的传统选拔人才的方式。目前在各国实行任命制的实际过程中，上级往往要受到许多资格和手续方面的限制，并非能够随心所欲地行使任命权。

在我国，任命制是指由有任免权的、按照公务员管理权限直接委派其辅助人员或执行人员担任一定职务的任免形式。我国公务员的委任制，包括各级国家权力机关对领导职务序列公务员的提名、任命，以及政府各部门领导者对本单位各级行政负责人和普通公务员的委任。

委任制的优点是权力集中，指挥统一，任用程序简单明了，有利于配备能够合作共事的工作人员。但有时也容易受个人主观片面性的影响，难以从法律和制度上杜绝用人中的不正之风，容易出现压制民主、任人唯亲等现象。因此，实行委任制，必须对行政主管领导委任权的使用条件、范围有一定的限制，对委任对象的资格、条件、能力水平有一定的明确规定，同时还要注意走群众路线，严格按照规定的程序办事，以防止各种不正之风及主观随意性的出现。

（三）考任制

考任制是国家公务员的一种录用方式。根据统一标准，按照公开考试、择优录用的程序，选拔任用国家公务员。考任制是源于我国古代科举制选拔官员的一种方式，现已被世界各国所采用。当然，现代的考任制和我国古代的考任制有本质的差别，但是我国古代官吏考试选拔的经验还是有借鉴意义的。

考任制遵循公开、民主、平等、竞争、择优录用的原则，具有较高的科学性和实用性，可以最广泛地选拔优秀人才，防止用人工作中的不正之风。其缺点是统一考试的形式具有一定的局限性，很难全面充分地反映出应试者的实际工作能力。

（四）聘任制

聘任制是一种通过聘任和应聘双方签订聘约，聘请人员担任公务员职务的任免形式。合同期内，在法律的监督和保护下，双方履行各自的责任和义务；合同期满，根据双方的协商情况，可继续聘任，也可解聘。它可分为公开招聘和限制范围聘任两种形式。

目前，聘任制范围越来越广。其优点是便于吸收外来人才，也有利于默默无闻的人才脱颖而出；聘任制会给本部门带来先进的管理经验、方法和手段，使本部门的领导层能够及时更新并始终保持活力。但在实际运用中，应注意防止短期行为及忽视使用本部门人才的弊端。

二、行政领导者的素质要求

作为行政领导者，应当具备比一般行政人员更高的条件，即具有胜任领导职责的素质。

（一）政治觉悟

优秀的领导者首先应具有坚定的政治立场和崇高的政治觉悟。社会主义国家对行政领导者的政治素质要求包括：有坚定的政治信仰，坚持共产党的领导，拥护和执行党的路线、方针、政策；以党和国家的利益为重；坚信社会主义、共产主义事业是人类最伟大的事业，并将为之奋斗终生。

（二）人格魅力

所谓人格主要指人的德、智、志、信四要素。德，即人的品德修养，体现人的品格、道德、风貌；智，即人的智慧，是由科学文化素养所形成的聪明才智；志，即人的意志，是人的志向高低和做事的韧劲及坚定性；信，即人的自信度，是人对事业前途信心程度的外在体现。一个成功的领导者，必然具有高尚的品德修养使人敬服，具有敏锐的聪明才智使人信服，具有坚韧不拔的意志和英勇果敢的魄力使人佩服，具有充满信心的形象使人亲服。

领导者的人格即领导者的道德修养和价值观念，领导者的人格与其事业成败密不可分。人格是人内在素质的体现，高尚的人格会产生强大的吸引力、感召力，会赢得部下和人民的无限钦佩和信赖。同样的话、同样的方法，不同的领导者说出来，效果可能是不同的，这就是人格魅力的差别。人格魅力是领导艺术的灵魂，丧失人格魅力的领导者，说话无人听，做事无人帮，即使领导技巧再高也无济于事。所以，作为领导者，首先要加强人格修养，靠人格魅力去赢得人心。

（三）学习能力

事实表明，要成为一个称职的领导者，必须具有渊博的学识、深厚的文化素养和学有专长。一个人走上领导岗位，并不意味自己比别人出类拔萃，不等于自己什么都懂。即便是担任了很长时间的领导干部，也不等于自己万事通。何况现代社会是一日千里般地发展变化，自己已有的知识和经验，总是有限的。

作为一个领导者，只有具备较强的学习能力和良好的学习习惯，才能做到不断学习、善于学习、不断充实新知识，才能适应现代社会对人的综合能力不断提高的要求，永站时代前列，完成好所担负的工作任务。

（四）决策能力

具有较强的决策能力是领导者事业成功的基本保障。主要包括以下两个方面。

第一，勇于决策。决策首先是谋事。谋事在前，断事在后。与己谋、与人谋、与事谋、与史谋，有此“四谋”才能做到科学决策、民主决策。

第二，善于决策。多谋善断，是成功的领导者最重要的素质。善断要有深邃的洞察能力和综合分析能力，善断能力表现为：发扬民主，不搞独断；明辨是非，当机立断；视事态发展，临机决断；依法行政，绝不蛮断；相信真理，决不盲断。

（五）管理能力

领导者的管理能力主要表现在以下几个方面。

第一，认识能力。领导者要善于掌握事态的发展变化，善于发现问题，并能抓住问题的关键，找出解决问题的办法。

第二，用人能力。领导者的任何目的和管理任务，只有选用合适、得力的人才去实施才能实现，因此，识别和选用人才是领导者最重要的才能之一。

第三，组织能力。具有较强的组织和协调能力是成功的领导者必不可少的条件。领导者并不是单一的创造型人才和再现型人才，而是居于超脱地位的“组织型人才”。发动下属、激励下属，科学地配置和组合资源，正确地处理突发性事件，有效地进行非程序化决策，是行政领导者组织下属实现奋斗目标的领导艺术。

第四，协调能力。成功的领导者总是善于统筹兼顾，善于协调组织系统和下属干部群众，善于综合运用人力、物力、财力，使本部门的人、财、物形成最佳组合，从而取得最大效益。

第五，应变能力。领导者还必须善于根据客观情况的发展变化，及时修正决策内涵、调整工作重点、改变工作策略，时时掌握领导工作的主动权。

第六，身体素质。健康的身体也是领导者应具备的重要素质之一。只有具备健康的身体，才能更好地完成工作任务。因此，要做好领导工作，不仅要有各方面良好的素质，同样需要具备强健的体魄和充沛的精力，只有这样才能胜任繁重的领导工作，保证各项任务的顺利完成。

三、行政领导的结构要求

行政领导结构必须科学化，即行政领导班子成员的组合排列要合理。合理的领导结构才能产生最佳的整体效能，形成大于班子内各成员个人能量总和的集体能量，提高行政效率。由于行政领导群体的层次、规模、工作性质、所处环境和实际需要的不同，其构成要素可根据具体情况进行组合。一般来说，行政领导的合理结构有以下几个方面的要求。

（一）年龄结构的要求

在年龄结构上，应是老中青比例合理，使领导班子处于新陈代谢的动态平衡之中。其基本要求主要表现在以下几个方面。

第一，领导集体年龄结构的理想状态是老中青相结合的梯次结构。不同年龄段的领导者在判断力、记忆力、反应力方面均有所差异，所以，这一梯次结构有利于各年龄段的领导成员相互取长补短，它不仅能充分发挥各年龄区段领导者的最佳效能，还能提高领导集体的整体效能。

第二，不同层次、不同类别的行政领导群体结构应当有不同的年龄格局。在通常情况下，越是高层的领导群体，其年龄构成相对要高一些；越是低层次的行政领导群体，其年龄层次应低一些；而执行层次的年龄结构应当更低。

第三，实现行政领导群体年龄结构的动态平衡。随着领导群体成员年龄的增长，应及时进行调整，以保证梯形年龄结构的最佳状态。

（二）知识结构的要求

在知识结构上，应是由多种知识类型、多种专业知识的人才构成的知识综合型的内行领导班子。其基本要求主要表现在以下几个方面。

第一，领导群体知识结构要合理。既要有具备自然科学文化知识的人才，又要有具备社会科学文化知识的人才；既要有理论修养较高的人才，又要有实际经验丰富的人才，使其知识组合产生一种整体效应，这样才能使领导集体有效应对各种复杂问题和各类新事物，而且随着整个社会知识水平的提高，领导成员的知识水平也应随之提高。

第二，不同层次的领导对知识结构的要求不同。高层次的领导，宏观统筹决策能力要求高，通才应多于专才；中层的领导，沟通协调能力、组织计划能力要求相对较高；业务职能部门的领导，对专业技术知识要求高，其成员专才应多于通才。

（三）智能结构的要求

智能是指在工作中运用各种知识分析问题和解决问题的能力，行政领导的智能结构是指不同类型智能的领导成员之间的协调配合。在智能结构上，应是由能够运用知识解决问题、具有各种能力的领导干部组成“全能”的班子，做到能位适应。

中国古人把领导者分为“仁人型”和“能人型”两种类型，就是试图通过仁人型领导者的价值引导、人格感染和能人型领导者的行动效率、有效指挥，确保组织目标的顺利实现。因此，这两种领导者类型的组合就成为一个最佳领导集体的标志。

（四）气质结构的要求

在气质性格结构上，应是由具有不同气质和性格的领导干部搭配班子，形成协调一致、和谐团结、性格互助的气质结构。每一个领导者都有特殊的性格气质，有的人处事稳重，性格内向；有的人办事利落，性格外向；有的人魄力很大，却不善于思考；有的人谨慎小心，但能深思熟虑。

一般来说，领导集体的性格气质结构应符合互补性和相容性的要求，以避免因性格气质差异而引发冲突和内耗。故同一气质类型的成员组成的领导集体，往往会导致无休止的内部冲突，因而阻碍了领导集体整体效能的发挥。因此，在建立行政领导的群体结构时，要考虑领导成员性格上的差异性，要注重他们在性格上的协调和互补，以利于发挥其组成人员的性格优势，实现行政目标。

第三节 行政领导方式与艺术

一、行政领导的方式

行政领导方式是关系领导行为有效性的基本问题之一，领导方式的选择与领导行为的合理适度直接相关，因此，领导方式选择正确与否，是决定领导行为有效性的关键性因素之一。从不同的角度可将领导方式分为不同类型。

（一）按行政领导工作方式进行的分类方式

1. 强制式

一个行政组织要协调一致、高效率地完成组织目标，必须建立组织成员必须执行的指示或命令。这种采取发布有权威性、非执行不可的命令的领导方式就是强制方式。该方式以行政组织的正式授权为基础，领导者只能在自己的职权范围内对组织成员实行强制，强制以相应的纪律和惩罚为保障。在大多数情况下，强制型领导风格是所有风格中最不成功的一种。强制型领导要求下属极端地完全服从，使组织中新的思想不能发挥作用，当人们不能按自己的意愿行事，会逐渐失去积极性和责任感，有些人会采取不合作的态度。强制型领导风格在组织处于变革期，或在经历地震、火灾等灾难的危急关头或其他突发事件时，往往可以起到意想不到的作用。但如果领导者只依靠这一种风格行使权力，或在危机过去后依然如此，它的长期影响将是毁灭性的。

2. 说服式

说服式是指领导者在工作中通过启发、劝告、建议、诱导、商量等方式，使被领导者接受并贯彻自己的意图，从而达到最终目标。其优点在于，通过说服方式可以使被领导者从思想上认清工作的意义、目标，达到目标的途径和方法；通过说服方式，还可以沟通上下级的情感。所以，在大多数情况下，领导者应尽量采用说服方式。但说服方式在完成高度保密任务或紧急情况下处置事情时往往不适用。

3. 激励式

激励式是指领导者运用物质或精神鼓励的手段，激发被领导者工作积极性的一种领导方式。激励包括普遍的激励和特殊的激励，前者是对所有组织成员提供较好的工作条件与合理的工作报酬等；后者是对于贡献大、成绩突出的工作人员，给予更高的报酬和荣誉，使他们努力工作。激励方式是行政领导者为较好地完成行政任务，必须采取的一种领导方式。

4. 示范式

示范式是指领导者本人以“身教”的方法，或通过树立榜样、宣传典型，供组织成员仿效、学习的一种领导方式。榜样和典型可在组织中形成良好的思想、作风，形成良好的人际关系，使工作顺利展开，除了在品德、风气方面起到积极作用外，还能提供好的工作方法供组织成员学习参考，如果能恰当运用将是卓有成效的。

（二）按行政领导侧重点进行的分类方式

1. 以工作任务为取向

以工作任务为取向主要是关心组织效率，重视组织设计，明确职责关系，确定工作目标和任务。该领导方式注重任务的完成，而不注重人的因素，忽视人的情绪和需要，使下属变成了机器。这种领导一般待人较严厉，重组织、轻个人，要求牺牲个人利益服从组织利益，确定每人责任使其责无旁贷；重视考核监督，严格执行纪律，对部属所犯的错误给予严厉惩罚，较少考虑部下的身心是否会受到不良的影响。该方式只注重用物质的激励方式来促进工作效率，而不重视心理的激励因素。

2. 以人员为取向

以人员为取向主要表现为尊重下属意见，重视下属的感情和需要，强调相互信任的气氛。领导者的重要工作之一就是让下属感觉到自己重要，这会鼓舞他们有更出色的表现，为实现组织的目标作出自己的努力。这种领导待人较温和，注意听取部属的工作报告及建议，以善意的态度为下属提供指示，与下属的关系比较平等、融洽，上下级关系较好。能够使下属感觉到自己在领导者心目中的地位是重要的，才是一个真正优秀的领导者。

3. 工作与人员并重

工作与人员并重的领导方式表现为，既重视员工也重视工作，两者不可偏废。既要改善工作环境，充分发挥人的主观能动性，使下属有较高的工作热情和主动负责的精神，又要对工作严格要求，赏罚分明，使下属保质保量地完成工作任务。在现实生活中，将任务取向和人员取向两种领导方式有机结合起来，是领导者保证领导目标达成的最佳选择。偏重任一方面的领导方式都可能导致失败。实践证明，工作与人员并重的领导方式是多数成功的领导者所采取的有效方式。

（三）按行政决策参与者范围进行的分类方式

1. 集权型

集权型领导方式的特点是领导者将决策权高度集中，独自做出决策，下属奉命执行。领导者严格控制决策的执行过程，亲自或通过自己信赖的监督系统，监督执行过程和执行结果。这种领导类型适用于任务简单，内容有例行性或重复性，完成任务的步骤、方法能事先做出明确安排的工作。因为领导者凭个人的经验和能力，就可能对工作的各个方面做出正确决定，凭个人权威就能指挥。缺点是容易对下属的积极性产生影响，并且工作的效果受领导者个人能力的影响。

2. 分权型

分权型又称民主型，该领导方式的特点是决策过程吸收被领导者参加，决策的执行采取分权的方式进行。对执行过程和执行者的监督，主要依靠享有一定自主权的不同部门互相制约，以及执行者之间的工作竞争来实现。其优点是，通过适当分权，可使领导者和被领导者共同参与决策，集思广益，全面获得决策所需要的信息和依据，可以使下属根据实际情况自主、灵活地确定本部门和本人的工作步骤和方法，可以更好地发挥下属的积极性；缺点是决策过程缓慢，沟通成本高，效率相对较低。这种领导类型适用于任务复杂、内容有创新性，事先又难以对工作步骤和方法做出明确安排的工作。

3. 放任型

放任型领导类型的特点是领导者不控制决策权，对决策的执行过程及对工作人员的检查与监督也没有严格的规章制度，领导者只能是执行例行公务，只有当下属部门或员工发生矛盾或出现重大问题时才出面协调解决。这种领导类型在绝大多数行政组织中是不适用的，仅适用于个别行政组织，即小团体和个人的独立性与主动性较强的那些行政组织中。

研究表明，一个领导越能展现出多种领导风格，就越容易达成工作目标。如果一个领导者能掌握两种以上的风格，将会得到很好的工作氛围和绩效，当然，成功的领导者还要学会根据情境需要灵活地选用合适的领导风格。

二、行政领导艺术的概念

（一）领导艺术的含义

什么是领导艺术？历来没有一个精确的并为人们所共同认可的标准定义。客观上，领导工作是一门科学，它有一定的规律可循，有着一般的原理、原则。任何领导者都必须遵循领导工作的客观规律和一般原理、原则。领导工作也要讲究方式方法，没有科学的方法就不可能完美地运用领导原理和原则，因而也就不可能很好地完成工作任务。现实生活是非常复杂的，客观事物又总是处于运动发展变化之中。那些能够结合当时当地的具体情况，把领导科学的一般原理、原则和科学的领导方法灵活而又恰当地运用到实际工作中去的人，才是懂得领导艺术的人。

广义上说，领导艺术是指领导者的人格魅力、智慧、学识、胆略、经验、作风、品格、方法和能力在领导实践中的具体体现。它是领导者在一定的科学文化知识、理论修养、领导经验、思维能力基础上，创造性地运用领导科学、原则和方法所表现出来的高超技巧。狭义上说，领导者运用领导科学的一般原理、原则或领导方法的高超技巧，即为领导艺术。

英国元帅蒙哥马利（Bernard Law Montgomery）在《领导艺术之路》一书中说："作为一个领导人，必须享有较高的威望，有令人信服的判断力，善于鼓舞人心，对部下关怀备至，以此赢得他们的信赖和信心，用通俗易懂的语言向他们解释需要做的事情，否则的话，绝不会有好结果。因此领导艺术的开端，似乎是一场赢得人心的战斗。"在此基础上，蒙哥马利提出领导艺术的三条基本原则：一是"领导艺术是建立在真理和性格的基础上的。领导人本身必须是真理的仆人。他必须使真理成为共同目标的焦点。他还必须具有鼓舞人满怀信心地追随他的这种性格上的力量。真理和性格以及性格中的意志力，都是不可或缺的"；二是"他必须善于识别人才，善于选择他的下属，总之善于判断人的性格"；三是"一个真正的领导人还必须能够控制，并最终把握住他周围所发生的事情。一旦他被这些事情所吓倒，他的下属将会对他失去信心，他也将失去作为领导人的价值。”可以说，蒙哥马利的论述，是对领导艺术最基本的解说。离开领导者的魅力和这三条基本原则，领导艺术就是无源之水、无本之木。

同时还应看到，领导艺术是一个综合性的概念，是在领导者具体实践中体现出来的。这是因为，领导工作是一项非常复杂的劳动，要想成为一个出色的领导者，只是具有人格魅力和掌握基本的领导原则远远不够，还必须掌握并善于灵活运用一些科学的方法，而运用这些方法的技巧，人们通常称之为领导艺术，如用人的艺术、调研的艺术、决策的艺术、理事的艺术、激励的艺术、批评与自我批评的艺术、开会的艺术、讲话的艺术等。

（二）领导艺术的属性

领导艺术不是死板的教条，它是生动活泼的艺术创作。一般来说，领导艺术具有鲜明的个性、各自的独创性和非规范性三种属性。这是因为，领导艺术全在于领导者在实践中对领导科学和领导方法的灵活运用，而这种灵活运用不仅是因为任何领导者都会处于自己独特的客观实践面前，更是因为每一个领导者都具有各自的领导素质。具有各自特点的领导素质与具有各自特殊性的实践相结合，所产生的领导艺术必然各自具有特殊性。

行政领导艺术是领导科学的重要组成部分，属于领导科学的方法论范畴。行政领导者要想处理好复杂的公务，取得最佳效果，就要十分注重讲究领导艺术。

三、行政领导艺术的运用

领导艺术包含的内容非常广泛，以下主要阐述用人的艺术、授权的艺术、谋划的艺术、理事的艺术和知变的艺术。

（一）用人的艺术

用人的艺术是领导艺术中的核心问题。领导者选才与用人，首先，要坚持任人唯贤、德才兼备的标准，坚持以德为首、依德选才、唯德才是举的原则。在人才的选用上依德选才，就是按照忠诚于党的事业，并能为党的事业发挥才能、作出贡献的原则选用人才。2013 年习近平在全国组织工作会议的讲话中提出了“二十字”的好干部用人标准，即“信念坚定、为民服务、勤政务实、敢于担当、清正廉洁”，忠诚党的事业、全心全意为人民服务、德才兼备是选拔任用好干部的原则和标准。其次，任人唯贤、选贤举能应该求其大善，而不应该责其小过。正如《吕氏春秋》中所说，“尺之木必有节目，寸之玉必有瑕璃。先王知物之不可全也，故择物而贵取一也”，选用人才，不能追求全才，应在以德为先的前提下，选拔能力突出、业务有专长的人，将其放到合适的岗位上，发挥其才干。用其所长，求贤不求全，是领导用人的真谛。

（二）授权的艺术

1. 授权的因素

授权主要是由以下三种因素决定的：一是领导活动多具有“领导行为与领导目标的间接性”特点，这决定了领导者必须依靠授权调动下属的积极性，才能有效地完成组织目标；二是当代行政活动具有多样性和专业化的特点，任何一个行政领导者不可能是穷尽所有信息、具有完满的知识结构和专业能力的全才，因此他必须在某些领域通过授权，依靠那些具有管理能力的专才去完成组织目标；三是现代行政领导不是以领导者为原点的垄断型活动，而是下属与领导者融为一体的参与型活动，下属通过参与和有效的管理获得一种自我归属感和主体价值的实现，才能积极愉快地为领导者确定的目标而奋斗，因此，如何将制定决策和执行决策有效地联为一体，就成为现代领导活动的重要特征。

2. 授权的类型

（1）刚性授权。即对所授权力、责任、完成任务的要则、时间，均有明确规定与交代，被授权人必须严格遵守，不得有任何逾越。对一些重大事项适宜采用这种授权类型。

（2）柔性授权。即只指示一个大纲或轮廓，让被授权人有较大的自由做随机应变的处理。它适宜用在事情复杂多变、领导对情况也不甚清楚、被授权人又精明强干的任务上。

（3）惰性授权。即领导者将自己不愿也不必处理的繁杂事务，交由下属处理，其中包括领导者本人也不知道如何处理的事务。

（4）模糊授权。与柔性授权有些相似，只是给予被授权人的权力限度和权力容量比较模糊。

3. 授权的要求

（1）因事择人，视能授权。授权并没有特定的法规和规章可以遵循，完全是凭借领导者对被授权人的认识和判断而展开的一种领导艺术。因此，要将权力授予何人，必须要有所选择和权衡。择人的标准必须是其能力与要完成的任务相匹配。授权不是职务的晋升，而是一种权力委托行为。领导者只有在对被授权人的能力、性格、身体条件及其影响力进行综合判断的基础上，才能使授权获得令人满意的效果。

（2）明确权责，适度授权。明确权责是指领导者必须向被授权人讲清所授予的权力大小和责任范围，讲清执行某项任务要达到的具体目标。适度授权是指要分层授权，只向自己的直接下属授权，而不越级授权。主要包括：授权不是将自己的领导权力全部授给某人，而是将有关事项适当分授予若干适合被授权的人；授权不能超出范围，不属于自己权力范围内的事，不能授权；授权一般是一事一授，有关任务完成了就及时收回权力。

（3）授权留责，监督控制。领导者下授权力，但不下授责任，即可以充分发挥被授权人的积极性，但行动的后果必须由领导者承担，不能在下授权力的同时而逃避责任，否则授权便失去了应有的激励功能。授权留责不意味着领导者处于一种被动的局面，领导者虽不能干涉被授权人的工作，但要对被授权人进行必要的监督控制，以免其偏离组织目标的方向，或出现权力的滥用。

（三）谋划的艺术

领导者必须在处理事情、解决问题之前有所预谋，精心筹划。谋划周密，行动方案科学、正确是事业成功的基础。事不谋而断，是领导工作的大敌。“凡事预则立，不预则废”（《礼记·中庸》），“夫未战而庙算胜者，得算多也；未战而庙算不胜者，得算少也。多算胜，少算不胜，而况无算乎！”（《孙子兵法·始计篇》）。这样的论断，可以说是千古不变的真理。领导者具有高超的谋事能力、技巧、水平，善于谋事，事业才有可能兴旺发达。谋划的艺术主要体现在以下几个方面。

1. 宏观决策

对重大的问题和关系到全局的、长远利益的大事，领导者必须提前预谋、筹划。宏观决策正确，做到深谋远虑，才能决胜千里。宏观决策具有总体性即全局性，它对事物的总体发展方向及其规律具有基本的预测性和应对性。尽管事物在发展过程中会发生各种各样的变化，但人们可以在总的方向上去认识它、把握它，从而取得整体上的胜利。但宏观决策一旦错误，就会处处被动，领导工作完全丧失主动权，无论采取什么样的补救措施也无济于事，结果只有失败。所以，作为领导者，一定要认真学习宏观决策方面的科学知识与科学方法，在宏观决策上务必慎之又慎，务必求真务实，务必求出真理性的结论。

2. 调查研究

调查研究是谋事之道、成事之基。重视和坚持调查研究，是辩证唯物主义认识论的基本要求。各种问题的解决都取决于正确的决策，而正确的决策来源于对客观实际周密的调查研究。没有调查就没有发言权，没有调查就更没有决策权。领导者在谋事过程中，第一大忌是匆忙决策。只有掌握了全面、系统的情况，经过充分的综合分析、论证，把握了事物的本质及其客观规律，将可能产生的利弊后果都纳入预案之内，才可以进行决策。在进行决策之前，领导者必须要进行充分的调查研究。

3. 预先计划

作为一个领导者，怎样做才能成竹在胸，做有把握的事呢？就是在做事情之前，把以下问题考虑清楚：一是做这件事情的利害关系；二是条件是否成熟；三是计划是否周密；四是执行过程中关键环节能否把握住；五是可能出现的意外情况是否有应对措施，最坏结果出现时是否有补救方案。因为人的认识是有限的，人对发展变化着的客观事物本质和规律的认识难以十全十美。有些变化可以预见，有些则难以预见，因此，人在做事之前就应多做准备，特别是要注意不可行性研究，为下一步的行动铺垫好。一般领导者做事总是重视可行性研究，而忽略不可行性研究。对一件事情的拍板决策，只有对不可行性研究得十分透彻，才能确定可行性的研究成果是否可行。

（四）理事的艺术

理事的艺术不仅体现在处理具体问题的领导方法上，如说服式、引导式和激励式等，更主要的是在宏观领导工作中讲究理事艺术。

1. 做好榜样

领导带头是领导者应具备的品质。领导带头是指要亲自深入实际、深入群众，站在斗争的最前沿。深入实际、深入群众，才能掌握第一手的最真实的情况；站在斗争最前沿，才能及时、正确地实施领导。焦裕禄带头治理盐碱地，帮助群众搞生产；孔繁森带头深入雪地救灾，关心牧民送温暖，就是生动感人的事例。领导带头主要体现在以下三个方面。

（1）要带头执行党的路线、方针、政策。领导干部这样做，广大干部和人民群众就会更加拥护和积极支持并自觉地执行党的路线、方针、政策；才能带出全心全意为人民服务的过硬的干部队伍，才能带领千百万群众从事变革现实的社会主义革命和社会主义建设事业。

（2）要在各项工作中发挥示范作用。领导带头本身具有极大的感染作用，“榜样是无声的命令”，领导以自己的嘉言懿行立规矩、树标杆，就能带动下属自觉仿效。领导干部的权威不是简单地靠职务、地位或一纸命令就能带来，而要靠实际行动去争取，靠人格力量去赢得。在各项工作中，领导者一定要以身示范，要求别人做到的事自己先做到，上级为下级做表率，领导为部属做表率，机关为基层做表率。

（3）要在工作中带头抓落实。领导带头不是说领导要下地种田、到工厂做工，而是说领导者对所布置的工作任务要亲自抓落实。领导者亲自抓落实会对工作的开展起到强大的推动作用，如果只是要求下属去干，自己则将部署的任务扔到脑后，无疑是告诉下属可干可不干，所部署的任务也只能落空。

2. 学会协调

毛泽东曾经在《党委会的工作方法》一文中形象地说，要“学会‘弹钢琴’。弹钢琴要十个指头都动作，不能有的动有的不动。但是十个指头同时都按下去，那也不成调子。要产生好的音乐，十个指头的动作要有节奏，要互相配合。党委要抓紧中心工作，又要围绕中心工作而同时开展其他方面的工作”。这就是说，领导者在工作的部署上要突出重点、抓纲带目，也就是要善于抓住重点，同时又能巧妙安排。抓住重点就会纲举目张，把全局工作搞活；巧妙安排就能官尽其职、人尽其力、物尽其用，演出一台好戏来。这好比弹钢琴，要弹主弦，也要弹和弦，既不能十个手指都按下去，也不能只按下一个手指，那样是弹不成好调子的。

3. 心中有数

兵法云：“知己知彼，百战不殆。”毛泽东在《党委会的工作方法》一文中说，要“胸中有‘数’，这是说，对情况和问题一定要注意到它们的数量方面，要有基本的数量的分析，任何质量都表现为一定的数量，没有数量也就没有质量……不懂得注意事物的数量方面，不懂得注意基本的统计、主要的百分比，不懂得注意决定事物质量的数量界限，一切都是胸中无‘数’，结果就不能不犯错误”。这些至理名言，对于领导者是非常重要的。心中有数主要体现在以下四个方面。

（1）对民情、社情、国情心中有数。了解和掌握民情、社情，才能正确地决定方针政策，提出正确的工作任务和奋斗目标；了解国情才能胸有全局，把局部问题放在全局中去考虑，正确处理局部与全局的关系。

（2）对法律法令、方针政策心中有数。如果说民情社情国情是领导工作的基础，党和国家的法律法令和方针政策就是工作的依据。吃透上头、了解下头，将“两头”有机结合，是领导者胜任工作的要诀。作为领导干部一定要认真学习、正确掌握党和国家的法律法令、方针政策，做到成竹在胸；一定要准确运用党和国家的法律法令、方针政策，做到智圆行方。

（3）对民心、民意心中有数。领导者的威信和凝聚力，就在于能不能与人民群众想在一起、做到一起。任何领导者，无论处于什么情况下，都要将人民群众的心中所想装在自己的心里，时刻做到心中有数。换言之，就是要掌握人民群众的拥护情况，即是绝大多数人拥护自己的举措，还是少数人拥护自己的举措，这也就是数量与质量的控制。

（4）对工作的进展情况心中有数。一项任务部署下去后，对各地、各单位的执行与完成情况必须随时掌握。因为任何任务和目标的实施，都是变革现实的实践过程。在这一变革过程中，各地各单位的情况不一样，遇到的问题也会不一样，因而执行上级的决议、决定、计划、方案就会各有特殊性。随着事情的发展变化，还会出现许多新的原先没有想到、计划和方案里没有预料到的情况。领导者只有及时了解和掌握各地、各单位实施工作计划的进展情况，才能随时发现问题、解决问题。

4. 个别与一般相结合

个别与一般相结合，是最基本的领导方法之一。毛泽东在《关于领导方法的若干问题》一文中说："我们共产党人无论进行何项工作，有两个方法是必须采用的，一是一般和个别相结合，二是领导和群众相结合。"一般与个别相结合，是马克思主义认识论在领导方法上的应用。人们真正的认识总是先从个别开始，由个别到一般，再由一般到个别。

作为领导方法，从决策上说，必须从认识具体、个别事物开始，再由个别到一般，从而得出科学的结论，做出正确的决策；从决策的实施上说，领导者必须从个别指导开始，亲自深入有代表性的一个或几个单位，在具体实践中取得经验，发出一般号召，指导面上的工作；从追求最终效果上说，在发出一般号召后，领导者还须继续深入实践，进行个别指导，以检验决策的正确性，改进和提高工作方式方法，以实现最终目标。这就完成了个别与一般相结合的一个过程。

领导和群众相结合，从某种意义上说，是个别和一般相结合的另一种表现形式。领导人员是"个别"，而群众是"一般"。领导和群众相结合，才能得出正确、全面的认识，才能做到上下同心，把事情办好。

（五）知变的艺术

领导者在处理事情时，总会依照一定的原则来决定处置的方式方法。但世界上的事情是纷繁复杂的，在许多情况下，处理事情不可机械地套用原则，而是要根据时间、条件、地点的变化和环境状况，高度灵活地决断，实现原则性与灵活性的最佳结合。高度灵活地决断，就是要懂得变通。变通有术，机动灵活，不离原则。是否达到原则性与灵活性的最佳结合，判断的标准只能是一个，即是否最终达成了目标。

1. 领导艺术的最高境界是原则性与灵活性的高度统一

原则坚定、策略灵活，二者有机结合才能够做到实事求是。坚持原则、实现目标往往不是走笔直的路，有时需要走迂回、曲折的路，需要作暂时的让步和必要的妥协，这不是丧失原则，而是为了减少阻力、克服困难，有利于更好地贯彻原则、坚持原则、维护原则。要从实际情况出发，分析主观和客观条件，既要讲需要，又要讲可能，采取切实可行的策略。要充分尊重和考虑历史与现实的情况，采取各种灵活的政策和措施，从而团结一切可以团结的力量，调动一切积极因素，化消极因素为积极因素，以顺利地实现既定的战略目标。

离开原则性讲灵活性，就会偏离正确的方向；离开灵活性，原则性就难以实现，甚至会成为僵化的教条。正因为如此，要有策略的灵活性也是马克思主义的重要原则。从这个意义上说，党所制定的正确策略也是全党应当坚持的原则。但原则性应坚定到什么程度，灵活性可以灵活到什么程度，两者之间如何衡量，从来没有统一的、固定的标准。因此，恰当地、适时地把握原则性与灵活性相结合的尺度，使之产生最佳效果，是一种高明的领导艺术。实现原则性与灵活性的统一，在于审时度势、随机应变。这种灵活性是一种策略融通，是求同存异，是大智若愚，是为达到最终目的基础上的巧妙布局，这往往能体现领导者高尚的境界、高度的悟性和高超的技巧。

2. 运用多种思维方式实现原则性与灵活性的巧妙结合

如何使原则性与灵活性有机地统一起来，除了领导者的科学文化知识素养、从政的经验等这些最基本的条件以外，领导者的思维素养起着关键作用。一个领导者如果只是习惯单向思维、直觉思维，则很难做到原则性与灵活性的巧妙结合。原则性与灵活性结合的艺术水平的高低，在一定程度上取决于领导者的思维能力。因此，做一个合格的领导者，必须掌握思维艺术，提高理性思维的能力。以下四种思维方式，是实现原则性与灵活性相结合的重要保证。

（1）反向思维（即逆向思维）。反向思维的特征是不但从正面看事情，而且要善于从反面去解析事理，以别人意想不到的方式去解决面临的问题。一般正常思维、正向思维是按照正常规律或正常势态来看待事物，因而也就按正常逻辑采取对策，这实际上是一种单向思维。须知世界上的事情是纷繁复杂的，单从正面看往往是看不透彻的。如果换个角度，从反面或侧面去看，就会恍然大悟，也就会在坚持原则的前提下，提出灵活机动的策略，游刃有余地解决问题。

（2）多向思维（即发散思维）。多向思维是从不同角度、不同方向、不同层次进行多方面的思维判断，从而形成解决问题的多种思路、多种方法、多种方案，进而为决策选择打下良好的基础。多向思维是领导者处置和解决重大问题必不可少的思维方式。多向思维的特点是慎重戒急，步步深入，解剖分析，归于整体。多向思维可以使领导者处置问题的能力更加成熟，领导经验更加丰富，对原则性与灵活性的有机结合体会得更加深刻，从而大幅度地提高领导艺术水平。

（3）模糊思维。模糊思维是指对较重大的事情一时看不清晰，对事物之间的关系不明朗，难以精确地判断和用具体的语言来表达，以及对日常工作和生活中的小事无须加以精确地判断和处置时，采用模糊思维的方式来对待。对重大问题的模糊是为了等待时机，待事物发展变化得明朗时再给予精确的判断和处置。实际上这里是模糊中蕴含着精确，暂时的模糊是为了将来的精确。模糊中有精确，精确中有模糊，该精确的精确，该模糊的模糊。对于无关大局的一般问题则宜粗不宜细，粗更有利于解决问题，模糊一些效果反而更好。

（4）系统思维。系统思维是原则性与灵性活有机结合的基本思维方式。只有具备系统思维，才能抓住整体、抓住要害，才能不失原则地采取灵活有效的方法处置事务。客观事物是多方面相互联系、发展变化的有机整体。系统思维是人们运用系统观点，对对象互相联系的各个方面及其结构和功能进行系统认识的一种思维方法。整体性原则是系统思维方式的核心。这一原则要求人们无论干什么事都要立足整体，从整体与部分、整体与环境的相互作用过程来认识和把握整体。领导者思考和处理问题的时候，必须从整体出发，把着眼点放在全局上，注重整体效益和整体结果。只要符合整体、全局的利益，就可以充分利用灵活的方法来处置。

领导者处理事情时，不可能简单地采用单一的思维方式就能看透事物的本质、看清事物之间的关系以及事物发展的趋势，而往往需要多种思维方式的配合，才能看得明白透彻，才能选择最恰当的处置方法。这其中，系统思维方式是最基本的，多向思维、反向思维、模糊思维虽然是辅助手段，但往往是必不可少的，甚至会起到使人茅塞顿开的作用。人们在考量一个事物的时候，不但容易犯直觉思维的错误，也容易犯单纯依靠系统思维方式的错误。

本章小结

- 行政领导是指国家行政管理中的领导，是国家行政中主管职能的承担者，通过指挥和说服等途径影响组织内的个体和群体，组织和管理行政事务，以实现管理既定目标的行政活动过程。致力于这一过程的人，就是行政领导者。行政领导具有时代性、层级性、权威性、服务性、综合性的特点。
- 行政领导体制是指国家行政组织或公共行政组织在国家宪法和有关法律的规定范围内对国家和社会公共事务进行管理的领导制度体系。
- 按照中央与地方的关系，可以把行政领导体制分为中央集权制和地方分权制。按照行政决策权的行使，可以把行政体制分为行政首长负责制和委员会制。我国的行政体制是行政首长负责制。在实际工作中，由于首长负责制、委员会制各有利弊，并无绝对优劣，应当视情况而灵活运用。

● 行政领导者的产生方式有选任制、任命制、考任制和聘任制四种。作为行政领导者，应当具备比一般行政人员更高的条件，即具有胜任领导职责的素质。行政领导者应具有较高的政治觉悟、人格魅力、决策能力和管理能力。

● 合理的领导结构可提高行政效率。由于行政领导群体的层次、规模、工作性质、所处环境和实际需要的不同，其构成要素可根据具体情况进行组合。在年龄结构上，应是老中青比例合理，使领导班子处于新陈代谢的动态平衡之中；在知识结构上，应是由多种知识类型、多种专业知识的人才构成的知识综合型的内行领导班子；在智能结构上，应是由运用知识解决问题的、具有各种能力的领导干部组成“全能”的班子，做到能位适应；在气质性格结构上，应是由具有不同气质和性格的领导干部搭配班子，形成协调一致、和谐团结、性格互助的气质结构。

● 领导方式是关系领导行为有效性的基本问题之一，领导方式的选择与领导行为合理适度直接相关，因此领导方式选择正确与否，是决定领导行为有效性的关键性因素之一。按行政领导的工作方式，可分为强制式、说服式、激励式、示范式的领导方式；从行政领导的侧重点进行划分，可分为以工作任务为取向、以人员为取向、人与事并重的领导方式；按行政决策参与者的范围，可分为集权型、分权型、放任型的领导方式。

● 广义上说，领导艺术是指领导者的人格魅力、智慧、学识、胆略、经验、作风、品格、方法和能力在领导实践中的具体体现。它是领导者在一定的科学文化知识、理论修养、领导经验、思维能力基础上，创造性地运用领导科学、原则和方法所表现出来的高超技巧。狭义上说，领导者运用领导科学的一般原理、原则或领导方法的高超技巧，即为领导艺术。

● 领导艺术包含的内容非常广泛，主要包括用人的艺术、授权的艺术、谋划的艺术、理事的艺术和知变的艺术。

复习思考

一、概念题

行政领导　行政领导体制　行政领导制度　行政首长负责制

行政领导艺术　行政领导强制式　行政领导激励式　行政领导示范式

二、思考题

1. 什么是行政领导体制？有哪些类型？
2. 行政领导方式的类型有哪些？如何运用？
3. 行政首长负责制和委员会制有何利弊？如何运用？
4. 行政领导者应具备哪些基本素质？如何选用领导者？
5. 行政领导结构的合理形式是什么？
6. 怎样理解领导艺术？在实际工作中如何有效地运用？

三、材料阅读与拓展思考

习近平语言中的用典艺术

党的十八大以来，习近平总书记的一系列重要讲话、文章、访谈等，形成了独具个性的风格，人们爱听、爱读、爱看，海外媒体纷纷称之为“习式风格”。“问渠哪得清如许，为有源头活水来”，习近平总书记的语言之所以引人入胜，一个重要原因就在于他善于运用古代典籍、经典名句。从诸子百家到唐诗宋词，从孔夫子到毛泽东，旁征博引、画龙点睛，总是给人以思想启迪、精神激荡。2012 年 11 月 15 日，在那场举世瞩目的记者见面会上，刚刚就任中共中央总书记的习近平，以清新质朴的话语，打动了无数人。“与人民心心相印、与人民同甘共苦、与人民团结奋斗，夙夜在公”，后来成为媒体高频词的“夙夜在公”，正是出自《诗经·召南·采蘩》。

习近平总书记曾指出，一个民族、一个国家，必须知道自己是谁，是从哪里来的，要到哪里去，想明白了、想对了，就要坚定不移朝着目标前进。中华文化源远流长，积淀着中华民族最深层的精神追求，代表着中华民族独特的精神标识。“先天下之忧而忧，后天下之乐而乐”的政治抱负，“苟利国家生死以，岂因祸福避趋之”的报国情怀，“富贵不能淫，贫贱不能移，威武不能屈”的浩然正气，“鞠躬尽瘁，死而后已”的献身精神等，都传承着中华民族的精神基因，这是我们最深厚的文化软实力。他善于用典，常常古为今用、推陈出新，不断激活优秀传统文化，赋予其鲜活的当代价值与意义。比如，以“利民之事，丝发必兴；厉民之事，毫末必去”明确为政必须维护好群众利益；用“以实则治，以文则不治”说明空谈误国、实干兴邦的道理，引“其身正，不令而行；其身不正，虽令不从”论述领导干部从自己做起的重要性，借“明者因时而变，知者随事而制”凸显改革创新的意义，凡此种种，不胜枚举。

从精心用典中，我们可以感悟“以百姓之心为心”的宗旨意识、“执古之道以御今之有”的政治智慧、“天下大事必作于细”的务实精神。什么是共产党人的无私情怀，什么是执政者的深谋远虑，品读字里行间，已经不言而喻。再如，习近平总书记引用

“人视水见形，视民知治不”（引自《史记·殷本纪第三》），这句话的意思是，人从水中可以看到自己的形象，从百姓精神面貌可以知道国家治理状况。简而言之，就是“以民情为镜”，这是有据可查的最早的“镜子论”。习近平引用这段话是将人民比为载舟的水、生长种子的土地，将其视为枝叶的根本。对于执政者，人民的重要性如何强调也不为过，正因如此，党的十八大部署在全党开展党的群众路线教育实践活动，重拾党的优良传统，重申党群血肉联系。习近平也一再要求“坚持开门搞活动”，一再告诫“切忌自说自话、自弹自唱”。他引用的这句话，把人民比喻成可以照见治乱的水。现实中，不管是教育实践活动，还是更多其他工作，让群众参与、受群众监督、请群众评判，多照照群众这一面镜子，多比比群众这一把尺子，才能真正回答好“依靠谁、为了谁”的问题。

习近平总书记多次倡导，推动中华文明创造性转化和创新性发展，激活其生命力，让收藏在博物馆里的文物、陈列在广阔大地上的遗产、书写在古籍里的文字都活起来。上下五千年，纵横数万里，他对经典名句信手拈来、运用自如，展现了高超的思想能力和高度的文化自信。用典过程，其实就是在打造一张张中华文化的金质名片，向世界讲述着一个个精彩的中国故事，这正是“让书写在古籍里的文字活起来”的生动范本。又如，习近平在参加兰考县委常委班子专题民主生活会时的讲话中，引用了一句郑板桥的诗“衙斋卧听萧萧竹，疑是民间疾苦声。些小吾曹州县吏，一枝一叶总关情”（引自郑燮《潍县署中画竹呈年伯包大中丞括》）。习近平推崇的干部，大多级别不高，多在基层任职，但都“干在实处、走在前列”。群众利益无小事。群众的一桩桩“小事”，是构成国家“大事”的“细胞”。小的“细胞”健康，大的“肌体”才会充满活力。对老百姓来说，身边每一件琐碎的小事，都是实实在在的大事，有的甚至还是急事、难事。如果这些小事得不到及时解决，就会影响他们的思想和情绪。对小事的处理中也有党性、有原则。“一枝一叶”表面咏竹，暗喻民间疾苦，既照应了风竹画和诗题，又寄寓了作者深厚的情感：百姓的冷暖安危时刻牵动着我们的心！但愿苍生俱饱暖，不辞辛苦出山林。

古人说文章是“经国之大业，不朽之盛事”，共产党人读书作文，更会把目光投向干事创业、治国理政的大境界。用典背后是“治世”，用什么、如何用、效果如何，既是领导能力、治理思想、执政风格的折射，也是把古人治理智慧运用于治理现代化的当代实际。当今中国正在进行深刻变革，尤其对于各级领导干部来说，全面深化改革需要鉴往知来，攻坚克难离不开历史启示，为政用权缺不了理想信念的钙质。因此，学习用典，不只是记住几句名言、了解几个典故，更应像习近平总书记那样，由此“推开门、迈开步”，不断深入博大精深的传统文化宝库。

资料来源：改编自杨振武，《从中华文化中汲取力量——〈习近平用典〉序言》，人民网，2015年2月28日。

拓展思考题：

1. 领导艺术表现在哪些方面？

2. 领导者应如何结合传统文化提升领导的艺术和魅力？

第五章

行政效率

行政管理活动的根本目的就是通过科学的决策、严密而有序的执行，高效率地完成行政任务，行政管理的各个层面和全部过程都在为追求行政效率的提高而努力，可见，行政效率既是行政管理工作的出发点，也是行政管理结果好坏的反映。本章的重点是行政效率的概念、效率的相关概念、行政效率测定的内容与方法、影响行政效率的因素和提高行政效率的途径；难点是效率与公平、行政效率测定的内容与方法。

第一节　行政效率概述

一、行政效率的概念

（一）效率的基本含义

根据《辞海》的解释，效率是劳动效果与劳动量的比率，是指人们从事某一项工作所付出的劳动量与所获劳动成果的比率。

效率最早是应用在物理学中，表示能量的投入和产出之间的比率。后被引进到社会活动当中，用以考察某项社会活动的有效程度，行政效率即是其中之一。

（二）行政效率的基本含义

行政效率是指行政工作的效果与消耗之比，即国家行政机关和行政人员从事行政管理活动所投入的各种资源与所得到的产出的比例。其内涵主要体现在以下三个方面。

第一，注重行政资源的稀缺性。行政资源是指行政活动中消耗的人力、物力、财力、信息、空间和时间等各种资源的总和。其基本特性是稀缺性，即相对于行政工作的需要，行政资源总是缺乏的。行政资源的稀缺性是研究行政效率的关键，因为行政资源如果取之不尽、用之不竭，那么人们就没有必要去注意它、研究它。正是由于行政资源的缺乏，才使人们有必要思考其消耗方式，尽可能提高其使用价值。

第二，行政效率体现为一个比值。行政效率是将行政效益、行政产出与行政资源相比而得到的一个比值。这就意味着行政效率不是一个矢量，其本身不包含任何价值判断。效率高并不见得是一件好事，因为假定行政计划方向错误，则会对社会产生一种负面效益，且行政效率越高，社会所遭受的损失也就越大。因而我们日常所说的追求高效的行政，实际上隐含着一个假定，即行政活动在方向上是有利于国家、社会和公民利益的。如果抛弃了这个假定，所谓提高行政效率就毫无意义。

第三，行政产出与效益的表现态势。行政产出是指行政活动所得到的结果，它可以是有形的，如政府修建高速公路、拦河大坝；也可以是无形的，如一项规则或某一种精神。与企业等私人组织的产出相比，行政产出经常是无形的，这是行政活动难以测量的重要原因。行政效益是指行政产出对社会所产生的影响。如政府制定的某项政策是行政产出，该项政策所引起公民、社会、法人、组织的观念和行为上的变化就是行政效益。

二、效率的相关概念

效率作为公共行政追求的目标是无可置疑的。政府通过计划、组织、指挥、协调、控制等手段，对国家和社会公共事务进行管理，成本越低、产出越高，其效率也就越高。公共行政离开效率这个目标就无意义，如果一个政府不讲求效率，经济就不可能发展，社会就不可能进步，人民生活水平也就不可能提高。然而，公共行政仅有效率是远远不够的，公共行政还必须注意到效率与公平、效率与效果、效率与政府绩效等方面的相互关联。

（一）效率与公平

组织行为学家亚当斯指出：公平是激发人的积极性的重要因素。人的需要的满足，不单单取决于他所得到报酬的绝对数量，还取决于他所获得报酬的相对数量。这个与其他人、与过去相比较而得到的相对数量，就是公平。在公共行政的实践中，实现公平远比提高效率要复杂和困难得多，但无论如何，公共行政不能因此而放弃对公平的追求。

对于效率与公平相互关系的认识，经历了从效率与公平“悖论”到效率与公平和谐统一的发展历程。

1. 公平的含义

公平，顾名思义就是公正、平等的意思，公平首先是分配公平或结果公平，其次是程序公平。分配公平，简单地讲就是每个人都得到了他所应该得到的。分配公平方案包括平均分配、禀赋分配和功利分配等。平均分配是将资源或价值按照人数平均分成若干份额，每位参与分配者均享有同等份额的分配方案。该方案没有将人的付出与报酬挂钩，因而严重挫伤了人们的劳动积极性，一般只适用于政治权利（如选票）的分配。禀赋分配是按照人自身的努力和贡献来分配资源和价值，即“按劳付酬，多劳多得”的形式。功利分配是由英国哲学家边沁提出的，该分配的标准是实现最大多数人的最大幸福。例如，同样的1元钱对富人来说不算什么，而对挣扎在饥寒交迫中的穷人来说却能够带来相当的快乐，按照功利分配标准，应当将富人的这1元钱进行强制性的征收（税收），再将其分配给穷人（福利）。

分配公平是公平的基本内容，也是最重要的内容。因为公平无论从哪个角度看，最终必然要体现在分配上和人们所得的结果上。但分配公平不能代表公平的全部内容，它只是公平的一个方面。因为相对于人们的无限需要来说，社会资源和价值总是有限的，要对有限的资源和价值进行再分配，其结果无论怎样，也都会在某种意义上是不公平的。从这个意义上讲，结果公平是难以乃至不可能实现的，分配结果具有天然的不公平倾向。为此，我们需要寻找其他的公平标准来作为结果公平的有益补充，这个标准就是程序上的公平。所谓程序公平，有时又称“过程公平”“机会公平”“起点公平”，它所强调的是在对资源和价值进行分配时，所有有资格进行分配的人应当享有同等的参与分配的机会，或同等的获得某种资源或价值的机会。

从大的方面看，行政不公平还会影响到政府的合法性，以及整个社会的阶层结构、社会风气、经济发展和社会稳定等。例如，在财富分配严重不公的国家，很难通过扩大内需的方式来实现经济的增长，因为政府再分配的财富通过不公平的分配机制集中到少数人手中，大多数国民的购买力无法提高，国内的需求无法满足，最终无法实现经济增长目标。此外，经验也证明，一旦政治、经济、文化和社会各方面出现不公平现象、民众有明显的不公平感时，社会稳定就成了问题，会出现消极怠工、暴力乃至社会动乱等，民众会以各种形式发泄他们的不平。所以，现代各个国家和地区的政府都将实现社会公平作为自己的目标之一。在此意义上讲，整个公共行政的历史，可以视为一部追求公平的历史。

2. 效率与公平的“悖论”

要实现效率与公平的统一是非常困难的，主要原因不是政府精力有限，而是在特定的时间和情景中只能将公共行政的目标天平偏向一边。实现公平和效率统一的真正困难在于：效率和公平本身是有冲突的，二者在一定意义上存在着不可调和性，有时被称为公平和效率的“悖论”。其具体表述是：效率的提高需要以公平为前提，而公平的实质性内容就是效率所得到的结果，公平与效率互为前提、互为必要条件。

在致力于实现经济进步和社会发展的过程中，各个国家和地区政府普遍受到效率与公平的悖论问题的困扰。从实践上看，单单以某一种价值作为追求的主要目标而忽视了另一种价值，往往会因为另一种价值的负面影响而造成公共政策的失败，最终使发展受挫。例如，有的发展中国家将精力集中在发展策略的制定与实施上，忽视了公平，结果造成国内政治和社会的动荡，使发展计划成为泡影；有的发展中国家则在经济发展水平还很低时就过于强调社会公平，致力于提高公民的生活福利，最终落得个“一穷二白”，公平也毫无意义。

3. 效率与公平的和谐统一

效率与公平的重要性，要求公共行政要同时实现两种价值，不得偏向任何一方。从理论上看，效率与公平之间的矛盾并不是二者关系的全部内容，事实上二者之间还有相互促进、相互补充的一面。效率与公平并不是完全对立的，效率的提高并不绝对导致财富两极分化，通过效率提高而得到的部分财富，会通过“涓滴效应”的作用流向穷人那里，从而实现公平。效率与公平的互补关系，说明在一定的条件下建立效率与公平和谐统一的公共行政是可能的、可行的，即实施“效率优先、兼顾公平”的策略。

第一，效率优先。当前公共行政工作的目标首先是致力于经济和社会的发展，尽快提高我国的综合实力，提高人们的生活水平。为此，需要建立和完善社会主义市场经济、优化政府职能，减少政府对经济和社会生活的干预范围；改革公共行政的方式和方法，鼓励并促进竞争，制定并执行发展战略。

第二，兼顾公平。要将公平的牺牲保持在一定限度，不能完全置公平于不顾。为此，需要根据国情合情合理地保证每个公民享有的平等权利和民主权利，包括政治权利、经济权利和社会权利；要保障全国人民最基本的生活水平；将地区、行业、部门和个人的贫富差距保持在一定的限度内。

第三，以效率带公平。提高效率、发展社会经济，就要重新致力于实现社会公平（当然这里的公平不再是平均主义的公平，而更强调程序的公平），以使效率带来的好处为全社会所共享，使人们生活更加富足，心情更加舒畅，建设社会主义物质文明和精神文明的积极性更高。

总的来看，追求效率，能促进社会发展；追求公平，能保障社会稳定。效率和公平是相辅相成的，没有效率做保证，公平就难以实现；没有社会稳定做保证，社会全面发展也不可能实现。政府必须将效率与公平置于同等重要的地位，通过孜孜不倦的努力，实现效率与公平相结合的目标。

（二）效率与效果

效率和效果是研究行政执行和行政绩效问题时常见的基本概念。效率通常被认为是一种比率关系，后被引申为多种比率关系，如付出的劳动量与获得的劳动成果之间的比率、付出的成本与得到的成果之间的比率。依据效率一词的不同应用领域，效率也被扩展为机械效率、劳动效率、工作效率、经济效率、组织效率、管理效率等概念。尽管含义和内容不同，但实质上都是指各种耗费与实际成效的比率关系。

效果一词具有效力、效验的意思，在《辞海》中的解释是“由行为产生的有效的结果、成果”。在国外管理学、行政学著述中，效率和效果在生效、有效等方面有相通之处，但是具体运用时还有很大的区别。二者的区别表现在：效率多指比率关系，用“高”或者“低”评价；而效果多指预定目标实现的结果，指已经完成的或所取得的实际成果及其所产生的影响，可以用“好”或“坏”来评价。效率注重数量化分析，主要和工作数量、成本、经费开支等概念联系；效果则注重质量，经常与工作质量、公平公正以及个人和组织的满意度相关联。效率测量以定量分析为主，效果的评价则侧重伦理的价值判断，不单纯用量化手段测量。

（三）效率与政府绩效

伴随行政管理实践的不断发展，对行政效率的研究逐步深入，从早期单纯的效率研究转向对于行政效果、政府绩效的综合考量。绩效一词是一个综合性的概念，泛指工作的完成情况或取得的成效、成绩，既考虑工作数量，又注重工作质量；既涉及效率问题，又涉及效果问题。

政府绩效是指政府工作完成情况或政府工作的成绩、成效、功绩、政绩。作为一个综合性的概念，政府绩效是政府管理社会公共事务的行政效率和行政效果之和。政府作为公共权力的行使者，依法向公民和企业组织征收各种税费，汲取财政资源，并通过政治权力机制向社会提供产品和服务，政府是公共利益的代表者和维护者。政府组织的绩效考评与企业组织不同，除了经济领域的产出结果以外，还应该重视社会公平、政治民主、政府责任等相关因素。由此可见，行政效率和行政效果分属于政府工作质和量两个方面，政府绩效则是行政效率与行政效果的有机统一。

三、研究行政效率的意义

（一）行政效率是行政管理活动追求的基本目标

任何管理活动都必须高度重视效率问题，行政管理活动更是如此。行政效率是行政管理的出发点和落脚点，是行政管理活动追求的最终目标，它贯穿于行政管理各个环节、各个层次中，是行政管理体系中多种因素的综合反映。

行政管理应首先确定行政目标，然后尽量少地消耗人、财、物，讲实效、高质量地完成行政目标，这种低成本、高产出的行政管理就是高效率。如果一个行政组织拥有丰富的资源、拔尖的人才、先进的设备，那只是拥有了发展的充分条件，只有高效的行政管理，才是使该组织迅速发展起来的必要条件。

（二）行政效率是加快建设社会主义现代化的必然要求

社会主义现代化建设是一个庞大的系统工程，不仅包括经济、文化、教育、科学等领域的协调发展，而且包括国家行政管理的科学化与现代化。只有大幅度地提高行政效率，才能够充分发挥我国社会主义制度的优越性。社会主义制度的优越性主要体现在能创造出较高的劳动生产率，保证人民的物质文化生活水平更快地提高；体现在整个社会的高效率，政府有较高的生产力和行政效率。

在社会主义制度的保障下，生产力的迅速发展还要靠有效的科学管理来实现。行政管理活动是运用政权的力量，从保护和实现人民的根本利益出发，对整个社会各个领域的活动进行协调和管理，它在整个社会管理体系中居主导地位。行政效率的高低，直接影响着各行各业管理活动的运行，制约着社会管理系统的整体效率，也直接影响着社会主义现代化建设的进程。

（三）行政效率是检验行政改革成果的重要标准

行政改革的目标就是要通过政府机构改革，建立起办事高效、运转协调、行为规范的行政管理体制。各项行政改革，如组织机构、人事制度、奖惩制度、领导体制等改革，最终目的都是为了提高行政效率。所以，能否提高行政效率，是检验行政改革成效的主要标准。

例如，从行政组织的机构设置、权责划分是否合理，分工是否明确，层次是否适当，幅度是否适宜，就可看出组织机构改革的成果；从行政机关工作人员队伍是否数量适中、素质较高、能力较强、工作积极、关系协调，就可看出人事制度改革是否取得了应有的成效。

因此，我们必须加强有关行政效率研究，坚持理论联系实际，从我国行政管理的现实出发，在社会主义现代化建设和行政改革的大背景中进行切实的研究和探索，以此把我国行政管理学的发展推向新的阶段。

四、行政效率理论与研究趋势

（一）行政效率的相关理论

1. 有效管理理论

有效管理理论是美国管理学家德鲁克（Peter F. Drucker）在其所著的《有效的管理者》一书中提出的。他认为效率对组织来说是最重要的问题，而影响管理效率的因素主要有以下五种。

（1）科学运筹时间。管理者不是从接受任务开始工作，而是从研究如何利用时间着手，知道自己的时间花在什么地方最有价值。有效的管理者是科学运筹时间的高手。

（2）重视工作效果。管理者不是为工作而工作，而是为成果而工作。

（3）积极发挥优势。善于发现自身、他人和客观环境的潜在优势，充分释放“能量”，发挥优势。

（4）把握工作重点。要能够集中力量，抓住重点，突破重要领域，然后带动其他方面的工作，多出成果。

（5）科学进行决策。不是凭经验办事，而是靠科学的决策、团体的智慧来解决当下的或者未来的各种问题。

2. 需求层次理论

需求层次理论是美国著名心理学家马斯洛提出的。他认为人是有需求的，人的需求是多种多样的，基本可以分为五个层次。

（1）生理需求。生理需求指人为维持生命、延续生命种类而产生的最基本的需求，是人的自然属性的表现。

（2）安全需求。安全需求指人为防止经济上的损失和意外事故的发生而形成的需求。

（3）社会交往需求。包括两个层面：一是指个人需要与同事、同伴保持良好的关系；二是指人需要有归属，成为某个集团或群体的成员。

（4）尊重需求。包括自我尊重和他人的尊重。人都希望获得一定的社会地位和名望，都希望自己的能力、成绩或成就得到社会的承认。

（5）自我实现需求。自我实现需求指人需要越来越完善地发展自己，实现自己的理想、抱负，充分发挥自己的潜力等。

马斯洛认为，管理者必须了解下级的需求层次状况，有针对性地采取措施，调动下属的工作积极性，以便提高管理效率。

3. 双因素理论

双因素理论即激励—保健理论，是由美国心理学家赫茨伯格（Frederick Herzberg）提出的。他认为有外部和内部两类因素影响人的工作动机。外部因素也称保健因素，产生于工作环境和工作关系方面，包括组织的政策与管理、监督方式，工作人员与主管者的关系，工作条件、金钱地位和安全等。内部因素也称激励因素，产生于工作内容和工作本身，包括工作人员所承担的工作富于成就感、工作成绩能得到社会的承认、工作本身具有挑战性、工作人员负有重大的责任、能发挥自己的才能、业务上能得到发展等。双因素理论的意义在于，其对影响管理效率的因素进行了分类，因而能够从内外两个方面采取措施，提高管理效率。

除了上述三种理论之外，还有美国心理学家和行为科学家斯金纳（B. F. Skinner）的强化理论，美国管理大师麦格雷戈（Douglas McGregor）的“X 理论—Y 理论”，美国心理学家弗洛姆（V. H. Vroom）的期望理论，美国心理学家约翰·摩尔斯（John Moores）和伊杰·洛斯奇（Jay W. Lorsch）的权变理论等。这些理论改变了以往只重视物质因素而忽视人的因素的理论模式，从人的需要出发来研究人的行为，对于调动人的积极性、提高行政效率大有裨益。

（二）当代行政效率研究的发展趋势

当代行政效率的研究呈现三大发展趋势：从内部效率研究到外部效率研究；从管理学效率研究到公共行政学效率研究；从公共行政效率研究到公共行政绩效研究。整体上体现在以下三个方面。

第一，席卷西方国家的大规模的行政改革浪潮促使行政效率研究向纵深方向发展。行政改革初期，西方各国政府都以提高经济和效率水平为改革的主要目标。现代西方行政改革是对于福利国家和官僚制行政模式存在的低效率等问题的反思，行政改革实践对行政管理高效率的迫切需求使行政效率研究备受关注。

第二，与早期的效率研究相比较，20 世纪 80 年代后的行政效率研究，更加注意结合政府公共部门和公共组织进行研究，集中研究公共部门效率低下的表现及成因，探讨行政效率提升的特殊机制。这一时期的研究一定程度上摆脱了对管理学模式的过度依赖，开始结合公共部门探讨行政效率的特点。

第三，伴随西方行政改革实践活动的不断深入，行政效率研究更加注重行政效率测定的技术和方法、行政绩效整体提升等方面研究。公共部门全面质量管理、持续性质量改进运动已经开始对公共组织绩效的各个方面进行研究，对效率的追求转变为对经济、效率、效益和客观效果的整体追求。

第二节　行政效率测定

行政效率测定主要是对社会效益与行政成本及其之间的比率的测定。无论是社会效益还是行政成本，都包含了各种有形的和无形的因素，因而制定行政效率有的比较简单，可以直接测定；有的相对复杂，需要间接测定。

一、行政效率测定的内容

（一）行政目标和决策的效果

确定行政目标、制定行政决策是行政管理活动的起点，对整个行政管理过程的行政效率起着至关重要的作用。如果目标和决策不科学、脱离实际，任何提高行政效率的努力都可能事与愿违。因此，监测和评价行政目标和决策的效果具有重大意义，必须通过测评看其是否符合国家的意志和人民群众的利益，是否符合客观规律与本地区、本单位的实际情况，是否给全社会带来效益，目标与结果是否一致。

（二）行政执行的效果

行政执行是对行政目标和决策的实施，监测和评价行政执行的效果可通过以下四种比较来判断：一是将同类的行政工作进展情况进行比较，同等条件下，速度最快、工作量最大的，效率就最高；二是将及时解决问题、排除困难的能力进行比较，凡是对意外问题和突发事件能迅速作出反应、采取有效的措施及时加以解决的，效率就高；三是将已经完成的行政任务与预定的行政目标相比较，凡达到或接近预定目标的，效率就高；

四是将实际成果同投入或消耗进行比较，完成同样的工作，消耗少的，效率就高。

（三）行政组织的效果

行政组织是实现行政目标的重要保证，没有合理的、有序的组织，就不可能顺利地实现行政目标和提高工作效率。评价行政组织的效果，应当考虑行政组织机构是否合理、健全，管理层次和管理幅度是否适当，人员编制与结构是否精简、科学，运行程序是否正确，权责关系是否明确，信息传递与沟通是否良好，上下左右的关系是否协调等。

（四）人事行政的效果

人为行政之本，是提高行政效率最基本的要素。用人是否恰当，直接影响行政效率的高低。监测和评价人事行政的效果，主要包括：选拔任用制度是否科学合理，能否适才适用，所用之人与岗位要求是否一致；调配与流动制度是否科学，能否随着社会发展变化及时调整人员安排，做到人尽其才；竞争激励机制是否健全，能否不断提高人的素质，激发工作热情，廉政勤政等。

二、行政效率的测定方法

（一）费用测量法

1. 费用测量法的基本含义

费用测量法是最直接、最简便的测定方法。任何行政管理工作都离不开行政经费，行政经费的使用是否恰当、合理，是否发挥了最大的效益，对实现行政目标的作用如何，等等，都能体现出行政效率的高低。此方法较适合管理层及其操作层。完成同一件行政活动，开支少，行政效率就高，反之则低。同类行政活动在开支相同的情况下，完成的任务量多，行政效率就高，反之则低。

2. 费用测量法的具体运用

（1）单位费用测量法。该方法是对同类行政管理活动行政效率的测定方法，即将行政费用分解为一定的单位平均数，并以此单位费用为基础，计算出行政活动的实际费用，比较其效率的高低。

（2）计件费用测量法。该方法主要适用于那些工作量可以用数量来衡量的工作，通过同类行政活动中每个人员的工作量与其工资额的对比，测算出每项活动的平均行政费用，并以此为基础测定行政人员的效率高低。

（3）人均费用测量法。该方法计算本地区行政活动的人均费用，并以本地区的人均行政费用为基准，进一步计算出各部门、各单位的人均行政费用，比较其效率的高低。在其他条件相同的情况下，人均费用低的，则说明效率高，反之则低。例如，有的地方政府行政费用增长率超过所辖地区财政收入增长率，一般说明该政府行政效率比较低。

（二）功能测量法

每个行政组织都有一定的行政职能，行政效率的高低取决于该组织能否充分发挥其行政职能，圆满地完成行政目标。运用此方法，首先要确定每种行政职能的各项指标，制定出理想的标准和最低限度标准，然后根据行政活动的运行状况，对每项职能进行分数评定，最后以该职能的总分排名区分效率的高低。

以教育部门为例，其基本职能是提高全民素质，普及义务教育。在整个教育行政活动中存在儿童入学率、教学质量、师资力量等各项指标，能否完成这些目标，超过最低标准，达到理想标准，是衡量该教育部门行政效率的主要依据。该方法的优点是与行政计划和目标结合起来，有利于督促行政机关实现预定的目标。但由于有些行政机关的职能指标很难确定，或者即使制定了也难以作为评价的根据，因而该种方法难以实施，且实施后容易出现简单化的倾向。

（三）标准比较法

标准比较法又称常模参照法，即首先建立一个关于行政效率高低的标准体系，然后将实际部门的行政效率与这个标准相比较，以此来判定部门行政效率高低的方法。运用此方法有一个基本前提，即存在一个没有争议的标准。该标准或是公认的，或是经专家研究由有关部门规定，它必须科学、合理、全面、可靠，而且要有可比性。

运用这一标准对特定行政活动的效果进行评定，看其是否合理，在多大程度上符合标准。凡是达到或超过标准的，则为高效；凡是达不到标准的，则为低效。把行政效益的得分与行政费用情况进行比较，可对其效率作出评定。按照这种方法所测定的行政效率是一种相对的效率，它只表明所测得的行政效率和标准的比值，不代表效率的绝对值。

（四）要素评分法

要素评分法是对影响行政活动的各种要素进行评分和评估，从而测量行政效率的方法。在行政管理活动中，有诸多要素在起作用，不同要素对工作成败和效率高低有不同的影响。有些因素会导致成功和高效率，有些因素则会导致失败和低效率。通过对行政活动中各要素的分析，可以评定行政效率。

当然，还可以通过分析找出影响行政效率的原因，为改进工作、提高效率提供依据。使用要素评分法，应先找出影响工作成败和效率高低的主要因素，按照其作用的方向和强弱，确定等级分数标准和最高标准分。评定时可根据实况和标准评分，以各项因素得分总和来表现行政组织效能和行政效率。实际得分与最高标准分比较，可反映该组织的行政活动在管理方面是否有效。要素评分法实际是一种近似测评，因为要素评分的高低与整个组织效率的关系比较复杂，并不完全是直线的因果关系。

第三节　行政效率提升途径

一、影响行政效率的因素

行政管理的每个环节都对效率有着影响，因而行政效率的提高是一个综合性、全局性的问题，要提高行政效率必须找到影响行政效率的因素。根据行政管理的工作实践，这些因素包括内部因素和外部因素两类。

（一）内部因素

1. 影响行政效率的组织因素

（1）行政机构的设置。主要考虑：行政机构的功能是否齐全，是否适应社会和经济发展的客观要求，是否事事都有人管；行政机构是否精简，如果行政机构太多、部门林立、管理幅度过窄，就会造成权力过于集中，严重影响下级的积极性和创造性，不利于统一领导；权责是否明确，权责划分和组合是否合理。

（2）行政职位的设置。行政机构中有各种职位，这些职位的设置是根据该机构的功能、地位和职责范围等因素确定的。一个机构到底该有多少职位才是最合理的，应根据实现行政目标的需要，按照科学高效的原则经过法律来确定，一经确立不可随意更改。行政职位的法定性和稳定性也是高效行政管理的重要前提，那些因人设事和滥设副职、虚职的现象都会造成人浮于事、推诿扯皮，严重影响行政机关的效率。

（3）行政管理各环节的衔接。高效的行政组织不仅要求自身设置专业化和程序化，更要做好行政管理各环节的连接工作，形成各司其职、各尽其责的协调局面。行政组织的各部门是否尽职、行政管理的各环节联系是否紧密，关系到能否顺利实现总体行政目标、能否最大限度地减少内耗，提高效率。

2. 影响行政效率的人员因素

在管理要素中，人是最为关键的，人员因素对行政效率有直接的影响。

（1）人与事的关系。能否做到人人有事做、事事有人做，是衡量行政效率的重要指标。目前我国部分行政机关还存在人员超编、人浮于事、行政不作为、领导职数超编等问题。

（2）行政人员素质。包括行政领导者素质和一般工作人员素质，行政领导者是组织的决定性因素，可将组织和事业的兴衰系于一身，其政治思想、道德品质、决策能力、指挥能力、用人能力等，都对行政效率有重大影响；一般行政工作人员是大量行政业务工作的完成者，其政治思想、工作态度、效率观念、业务知识和技能等方面的素质，直接影响到行政效率的高低。高素质的行政人员能够准确地理解和执行政策，进行科学的管理，恰当地处理社会公共事务，有助于提高行政效率。目前，我国行政人员素质偏低，主要表现为效率观念不强和缺乏责任感，存在不作为的现象；个别行政人员官僚主义作风严重，不负责任和怕负责任，工作效率低下的现象时有发生。目前我国出台的首问负责制、限时办结制、服务承诺制等制度就是针对这一现象作出的规定。

（二）外部因素

1. 影响行政效率的环境因素

（1）政治因素。一个国家的政治体制决定着行政体制，政治权威决定着行政权力。所以，国家的政治稳定，政治生活民主化、法治化是行政活动正常进行的基本条件，也是行政管理高效化的前提。

（2）经济因素。国家经济发展状况是提高行政效率的物质基础，行政管理体系的结构和功能要与经济发展的类型和水平相适应。在计划经济体制下，政府对经济实行全面但低效的管制，政府机构重叠、人员冗余，效率极为低下。我国社会主义市场经济时期要求小政府、大社会，如果行政管理体系还停留在原有基础上，行政效率将大打折扣。所以，只有大力提高行政效率，才能满足社会主义市场经济体制的需要。

（3）社会因素。首先是社会团体对行政效率的影响，如各种利益团体对行政效率影响就很大。其次是社会风气对行政效率的影响，党风、政风及公民整体效率意识都是影响行政效率的因素。如果一个国家有良好的社会风气和优良的文化传统，那么它就有健康的行政环境，进而可以促进行政效率的提高。

（4）地理因素。一个地区的地理环境决定着该地区的交通、邮政、电信等事业的发展条件，也是影响行政效率的重要因素。

2. 影响行政效率的科学技术因素

当今社会科学技术的发展日新月异，在现代化的行政管理中能否大幅度提高行政效率，在很大程度上取决于现代科学技术在行政管理活动中的运用情况。

在决策阶段，利用科学的决策技术和方法，如决策模拟、专家智库等方法，可以提高决策水平，帮助决策者更快、更准确地选出最优方案；运用以电子计算机为中心的信息处理技术、大数据分析，也可以大大提高行政效率，即使是最普通的办公设备的更新与办公自动化的改进，也对提高行政效率具有积极作用。

二、提高行政效率的途径

行政效率的提高是全社会关注的问题。根据近年来关于提高行政效率的研究，大致有以下几种基本途径。

（一）优化行政组织

政府机构臃肿、层次繁多、职责不清必然会导致行政效率的低下，因此，必须建立高效、民主、公正且精简的行政组织。

具体要求是：优化行政职能，理顺各层次、各部门的权力关系；按照科学性与整体性的要求调整结构，将多余的机构取消、重叠的机构合并；调整管理幅度和管理层次；建立健全决策、执行、信息和监督四类机构，使之互相监督与协调；行政决策一元化，避免多头领导、下属无所适从等现象；精减人员，避免滥设副职和虚职。

（二）加强依法行政

要按照依法治国、依法行政加强对政府的治理。加强依法行政应建立行政法制，这是提高行政效率的重要保证，即建立公共行政活动中法律至高无上的地位，坚决依照法律规定办事。

依法行政要求政府及其工作人员必须用法律规范自己的行政行为，做到知法守法、以身作则，并能依法办事，即按照有关法律处理公共事务，不徇私枉法。实践证明，执行法律比制定法律更难。目前，我国的法律制度建设是卓有成效的，但有法不依、执法犯法的问题在一些地方还存在，所以依法行政是我国行政法治的重要内容。

（三）提高人员素质

提高公务人员素质要从两方面着手，即提高行政领导者素质和提高一般工作人员素质。行政领导者在公共行政中处于核心地位，是行政管理活动的决策者、指挥者、监督者和协调者。因此，行政领导者素质的高低对行政效率起着重要的作用。行政领导者必须努力提高自己的文化素质和能力素质，有意识地提高自己的领导艺术和指挥能力，调动下属的积极性。

一般工作人员素质的提高，首先要继续完善公务员录用制度，以公开考试、择优录用的方法吸收优秀人才；对人员的教育和培训，既要加强政治教育和职业道德教育，也要加强业务知识和专门技能的训练。

（四）引入竞争机制

长期以来有一种认识，即政府集权或集权的组织模式可以提高效率。对此，应作理性分析。在物资匮乏或战争动乱的年代，人们需要政府对资源进行集中管理以渡过难关，实现有限资源的相对平等的分配。但随着物资逐步丰富、社会和平稳定，集权管理就显得力不从心了，而且政府集权在实践中往往也变为垄断经营，进而造成社会福利的损失。

在计划经济时代，我国政府几乎集中了所有的公共资源，甚至连火柴等日用品的生产、分配都由政府直接管理。随之而来的是服务质量下降，服务成本提高，官僚作风日益严重，所谓“电老虎”“水老虎”也相继出现，政府形象受到了极大的破坏。

因此，要适应社会主义市场经济体制，提高行政效率，就必须打破政府集权所形成的垄断，引入竞争机制。既要引入国有部门和社会力量之间的竞争，又要引入社会力量之间的竞争，还要注意引入政府公共部门之间的竞争。

（五）管理手段现代化

行政管理工作涉及的范围广、作用因素多，是一项综合性的复杂的社会活动。如果不借助现代化的管理手段，行政效率的提高就难以实现。

在现代社会，信息量爆炸式增长，经济、社会运转节奏迅速，时代发展日新月异，如果行政机关不注意管理理念和思想、办公技术和工具的改进，还使用陈旧的办公手段和方法，就会造成行政人员陷入“文山会海”中，或者带来数字弄不准、沟通不及时、信息利用率低等问题。因此，在条件允许的情况下，行政机关应尽可能采用现代先进的管理理念、技术方法和办公手段实现行政工作的高效率。

本章小结

● 行政效率是指行政工作的效果与消耗之比，即国家行政机关和行政人员从事行政管理活动所投入的各种资源与所得到的产出的比例。其内涵主要体现在：注重行政资源的稀缺性；行政效率体现为一个比值；行政产出与效益的表现态势。

● 行政效率与公平是辩证统一的，主要表现在：提高效率需要以公平为前提，而公平的实质就是效率所得到的结果，公平与效率互为前提、互为必要条件；效率和公平相辅相成，没有公平做保证效率就不可能实现，没有稳定做保证社会全面发展也不可能实现；政府必须将效率与公平置于同等重要的地位，即实施“效率优先、兼顾公平”的策略：效率优先、兼顾公平、以效率带公平。

● 行政效率相关理论主要包括有效管理理论、需求层次理论和双因素理论。受席卷西方国家的大规模的行政改革影响，行政效率研究向纵深方向发展。与早期的效率研究相比较，20 世纪 70 年代后的行政效率研究更加注意结合政府公共部门和公共组织进行研究，更加注重行政效率测定的技术和方法、行政绩效整体提升等方面研究。

● 行政效率测定主要是对社会效益与行政成本及其之间的比率的测定。测定内容包括行政目标和决策的效果、行政执行的效果、行政组织的效果和人事行政的效果；测定方法包括费用测量法、功能测量法、标准比较法和要素评分法。

● 影响行政效率的因素包括内部因素和外部因素两类：前者包括组织因素和人员因素；后者包括环境因素和科学技术因素。提高行政效率的途径主要包括优化行政组织、加强依法行政、提高人员素质、引入竞争机制和管理手段现代化。

复习思考

一、概念题

行政效率　　有效管理理论　　需求层次理论　　双因素理论

二、思考题

1. 如何理解行政效率的含义？
2. 试述行政效率的相关理论。
3. 影响行政效率的因素有哪些？
4. 行政效率测定的内容与方法有哪些？
5. 简述提高行政效率的途径。

三、材料阅读与拓展思考

提高行政效率的源头在哪里?

经历过的人都知道，办证一怕折腾二怕拖。虽然各地“放管服”的改革让行政效能不断提升，但一些地方的行政部门还是有些拖拉。最近，河南郑州不动产登记中心因为前后迥异的办事效率，被怀疑是有意拖延。据报道，从2016年8月25日郑州正式启动不动产登记以来，至9月21日，仅发出42份不动产权证书和47份抵押证明，有5174件卷宗积压。而在曝光后的3天内，却能“提速”颁出不动产权证（证明）343本，甚至表态国庆期间不放假。

“知错就认”“立行立改”的姿态，值得肯定。尽管近年来《不动产登记暂行条例》《不动产登记暂行条例实施细则》陆续出台，填补了各级国土资源部门在这一领域的空白，但我国不动产的登记与管理也一直在摸索中。郑州不动产登记中心在设立初期存在对申请量预判不足、业务技能不熟、审核复杂谨慎等客观原因，应当予以适当的包容和谅解。

然而，同一个部门，曝光之后工作效率天差地别，也暴露了一些问题。从事后更多的信息披露可以看出，在这个探索过程中，也确实存在政策执行的僵化和部门壁垒的高筑。据媒体披露，从当地国土资源部门设立不动产登记中心开始，就陷入了与房产管理部门的掣肘当中：同时要求上交房产证原件，让群众办理业务陷入死循环；不动产登记与房屋交易两套程序各行其是，造成原本就已经烦琐的手续部分重叠。原本意在帮助群众减轻管理与交易负担的政策红利，却在执行中变成了群众的负担。

这种行政效率的扭曲，是对简政放权精神的违背。中央不断出台“简证放权”的便民大举措，一个直接原因是一些看似荒谬却又真实存在的案例，引起广大群众的强烈不满。比如，有人为办房产证，来回跑了9次，历时55天；有准妈妈4个月内跑社区20趟，仍未办下准生证；有人为办理护照往返北京与家乡6次，共计跑了近3000公里；甚至因为“缺纸”，造成商标注册证长时间无法发放的窘迫……。应该说，通过这一两年各地、各部委的改革、改进，“办事难、办证难”的现象大有好转，但是，仍有些地方和部门雷声大雨点小，调门高落实差，行政“肠梗阻”的问题并未从根本上扭转。

实际上，消除政策壁垒，让便民政策顺利落地，关键是责任心到位。把分内该做的事情想办法做好，行政效率自然就高了。就拿不动产登记管理来说，也不是没有办法。比如，很多地方采取了“一站式”办公的方式，面对面分享审批材料；而在非“一站式”省份，则权责分明，避免出现“手脚打架”的情况。在2015年下发的《国土资源部住房城乡建设部关于做好不动产统一登记与房屋交易管理衔接的指导意见》中，明确表示“为方便群众办事，对于能够通过实时互通共享取得的信息，不得要求群众重复提交”。只要真正把群众利益放在第一位，遇到问题时多把麻烦留给自己，就能把方便留给群众，而不必靠倒逼这种社会成本很高的方式。

根据国际有关行政效率的评价指标，最具行政效率国家的主要特征是：中央政府政策制定迅速适度，地方和基层政府政策执行高效，公权廉洁管制力强，公务人员工作效率高，政府在公共管理过程中具有以较低的成本、较少的资源达到预定行政目标的水平和能力。这些评价指标涉及的是事后评价，那么提高行政效率的源头应该在哪里呢？

资料来源：改编自盛玉雷，《行政效率别总靠倒逼》，载于《人民日报》2016 年 9 月 28 日，第 5 版。

拓展思考题：

1. “简证放权”与提高行政效率的关系是什么？

2. 制度设计对提高行政效率的影响是什么？

3. 提高行政效率的源头应该是什么？

第二篇

行政管理手段

行政管理手段是实现行政管理目标的措施与方法。政府对社会公共事务管理必须通过行政管理手段来实现，合理、有效的管理手段更能体现一个国家行政管理的技术与水平。本篇主要研究和阐述政府行政管理过程中与规范性、有效性直接联系的范畴，以及保障和提高政府行政管理水平与能力的因素，主要包括行政决策、行政执行、行政监督和行政信息等内容。

第六章

行政决策

行政决策是行政活动的关键环节，是其他行政行为运行的基础。行政决策的质量和效率与行政执行的效果和质量成正比关系。本章主要阐述行政决策的含义与特征，以及行政决策在行政管理中的作用；分析行政决策的过程，特别从理论分析的角度阐述行政决策体制及行政决策模式；阐述影响行政决策的因素及现代行政决策的方法。重点是行政决策的体制与模式，难点是行政决策的程序与方法。

第一节　行政决策概述

党的十八大明确提出“坚持科学决策、民主决策、依法决策，健全决策机制和程序，发挥思想库作用，建立决策问责和纠错制度”的重要思想；党的十九大进一步指出“健全依法决策机制，构建决策科学、执行坚决、监督有力的权力运行机制”，可见完善行政决策机制，依法决策，促进行政决策科学化、民主化发展已经成为深化行政体制改革的内在要求。

一、行政决策的含义及特征

（一）行政决策的含义

决策是人类社会所特有的现象，是人类社会发展到一定历史阶段的产物。我国早在先秦时期，就出现了“决策”一词，如在《韩非子·孤愤》中有“智者决策于愚人”

之说，但现代管理学意义上的“决策”一词及理论的形成，则是在20世纪中叶发源于美国，由“decision - making”一词翻译而来。决策是人们就需要解决的问题所作的行为设计和抉择过程，因此决策可以定义为：人们为实现较重要的目标而做出选择决定的过程。

一般意义的决策行为普遍存在于社会的各个领域。行政决策则是决策的一种类型，它存在于行政领域。所谓行政决策是指行政主体为履行行政职能所作的行为设计和抉择过程，它是公共组织，特别是国家行政机关及其工作人员在处理国家政务和社会公共事务过程中所做出的决定。公共组织针对社会生活中存在的或正在发生的问题做出决策，并转化成相关的公共项目，通过调动各种组织机构，调配各种社会资源，运用各种功能手段，达到问题的解决、政治的稳定和经济的发展的目标。这一定义强调了如下几个方面。

第一，行政决策的适用范围限定在国家行政机关的职权范围内。在行政学研究的早期阶段，由于受政治—行政二分法观点的影响，有一种意见认为，决策只是国家立法机关的事情，属于一种政治权力，行政部门的职责是执行决策。现在人们的认识已经发生了根本的变化，各国的行政机关无疑拥有很重要的决策权，用美国著名学者西蒙的话来说：“管理就是决策”，决策已经成为行政组织和国家行政机关的核心任务。

第二，行政决策的主体是行政人员，特别是行政领导者。行政决策虽然限定在行政组织或国家行政机关的范围内，但它是由具体的个人或群体作出的，属于一种行为过程。行政决策的结果可以有决议、法规、决定等多种形式，并且以某一行政机关或机构的名义发布，但作出这种决议、法规等的主体是有独立思考能力的个人，所以决策质量与决策者个人的素质和水平有直接联系。

第三，行政决策行为及行政决策程序必须受法律约束。行政人员不能任意作出决策，必须依据既定政策和法律，一方面体现行政决策依法行政的特点，另一方面体现出行政人员在行政组织等级系统中的权力和地位对其行政决策的限制。行政领导者的决策与作为独立法人的企业家的决策不同，在很多情况下的决策是为执行某种政策或规定而作出的，决策权与行政权相联系。而企业家没有行政权，他们的决策一般只是以不违反某种政策或规定为前提，决策权也与企业经营权相联系。

第四，并非所有行政人员作出所有决定的过程都属于行政决策。行政决策只是在为实现较重要的行政目标时进行的，行政人员作出的与其职责无关或涉及一些极细微的日常事务的决定都不属于行政决策的范围。按照这种解释，行政决策的过程主要集中于行政部门的领导层。我国有些学者认为，行政决策主要是指县市以上机关或其他独立机构为解决问题、指导工作所制定的决策。在本书中虽未采用这种限定，但行政决策的适用范围应把较重要的行政目标作为区分决策和普遍决定的界线，什么样的目标才是重要的，这取决于人们对目标的价值判断。

（二）行政决策的特征

行政决策与其他类型决策相比，除具有一般决策的性质外，还有自身的特征，主要表现在以下几个方面。

1. 行政决策主体的确定性

行政决策主体是具有法定行政权的国家行政机关或在国家行政机关中占据合法职位的政府官员，即有行政权的组织和个人。国家最高行政机关及其决策中心有权作出适用于全国的整体决策；地方行政机关及其决策机构有权作出与地方相适应的局部决策。除经上级国家机关、法律以及其他社会规范授权外，行政机关和政府官员以外的任何其他机构、社会组织及个人通常不拥有行政决策权力。

2. 行政决策执行的强制性

行政决策代表国家意志和利益，依据国家法律、规范来制定，各项措施以国家权力为后盾。行政决策方案一经决定，就具有普遍的约束力和强制力，不仅对行政决策机关内部的全体成员，而且对其管辖范围内的各级行政机关及一切企业、事业单位、社会团体和个人都具有约束力和强制力。

3. 行政决策内容的广泛性

行政决策的内容十分广泛，涉及一个地区或一个国家范围内的社会公共事务，包括社会的政治、经济、军事、文化等各个领域、各个方面。行政决策对社会公共事务和地方公共事务，有着十分重要的影响。

4. 行政决策活动的整体性

行政决策是以国家的名义，代表政府进行的决策活动，体现了国家和人民的意志和利益。不同的国家行政机关虽然分工和管辖的范围不同，但在决策时都要从国家整体利益出发来处理本地区、本部门所辖的公务，而不能只顾本地区、本部门的狭隘利益。

5. 行政决策对象的复杂性

随着现代科技和社会经济的迅速发展，行政决策的对象日益庞大、复杂、多变，决策目标日益多样化。行政决策决定着价值分配，各种社会政治力量都会对其施加影响，所以行政决策过程必然是权力运用的政治过程，有交易、有妥协、有针锋相对的冲突，甚至有战争。这种复杂性决定了行政决策应谨慎从事，不能轻举妄动。

6. 行政决策目的的非营利性

行政决策与其他决策特别是经济决策的最大不同点就在于：行政决策在任何时候都不以营利为目的，而是以社会公共事务和人民的利益为决策的对象和出发点。

二、行政决策的分类和构成要素

（一）行政决策的分类

在行政决策活动中，由于行政决策主体、对象、条件、内容和方式的多样变化，行政决策类型可用多种多样的角度和方法来划分。

1. 按行政决策的不同层次，可分为国家决策、地方决策和基层决策

国家决策又称高层决策、总体决策，是指中央政府一级国家行政机关处理国家事务或全国性问题的决策。凡制定全国性的有关行政管理的方针、政策、行政管理法规，处理全国性的、对国家具有战略意义和其他只适宜中央统一处理的行政管理问题，都由中央一级国家行政机关进行决策。

地方决策也称中层决策，在我国主要指县以上各级地方政府执行中央政府规定、执行国家的决策、解决本地区及本部门管辖范围的社会公共事务而进行的决策。包括从县级政府到省级政府的地方决策，由县一级到省一级国家行政机关（包括同一级的民族自治地方机关）分别处理各自管辖范围内的地方性行政管理问题。

基层决策是指由乡、镇一级国家行政机关根据法律规定在职权范围内所作的决策。

以上三种类型的决策具有统一性，国家行政机关的决策具有法律上的最高地位，地方决策和基层决策绝不能与之相违背。按决策层次划分也可分为战略决策、战术决策和作业决策，其运用范围比上述类型更为广泛、也更为灵活。

2. 按行政决策客体的范围，可分为宏观决策和微观决策

宏观决策是指涉及全国性问题或影响全局性问题，以及具有长远意义问题的决策。一般指国家级决策，其特征是具有全局性、方向性和原则性。宏观决策关系着整个国家经济的发展、政治的兴衰、民族的命运和前途等。

微观决策是指涉及区域性或局部性具体问题的决策。一般指地方、部门和基层单位的决策，具有枝节性、技术性和依附性特征，它与地区、部门、系统、基层的联系最紧密。

宏观决策与微观决策既有一定的相对性，又有统属性。所谓相对性，是指地方、部门的决策对国家级决策来说是微观决策，但对基层来说则是宏观决策；统属性是指宏观决策对于微观决策具有指导性，微观决策对于宏观决策具有依附性。按行政决策客观范围分类，也可将行政决策分为战略决策和战术决策，其内容及适用范围与上述宏观决策和微观决策相同。

3. 按行政决策的条件和因素，可分为确定型决策、风险型决策和不确定型决策

确定型决策是指决策条件和决策因素明确，决策后果可以预料并可得到控制的决策。确定型决策的条件和因素包括：一是有明确的决策目标；二是有一个确定的自然环境和条件；三是有两个以上的备选方案；四是不同方案在确定状态下的损益值可确定。

风险型决策是指决策条件、决策因素可确定，但不能控制决策的结果因而要承担一定风险的决策。其特点是后果具有风险性，但可以估算出发生的概率。风险型决策又称随机型决策或统计型决策，所具备的条件包括：一是有明确的决策目标；二是有两个以上备选方案；三是有多种不以人的意志为转移的客观条件或自然状态；四是不同方案在不同客观条件下的损益值可根据以往的统计数据估算出来；五是某种客观条件会在未来发生作用，这种作用虽无法肯定，但可根据概率进行预测。

不确定型决策是指决策条件因素不确定，且完全不能控制，决策后果难以预测及估算的决策。不确定型决策往往和处理重大的公共事务问题相联系。

4. 按行政决策的问题类型，可分为常规性决策和非常规性决策

常规性决策又称例行决策或程序化决策，是指按既定程序和方法处理常规性或重复性问题时的决策。对于一个相对稳定的行政机构，它一般总有一些职责是所谓的例行性事务，或者说可根据以往的经验，按照已确定的有关程序和规定去处理那些经常出现的行政事务。其特点是具有方法和程序上的重复性，甚至定型化。常规性决策属于日常工作范围，所遇到的问题较易于处理并已形成了一套较为固定有效的步骤和方法。

非常规性决策是指面对新的、首次遇到的或特别复杂的问题无常规可循的决策，也称非程序化决策。非常规决策处理的问题不是例行性事务，而是具有偶然性、随机性的事件。作出这种决策没有现成的规范和原则可以遵循，也没有既定的程序和方法可以参照。其特点是具有应变性或不定型性。非常规性决策多出现于较高层的决策，它要求决策者具有较强的变革性与创新性。

5. 按决策主体的不同人数，可分为集体决策和个人决策

集体决策是指由两个以上的人以讨论、协商等方式作出的决策。集体决策集思广益，可以避免个人决策容易出现的片面性，提高决策质量，但花费的时间较长，效率较低。根据中国的行政管理领导体制，战略决策、总体决策大多是集体决策。

个人决策是指由一个人单独作出的决策。个人决策迅速果断，对突发性紧急事件的处理比较合适。集体决策和个人决策在决策的时间、速度、质量、责任性、认可程序、心理压力等方面各有利弊。在实际过程中，采取哪种决策类型更好，取决于问题的类型、信息掌握的程度、决策成员的个人经验和技能及知识差别等因素。它们与个人专制、个人负责制等不同的行政领导体制有密切的关系。

6. 按行政决策的运用方法，可分为定性决策和定量决策

定性决策是指利用政治原理、法律判断和政策分析等进行主观决策；定量决策是指利用运筹学、数量统计、系统分析和计算机技术等各种量化方法进行的决策。

在行政管理过程中，定性决策多用于制定政策、法规、条例、规定等决策过程；而定量决策多用于制定计划、规划、行动方案等决策过程。

7. 按行政决策者的思维模式，可分为理性决策和非理性决策

理性决策是指在作出决策之前，根据拟定的决策目标，收集充分的信息，分析各种可能的选择，拟定多个决策方案，经过科学论证，然后给予选择的决策过程；非理性决策是指在遇到疑难决策问题难以作出决定时，决策者依据自己的猜测、习惯反应、条件反射、本能反应等非理性的心理因素所作出的决策。

任何决策过程都存在这种非理性因素的影响，当非理性因素在选择过程中起主导作用时即为非理性决策。非理性决策在传统的政治结构中是一种主要的决策方式。

8. 按行政决策的时间顺序，可分为初始决策和反馈决策

初始决策是指在调查研究和主观预测基础上最初作出的决策；反馈决策又称追踪决策，是指在初始决策已开始实施并对客观环境产生一定影响的情况下所作出的决策，它主要是根据已发生变化的情况有针对性地采用，一般可分为局部调整型决策、大修改型决策和改正型决策。

在初始决策实施中，可能出现多种新情况及新问题，需要对初始决策进行跟踪反馈。根据反馈发现初始决策失误，当初始决策可能危及目标的实现时，就要对初始决策作根本性的调整，然后重新拟定决策方案，所拟定的方案不但要优于初始决策方案，且应是新方案中的最佳方案。

9. 按行政决策执行的不同目的，可分为执行性决策和行政性决策

执行性决策是指单纯为贯彻执行中央政府和上级机关的某种具体规定而进行的决策；行政性决策是指在授权和管辖范围内综合管理社会公共事务所进行的决策。

执行性决策在集权制的情况下占主导地位，其特点是由权力结构和决策层次的等级制度决定的，各级政府必须按中央政府和上级机关的指令性规定逐级作出决定并向下传达贯彻。执行性决策的目标、内容、程序和步骤等，一般是由中央政府或上级机关事先规定好的，必须按部就班地进行。

行政性决策则在分权制情况下占主导地位，其特点是由管理社会公共事务的行政权力决定的，各级政府可以根据实际工作需要在没有上级指令性规定的情况下主动进行决策，决策目标、内容、程序和步骤等可以自主安排。

（二）行政决策的构成要素

行政决策是一个复杂的社会工程，一项全面而合理的行政决策至少应同时具备决策主体、决策客体、行政信息、决策方法和决策效果五个要素，否则就不是完整的行政决策，或者不可能产生准确且切实可行的决策。

1. 决策主体

决策主体是指依据法定程序授予而拥有行政决策权的行政决策者，即具有管理国家公共事务行政权的组织和个人，主要指中央和地方各级国家行政机关及其行政人员。行政决策主体与其他社会活动主体相区别的一个重要方面，即有国家赋予的行政权，以国家权力为后盾。由于现代社会的规模越来越大，行政决策的面也越来越广，行政决策的主体呈现出多元性和多层次性。所以，行政决策主体除上述所说的具有管理国家公共事务的行政机关领导者外，还应包括行政决策机构和参与行政决策机构的各类人员。

2. 决策客体

决策客体一般是指决策对象和决策环境，行政决策客体通常指中央和地方各级国家行政机关履行其职能依法处理的国家事务、社会事务和经济事务。中央和地方各级国家行政机关要履行其职能，就必须对这些事务进行处理、行使行政权。行政决策客体通常是由中央国家行政机关的决策对象和地方各级国家行政机关的决策对象两部分组成，就中央国家行政机关而言，它是从整体上对全国性的行政工作进行决策，确定大政方针，具有全局性战略意义，必须高瞻远瞩、全盘考虑。行政决策对象包括国民经济和社会发展计划、国家预算、经济工作和城乡建设、教育、科学、文化、卫生、体育、计划生育、民政、公安、司法行政和监察等。就地方各级国家行政机关而言，它主要是根据中央国家行政机关制定的战略决策、法规命令，对本行政区域内的国家公共事务进行领导和管理，作出行政决策。

3. 行政信息

行政信息是指反映整个行政管理活动的各种资料、情报、数据、指令、密码、符号、文字、语言、讯号等的总称。行政信息是行政决策的基础，二者有着密不可分的联系。决策必须从信息中来，信息也只能到决策中去。决策过程实质上是信息的输入、转换和输出的过程，信息的准确、全面程度与决策的科学化程度成正比例关系。行政信息必须经过加工处理，对各种信息进行技术处理和论证分析，从中得出科学的论断或假设，作为科学决策的依据。

4. 决策方法

决策在本质上是一个复杂的思维过程，行政决策的科学方法总是以思维方法的科学化为基础。由于现代行政决策对象日益复杂化且处在动态之中，所以必须在遵从行政决策规律的基础上，正确运用科学的思维方式，包括：一是整体性思维方式，即要把决策对象看成一个整体，立足整体，从整体出发，统筹全局，从整体与部分、整体与环境的相互作用过程来认识整体和把握整体；二是结构分析与研究方式，即主要分析系统中各要素的相互联系，然后对各方面进行整体概括，确定各要素的最优结合方式；三是层次性思维方式，即着眼于决策对象系统多层次的等级结构，全面分析各层次的性质功能及其规律，从而确定不同层次的发展目标和对象。在运用科学思维方式进行决策时，要注意增加主动进取意识，敢于打破旧框框的束缚，敢于想象，善于进行创造性决策。

5. 决策效果

任何决策都是为了实现一定的预期目的，任何决策也都会产生一定的或好或坏、或理想或不理想的效果，所以效果是行政决策的要素之一。该要素引导决策的方向，并从一定意义上决定决策的方法，同时反映决策者的决策水平，检验决策方法的科学性、可行性、时效性和决策目的的合理性、现实性、社会性。对行政决策来说，因其公共性质所决定，追求良好的社会效果是决策的出发点和评判标准。

三、行政决策的地位和作用

行政决策作为行政管理活动中的重要环节，其正确与否直接影响和决定行政管理工作的成败。美国著名行政学家西蒙认为“管理就是决策”，一语道破了决策在管理活动中的地位和作用。如果决策出现失误，必将会影响行政职能的履行和行政目标的实现，甚至会影响整个国家社会政治生活的安定和经济繁荣。科学的行政决策，在行政管理活动中具有极其重要的地位和作用。

（一）行政决策在行政管理中的地位

1. 行政决策是做好行政管理的前提

行政管理是对组织系统进行全面、统一的管理，其范围十分广泛。就政府行政管理而言，涉及政治、经济、军事、外交、文化、教育等各个领域。无论哪一个领域管理功能的发挥，都有一个“如何管理”的问题，管理要达到的目的是什么及如何达到这些目的，是行政决策要解决的问题。行政决策是行政管理优化的前提，只有决策科学化，行政管理的职能才可以得到充分的发挥。从中央行政机关到基层行政机关，从行政枢纽部门到行政职能部门，从行政领导到行政工作人员都要围绕着决策这一中心来开展工作。

2. 行政决策是行政管理的关键环节

行政管理是一个循环往复的螺旋式发展过程，在这个过程中存在着若干个环节，美国管理过程学派把它分为决策、组织、人员部署、指挥、控制、调节六个环节，也有学者把它分为决策、执行、监督三个环节。不管哪种划分方法，决策都属于首要的、关键的环节。决策是执行、指挥、监督的先导，如果决策正确，执行就会有正确的依据，就会得到良好的结果。在同样的条件下，决策不同，后果迥异。有利的宏观条件可能会因为决策失误而丧失，不利的种种条件可能会因决策正确而改变。

3. 行政决策贯穿于行政管理的全过程

行政管理活动常常是从发现问题或提出问题开始，接着进行调查研究，然后决策、执行，最后是检查、总结效果。在每一个步骤中，都有信息反馈并对决策执行提出各种需求。如发现问题、提出问题在于期望决策；检查结果在于评价、修正和进一步决策。这充分说明，决策存在于行政管理的每个领域、每个方面、每个层次、每个环节、每个步骤之中。总之，行政决策贯穿于行政管理的全过程。

（二）行政决策在行政管理中的作用

第一，规划未来行为。行政决策是为更有效地履行行政管理职能，履行行政管理职能既不能随心所欲，也不能“临阵磨枪”，要对未来的行为做好事前规划。有了规划，管理者和被管理者都能了解某个时期内的任务、要求及需要的人力、物力、财力，知晓采取何种方式行动、由谁来负责等。这样，在总体上有个概略的认识，思想行动上就有所准备。

第二，明确目标与方向。一个有利于国家、有利于社会、有利于人民的准确、具体、现实的目标，不仅可以明确行政管理的方向，而且可以鼓舞人们的士气。各级、各部门和个人在总目标的指导下，制定切实可行的分目标、阶段目标和个人责任目标，以实现目标为宗旨来进行各种管理活动。

第三，提高行政效率。“效率就是生命”，行政决策正确程度越高，行政效率就越高。由于效果与付出的力量成反比，因此行政效率高低也是检验行政决策水平高低及正确与否的标准。

第二节　行政决策体制与模式

健全决策机制和程序十分重要，要充分发挥思想库作用，加强决策的论证、听证，不断提高科学决策、民主决策、依法决策水平，特别是要建立健全决策问责和纠错机制，凡是涉及群众切身利益的决策都要充分听取群众意见，凡是损害群众利益的做法都要坚决防止和纠正。

一、行政决策体制

行政决策体制是指行政决策机构和人员所形成的组织结构体系以及制定决策的有关制度。建立科学合理的行政决策体制，是正确进行行政决策的基本前提，也是现代科学行政决策的组织保证。

（一）行政决策中枢系统

行政决策中枢系统是现代行政决策体制的核心部分，由拥有决策权的领导机构和领导人员所构成。其主要职能是统筹考虑决策目标、抉择决策方案、组织领导等整个决策工作。个人决策即由行政首长个人负责决策，其优点是速度快，能适应现代行政现象快速变化的要求；集体决策即由委员会集体来负责的决策，其优点是集思广益，可弥补个人知识经验之不足，减少失误。我国政府实行行政首长负责制，在决策方式上集中了这两类决策方式的优点，既能集思广益，又快速高效。行政决策中枢系统具有以下三个主要特点。

第一，具有最高权威性。它是该行政机关或行政部门最有权威的领导核心，居于最高领导、指挥的地位。这种地位不是自封的，是由法定的权力和个人优良素质及能力决定的。一个行政领导部门只能有一个行政决策中枢系统，即一个领导核心，人员不宜过多，否则容易出现多头领导、政出多门的弊病。

第二，实行民主集中制。方案的抉择要征求各方面的意见，进行充分的讨论和酝酿，最后由决策中枢集体研究决定。重大决策实行少数服从多数的表决制度，一般决策经集体研究后，由行政首长拍板定案。

第三，应承担全部责任。信息系统所提供的全部信息资料、咨询参谋系统所拟订的决策方案及其所作的评估是供决策者参考或选择的，如何进行分析、判断、拍板定案，完全是行政领导者的职权，其当然要对决策负完全的责任，而不能责怪信息和咨询参谋系统及其他人员。行政决策中枢系统所作出的行政决策的质量与行政首长的个人素质密切相关。为此要求决策中枢系统的领导者应具有丰富的经验和较高的科学文化知识水平，有面向未来的领导观念、敏锐的预测能力和判断能力，作风民主又富有创新精神，善于调节自己的感情，保持清醒的头脑，对不同类型的决策能以不同的思考方法来审查专家的意见。

（二）行政决策咨询系统

行政决策的咨询系统是决策核心的外脑，由多学科的专家集体担任，对行政组织系统具有相对的独立性和自主性，其任务是以建议、答疑、提供备选方案等形式发挥参谋辅助作用。在传统决策过程中，决策者凭借其知识、经验和才智，一般可作出有效的决策。但随着现代科学技术和经济迅速发展，决策过程中的随机因素不断增多，对一些复杂的经济、政治、军事、科技、社会问题进行决策的难度愈益增大，尤其对重大问题作出正确决策所需要掌握的知识、信息量，以及必要的先进手段是过去无法比拟的。

现代决策者所要解决的决策问题和所承担的职责与他们的知识和能力之间的差距越来越大。要弥补这个差距，就必须开发社会科学家、自然科学家等各领域专家的智慧，把他们的智慧有效地纳入决策过程中，使他们的智慧同决策者的智慧和权力结合起来，充分发挥他们在行政决策过程中的作用。

（三）行政决策信息系统

信息系统是现代行政决策体系的神经系统，主要由信息的搜集、处理、存储、传递等机构和人员组成，是为中枢系统和咨询系统提供信息服务的体系。决策中枢系统、咨询系统的工作者要以信息为基础。

行政信息系统的职能是确定信息需要、搜集和加工信息、传递信息、存储信息及管理信息系统。

二、行政决策模式

行政决策模式是关于实际决策制定活动的基本形式、特点的一种理论，是指决策者在分析问题、拟订对策、抉择方案过程中的基本思路和分析框架。行政决策对象及所处环境具有广泛性、复杂性、多变性，决策者的素质和思维方式不同，行政决策的模式也就存在多种形式，通常包括理性决策、非理性决策和综合决策模式三种类型。了解各种决策模式，有助于深入认识决策制定活动，决策者可以根据不同的问题、环境和条件选择不同的决策模式，从而正确制定决策。

（一）理性决策模式

理性决策模式包括完全理性决策模式和有限理性决策模式。完全理性决策模式也称客观理性决策模式，其代表人物有美国管理大师泰罗和英国的经济学家边沁等。这种模式源于传统的经济学理论，认为人是“经济人”，具有最大限度的理性并寻求最大利益。这样，理性的人在决策方案时，能够客观地分析成本和收益，会以最小的投入得到最大的产出。这就需要决策者能够确定决策目标、获得决策的全部信息、制定出多种决策方案、预测各种方案产生的后果，最后比较各种方案，从中选出最佳的方案。完全理性模式是一种理想化的模式，这些假设条件在现实问题决策时是很难具备的。

有限理性模式是由诺贝尔经济学奖获得者，美国管理学家赫伯特·A. 西蒙提出的。他认为，人脑不可能考虑一项决策的价值、知识以及有关行为的所有方面。此外，行政决策还要受到心理环境和周围环境的限制。一个人的精力是有限的，决策者在特定的环境中做出决策，他对要决策问题的认知是有限的，他能够收集的信息是有限的，可供他选择的方案也是有限的，他预测方案实施结果的准确性也是有限的。因此，决策是在有限理性条件下制定的。该理论假设决策者是“社会人”，他们的行为会受到自身主观因素的影响，因此决策时追求满意而不是最优的结果，只要决策方案能达到他们心目中最低目标就可以接受这个方案。

（二）渐进决策模式

渐进决策模式是美国政治经济学家 C. E. 林德布洛姆针对理性决策模式的缺陷，根据实际决策制定过程的特点提出的解决方法。渐进决策模式也称探试模式，是以现行的决策为基本方案，经过较长时间的修改、补充和调整后形成新的方案的决策过程。决策者并不调查和评估全面的政策方案，只注重那些与现存的政策有渐进差异的方案，只考虑有限的几个方案，而不是将所有可能的方案都考虑在内。评估方案时也只是评估那些产生概率最大的、后果很重要的方案。

渐进决策模式注意到了事物的运动是一个前后衔接不间断的过程，新的决策是在承继过去的条件下进行的；还注意到了事物变化的量的积累、量变和质变的关系；也注意到了不同的社会团体有着不同的利益和政策要求，政府为获取各方支持不愿大规模改变政策。当人们适应和习惯了一种模式时，通常都不希望有较大的改动；当一项影响很大的新决策实施时，采用渐进决策模式可减少决策上大起大落引起的社会动荡，化解各方冲突，维持社会稳定。

（三）团体决策模式

团体决策模式是美国政治学家 D. B. 杜鲁门提出的。他认为政治决策过程实际上是不同的利益团体相互竞争影响政策的过程，而政策就是各利益团体竞争后达成的一种均衡。所谓利益团体，就是具有共同态度、价值观和目标的个人组成的团体。利益团体为建立、维护自身的利益和行为，向社会中其他团体提出主张。而当他们向政府提出他们的需求和主张时，就成了政治性团体。

团体影响力取决于诸多因素，如团体规模、成员数量、社会地位、财富的多少、领导者的能力、组织对社会的贡献程度、组织内部凝聚力及该团体与决策者的关系等。

（四）混合扫描决策模式

混合扫描决策模式又称综视决策模式，是社会学家阿米泰·埃奇奥尼提出的。该模式将理性综合决策模式和渐进决策模式结合起来，确定一个较大的决策范围，但只对范围内的重要的决定进行考察，注意那些有可能的选择。

混合扫描决策模式改进了渐进决策的局限性，不关注同类问题的以往解决方法，而是创造性地选择决策方案，同时改善了理性综合决策的局限性，节省了政策分析的时间和成本。该模式吸收了理性决策模式和渐进决策模式的优点，具有较大的灵活性和创新性。但要注意不能否定其他模式的优点，不同的模式有其适用的范围和条件，都为我们理解行政决策过程提供了有效的手段。

第三节　行政决策原则与方法

一、行政决策的原则

做任何事情都要遵循一定的原则，行政决策也不例外。要保证行政决策这项高度综合的复杂性活动的顺利进行，就必须遵循一定的原则。主要包括以下几个方面。

（一）行政决策的目标原则

任何一项决策都是为了实现某一特定的目标而制定的，行政决策的正确与否与决策目标的明确和适中程度有密切关系。目标正确，决策就有了正确的方向；若目标错误，那么整个决策也就迷失了方向，且目标不能过高也不能过低。因此，行政机关和人员在进行行政决策时，首先要确定目标，并使这一目标准确、规范、符合实际，从而使决策的内容更接近实际，决策才能更加有效。

（二）行政决策的信息原则

行政信息是行政决策的基础，无论是决策目标的确定、备选方案的拟订和选择，还是决策方案的实施及反馈，都离不开信息。决策的科学性是和信息的及时性和准确性成正比的。决策者不但要充分地掌握信息，还要对信息进行分析、筛选和处理，去伪存真、由表及里，从而得出正确可靠的决策依据。另外，各单位应建立内外部信息沟通的渠道，加速信息交流。

（三）行政决策的预测原则

正确的预测是决策成功的关键。决策都是对未来行动所做出的一种设想，是在事情没有发生之前的一种预先分析和抉择。因此，对未来的状况、发展趋势进行预测就显得十分重要。预测是指运用科学的方法对决策对象的未来状况和发展趋势进行预测、估计、推测。常言道：凡事预则立，不预则废。科学的预测不是盲目的，是建立在可靠的信息和系统的分析前提下，以客观事实为依据，是对客观事物发展规律的准确反映。事实表明：只有运用科学的预测，了解行政决策对象的发展趋势，才能保证行政决策的结果科学、可靠。

（四）行政决策的可行原则

决策最终是要实施的。如果一种决策制定后不能实施，那么即使决策制定得再好也没有意义。决策是否可行，取决于许多因素，要从人力、物力、财力、时间、法律后果、社会心理承受能力和技术各方面作好准备。决策不能超出现实条件或片面追求高标准，要讲求社会效益和经济效益。这就要求决策者在决策的过程中，要对实施决策的现实条件进行可行性分析和论证，做到积极稳妥、量力而行。

（五）行政决策的择优原则

行政决策必须在多个不同的方案中进行分析和比较，按照利中取大、弊中取小、化弊为利的规则，从中优选出一个较为满意的方案。而如果只有一个方案，没有比较，也就无所谓选择，这样的方案也绝非一个好的决策。

（六）行政决策的时效原则

由于客观世界是不断发展变化的，而行政决策都是相对于一定条件下的特定问题而做出的，因此决策具有很强的时效性。行政决策不仅要正确，还要把握好时机，发现问题后应及时搜集信息，研究问题，果断决定；还要保持决策实施期间的相对稳定性，不能变化无常，同时还要把握方案的同期性，如果方案过时，就要根据变化了的新情况及时对决策进行调整。

（七）行政决策的动态原则

由于行政决策的制定、执行和修改是一个长期的动态的过程，所以在整个行政决策过程中应时刻关注社会环境和形势的变化。在具体实施决策时，要注意信息的反馈，随时进行决策的追踪和检查，一旦发现决策与客观实际不符，就应及时地进行调整。

（八）行政决策的系统原则

系统原则是决策科学化的保证。马克思主义认为，客观物质世界的各种实体都相互联系着，人们的思维也表现为相应的联系。在行政决策过程中，决策所要解决的问题都不是孤立、片面的，而是与其他社会问题紧密联系在一起的。因此，这就要求决策者必须把决策所要解决的问题看成一个诸因素相互联系、相互作用的统一的有机整体，从整体和局部、内部条件和外部环境、当前利益和长远利益、主要目标和次要目标等方面来对问题进行全面、系统的综合分析，得出解决问题的最优方案。

（九）行政决策的合法原则

合法原则是决策的法律保证。行政决策是国家意志和利益的体现，这就决定了任何行政机关在进行行政决策时，必须在宪法和法律规定的范围内进行。这不仅要求行政决策者的决策不能超出自己的权限范围，而且要求行政决策者决策的目标、方案、措施等必须以国家的有关法律法规为依据，以党的路线、方针、政策为指导。任何与国家法律法规以及党的路线、方针、政策相抵触的决策都是错误的，必须受到抵制。

（十）行政决策的集团决策原则

现代决策日益复杂，单凭个人智慧难以胜任，所以必须实行集团决策。集团决策是指民主集中制的集体领导原则在决策中的应用和发挥决策参谋机构即“智囊团”的作用。集团决策不是简单的集体讨论，也不是少数服从多数的简单表决，而是决策者与由专家、学者和管理工作者组成的智囊团相结合，经过科学方法的调查、研究、对比、分析，提出有依据的、切实可行的方案。

二、行政决策的方法

（一）常用的决策方法

1. 定性决策方法

国外常称为“软技术”方法，它主要是由决策主体应用社会科学的原理，根据个人的经验和判断力，从对决策对象本质属性的研究入手，通过定性研究，了解方案的性质、可行性和合理性，然后进行决策方案的抉择。在具体实施过程中，这种方法也被称为专家创造力方法，即主要依靠专门人才在决策过程中的分析判断来进行决策。

现代行政学认为，在行政决策中，无论是确定目标还是拟订方案或者是选择方案，专家的意见都极为重要，因为专家不但具有专业知识、技术，还常常超越某些程序性规范或传统习惯的束缚，能够较为客观、冷静地作出分析和判断。因此，有效地组织、吸收专家就决策问题发表意见，就成为决策“软技术”的重要环节。

2. 定量决策方法

国外常称为“硬技术”方法，它主要是运用数学模型和计算机技术解决决策问题，其实是在定性分析的基础上对决策对象进行数量研究和计算，用来比较和优选方案。决策“硬技术”主要包括数学模型和决策模拟两类：数学模型是行政决策数学化、模型化和计算机化的核心内容。它要求用数量关系表示出变量之间以及变量同目标之间的关系，并用计算机的算法语言编成程序模型，以供计算机程序随时处理使用，所以一般适用于重复性的常规决策。但在行政过程中，由于社会政治、经济、人际等各种复杂因素，使很多问题不可能或不能简单地付诸数量化，因此数学模型方法有一定的局限性。

决策模拟是行政决策的另一种“硬技术”，它是在决策方案拟订以后，给决策方案创造一定的条件，通过某种方式的试验，以有形的结果对方案进行分析、评估和修改，以最后付诸实施。决策模拟是一种专业性和技术性都很强的方法，是未来决策技术化的重要内容和必然趋势。

（二）其他决策方法

1. 头脑风暴法

头脑风暴法又称畅谈会法，由美国学者奥斯本于1939年首创。这种方法主要用于收集新思想、新观点，通常是把有兴趣解决某问题的人集合在一起，主持者只出题目而不说明其目的，完全让与会者无拘束地、充分自由地发表意见。这种方法的特色（也是其能产生广泛影响的因素）在于它所制定的会议规则：一是不许批评别人的意见，在没有讲完所有的意见和建议之前，不以任何方式评价；二是各人自由地思考，思路不受拘束，越广越好，争取较多的意见，意见越多，越有可能出现高质量的意见；三是寻求建议的归纳和补充，欢迎对别人的原建议作出改进，并形成更加新奇的建议，像风暴一样来得快而猛。

头脑风暴法追求新思想、新设想的产生，并不过多地关注某种结果的出现。所以，在这样的会议上所产生的很多设想中，可能只有少数是比较现实的，具有一定的参考价值。即使没有产生有价值的设想，但由于与会者参加了决策过程，思绪受到他人的启发和激励，将会产生对解决问题的责任心和长远兴趣，以后会对解决该问题提出更好的建议。

2. 民意测验法

民意测验法由美国人盖洛普于1935年首创。它主要是指通过对一定范围和数量的具有代表性的社会成员的问卷调查，并对他们的各种意见作出统计分析，从而了解和估计公众对某一问题的意见及其趋向，并以此作为作出某种行政决策的依据。这种方法在许多西方国家都被广泛地运用。使用民意测验法必须注意以下两点。

第一，被测对象必须具有代表性和典型性。由于社会公众年龄、性别、经济地位、政治状态以及居住地区、种族等因素的不同，人们的意识倾向也会不同。为此，必须根据不同测验对象的实际情况，以一定比例对具有代表性、典型性的社会公众进行抽样调查，并加以综合分析研究，才能得出比较符合实际的数据和情况。

第二，问卷的设计应当简洁、明了、富有艺术性，为被测者乐于接受。要尽量避免提出那些模糊的、不着边际的和不易回答的问题。使用这种方法也存在着一定的局限性：一是具有代表性、典型性的社会公众较难确定；二是所收集到的信息资料的内容可能是多种多样的，很难以统一的标准进行衡量；三是使用这种方法还会遇到无法回避的问题，即耗费人力、物力和时间，可能导致行政成本增加或者丧失决策的最佳时机。

3. 德尔菲法

德尔菲法又称直观判断法，是由美国兰德公司于 1946 年发明并首先用于技术预测领域的一种决策方法。德尔菲是古希腊传统中的神殿之地，城中有座阿波罗神庙可以预卜未来，因而借用其名。德尔菲法是专家会议预测的一种发展，主要是围绕某个决策问题，以背靠背的函询方式向有关专家和权威人士征求意见，并把每一轮得到的意见汇总整理后再发给这些专家进行下一轮的分析判断，经过几轮反复，在各个征询项目上取得较为一致的意见，从而产生相对可靠的预测结果和预测方案，并以此为决策的依据。这种方法具有以下三个特点。

第一，匿名性。由于应邀参加预测的专家互不见面，消除了心理因素的影响；同时，被邀请的专家可以在后几轮中随时修改自己的意见，无须说明理由，这有助于畅所欲言。

第二，轮间反馈沟通。由于每一轮预测之间进行了反馈沟通和比较分析，因而能够达到相互启发、提高预测准确性的效果。

第三，预测结果的统计特性。由于德尔菲法对专家意见的汇总和处理采用了统计方法，能够用定量的方式来表示预测结果，所以能使最终的结论更具有科学性。

第四节　行政决策过程

一、行政决策程序

决策程序就是决策的全过程按时间顺序所经过的步骤。决策不是一刹那的拍板定案，而是一个调查研究、提出问题、系统分析、科学论证、审慎抉择、付诸实施从而解决问题的连续完整的动态过程。按其客观进程，行政决策程序大致可分为以下几个步骤。

（一）调查研究，提出问题

发现问题是解决问题的前提，所有的决策工作都是从发现问题开始的。所谓问题，是指应有现象与实际现象的差距。由于决策是对未来活动的抉择和实施，因而发现、提出和论证待决策的问题，是决策的起点。

要发现问题和正确地提出问题，并不是一件容易的事情。这就要求必须一切从实际出发，细致地调查研究，透过现象看到事物的本质，从大量偶然的现象中掌握其必然的东西，从而找出需要解决的症结问题。

（二）系统分析，确定目标

在调查研究中发现问题以后，为正确地确定决策目标，一定要进行系统分析。因为行政活动是一项巨大的系统工程，每个地区、每个部门、每个项目都自成系统又互成系统，所以必须对问题产生的原因作深入分析，要从许多错综复杂的原因中找出主要原因，从表面的直接原因入手找出根本原因，同时还要弄清直接原因与间接原因、根本原因与非根本原因之间的关系。只有这样，才能明确目标方向。

确定目标是行政决策的重要环节。只有确定了正确的决策目标，才能为行政管理工作指明方向和要求，为下属层次的决策提供前提，为最终衡量决策的正确性提供起码的依据。因此，无目标或目标不明确的决策不能称为决策，更谈不上科学决策。为正确地确定目标，必须注意：一是要把党和国家制定的法律、法规和方针政策，作为选定目标的指南和重要依据；二是要从实际出发、量力而行，既不要超出客观条件许可的范围行事，提出一些盲目的“过热”“超前”的指标或口号，也不能放弃虽有困难但经努力可以实现的目标；三是要高瞻远瞩、通观全局，善于把长远利益同中、近期利益正确结合起来，把科学价值、经济价值及社会价值指标结合起来，构成价值系统，综合权衡，并以此作为评价标准；四是要用科学的方法对设想的诸目标进行对比分析，以确定最佳目标；五是要使目标尽可能数量化，切不可模棱两可，也不能用简单口号代替目标。此外，目标的落实必须有时间的要求，目标必须是单义的，不能有歧义，并且有明确的责任。否则，将导致整个决策过程中各项工作的混乱，致使决策失误。

（三）收集资料，拟定方案

决策的每一步骤都离不开信息资料，信息系统是决策的“神经系统”。广泛收集与拟订方案有关的经济、技术、社会等方面的信息资料，是拟订切实可行方案的基础和前提。一般来说，宏观行政决策需要了解国家的自然条件、经济条件、政治条件、科学技术条件、人员素质条件和国外动态等。微观行政决策需要了解国家有关的法律、法规和政策规定与要求；了解上级领导机构的部署、指令或要求；了解本地区、本部门、本单位的生产能力、技术状况、设备构成、人员素质和管理水平等各方面的要求。只有对行政决策需要的各种信息资料了如指掌，才能准确地拟订实现决策目标的方案。

拟订可供选择的各种方案是实现决策目标的基础。所谓方案，是指实现决策目标的初步设想，包括各种策略或对策、达到目标的途径和方法等。拟订供决策者选择的方案，主要由职能部门会同有关智囊机构来承担。拟订方案必须注意：一是拟订的可供选择的方案至少两个以上，以便进行比较；二是所有备选方案应有原则区别，具有相互排斥性；三是要先易后难，寻找各种备选方案一般应从过去的经验入手，先找简单的方案、后找复杂的方案，先找较有把握控制行动后果的方案、再找不易控制行动后果的方案，先找估计可以较快解决问题的方案、后找需要较长时间才能解决问题的方案；四是要有创新，情况在不断变化，新问题也层出不穷，拟订方案不能拘泥于已有的经验，而要敢于冲破习惯势力与环境压力的束缚，勇于改革，大胆创新；五是要精心设计，要从“可能”与“有效”两方面来确定方案的细节，充分估计方案的实施结果；六是要使各种方案的表达方式尽量做到条理化、直观化；七是坚持求实的原则，拟订各种方案需要冷静的头脑和务实的精神，对每一方案都要进行严格的论证，反复计算、细致推敲。

（四）评估方案，总体权衡

所谓评估方案，就是对可供选择的各种方案执行结果的评价，或者说是对可供选择的各个方案进行分析、权衡和论证，目的在于找出实现目标的最合适的方案。评估方案必须注意以下几个方面。

第一，要预计到明显影响决策目标的各种因素，对其评估得越全面、越深入，下一步选择方案时就越有把握。

第二，可行性研究。着重分析每个方案在人力、物力、财力和其他约束条件下，是否达到经济合理、技术可行、条件允许和法律合法。

第三，协调性分析和效果综合评价。既要研究备选方案对行政系统性能（如结构合理性、技术可行性、运行稳定性、环境适应性、条件可靠性、关系协调性等）的影响，又要全面评价备选方案的经济效益、社会效益及其对自然生态平衡的影响等各项指标，对备选方案的各种利弊因素，都要作出实事求是的客观评价。

第四，潜在问题的分析。对方案执行中可能出现的问题进行充分的估计和预测，提出可能发生问题的原因及补救措施等，尽可能把问题解决在未发生之前。

第五，充分估计人的因素在决策执行中的作用。有些决策方案从技术论证上看，不但是正确的而且是最优的，可是由于种种原因，人们一时难于接受，执行起来阻力重重，其结果不可能理想。反之，如果决策方案适应人们当前的认识水平和承受能力，执行起来顺利，其结果可能更加理想。可见，评估方案十分重要，如果没有这一步骤，方案的优劣就无从识别，最后抉择就无法进行。

（五）审慎抉择，优选方案

抉择方案是决策的关键。因此，决策者应当注意以下几个方面。

第一，要集中全部精力，充分发挥自己的才干，善于从一系列可供选择的方案中，选择出或综合成一个在具体条件下相对最优的方案。作为最后选择的方案，并不一定每个特定指标都达到最佳，而是要对达到其中几个主要指标很有利，又能兼顾其他指标。

第二，决策者的任务不完全在于审定具体方案的科学性，也在于选择哪一方案更有利于全局。

第三，要充分发扬民主，允许有不同意见的争论。抉择者之间应允许有不同意见，必须经常变换角度想想自己的考虑是否正确，切不可固执己见，更不允许感情用事或夹杂某些不健康的因素。

第四，主持抉择的领导者要敢于果断拍板定案，要有高度的责任心，善于观察分析问题，审慎考虑专家组的评估和论证意见。在倾听各方面意见的基础上，善于拿出自己的主见，及时作出决断。

第五，要尽量吸取各个方案的优点。方案抉择后，还要责成被抉择方案的制定者认真考虑其他方案有无可取之处，尤其要考虑相反的方案中有无合理的内容、选定的方案有无漏洞，使之更为完善。

（六）执行决策，追踪反馈

方案抉择后，并非决策过程的终结，而是决策执行这一新阶段的开始。决策者要有气魄和胆略坚决执行决策，此时此刻的任何犹豫和动摇都会产生严重的不良后果，甚至会导致全局的失败。执行决策必须注意以下三个方面。

第一，要围绕实现决策目标的优化方案，制定具体的实施计划。可以最优方案的提出者为主，吸收有关专家和职能部门的人员认真编制计划。编制计划不仅要有总体的，还要有分项的、分阶段的计划，同时还要有层层落实方案的具体措施，尤其要充分注意起点计划的编制。

第二，要根据方案的要求，建立相应的组织。要认真挑选合适的人才，放在关键环节的关键岗位上，并且制定出各级、各部门及执行人员的责任制，确定规范，严明制度，赏罚分明。

第三，要做好广泛深入的宣传动员工作。要把决策的目标及整个方案和实施计划、步骤等向下交底，为广大执行者充分接受和透彻了解，并在做好深入细致的思想政治工作的前提下，力求统一思想、同心协力、共同执行，实现最终目标。

决策付诸实践后，还不能确定其结果一定符合原定的目标。即使是一个优化方案，在执行过程中，由于主、客观情况的变化，发生偏离目标的情况常会出现。因此，必须有一套追踪、检查、监督和反馈修正的办法，及时纠正偏差，以保证所得结果与决策时的期望一致，或修正目标，使之符合新情况的要求。

总之，上述步骤是行政决策的科学的逻辑思维过程，是一个有规律的系统分析和研究的过程，也是民主化与科学化相一致的严密的管理活动。其中每一步骤都有特定的要求和具体内容，都是决策不可缺少的环节。要努力做到“虑之贵详，谋之贵众，断之贵独，行之贵力”的基本要求，相互配合，形成一个完整的决策程序。但是，决策程序的大致划分只是抽象的理论概括，在实践过程中，各阶段工作常常是相互交错地结合进行的，决不能机械地或教条式地理解与执行。

二、影响行政决策的因素

对行政决策程序和步骤的描述一般来说是较为抽象的，在深入研究行政决策过程时，经常会遇到一些较为实际的问题，例如，为什么有些问题能够引起领导者的重视被列入行政决策议事日程，而有些问题却不行？领导者在选择决策方案时，为什么选择 A 方案而不选择 B 方案？究其原因，是有些因素影响了决策者的判断和选择。因此，若要把握实际的行政决策过程，就应对这些影响行政决策的因素有深入了解。

（一）政策法律

现行的政策和法律是各级行政机关进行行政决策的主要依据。无论是贯彻上级规定的执行性决策，还是行使自主权的行政性决策，有无正当的政策和法律依据都是行政决策者必然要考虑的重要问题。

政策和法律因素在拟定和选择决策方案时具有特别重要的影响，尤其是负主要责任的行政领导在需要做出决定的最后关头，这是其能否下决心的可行性评估分析的首要条件。政策和法律因素的另一个影响还在于，它使行政领导者从政策或政治角度考虑面临的问题或工作任务，权衡轻重缓急和决策议事日程的安排。

（二）问题性质

各种社会公共事务和问题是行政决策的对象，其本身的重要性、紧迫性和特殊性无疑对行政决策的议事日程安排、决策方案的拟订和选择都有重要的影响。有些问题是突发性的，如地震和火灾；有些问题是有严格时间限制的，如年度计划和预算；有些问题是季度性的，如工作计划安排；有些问题是全国性的，如城市规划等。

在行政领域中每天都存在着大量的、各种各样的问题，它们的影响面、严重性、时间要求、复杂性、解决难度、引起社会和领导人关注的程度和适用的处理方法等各不相同，因此对行政决策者的判断和决策方案的拟定和选择有着不同的影响。

（三）外界压力

外界压力是指各种社会集团、政治团体、社会舆论、新闻媒介和上级意图等独立于行政决策过程之外但对其有重要影响的因素。行政决策由于牵涉社会各个方面的利益，各种社会集团、社会阶层以及各类人员将会以各种活动或各种方式表现出对某一社会问题或某种决策方案的关心，甚至可能会在某种程度上直接影响或干预具体的行政决策过程。

外界压力给行政决策者造成很大的心理负担，如经过选举产生的行政官员不能不重视选民的舆论要求；由上级任命的行政官员在做出决策时不能轻率地对待上级的意图，这种心理压力自然会影响到他们对问题的判断和对决策方案的选择。外界压力对行政决策的影响有些是积极的，有些是消极的，因此提高决策的质量和可接受性，就应充分发挥积极因素的作用，抑制和防止消极因素的作用，这是行政决策中需要研究处理的重要问题。

（四）信息来源

信息是行政决策的基础，信息是否准确、及时、全面，直接影响到对问题判断的准确性和决策的质量与效果。但信息需要收集，行政决策者需要有一定的来源以得到所需要的信息。信息来源是多种多样的，如地方或下级的报告、上级文件、新闻媒介、统计资料、调研活动等正式来源和社会传闻、小道消息、上访材料等非正式来源。

信息来源方面影响行政决策的主要问题有信息渠道不畅通，如新闻媒介不能报道真实情况；信息反映不及时、不准确或不全面，如下级单位报喜不报忧；信息过滤影响，即信息在沟通过程中经过筛选逐渐减少和失去价值；信息沟通障碍或信息流通渠道阻塞，如有关人员或单位故意封锁信息等。

（五）个人素质

在前四种因素相同的情况下，决策者个人素质不同对决策质量和决策行为有不同的影响。实际上，在行政决策过程中，普遍存在的是与上述四种因素不同的情况。

个人素质差异在决策方面引起的差异会更大，个人素质的不同直接影响到行政决策者的政策水平、法律观念、对问题和决策方案的判断力、承受外界压力的能力、对信息的敏感性等，上述各种因素对行政决策的影响正是通过个人素质发生作用的。

（六）决策体制

决策体制是由行政领导体制所决定的行政决策形式。在个人负责制、集体负责制的不同条件下有不同的决策体制。个人负责制下的决策形式主要是个人决策，而集体负责制下的决策形式主要是群体决策。决策体制对行政决策的影响主要表现在对个人决策行为和决策质量的影响方面。

除个人决策和群体决策有不同特点外，个人决策易于突出个人素质方面的差异，群体决策虽然可减弱这种差异，但会使决策成员产生意见冲突或遵从的心理压力并使决策结果发生某种超出个人原有判断的变化。例如，某些研究表明，当群体成员中采用保守方案的意见占上风时，决策结果可能会采用最保守的方案，称为保守转化。与其相反的情况是风险转化，即出现采用最有风险的决策方案的趋势。

（七）决策手段

行政决策过程中所使用的决策手段和方法对决策质量和决策结果也有重要的影响。由于行政决策面对的问题十分错综复杂，仅仅利用经验的、手工的、直观的或简单的决策方法远远满足不了决策的目标要求。

近些年来，随着科学技术的飞跃发展和决策理论的深入研究，各种先进的决策手段和方法不断得到广泛运用，如线性规划、数学模型、实验模拟、系统分析、网络技术、计算机科学、头脑风暴法、德尔菲法等。先进的决策手段和方法有助于及时、准确、全面地收集和处理信息，对决策问题科学地进行定量、定性和可行性分析，客观地判断和选择决策备择方案，并可有效排除或抑制外界压力、个人素质等因素对决策过程的消极影响。

（八）决策时机

决策时机主要指行政决策的时间安排及当时的决策条件。实践表明，在不同的时间和不同的情况下，人们对同一问题或同一决策方案的看法、判断可能会有所不同或发生变化。与决策时机有关的因素很多，如决策议事日程、问题或方案提出的时间、出席决策会议的人数和具体人员、当时的政治经济形势等，其中有些因素是偶然的或临时出现的，但有时却会对决策进程和结果产生十分重要的影响。

决策时机是可以有计划地选择和安排的，行政决策者可以根据决策条件是否成熟来判断决定是否安排及在何时安排决策议事日程，这种人为的因素将会增强决策时机对决策过程和决策结果的影响。

以上列举的只是一些影响行政决策过程的主要因素，在实际的决策过程中，还会有其他多种多样的因素存在。这些因素的存在和影响说明了行政决策过程的复杂性，有意识地利用这些因素的积极作用，克服它们的消极作用，是有效控制决策进程、提高决策质量的重要途径。由于实际决策的具体情境和这些因素相互作用的过程非常复杂，必须坚持对影响行政决策的种种因素进行具体的、全面的、适时的分析和对待，避免和防止只注重某一方面或某些方面的片面性做法，使行政决策过程科学化。

本章小结

● 行政决策是指行政主体为履行行政职能所作的行为设计和抉择过程，它是公共组织，特别是国家行政机关及其工作人员在处理国家政务和社会公共事务过程中所做出的决定。其构成要素包括决策主体、决策客体、行政信息、决策方法和决策效果。

● 行政决策与其他类型决策相比，除具有一般决策的性质外，还有自身的特征，主要表现为行政决策主体的确定性、行政决策执行的强制性、行政决策内容的广泛性、行政决策活动的整体性、行政决策对象的复杂性和行政决策目的的非营利性。

● 行政决策按决策的不同层次，可分为国家决策、地方决策和基层决策；按决策客体的范围，可分为宏观决策和微观决策；按决策的条件和因素，可分为确定型决策、风险型决策和不确定型决策；按决策的问题类型，可分为常规性决策和非常规性决策；按决策主体的不同人数，可分为集体决策和个人决策；按决策的运用方法，可分为定性决策和定量决策；按决策者的思维模式，可分为理性决策和非理性决策；按决策的时间顺序，可分为初始决策和反馈决策；按行政决策执行的不同目的，可分为执行性决策和行政性决策。

● 行政决策体制是指行政决策机构和人员所形成的组织结构体系以及制定决策的有关制度。包括行政决策中枢系统、行政决策咨询系统和行政决策信息系统，其中，行政决策中枢系统是现代行政决策体制的核心部分，由拥有决策权的领导机构和领导人员所构成；行政决策的咨询系统是决策核心的外脑，由多学科的专家集体担任；信息系统是现代行政决策体系的神经系统，主要由信息的搜集、处理、存储、传递等机构和人员组成，是为中枢系统和咨询系统提供信息服务的体系。

● 行政决策模式是关于实际决策制定活动的基本形式、特点的一种理论，是指决策者在分析问题、拟订对策、抉择方案过程中的基本思路和分析框架。通常包括理性决策、非理性决策和综合决策模式三种类型。决策者可以根据不同的问题、环境和条件，选择不同的决策模式，从而正确制定决策。

● 行政决策的优劣直接关系到行政管理的成败，甚至关系到组织的兴衰，所以在行政决策的过程中应当遵循目标原则、信息原则、预测原则、可行原则、择优原则、时效原则、动态原则、系统原则、合法原则和集团决策原则。其决策方法包括定性决策方法、定量决策方法，以及头脑风暴法、民意测验法和德尔菲法。

● 行政决策的复杂性决定行政决策的过程，主要包括调查研究、提出问题，系统分析、确定目标，收集资料、拟定方案，评估方案、总体权衡，审慎抉择、优选方案，执行决策、追踪反馈等。在决策过程中还应考虑政策法律、问题性质、外界压力、信息来源、个人素质、决策体制、决策手段、决策时机等因素。

复习思考

一、概念题

行政决策　风险型决策　执行性决策　理性决策　反馈决策　行政信息
行政决策体制　理性决策模式　渐进决策模式　团体决策模式
混合扫描决策模式　定性决策法　定量决策法　头脑风暴法

二、思考题

1. 如何理解行政决策的含义及其特征？
2. 行政决策的原则与方法有哪些？
3. 结合实际阐述行政决策的地位和作用。
4. 行政决策过程包括哪些环节？
5. 简述行政决策的影响因素。

三、材料阅读与拓展思考

各级政府重大行政决策程序不可再“任性”！

为加快推进法治政府建设，强化行政权力制约监督，更好地维护改革发展稳定大局，2019 年 4 月 20 日，李克强总理签署国务院令，公布《重大行政决策程序暂行条例》（以下简称《条例》），自 2019 年 9 月 1 日起施行。2019 年 5 月 16 日上午，国务院新闻办公室举行国务院政策例行吹风会，司法部副部长熊选国、司法部法治调研局局长李明征介绍《重大行政决策程序暂行条例》有关情况，并答记者问。会上传递出的主要信息是：重大行政决策程序不可“任性”，依法而为成为必选项。

《重大行政决策程序暂行条例》（节选）

（2019年5月16日）

第一章　总　则

第一条　为了健全科学、民主、依法决策机制，规范重大行政决策程序，提高决策质量和效率，明确决策责任，根据宪法、地方各级人民代表大会和地方各级人民政府组织法等规定，制定本条例。

第二条　县级以上地方人民政府（以下称决策机关）重大行政决策的作出和调整程序，适用本条例。

第三条　本条例所称重大行政决策事项（以下简称决策事项）包括：

（一）制定有关公共服务、市场监管、社会管理、环境保护等方面的重大公共政策和措施；

（二）制定经济和社会发展等方面的重要规划；

（三）制定开发利用、保护重要自然资源和文化资源的重大公共政策和措施；

（四）决定在本行政区域实施的重大公共建设项目；

（五）决定对经济社会发展有重大影响、涉及重大公共利益或者社会公众切身利益的其他重大事项。

法律、行政法规对本条第一款规定事项的决策程序另有规定的，依照其规定。财政政策、货币政策等宏观调控决策，政府立法决策以及突发事件应急处置决策不适用本条例。

决策机关可以根据本条第一款的规定，结合职责权限和本地实际，确定决策事项目录、标准，经同级党委同意后向社会公布，并根据实际情况调整。

第四条　重大行政决策必须坚持和加强党的全面领导，全面贯彻党的路线方针政策和决策部署，发挥党的领导核心作用，把党的领导贯彻到重大行政决策全过程。

第五条　作出重大行政决策应当遵循科学决策原则，贯彻创新、协调、绿色、开放、共享的发展理念，坚持从实际出发，运用科学技术和方法，尊重客观规律，适应经济社会发展和全面深化改革要求。

第六条　作出重大行政决策应当遵循民主决策原则，充分听取各方面意见，保障人民群众通过多种途径和形式参与决策。

第七条　作出重大行政决策应当遵循依法决策原则，严格遵守法定权限，依法履行法定程序，保证决策内容符合法律、法规和规章等规定。

第八条　重大行政决策依法接受本级人民代表大会及其常务委员会的监督，根据法律、法规规定属于本级人民代表大会及其常务委员会讨论决定的重大事项范围或者应当在出台前向本级人民代表大会常务委员会报告的，按照有关规定办理。

上级行政机关应当加强对下级行政机关重大行政决策的监督。审计机关按照规定对重大行政决策进行监督。

第九条　重大行政决策情况应当作为考核评价决策机关及其领导人员的重要内容。

资料来源：司法部，《重大行政决策程序不可“任性”依法而为是必选题!》，中国长安网，2019 年 5 月 16 日。

拓展思考题：

1. 结合材料，谈谈你对各级政府重大行政决策程序不可再“任性”的理解。

2.《重大行政决策程序暂行条例》对重大决策如何规定的？按照条例规定，重大决策程序应遵循哪些原则？

第七章

行政执行

行政执行是公共行政组织或国家行政机关的基本活动，各种公共政策和法律法规通过行政执行活动来完成。完成行政管理的基本任务就是实现了行政执行职能，因此行政执行是国家行政机关最基本的职能，是行政权的集中表现。行政管理体制改革是深化改革的重要环节，要逐步形成权责一致、分工合理、决策科学、执行顺畅、监督有力的行政管理体制；健全政府职责体系，完善公共服务体系，推行电子政务，强化社会管理和公共服务；加快推进政企分开、政资分开、政事分开、政府与市场中介组织分开，规范行政行为，加强行政执法部门建设，减少和规范行政审批，减少政府对微观经济运行的干预。本章的重点是行政执行的特点、原则、分类和方法，以及行政执行偏差的表现及行政执行的影响因素；难点是行政执行偏差的原因。

第一节　行政执行概述

一、行政执行的概念

（一）行政与执行的关系

在公共行政学的早期创立阶段，行政与执行的关系问题是促使公共行政学从政治学中脱离出来的起因之一。在对行政的解释方面有两种认识。一种认识认为，行政就是执行。威尔逊认为，公共行政就是公法的明细而系统地执行活动；古德诺认为，政治与政策或国家意志的表达相关，行政则与这些政策的执行相关。该认识反映了19世纪末20世纪初，新兴的资产阶级夺取国家政权后进一步巩固政权的迫切需要。用威尔逊1886年出版的《行政学之研究》一书中的一句话来说，“关于宪政原则的重要论战甚至到现在还远没有得出结论，但是在实用性方面它们已不再比行政管理问题更突出。执行一部宪法变得比制定一部宪法要困难得多”。

对行政解释的另一种认识则认为行政不同于执行。美国早期公共行政学家怀特曾提出过强调行政管理方面的一个定义：公共行政是在完成国家的各个目标过程中对人与物的管理。这种认识首先来源于执行和行政的英语词义上的区别，执行偏重于实施的意思，行政则偏重于管理的意思。在行政管理的实际过程中，执行和行政的含义也有类似的区别，执行指的是国家行政机关或公共行政组织将国家立法机关通过的法律和议案付诸实施，强调了与国家立法机关的权责关系和从属关系；行政则指国家行政机关和公共行政组织在国家立法机关授权范围内对社会公共事务进行管理，强调了国家行政机关的行政立法权和行政权。

对这两种认识应进行辩证分析，它们分别说明了国家行政机关或公共行政组织既有执行又有行政的活动范围的一个侧面，行政执行是这两个方面的综合体现。实际上，行政和执行这两个含义是相互联系、相互转化而不是相互排斥的。执行是行政的前提，行政是执行的保证，二者缺一不可。国家行政机关或公共行政组织的全部活动首先是一种执行活动，履行的是执行机关的职能，必须遵守、贯彻执行立法机关所通过的法律或决议，必须按照这些法律或决议的规定行事，不能与之相违背或做立法机关所不允许的事情。同时，国家行政机关或公共行政组织的全部活动又是一种行政活动，行使相对独立的国家行政权，有权根据宪法和法律来规定行政措施、制定行政法规、发布决定和命令、统一管理国家事务和社会公共事务。这种执行活动和行政活动本身是同一个活动过程，可统称为行政执行。中国国务院是最高行政机关，也是最高国家权力机关的执行机关，地方各级人民政府是地方各级国家行政机关，也是地方各级国家权力机关的执行机关。这一事实进一步强调了行政和执行的辩证关系。

（二）行政执行的含义

伍德罗·威尔逊、弗兰克·古德诺等早期公共行政学家，都从与政治相区别的角度着重论述过行政执行的问题。

行政执行是国家行政机关和公共行政组织的全部执行活动和行政活动过程的统称。在实际的行政管理过程中，行政执行是政府等公共行政组织最经常、最大量的活动，是履行政府职能、保证政策效果的决定性因素。

（三）行政执行的特点

国家行政组织或公共行政组织具有特殊的性质、庞大的规模、广泛的管辖范围和重要作用，整个行政执行过程是非常复杂而又井然有序的。其特点主要表现在以下几个方面。

第一，依法行政。依法行政是行政执行最基本的特点，是由国家行政组织作为一种执行机关的地位决定的。它要求国家行政组织对国家立法机关负责，遵守并忠实执行宪法和法律，在宪法和法律的授权和规定范围内实施管理。另外，依法行政的概念还包括国家行政组织的管理要通过行政立法方式来实施。

第二，政策执行。行政执行不仅是执法过程，也是执行政策的过程。由于政策可以具有法律化、法规化和社会化三种形式，政策执行的内容比依法行政的内容更加深入和广泛，前两种形式和依法行政的活动有一定重合，后一种形式是国家行政组织与执政党关系的具体体现。特别是在宪法及法律明确规定了执政党的领导地位和指导作用时，执政党的政策在行政执行过程中就具有更重要的影响。

第三，具体实施。依法行政和政策执行是法律和政策原则具体实施的过程，包括具体化和对象化两方面。行政执行的过程使法律和政策的原则规定越来越具体，越来越有对象指向性，最终在某项具体工作或某个具体个人身上体现出来。

第四，逐级决策。法律和政策原则的具体化和对象化不是一次完成的，而是通过逐级实施的过程完成。每一级实施都可看作具体化和对象化的一个阶段。例如，各尽所能、按劳分配原则，既是我国宪法也是政策中的重要原则；国务院颁布并实行的有关工资制度的行政法规，是执行这一原则的具体体现；各级政府通过的各种有关工资制度的规章或规定，向具体化和对象化方面又推进了一步；各个基层单位制定的各种工资制度的办法或细则，确定了本单位每一名职工的工资级别和数额并按期发放。

第五，灵活运用。由于较为抽象的法律原则和政策原则不可能完全概括现实中的具体问题，在逐级决策和实施的具体过程中，允许在不违背基本原则的情况下，有一定的灵活性。法律规定的执行是较为严格的，灵活运用的范围和程度较有限，但政策制定和政府规章在执行过程中灵活运用的范围和程度相对较大，偏离政策原则的可能性也较大。

第六，执行效果。执行效果受具体执行者的素质和绩效影响。行政执行过程是通过各级行政人员进行的。由于具体执行者的素质、能力不同，同样的法律和政策原则会有不同的执行效果。因此，无论法律和政策具有多强的合法性和合理性，行政领导体制设计的多么完善，在行政执行的过程中都有可能出现偏差和失误，执行效果的不平衡突出了对行政执行过程进行研究的重要性。

（四）行政执行的分类

为进一步加深对行政执行的认识，基于上述对行政执行两个方面的理解，这里分别就科学行政和法制行政中不同角度对行政执行作出相应分类。

1. 科学行政执行的分类

行政所涉及的范围相当广泛，内容错综复杂，从科学行政的角度研究，行政执行根据不同任务可分为三类：一是各种行政机构为完成例行性、经常性任务所做的大量工作，如传达上级指示、下级请示、答复下级请示、监察各种工作情况及整理各种资料信息等；二是以执行特定任务和计划为主要任务的活动，如为加强对某方面行政事务的管理而设立临时管理机构，筹备组织、指挥、管理某项大型群众性的宣传教育、文娱体育、咨询交流活动等；三是偶然性的突发性事件及非常状态下的特殊任务的紧急管理和应变执行，如对地震、洪水、火灾、传染病流行等不可抗力的灾害的紧急救援、防洪抢险、扑救管治，对外敌入侵的战争动员，对社会动乱、政变的戒严管制、宣布进入紧急状态等。

现代行政管理任务日趋繁重，管理科学化、自动化程度不断提高，例行性和程序性决策日渐加强，因此行政执行中大批例行性、经常性任务是主要的工作；执行特定政策、完成紧急管理任务是有限的。但需要指出的是：鉴于行政管理程序极大的灵活性，无论是执行例行性、经常性任务，还是执行特别性、紧急性任务，都要把处理当前的危机和解决严重的社会问题作为行政执行中不可忽视的至关重要的任务。否则，行政机关将形同虚设，失去其设立、存在的意义。

2. 法制行政执行的分类

从法制行政的角度来划分，行政执行即行政执法，可依其对相对人权利义务所引起的直接后果而分为以下四类。

（1）行政决定。行政决定是指行政机关及其公务员经法定程序依法对相对人的权利义务作单方面处分的行为。其特点包括：具有强制性和单方性；直接处分相对人的权利和义务须依法定程序，通常不能即时作出。具体形式有行政许可、行政奖励、行政命令和行政处罚等四种。

（2）行政检查。又称行政监督检查，是指国家行政机关依法对相对人是否遵守法律法规和具体行政决定所进行的能够间接影响相对人权利义务的检查、了解行为。具有义务性、限制性和单方自主性的特点。

（3）行政处置。又称即时强制，是指国家行政机关及其公务员在国家安全受到威胁和社会公共利益受到危害等危急状态出现或将要发生的情况下，临时采取特别行政命令和特殊强制措施的行为。具有紧迫性、即时性和直接强制性的特征，是紧急状态下行政管理的一种特殊的必要的手段。

（4）行政强制执行。行政强制执行是指特定行政机关采取强制手段保障法律、法规和行政决定得到贯彻落实的一种执法行为。其特点表现为：一是行政性，发生于行政管理过程中，由特定行政机关实施；二是强制性，基于国家行政机关的权力作用，强行抑制相对人的意志，迫使相对人服从；三是执行性，旨在确保实现法律法规或行政决定所要求达到的行政管理的目的和状态，这是行政强制执行最本质的特征。

二、行政执行的任务和原则

（一）行政执行的任务

总体上，行政执行的任务是贯彻实施国家的政策、法律、法令和上级指示、决定、决议等，有效地实现国家和地方各级政府的决策目标。行政机关的层次不同，追求的目标和所承担的任务也有所差别。上层任务一般着重在指挥，主要由中央各部门和省、自治区、直辖市等行政机关负责；基层任务主要是具体操作，保证落实，由市、县、乡（镇）的行政机关完成。上下层级之间层层落实，确保把行政工作任务落到实处。

（二）行政执行的原则

为了完成行政执行的任务，行政机关在执行过程中必须遵循主体、法治、灵活、准确、系统和果断等基本原则。

1. 行政执行的主体原则

行政机关承担的行政管理活动实际上是由公务员来具体执行的，国家公务员在行政执行中居于主体地位。为此，行政领导者应发挥公务员在行政执行中的主体作用，国家公务员应自觉地发挥这种主体作用，在行政执行中以主人翁的姿态来承担实施决策的任务，并充分发挥积极性和创造性，从而保证决策目标的顺利实现。为形成良好的组织氛围，应要求国家公务员努力增强主体意识，消除雇佣思想。同时，各级行政领导者必须尊重公务员的主体地位，创造条件充分发挥其主动性、积极性和创造性。

2. 行政执行的法治原则

从“应然”角度讲，行政决策是行政领导者依法作出决策的行为，行政执行是一种国家意志的具体实施。只要行政决策没有明确的错误或按照常识判断不会导致严重后果，行政执行者就必须服从实施决策的有关安排和指令，这是法治原则在行政执行中的具体化。同时，行政决策者和对行政执行负有领导责任的公务员应当善于运用法律和行政手段，借助法律的权威和法定职权的强制力推动行政执行。从某种意义上说，行政执行要以法定服从义务为基础，否则也就无所谓行政执行。所以，行政执行必须强调严格的组织纪律，这就是个人必须服从组织、下级必须服从上级、局部必须服从全局、地方必须服从中央，这样才能保证行政系统的意志和行动的统一。所谓“上有政策下有对策”，既是对行政法治原则的亵渎，也是法治远未到位的典型表现。

3. 行政执行的灵活原则

行政执行是把行政决策这个“纸上东西”变为现实的创造活动，因而行政执行不能简单机械地照搬照套决策方案，在坚持决策总目标方向一致的前提下，要因地制宜、因时制宜、随机应变，灵活地处置各种情况和具体事务。这就要求在行政执行中，行政机关及其公务员必须在全面领会、吃透行政决策意图实质的基础上，积极主动地开展行政管理工作，充分发挥自己的创造性，善于综合利用自己所处的具体环境条件，灵活高效地贯彻和实现决策目标。要坚决防止和避免那种机械、僵化的不动脑筋地执行任务的情况发生，坚决克服不求有功、但求无过，以及仅对上级的指示唯唯诺诺而不思进取与创新的消极倾向；与此同时，也要坚决防止在行政执行工作中刻意标新立异、偏离行政决策目标而自行其是的行为，这种行为不仅违背了行政管理创造性活动本身的客观规律性，而且直接导致行政执行中的弄巧成拙、事倍功半。

4. 行政执行的准确原则

行政决策目标是党和国家的路线、方针、政策、法律法规在具体问题和特定时空的具体体现，一方面，行政执行领导者和公务员必须首先吃透现阶段党和国家政策法规的精神，严格依照政策法规办事；另一方面，行政执行人员必须预先了解和分析所要执行的决策目标包含的具体工作任务，准确把握工作要求和行为规范，以对国家对人民高度负责的态度和严谨务实的精神，按照法定程序保质保量、不折不扣地完成执行工作任务。如果对决策目标一知半解甚至曲解，在行政执行上敷衍了事或偏离决策目标，就会完不成工作任务，甚至劳民伤财，给国家和人民造成巨大的损失和浪费。所以，行政执行要忠实于决策，不能走样、歪曲行政目标。

5. 行政执行的系统原则

行政执行是一项涉及方方面面的复杂工作，必须要有全面而周密的计划安排，使各项工作有条不紊地进行。其基本要求：一是行政机关及其公务员在安排计划时，要周密分析各种影响因素，充分考虑有利和不利条件，统筹兼顾，合理安排；二是在执行过程中，分清轻重缓急，妥善安排先后主次，善于抓住主要矛盾；三是要保持行政执行工作的连续性、稳定性，使各项工作互相衔接、环环相扣；四是加强沟通协调，防止工作事务交叉重复或者杂乱无章；五是一切工作要按“系统中心论”的要求，以组织整体效率和行政绩效的最大化为准则，为了整体效率和绩效不惜牺牲局部利益和效益。

6. 行政执行的果断原则

行政决策目标一经确立，就要抓住时机，及时果断地付诸实施，以免错过机遇。特别是在现代科技条件下，竞争日益加剧，更需要行政执行雷厉风行。其基本要求：一是行政执行要按行政决策要求的时间和节奏进行，行政决策一经作出，行政执行应立即启动；二是行政领导者和公务员都必须果断地及时处理各种事务，坚决克服不负责任的官僚主义、自由主义倾向，强化全体执行人员的管理效率意识；三是以执行及时、准确、高效为前提的果断，不等于操之过急、简单图快、草率从事，否则会影响行政决策目标实现的准确圆满程度。

三、行政执行的地位和作用

（一）行政执行在行政管理中的地位

第一，行政执行是国家行政机关的主要职能。表现在两个方面：一是行政机关作为国家权力机关的执行机关，要贯彻执行国家权力机关的重大决策，并负责把决策方案落到实处；二是各级行政机关及其公务员，要认真执行上级行政机关和行政领导的决策指令，围绕既定的决策目标开展一系列具体实施工作。行政执行的好坏，关系到行政机关职能的发挥和公务员职责的履行情况，在行政管理中是不可缺少的重要组成部分。

第二，行政执行是检验和修正行政决策的实践依据。任何一项行政决策都不能离开准确有效的行政执行，如果决策不能转变为实际行动，付诸实施，那只能是纸上谈兵。与此同时，政府的任何一项行政决策的制定，都属于人的大脑的主观意识活动，行政决策是否正确，最终要靠执行实践来检验。经过行政执行的具体实践，就能较直观地及时发现决策中的问题和原因，为行政决策的修正、补充和完善提供事实依据，从而使政府的决策更正确、更科学，管理更加有效。因此，没有行政执行的具体实践，也就没有完善行政决策的可能性。

第三，行政执行是判断、衡量行政管理成效的尺度。在全部行政管理活动中，行政执行是最经常、最实际、最具体的活动。在某种程度上，行政执行事关行政管理的成败。一个行政组织顺利完成工作任务，主要靠正确的决策和强有力的执行。从行为角度看，行政执行甚至比行政决策更重要，通过行政执行不仅能检验行政决策本身的正确性，同时也可以检验行政机构设置是否合理、行政人员配备是否恰当、组织规章制度是否健全、信息反馈是否灵敏、监督检查是否有利等。

第四，行政执行是规范行政行为的重要途径。行政执行既是行政决策目标得到实现的行政管理活动过程，也是行政机关及其公务员受行政法调整与制约，从而逐步实现其行政行为规范的过程。一方面，行政机关必须依法行政，行政机关公务员是行政执法者，行政执行过程也就是行政法的执法过程。另一方面，行政执法者首先必须是行政法的模范守法者。只有行政机关及其公务员按行政法的有关规范去从事行政管理工作，其行政行为才是合法的、有权威的、有效力的。行政人员守法、执法过程，也就构成了实际上的行政行为规范化过程。行政决策对行政执行目标的要求，本身也是对行政执行的一种规范。只要是正确的决策，其目标得以实现的过程就是该行政执行行为规范化的过程。

（二）行政执行在行政管理中的作用

第一，指挥执行决策。指挥是指领导者为完成任务，指导、协调下属实施活动的过程。其宗旨是落实决策规定，方式方法是指导协调。指挥的功能在于：一是高度统一有权威的指挥，可将多样复杂的行政执行活动有机地组织起来，使其持续有序地沿着决策目标推进，更好地完成使命；二是保证领导核心坚强有力的统一指挥，可调动全体人员的积极性、创造性，激发起团结奋斗的高昂士气，为同一目标协同行动，使行政管理各机制的运转善始善终，取得较佳的成效；三是基于前两方面的积极作用，可有效地避免松散混乱现象，防止产生无政府状态。

第二，沟通讯息，传递情报。行政沟通是指行政机构与各方面人员对共同任务和问题获得共识的方法和程序，也是交流思想、互通信息的过程。沟通的方式各种各样，传递就是沟通的一种重要方式。

第三，控制执行情况和进程。控制是指行政领导者和工作人员为保证实际工作能力和计划相一致而采取的管理活动。执行阶段的控制主要是保证执行工作按决策目标和计划有程序、有节奏、和谐一致、多快好省地完成任务所采取的措施。

第四，监督执行的效能。监督是控制的手段，没有有效的监督不可能有真正的控制，决策的执行就没有保障。

四、行政执行的影响因素与手段

（一）影响行政执行的因素

自从“管理就是决策”的观点被人们接受以后，人们在判断行政管理的状况时，往往是基于行政决策的研究和分析。殊不知，行政执行的好坏是与行政管理成败密切相关的重要问题，对行政管理目标能否实现起着决定性的作用。因此，必须弄清影响行政执行的因素，主要包括以下几个方面。

1. 影响行政执行目标的因素

由于行政目标所要解决的事务的重要性和复杂性程度不一，所以具体行政任务就各有不同，所遇到的阻力也不相同。因此，在行政执行过程中，涉及的机关和人员及所要完成的工作量等都会有所差异。

2. 影响行政执行主体的因素

行政执行主体包括行政机构和行政人员两个方面。从行政机构来看，设置的合理与否、组织结构完善与否、权责体系统一与否、信息传递灵通与否等都直接作用于行政执行。从行政人员来看，影响因素有以下两个。

第一，领导者。尽管领导者有法定的权威，但不可否认，良好的工作作风和方法也是领导者重要的权威基础。另外，领导者自身的素质、领导艺术、工作经验，以及所作决策的合理合法性程度等都对行政执行有着关键性的影响。

第二，行政领导者以外的一般行政人员。行政人员的意向与工作态度、能力与精干程度，以及由这些所决定的对决策的理解程度和对工作情况的判断水平等，都在整个执行过程中时刻发挥着作用。

3. 影响行政执行客体的因素

行政执行客体主要是指组织成员及其他有关组织。组织成员的受教育程度、知识水平、政策水平、承受能力等都与行政执行有很大的关系。

4. 影响行政执行环境的因素

这里的行政环境是从最广泛的意义上理解的，包括自然环境、文化环境、经济技术环境、政治环境和工作环境。每项行政任务所面临的环境都不可能完全一致，在行政执行过程中也必然会表现出差异。

（二）行政执行的手段

行政执行手段是指行政部门为完成、实现行政管理的任务、目标而依法采取的行政措施。它是执行阶段中排除障碍，保证指挥自如、协调顺利、监控有效，促进任务圆满完成不可缺少的方法。根据性质、作用和特点的不同，行政执行手段分别以不同的方式表现出来，发挥其执行功能。

1. 行政执行的行政干预

行政执行的行政干预是指政府凭借政权力量，依靠从上到下的行政组织制定、颁布、运用政策、指令和计划的方法，来实现国家对行政工作的领导、组织和管理的目的。具有控制、制约、调整、协调社会各地区、各部门行政管理工作方向，保证行政执行的集中统一，实现国家社会所期望达到的管理目标的功能。行政干预一般分为事前即预防性干预、事中即工作进行中的干预和事后干预三种，通常事中和事后两种干预较为普遍。其特点主要表现为以下两个方面。

第一，以国家权力为基础，强调垂直领导关系，具有下级服从上级的权威性。以中央政府为行政系统中心，保证全国政令统一，统一组织、统一指挥、统一部署、统一行动、统一目标。

第二，性质是指令性的，令行禁止，须无条件落实执行，具有强制效力。行政干预从集权体制中派生出来，是行政权力的体现。对于维护国家行政机关的权威、保证国家的集中统一领导、建立稳定的社会公共秩序、实现行政管理的预期目标是十分必要的，是行政机关执行管理职能的一个根本手段。

我国市场经济是与社会主义基本制度结合运行的，以公有制为主体，以实现共同富裕为社会目标，更需要通过行政干预手段建立起有效的宏观经济调控机制，对市场运行实行导向和监控，保证国民经济的合理布局、节约资源和市场有序运行。当然，行政干预手段是有局限性的，其弊端是缺乏平等、协商的民主精神，容易挫伤下属和群众的积极性。所以，在行政执行中不能滥用行政干预手段，要特别注意把行政干预与强迫命令、个人专断、主观主义瞎指挥区别开来，把行政干预的权威与滥用职权区别开来，把行政干预的强制性与有效性结合起来，把实现行政干预的目标与维护行政对象的利益结合起来，把科学的行政干预手段同经济手段、法律手段、思想政治教育手段等结合起来综合运用，创造一个稳定的、安全的和公正的社会环境。

2. 行政执行的经济手段

经济手段是指政府经济行政部门按经济运行规律的要求，运用经济杠杆来调节政策执行过程中的各种不同经济利益之间的关系，以促进行政执行顺利实施的方法。从根本上说，是利用各部门及其活动的经济利害关系来制约相互间的活动的行政执行行为。在社会主义市场经济条件下，就是要通过市场机制引导企业和其他经济组织，使其活动大体上符合整个宏观经济发展的目标。其特点主要表现为以下两个方面。

第一，简政放权，政企分开。使企业和经济组织真正成为自主经营、自负盈亏、自我发展、自我完善的法人实体，充分发挥企业和经济组织的主观能动性。

第二，发挥政府的经济职能。根据价值规律，利用经济政策，如财政、货币、产业、区域、收入分配等政策，进行宏观调控与管理；或政府根据拟订的经济计划，从现实经济生活出发，选择相应的与商品、货币、价值范畴相联系的经济参数（税率、利率、汇率等），具体实施经济政策，从而指导和影响经济活动；或根据财政政策对经济运行的不同影响，政府在不同的时期采取不同的财政政策（扩张性财政政策或紧缩性财政政策）。当然，各种经济政策都有其自身的局限性，政府在运用这些政策时，应注意合理搭配使用，以收到预期的经济效果。

3. 行政执行的法律手段

行政执行的法律手段是依法治国、行政法治的武器和工具。具体贯彻到行政执行中，是指行政机关以法律为武器，根据法律活动的规律、程序和特点实施行政管理。即国家行政机关在行政管理领域内，依照法定职权和程序，把国家法律法规实施到具体的行政活动中，以达到有效而合理的管理目的。

各级行政机关是经济建设的组织者和领导者，加强对市场经济的管理，主要通过法律和法规来规范、调整。法律手段的方式，按照行政执法所作的分类，主要有行政决定、行政检察、行政强制执行和行政处置等不同类型。

4. 行政执行的奖励与惩戒

奖励是一种激励手段，是激发人们的荣誉感和进取心的措施，是一种调动行政人员和管理相对人的积极性、最大限度地挖掘潜在能力的管理方法。惩戒就是惩治过错、警戒将来，旨在制止和预防行政人员和管理相对人的违法乱纪行为。行政执行中的奖励与惩戒对象应当包括行政人员和管理相对人。行政执行固然是行政机关及其行政人员的主要职责，但也需要管理相对人的支持、协助和配合。通过奖励和惩戒将两方面的积极性都调动起来，才能使行政决策落到实处，发挥执行的功效，实现决策目标。

公务员奖惩制度是指国家及有关部门按法律和政策的规定，对国家公务员实行奖励和惩处的规程和准则。对公务员的奖惩，应当坚持重视实绩原则、民主与平等原则、精神鼓励和物质鼓励相结合原则和教育与惩戒相结合的原则。管理相对人的奖惩制度是指行政机关为保障行政管理决策目标的顺利执行和实现，依照法律、法规和政策的规定，对管理相对人实行奖励和惩处的规程和规则。

5. 行政执行的行政诱导

行政执行的行政诱导是经济手段以外的其他诱导手段，是指用非强制手段使行政人员和管理对象自觉自愿地去从事政府所鼓励的工作和活动。方式有启发教育、说服劝告、建议协商、标榜典范乃至舆论抑扬等。

我国传统的思想政治教育和改革开放以来党中央倡导的精神文明教育，可以说是集各种方式于一体的综合行政诱导活动。其核心内容是马克思主义和共产主义的信念、公共的思想和铁的纪律，我们党和国家历来高度重视这种精神优势在我们社会主义国家的行政管理活动中所发挥的十分重要的作用。实践证明，我国改革开放、现代化建设取得的巨大成就，与思想政治工作和精神文明建设的发展是分不开的。思想政治工作和精神文明建设作为一种综合行政诱导活动，只要指导思想正确、方法对头、措施得力，在行政执行中是可以取得良好效果的。

以上是常用的五种行政执行手段（当然不只此五种），各种手段不是孤立的，而是相互联系、制约和促进的，都必须依法办事，以法律手段为核心。

第二节　行政执行过程

一般认为，行政执行可以分为三个相对独立的阶段或步骤，即行政执行的准备阶段、行政执行的实际运行阶段和行政执行活动的总结阶段。

一、行政执行的准备阶段

准备阶段是行政执行的基础工作阶段，包括阐释方案、制定计划和组织落实等。“不打无准备之战”是行政执行者应当牢记在心的座右铭。

（一）决策方案阐释

在准备阶段中，阐释决策方案是首要环节。因为决策方案不可能自动实现，也不能靠决策者实施，必须依靠执行者在准确理解决策意图和内心赞同决策方案的基础上踏实地实施决策。为此，决策者必须高度重视决策方案阐释工作，不仅要对贯彻执行决策指令的行政人员进行阐释，使决策的精神和内容化为行政执行人员的自觉行动，同时还要通过会议和各种大众传播手段将决策的有关内容传播给相关的公民和社会组织，使之充分认识决策的正确性和自身在实现决策目标中所应负的责任，从而减少决策实施的阻力，增强决策顺利实施的动力和有利条件。为使决策的阐释取得良好的效果，在进行阐释时应注意以下三个方面。

第一，坚持正面教育。通过摆事实，讲道理，对决策实施对象进行正面引导，以理服人，以事实服人。

第二，进行个性化宣传。决策最终影响的是某群体和个体的行为，因此决策阐释必然受到某群体或个体特点的制约。人们的社会地位、精力、受教育程度、职业差异，导致价值取向的不同。因此，决策的宣传要区别对待，各有侧重，即所谓“一把钥匙开一把锁”。

第三，要广泛利用一切宣传形式和手段。对于决策的事项既要通过新闻发布、讲演、对话等人际传播的方式进行宣传，更要注意利用大众传播形式，如通过报纸杂志、广播、电视等手段进行广泛宣传，从而达到相互配合、取得最终传播效果之目的。

（二）制订执行计划

行政决策的执行必须有科学、具体、详细的执行计划作保证。执行计划是对行政决策方案的进一步展开落实，是行政决策的具体化，是对行政决策过程中的人、财、物诸资源的调配安排，也是对决策执行在时间上和空间上的统筹规划，即执行计划是预先选定做什么、如何做、谁去做、什么时候做、在什么地方做。它要解决的是如何在目前所处的状况和要达到的决策目标、标准之间架起桥梁，明确行动的路线，并拿出解决问题的办法。编制计划是一项科学性很强的工作，根据我国实际情况应注意以下三个问题。

第一，计划要积极可靠，又要留有余地。所谓积极，是指凡经过努力可以办到的事情，要尽量安排，争取努力办到，使计划具有一定的挑战性。所谓可靠，是指计划必须具备可行性，计划要落到实处，确定计划的要求和指标，必须以现有资源条件为保证，不能留有缺口，要留有余地。留有余地是指计划中的要求和指标不能定得太高，不得超过客观实际水平；对资源的安排和使用，要留有一定的后备力量、以防不测。

第二，计划既要系统全面，又要照顾重点。在制订计划时，要考虑到计划所有部分及其相互之间的关系，顾及整体发展；要分清主次，抓住主要矛盾，集中力量解决影响全局性的问题，分清轻重缓急，把钢用在刀刃上。只有这样，才能收到事半功倍的效果。

第三，计划要有弹性。一方面，要求在人力、物力、财力的安排上不能满打满算，要留有余地；另一方面，根据测算可制订几套计划方案，一旦有某一环节出现问题即可从容应变。

总之，要制订一个良好的计划，必须达到统一性、连续性、灵活性、精确性、可行性的标准。这些要求虽属常识和老生常谈，但对计划工作仍有指导意义。

（三）组织落实方案

行政决策方案和计划的执行都是通过组织进行的，组织是决策实施的依据，没有组织的配合，方案和计划根本无法贯彻和执行，行政决策的目标自然无法实现。因此，组织是行政决策执行的关键环节。一般而言，组织落实涉及以下几个方面的工作。

第一，明确或建立专门的组织。一般来讲，行政机关大多是执行机构，不必另设机构，但要明确各行政机关执行决策的任务。在特殊情况下，需要设立专门的职能部门负责某一方面决策的执行工作。无论是指定、委托或是建立新的部门，一定要遵循一些基本的准则，即按照政府管理部门职能的需要和政府决策目标实现的需要，设立行政组织机构而不能搞因人设事；执行机构要完整统一，要统一指挥、统一领导；职能机构设置要配套完整，功能齐全；执行机构内要职、权、责明确；机构要精简，执行结构最终要达到结构合理、功能齐全、运转灵活、经济高效的要求。

第二，合理选人、用人。行政执行的先决条件就是人才的合理使用。用人历来被视为行政之本。不论政府组织如何健全，财力如何充足，工作计划和方法如何正确，如果没有优秀的行政人员，决策的执行就不能获得最大的工作效率，因而人是实现决策的决定性力量。因此，在组织工作中，一个关键的环节就是要选好人、用好人。

第三，目标任务分解，层层落实。在执行人员的配备完成之后，便要求将决策目标和决策方案规定的任务层层落实和分解。即将总任务下达给有关组织的下属部门，帮助各部门依据决策方案的要求制定自己的分目标；各个部门的领导再帮助个人，依据分目标制定个人的分目标。在目标分解和任务落实时，应注意上下级目标的协调；要实行层层授权，扩大下级的主动性，实现目标、责任、权力、利益的统一；在给每一个人分配工作时，要尽可能地把组织的需要同个人的志趣、把实现组织的目标和发挥个人的长处结合起来，这样会产生一种内在的动力；执行组织要为每个执行人员创造尽可能好的工作环境和条件，如技术设备、工作环境、生活福利设施和人际关系。

第四，制定、健全各种规章制度。行政决策的执行有赖于执行组织的组织化，所谓组织化，是指组织中的人的行为要严格遵循组织规程、操作规程、行为规范等规章制度，从而使组织稳定有规则、有秩序地运行。因此，必须制定和健全各种制度，主要包括岗位责任制、各种奖惩制度和考核制度、组织纪律、职业道德和行为规范等。

第五，要处理好组织内的基本关系和矛盾。主要包括：处理好组织和个人之间的关系，包括领导和下属、个人目标和组织目标、关心人和关心工作的关系，调动大家的积极性；要处理好正式组织和非正式组织之间的关系，重视非正式组织的存在和影响关系，诱导、教育和利用非正式组织；要处理好稳定和变革之间的关系，稳定指组织内的人员、任务、管理方式要相对稳定，在稳定的前提下组织要有目的、有计划地进行改革，改革不适应的环节和因素，以适应环境的发展和变化。

二、行政执行的实际运行阶段

完成了行政执行的相关准备工作，行政执行就进入了实际运行阶段。行政执行的实际运行阶段是行政执行的主要阶段，这一阶段包含若干功能性环节，包括行政指挥、行政沟通、行政协调和行政控制，这也是行政执行实施阶段中最重要的阶段。

（一）行政指挥

行政指挥是指行政领导者按照既定的目标和计划，对所属下级的行政活动进行指导，以实现行政目标的行为。行政指挥是行政执行实施阶段的主要环节，是行政领导的重要职能。

1. 行政指挥的原则

（1）法定权力原则。行政指挥是一种具有强制性的管理形式。行政领导者所拥有的强制权力必须依法产生、依法行使，受法律约束，坚决禁止违法越权行为，这样才能保证行政权力的正确行使和运用。

（2）职责刚性原则。职责刚性原则是指行政系统的多级指挥者都应有各自明确的职责范围，在行使指挥权的同时切实承担起行政执行的责任。如果出现指挥失误，指挥者必须对后果负责。贯彻职责刚性原则，有利于克服行政领导的主观随意性，避免出现“瞎指挥”现象，从而保证行政执行能按照正确的轨道实现决策目标。

（3）指挥统一原则。行政组织的强大战斗力，来源于行政组织内部的统一指挥。行政领导者必须慎重指挥，对同一活动发出的命令、指示应力求统一，绝不能朝令夕改，否则下级就难以行动，指挥者的威信也会因之而降低，严重影响指挥效果。当然，如果原指令确有错误，指挥者也要勇于承担责任，及时加以修改和更正。

（4）行动表率原则。行动表率原则要求行政领导者在执行过程中应率先垂范。有效的领导指挥，不仅仅依靠行政领导者手中的行政权力，而更多地依靠行政领导者自身的权威。这种权威的形成，就来源于行政领导者的表率作用。所以，作为行政领导者，应该具有高尚的品质以及高超的领导水平和指挥艺术，并通过自己的表率作用，带动下级自觉自愿、心悦诚服地服从领导指挥。

2. 行政指挥的方式

（1）口头指挥。口头指挥是指通过口头语言表达指挥意图、下达执行任务的方式。这种方式具有简明、及时、灵活、便于指挥者和被指挥者直接沟通的特点，因而最为常用。运用这种方式进行指挥，要注意语言艺术，注意不同对象之间的区别。语言艺术运用得当，会使指挥效果大增。

（2）书面指挥。一般用于重大的执行活动。它具有严肃性和权威性的特点，能确保信息的准确性，而且便于留存备查。不足之处在于比较费时、效率较低、使用过程中容易导致文牍主义。

（3）会议指挥。这种方式可以在一定时间内集口头指挥和书面指挥为一体，便于交流思想、统一认识。运用时要讲究开会艺术，会前要充分准备，明确中心议题，掌握好会议进程，提高会议效率。另外，要严格控制会议范围，防止“会海”泛滥。

（4）现代信息技术指挥。这种方式是指运用现代网络通信技术、大数据分析和人工智能分析技术等，形成现代化的信息网络系统，在此基础上进行判断、指挥。这种方式适用于多层次、复杂、距离较远或较紧急的情况下实施的行政指挥，是一种高效率的现代化指挥方式。

（二）行政沟通

行政沟通是指行政组织和行政人员交流和传递行政信息、增进了解、统一认识的活动。行政沟通是行政决策的先决条件，是行政指挥的必由之路，是行政协调的重要工具，是行政控制的重要依据。它对提高行政执行的效率、实现行政决策的目标具有至关重要的作用。

1. 行政沟通的类型

（1）以沟通方向为标准分类。根据沟通方向不同，行政沟通可以分为下行沟通、上行沟通和平行沟通。下行沟通是指上级行政机关和领导者在行政系统内自上而下地传递信息，如传达政策文件、发布命令通告、下达工作指示等。此类沟通的目的是使“上情下达”，让下级行政组织或行政人员充分地明了领导的决策意图、计划安排、行动方案和工作要求，以便上下级之间统一认识、统一步调。上行沟通是指自下而上的信息传递，亦称反馈，是一种汇报性沟通，如汇报请示工作、提出建议和意见等。其目的是使

“下情上达”，帮助领导真正把握实际情况，掌握决策实施的进展程度，并以此为依据修正和完善原有决策，及时控制和调整执行活动。平行沟通是指同级行政机构或行政人员之间的信息交流。这是一种横向的、协调性的沟通，如各部门之间通报情况，联席会议共商合作事宜，同事之间交换意见和看法等，都属平行沟通。平行沟通以会商和协商为主，目的在于取得支持和进行合作。

（2）以沟通形式为标准分类。根据沟通形式不同，行政沟通可以分为正式沟通和非正式沟通。正式沟通是指行政组织或行政人员在工作中，通过正规的组织途径进行的信息传递。下行沟通、平行沟通和上行沟通都属于正式沟通。非正式沟通是指行政人员之间通过非正式途径进行的信息交流，包括社交活动、私人往来、聚会闲聊、小道消息的传播等。非正式沟通大量存在于行政系统中，既有积极作用，也有消极作用，行政领导者必须予以高度重视。

2. 行政沟通的方法

（1）口头沟通。即以口头语言形式进行的信息传递，是一种最直接、最方便、最快捷的沟通方法。它能使沟通主体及时、明确地交换意见，取得反馈信息。

（2）书面沟通。即以书面文字形式进行的信息交流。这种方法具有严肃性和权威性，便于沟通主体比较慎重从容地表达自己的意图，准确度较高，并有利于长期保存和考察，而且还可以大量散发，扩大沟通范围。缺点是传递交流速度慢，不能当即取得反馈信息。

（3）非语言沟通。即以面部表情和身体动作等非语言的形式传递信息。如表情、体态、行为等，都属于非语言沟通。非语言沟通不仅可以传递信息，而且可以起到语言文字沟通所起不到的作用。有时一个表情、一个动作胜过千言万语。其局限在于只有面对面沟通才有效。

（4）多媒体沟通。即借助现代化的通信工具进行信息交流和传递。随着科学技术的发展，计算机等现代化办公设备得到普及，在此基础上，可以利用信息网络和声像系统，将上述几种方法融为一体，并将各种方法的长处集于一身，形成一种新的现代化的沟通方式。

（三）行政协调

行政协调是指行政组织或行政领导运用各种措施和办法，调节本系统各组成部分及行政人员之间的关系，使之相互配合，以便共同实现行政目标的行为。

1. 行政协调的原则

（1）目标一致原则。即行政协调行为必须围绕行政决策的整体目标进行。在目标的制定阶段，行政领导就要做好事前协调，组织有关部门和人员积极参与决策，对总体目标的分解和层次目标的落实进行充分的协商和讨论，以求得一致的意见，为以后各项工作的相互衔接打下基础。在决策的实施阶段，行政领导要十分注意信息反馈，随时进行事中协调。

（2）重点选择原则。行政协调的过程就是解决各种矛盾和冲突的过程。行政领导不能用“头痛医头，脚痛医脚”的方法来解决问题，而应选择对全局影响较大的问题加以重点解决，抓住主要矛盾，集中解决关键性问题。

（3）利益统筹原则。利益关系是各种关系中最普通、最敏感的关系。在协调职责、权限、任务的背后，往往都有利益问题牵扯其中。利益分配上的不公，特别容易引起人们的不满，并由此而产生纠纷。因此，做好行政协调，必须要妥善处理利益关系，要尽可能做到利益分配上的公正合理，还要统筹兼顾各方面的利益。

（4）求同存异原则。这一原则要求协调主体善于寻求与协调对象的共同点，善于求同存异，这样才能形成共识。

（5）动态协调原则。行政协调是行政管理过程中经常性的活动，一次协调成功往往只解决一两个问题，而在行政活动中，新的问题、新的矛盾是经常产生的，这就需要不断进行新的协调，行政领导者要充分认识行政协调的这种动态性和经常性，增强自觉协调的意识，主动发现问题，及时加以解决。

2. 行政协调的类型

行政协调根据协调内容的不同，可以分为工作协调和人际关系协调。

（1）工作协调。工作协调具体又可分为时间协调、空间协调和综合协调。时间协调是指根据执行计划协调工作的进度、节奏，按照各项任务的轻重缓急调节好先后次序，以避免工作重复和在时间上造成浪费，从而提高行政效率。空间协调是指按决策目标的要求，协调各部门、各单位、各层次、各岗位的执行活动，使行政系统内上上下下、方方面面互相配合、互相协作，朝着决策总目标前进。综合协调是指根据决策方案的实施要求，对所需的人员、设备、物资等的安排进行协调，使资源配置合理化，以最少的投入取得最佳的效果。

（2）人际关系协调。这种协调的主要作用是解决行政人员之间产生的矛盾和冲突，包括解决上下级之间和平级同事之间的矛盾和冲突。

3. 行政协调的方法

行政协调的方法很多，最常见的方法主要有以下几种。

（1）会议协调法。会议协调法是指通过组织会议的方法来进行协调。日常工作中的

“工作协调会”“意见征询会”等都属于这种方法。

（2）组织协调法。组织协调法是指在行政系统内成立专门的协调机构，以加强行政协调工作。一般情况下，由行政机关中的办公室承担行政协调的职能。

（3）信息协调法。信息协调法是指通过经常性的信息交流，包括上情下达、下情上达，以及与社会各有关方面交流情况、消息、意见、看法等，使有关人员互相了解、达成共识，从而互相配合、同舟共济。

（四）行政控制

行政控制是指行政领导者以行动计划为标准衡量实际工作，采取必要的措施纠正偏差，以确保决策目标实现的管理活动。控制是行政执行实施阶段的又一个重要环节，它与行政指挥互相联系、互为补充，二者都是执行计划的主要手段。

1. 行政控制的步骤

第一步，确定标准。确定标准是控制工作的起点。控制标准是在一个完整的计划中选出的对工作成果进行计量的规范和规则。这种标准应当能反映计划，体现目标，而且还要简便易行，有利于具体操作。

第二步，衡量成效。即将实际执行情况按照标准进行衡量与比较，对工作作出客观评价，实事求是地评价工作中已取得的成绩，找出差距和失误。

第三步，纠正偏差。即对不符合计划标准的执行活动进行及时有效的纠正。纠正偏差是行政控制中最关键的一步，必须认真地做好该项工作。

2. 行政控制的类型

对行政实施过程进行控制的方式，较常见的有预先控制、反馈控制和目标控制三种方式。

（1）预先控制。预先控制是指在制订执行计划时，已经做好产生偏差的充分准备，使决策在实施过程中的偏差减少到最低程度。最理想的控制莫过于防患于未然，这就是预先控制的意义。在控制工作中，只有当人们能够对于即将出现的偏差有所觉察并及时采取措施时，控制才能获得最优效果。预先控制是面向未来的控制，要达到预先控制的效果，就要利用所得到的最新信息，对决策实施的前景进行反复的预测，把计划所要达到的目标同预测结果进行比较，并采取措施修改执行计划以适应预测的结果。

（2）反馈控制。反馈控制是指在某一行动和任务完成之后，将实际结果与原计划标准进行比较，从而对下一步行动的进行产生影响，起到控制的作用。其特点是：对计划决策在实施过程中的每一步骤所引起的客观效果能够及时作出反应，并据此调整、修改下一步的实施方案，使计划决策的实施与原计划本身在动态中达到协调。当然，反馈控制主要是对后果的反馈，对已形成的事实是难以改变的，且用新计划代替旧计划、用新决策代替原有决策的过程需要一定的时间，如果系统不能适应情况的变化，将会给工作带来不必要的损失。这就是反馈控制不及预先控制之处。

(3) 目标控制。又称目标管理，是指通过相互衔接、相互制约的目标体系来实现控制的方式。目标控制的过程，可分为目标的制定、目标的实施和结果的检验（即考评目标）三个阶段。控制的主要内容：一是各个部门和所有行政人员都要把一定时期内应当完成的主要工作任务转化为目标，且必须遵循既定的目标进行工作；二是各级领导都应当围绕自己管辖范围内所涉及的各项目标进行管理；三是通过每个部门和每个行政人员对各自具体目标的实现，来确保组织总目标的实现。

三、行政执行的评估阶段

行政执行评估是指对行政执行活动的进展情况和效果进行评价和总结，包括行政执行过程评估和效果评估两个方面。

（一）行政执行过程评估

行政执行过程评估是指在贯彻执行某项政策或某种计划方案的过程中，全面检查、核实各项工作的布置、落实、推进和完成情况。其基本内容包括政策或计划方案是否及时、准确地得到传达和理解，各种具体实施方案或措施是否符合政策或计划要求，预定的阶段性目标实现情况是否与布置、落实、推进和完成总目标的计划相符，是否遇到某些工作困难或未预料到的问题，各级行政机关的工作是否得力，整体进展情况是否顺利，能否比较圆满地完成预定计划、达到预定目标等。行政执行过程评估是有计划、有步骤的活动，其基本步骤包括组织准备、实施评估和撰写评估报告三个相互关联的阶段。

第一，组织准备。行政执行过程评估在实施前都要进行周密的组织准备工作，主要任务包括：根据理论研究及实际工作的需要或有关部门的要求，遵循有效性与可行性相结合的原则，明确评估的目的、意义和要求，提出评估的基本设想，根据评估目标确定评估的内容或范围，确定评估标准，并选择评估的具体方法，制订评估方案，挑选和培训评估人员。

第二，实施评估。实施评估是行政执行过程评估活动中最重要的阶段，其主要任务是利用各种调查手段全面搜集有关行政执行的第一手材料，并在此基础上进行系统的整理、分类、统计和分析，运用相应的评估方法，对行政执行的效果进行评估，得出评估的结论。在评估过程中，必须依据完整、可靠的调查或统计数据，必须采用科学、合理的方法，必须客观、公正地对待各种行政执行结果。只有这样，才能使评估工作反映政策执行的真实情况。

第三，撰写评估报告。撰写评估报告的目的是将评估结论用书面报告的形式反映出来，提交给政策制定者或有关部门，使其能运用于实际的政策过程，为政府所制定政策的前途提供依据。评估报告的内容除了对政策本身进行价值判断外，还包括政策建议的提出，以及对评估过程、方法和评估中的一些重要问题的说明。

（二）行政执行效果评估

行政执行效果评估是指在某项政策或计划方案已实行了一定时期或已完成某一过程后，对政策效果或计划效果进行的检查和评价。其基本内容包括分析研究某项政策或计划方案实施后在政治、经济、文化等方面所产生的直接影响或间接影响，以及引起的舆论反应，并重新审查预定目标或计划是否充分、合理、全面等。

行政执行过程评估主要由各级行政机关组织进行，而行政执行效果评估的范围则较为广泛，各级立法机关、各种党派、社会团体、新闻媒介或专门的评估机构都可以组织进行。行政执行效果评估有利于及时发现行政执行活动中出现的问题，适当采取有效的措施或补救方案，控制行政执行的进展过程，以达到预期的社会效果，同时也可以为改进原定目标和计划的不足提供依据。

行政执行评估是一项十分重要同时难度又非常大的工作。行政执行评估所面临的困难不仅与评估本身的某些特性有关，还与某些人或组织的影响有关。为克服行政执行评估中存在的种种障碍，切实发挥行政执行评估的作用，就需要对行政执行评估的必要性和重要性有充分的认识，端正指导思想，确定合理的评估标准，采取适当的评估方法，尽可能地促进行政执行评估的制度化，将行政执行评估作为一项制度列入有关政府部门的实际工作计划，甚至建立独立的行政执行评估机构。

第三节 行政执行偏差

行政执行偏差是指在实施行政决策的过程中，由于受主客观因素的制约，执行者的行为偏离决策目标并产生了不良后果。尽管行政管理者极力追求决策实施的信度和效度，一再强调落实、落实、再落实，但由于种种原因，行政执行难免产生偏差。熟知行政执行偏差的表现形式，分析影响行政执行的因素，有利于查找行政执行偏差产生的原因，进而完善执行体制，更好地推进行政执行。

一、行政执行偏差的形式

（一）替代式执行偏差

替代式执行偏差是指在实施决策的过程中，需要实施的决策与行政执行主体之间出现利益差异和冲突时，执行主体制定与上级决策目标表面上相符但实际上不一致的执行措施而产生的偏差。“上有政策，下有对策”就是一种典型的替代式执行偏差。这是一种钻决策空子的执行方式，用是否符合局部利益作为标准决定执行决策的态度，“有利的就执行，不利的就变形”，严重影响了决策的正确贯彻和有效实施，损害了决策的严肃性和权威性以及党和国家的利益。

（二）粘附式执行偏差

粘附式执行偏差是指在行政决策执行过程中，执行主体常“粘附”一些原定决策所没有的内容，以致政策不能到位而产生的执行偏差。“土政策”就是粘附式执行偏差的一种表现形式。“土政策”是指打着贯彻上级政策要结合实际的旗号，自定政策，另搞一套，自行其是，谋取私利。“土政策”使执行活动复杂化，影响决策目标的实施。

（三）选择式执行偏差

选择式执行偏差是指在实施行政决策时，执行主体对上级决策进行过滤，只选择对自身有利的内容执行而产生的执行偏差。任何一项决策都是一个多层面、多因素构成的有机整体，行政执行主体应当全面把握决策的内容，才能使执行不出现偏差，切不可“断章取义、为我所用”。但有些单位和部门在全局利益和局部利益相冲突时，于自己“有利”的就执行，于自己“不利”的就不执行，在执行中“见了黄灯赶快走，见了红灯绕道走”，置国家的政策原则于不顾。

（四）象征式执行偏差

象征式执行偏差是指在实施决策过程中，执行主体仅做表面文章，或只是象征性地落实决策而产生的执行偏差。“阳奉阴违”是象征式执行偏差的典型，或前紧后松、敷衍塞责。

（五）观潮式执行偏差

观潮式执行偏差表现在实施行政决策过程中，执行主体眼睛总是喜欢到处盯，盯上面招数，等新决策出台；盯上面态度，看是否来硬的；盯左右行动，看是否动真格的；等等。在这种情况下，他们犹豫、等待、观望、徘徊，工作不主动，措施不得力，群众不满意。这是一种对党和人民不负责任的态度。

（六）照搬式执行偏差

照搬式执行偏差是指在实施行政决策过程中，执行主体机械地照搬照抄，“原原本本传达，不折不扣落实”决策而产生的执行偏差。对中央政策、上级指示、集体决策，从态度上来说，确实应当“原原本本传达，不折不扣落实”，但实施决策和指示并不是简单地照章办事，上级的指示、决策是从工作大局、从长远利益出发提出的原则性意见，应与本地、本单位的具体情况结合起来，制定出切实可行的措施，才能真正落实。

二、行政执行偏差产生的原因

（一）行政执行偏差的主观原因

1. 违背决策意图产生的执行偏差

执行者从维护局部、团体或个人利益出发，故意违背决策意图，导致执行偏离决策要求。这种思想认识上的偏差，集中体现在一些行政领导干部和行政工作人员在本位主义和个人主义等不良思想观念指导下，将局部利益、团体利益和个人利益置于全局利益和整体利益之上，以符合局部利益、团体利益和个人利益而不是全局利益、整体利益为标准，以实用主义、功利主义的态度而不是服从服务大局的态度，决定行政决策方案在实施过程中的取舍，对决策中于己有利的就积极执行，于己不利的就设法“变形”，甚至搞“上有政策、下有对策”，使整个决策不能得到有效的全面执行。

2. 片面理解决策产生的执行偏差

执行者对决策的精神实质学习不够、领会不准，武断地加以片面理解，导致行政执行偏差的产生。一些行政领导干部和行政工作人员不勤于或不善于学习领会上级决策精神，不在寻找上级决策与本地区、本部门和本单位以及个人实际情况的结合点上下功夫，要么凭经验、想当然，主观片面地理解和执行决策，使执行不能正确地体现决策的意图；要么对上级决策作僵化的教条式的理解，使决策在实施中不能与实际情况相适应，从而导致行政执行偏差的产生。

3. 决策贯彻不够产生的执行偏差

领导者对决策宣传、贯彻不够，使决策执行不能转化为行政工作人员自觉的统一行动，使得行政执行偏离决策目标。对决策宣传贯彻不够或不准确，一方面，使行政执行难以按决策要求正确有效地统一各级各类行政执行人员的思想和行动，致使出现“各吹各的号、各唱各的调”等步调不一、协调困难的不良现象，使分解下去分开执行的决策目标在执行中难以达到决策预期的总体目标；另一方面，使决策目标难以引起执行人员的重视，容易导致执行中敷衍塞责的应付现象，妨碍决策的落实和决策目标的实现。

（二）行政执行偏差的客观原因

1. 缺乏健全的科学决策体制产生的执行偏差

缺乏健全的科学决策体制，使决策本身不具备应有的科学性和可行性。主要表现在决策制定主要依靠领导干部的个人经验和智慧，而未形成一套完整科学的决策程序和决策约束机制。这一方面容易导致决策者忽视科学预测和集思广益，使作出的决策违背决策规律，缺乏应有的科学性；另一方面又容易导致决策者忽视调查研究和民主协商，使决策不能反映客观实际情况和体现社会各方利益，缺乏应有的可行性，或因决策内容过于抽象而给执行者留下过大的“变通”余地。决策科学性和可行性的缺乏，必然使执行者难以执行或难以沿着正确的方向执行，以至最终偏离决策的目的。

2. 缺乏健全的执行监督机制产生的执行偏差

缺乏健全的执行监督机制，使行政执行行为得不到有力的法制约束。主要表现在：一是执行过程缺乏必要的透明度，使人们对行政执行的质量、进度及措施的有效性等无从了解，监督无从进行；二是督查制度有失科学，过多地或单纯地注重对执行进度和结果的检查，而对执行过程本身及执行中出现的问题关注不够或关注过少，使执行偏差得以产生并不断扩大；三是缺乏科学的选拔淘汰机制和干部交流回避制度，使得对行政执行偏差相应的责任人不能进行有效的惩戒和制裁，使执行中的本位主义、主观主义等不良倾向难以及时得到纠正。所有这些，不仅容易导致执行偏差的产生，而且极易导致执行偏差的扩大。

三、行政执行偏差的纠正方法

对行政执行过程中出现的偏差进行矫正和调整，不能“头痛医头，脚痛医脚”，而应该采取综合根治的系统方法。

（一）完善管理体制

基于行政执行的特点和基本原则，必须加大力度调整行政组织的内部结构和职能，进一步完善行政管理体制，从根本上保证行政执行活动运行机制的协调统一。完善管理体制的目的就在于将行政执行的原则要求通过适当的组织结构、权责关系、规章制度、行政体制具体化、组织化和制度化，从行政管理体制、政府内部结构和职能方面妥善处理与行政执行活动有关的各种关系，如立法机关与行政机关的关系、执政党与行政机关的关系、中央政府与地方政府的关系等，且在不断改进、深化和完善体制的过程中更合理、科学、有效地处理这些关系。

（二）提高人员素质

行政执行过程中出现的偏差直接与执行主体的素质有关，为减少执行偏差，其措施主要包括以下几个方面。

第一，提高思想政治素质。增强大局观念，防止和克服以权谋私、地方保护和部门保护主义；强化行政道德意识，确立正确的行政道德价值导向，加强个人道德、职业道德修养；强化自律精神，规范执行行为，自觉抵制以权谋私、弄虚作假和腐败保护主义。

第二，提高理论水平。用科学的理论武装头脑、指导工作，善于运用辩证思维，以大局、战略为重，以大局和战略来指导、统率局部和战术，防止和克服短期行为。

第三，提高业务素质。拓宽知识面，调整知识结构，补充薄弱环节，提高综合分析判断能力，力避短视行为、思维滞后、处理问题僵化等现象。

（三）科学诊断问题

问题诊断是指从国家管理体制、政权结构、组织运行等方面出发，科学分析研究行政执行活动中存在的问题和出现的偏差，采取有效措施进行调整和解决。问题诊断的目的在于认真分析这些问题的严重程度及其对行政执行活动的实际影响，从组织结构、人员素质、管理体制等方面揭示产生这些问题的具体原因和症结所在，有效制定抑制、缓解、解决这些问题的方法和策略。进行问题诊断时，必须运用各种定性、定量的技术和方法定期进行，并力争在问题还不严重时能及时发现并采取相应措施进行解决。

（四）及时跟踪评估

在执行某项决策的过程中，必须全面检查、核实各项工作的布置、落实、推进和完成情况，即是否及时、准确传达贯彻决策，具体实施方案和措施是否符合决策总目标，阶段性目标和任务的完成情况是否与原计划相符，出现的问题和困难是否出乎预料，各层面的行政工作是否有效得力，整体进展情况是否顺利，预定计划和预定目标是否能圆满完成等。

及时跟踪评估应采取的措施，主要包括：一是制定正确、可行的控制标准，对照标准检查行政执行行为，发现偏差，及时采取得力措施和办法，纠正违反决策要求、有悖决策目的的偏差；二是加强监督反馈系统的功能，使监督反馈经常化、制度化；三是加强行政监督主体之间的协调配合，建立并完善多层次、多功能、内外沟通、上下结合的监督控制网络，增加行政执行的透明度，通过调查、质询、罢免、撤销、受理申诉、控告等权力来实行对决策执行过程的有效监督，保证执行活动的顺利进行。

本章小结

- 行政执行是指国家行政机关和公共行政组织的全部执行活动和行政活动过程的统称。在实际的行政管理过程中，行政执行是政府等公共行政组织最经常、最大量的活动，是履行政府职能、保证政策效果的决定性因素。其特点主要表现为依法行政、政策执行、具体实施、逐级决策、灵活运用和执行效果。

- 从科学行政的角度来划分，行政执行可分为各种行政机构为完成例行性和经常性任务所做的大量工作、以执行特定任务和计划为主要任务的活动、偶然性的突发性事件及非常状态下的特殊任务的紧急管理和应变执行；从法制行政的角度来划分，行政执行可分为行政决定、行政检查、行政处置和行政强制执行。

- 总体上，行政执行任务是贯彻国家政策、法律、法令，以及上级指示、决定、决议等，有效地实现国家和政府的决策目标。无论承担什么任务，行政机关在执行过程中都必须遵循主体、法治、灵活、准确、系统和果断等基本原则。

- 行政执行手段是指行政部门为完成、实现行政管理的任务、目标而依法采取的行政措施。它是执行阶段中排除障碍，保证指挥自如、协调顺利、监控有效、促进任务圆满完成不可缺少的方法。主要包括行政干预、经济、法律、奖励与惩戒、行政诱导等手段。

- 行政执行过程是一个从准备实施决策方案到实现决策目标的动态过程，广义上包括准备、实施和评估三个阶段。其中，准备阶段包括方案阐释、制订执行计划和组织落实；实施阶段包括行政指挥、行政控制、行政沟通和行政协调；评估阶段包括行政执行过程评估和效果评估。

● 行政执行偏差是指在实施行政决策的过程中，由于受主客观因素的制约，执行者的行为偏离决策目标并产生了不良后果。主要表现为替代式、粘附式、选择式、象征式、观潮式和照搬式等执行偏差。纠正方法包括完善管理体制、提高人员素质、科学诊断问题和及时跟踪评估。

复习思考

一、概念题

行政执行　行政决定　行政检查　行政处置　行政干预　经济手段

行政诱导　行政指挥　行政控制　行政沟通　行政协调　行政执行偏差

二、思考题

1. 行政执行的特点与原则有哪些?
2. 如何理解行政与执行的关系?
3. 如何运用行政执行的手段?
4. 行政执行的过程有哪些?
5. 行政执行偏差有哪些? 如何纠正?

三、材料阅读与拓展思考

习近平带着我们“马上就办”

福州福马公路马尾隧道西入口，青山如黛。漫山的相思树下，红色大字组成的巨型标语牌格外醒目——“马尾的事，特事特办，马上就办”。短短12字，生命力却历经近30年不衰……

在1991年2月20日的福州市委工作会议上，时任福州市委书记的习近平同志第一次向全市干部明确提出，“要大力提倡‘马上就办’的工作精神，讲求工作时效，提高办事效率，使少讲空话、狠抓落实在全市进一步形成风气、形成习惯、形成规矩”。

从那时起，“马上就办”在榕城蔚然成风，成为全体党员干部践行为人民服务这一根本宗旨的具体体现。

他提倡今日事今日毕

1990年4月，习近平同志离开闽东山区，主政省会福州。作为首批14个沿海开放城市之一，当时福州不但基础设施建设相对落后，办事效率也难以尽如人意。

“经过一番调研，习近平同志决定把改变干部作风作为打开工作局面的突破口。”时任福州市委副书记、福州市市长金能筹回忆，在“硬环境”较难短时间改变的情况下，习近平同志下决心优先提升“软环境”。

“在一次市委机关会议上，习近平同志提出，我们要办的事很多，要为改革开放提供一个良好的软环境，这就需要提倡一种满负荷的精神，反对拖拉扯皮和人浮于事，提高办事效率，做到今日事今日毕。”金能筹说。

1991 年 1 月 14 日，《福州晚报》上刊登了一则消息——《我们也需要一本“市民办事指南”》，反映了群众对提高机关服务水平的呼声。对于这篇位置并不显眼的文章，习近平同志十分重视，当即指示市委政研室立即着手准备编写“市民办事指南”，并第一时间在报纸上发布消息向群众反馈，前后只用了 50 个小时。

“通过这样一件小事，人们感受到了一种强烈的信号。”金能筹说。

1991 年 2 月 23 日，就在市委工作会议上明确提出“马上就办”之后第三天，习近平同志带领福州市有关负责人到马尾，参加省委、省政府召开的福州开发区现场办公会。为呼应上午省委、省政府提出的支持开发区进一步加快发展的意见，当天中午，习近平同志顾不上休息，当场召集福州市有关部门，研究起草福州市贯彻落实省委、省政府要求的 12 条配套举措。

时任马尾区委办公室科员王峪清晰记得，习近平同志当时特别强调：“要抓住那些急需解决又有能力解决的事进行研究，并且本着‘马上就办’的精神，组织实施。”

省里放给开发区的权，市里绝不设卡；市政府每月到开发区现场办公一次；市各主管部门简化审批程序，一揽子解决问题；各有关部门要深入开发区，帮助开发区及投资者排忧解难……12 条配套举措的出台，直接催生了首问责任制、办事限时制、红灯呈报制等制度。

“‘马上就办’抓准了福州改善开放软环境的要害，让勤政廉政、狠抓落实的精神在全市领导干部中落地生根。”金能筹说。“马上就办”不仅在当时为开发区发展注入了动力，对今天的政府管理创新、职能转变，也是非常有益的实践和探索。

他亲自抓督查落实

“‘马上就办’不是一句简单的口号，它源于习近平同志对人民群众的感情，也是问题导向下产生的一种创造性的执政理念。”时任福州市委办公厅副主任郭永灿说。

郭永灿回忆，习近平同志到任福州后，曾在多个场合叮嘱各级领导干部：“我们是人民的公仆，不是主人，不能当官做老爷，摆架子。人民群众的事再小也是大事，党和政府就是要为人民群众排忧解难。”

在理念深入人心的同时，习近平同志逐步探索“马上就办”制度化、规范化、常态化的运行机制。

在1991年底召开的一次福州市委机关会议上，习近平同志提出，“马上就办”的关键，是要抓好督查工作，只有督促检查，才能真抓实干，否则就是“稻草人”。

“讲到这里，他放开稿子，又发自肺腑地说，我个人有个习惯，就是不说则已，说了就要过问到底，否则说的话就是废话，不如不说。不要去浪费别人的时间，浪费自己的脑细胞。既然想到这件事，提出这件事，就要办成这件事，办好这件事。”郭永灿回忆说。

为做好督查工作，习近平同志亲自抓市委重大事项的督查落实，并建立起三项督查制度：一是下基层调研督查制度，要求市县两级党政领导，每年至少有1/3的时间深入基层调研；二是分工督查制度，对谁负责什么进行制表立项，督查到底；三是定期督查制度，要求相关部门每季度对重要部署、重大项目进行一次检查。

“践行‘马上就办，真抓实干’，习近平同志亲力亲为。”1993年3月，习近平同志带领有外商参加的考察团赴河北“内联外引”，洽谈合作。

“他把当地和外商反映的每一个问题都记得很仔细。整整一周的时间，白天考察洽谈，当晚就开会研究，安排分工落实，几乎每天晚上都到凌晨一两点。”郭永灿说。

他推动实行“一栋楼”审批

招商引资，是20世纪90年代初期福州最为重要的工作之一。就在习近平同志到任不久，当时分管外经贸的副市长龚雄，把一张1米多长、盖了130多个公章的宣纸带到了市委常委会上。

“龚雄做了调研，那时外商投资设厂，走完从合同章程审批，到工商、税务、海关、商检登记，再到建设程序审批等一系列流程，需要数月甚至一年以上。开放意识不够，机制流程冗长，这件事给了习近平同志很大触动。”时任福州市政府办公厅外经处副处长的胡孝辉说。

1991年3月，在融侨工业区现场办公会上，习近平同志针对福州在招商引资中存在的种种问题，首次提出要采取“一栋楼”办公和有关部门委托代理、上门服务等办法，减少图章和公章旅行。随后，福州外商投资管理服务中心开始在福州温泉大饭店运行。

“一栋楼”具体怎样做？习近平同志拿出了“规划图”。

1991年8月8日，习近平同志在福州市外商投资座谈会上提出，一栋楼实行“一个中心、一条龙”的管理模式，侧重于发挥联合办公、联合招商、联合审批、一个窗口对外、跟踪服务等功能。

8 月 24 日，习近平同志再次在福州市委六届三次全体会议上指出，要继续加强和完善外经“一栋楼”的功能，积极探索按“六个牵头单位、七道环节、一栋楼统一对外”的新程序办事，减少环节，提高办事效率，为外商投资提供优质服务。

胡孝辉说：“外经‘一栋楼’集结了全市 20 多个政府部门和社会服务单位，外商可以一口气办完营业执照、税务登记、银行开户等一系列手续，再也不用满城跑了。随着外商投资项目越来越多、金额越来越大，入驻‘一栋楼’的部门也越来越齐全。”

“当时，市里成立了外经工作领导小组，习近平同志亲自任组长。他还经常到温泉大饭店去指导工作。”胡孝辉回忆，习近平同志还倡导在市委礼堂举行每月一次的外商投资接待日活动，推动形成了定期现场办公解决企业问题的新机制。

1994 年 6 月，习近平同志召集 40 多家台资企业和相关部门负责人，在福兴投资开发区召开台商现场办公会。“会上，他明确提出，要定期不定期地召集座谈会听取意见，也要召开像今天这样的现场办公会解决实际问题。”

投资环境的明显改善，推动了福州经济快速发展。1990 ~ 1995 年，福州市 GDP 从 100 亿元攀升至 400 亿元人民币，增长率远超同期全国平均水平。

他要求干部急群众之所急

“‘马上就办’是一种鞭策。”1999 年，时任福建省委副书记的习近平同志在接受采访时表示：“我们不缺好处方，而是没人动手解决，所以我提倡行动至上。理论、方针、政策、部署都有了，就要强化抓落实的力度。”

这样的理念，让当地群众获得感越来越强。

2000 年 7 月 2 日，烈日当空，时任福建省省长的习近平同志没打招呼，来到福州市棚户区连片的苍霞社区。

陈永辉回忆：“那天天气特别热，习近平同志又是在下午两点最热的时候来的。当时的街巷窄得连车子都开不进来，他带着大家下车步行，走得满头是汗。”

习近平同志来到正义路 27 号，这是一幢低矮的二层木屋，年久失修，8 平方米的空间挤着唐庆旺一家 7 口人。帮人宰鸭子为生的唐庆旺当时正在院里忙活。“他笑着朝我走来，让我带他到家里看看。”唐庆旺回忆说。

“他身材高大，头都要碰到房顶了。”在蒸笼一样的木板房里，习近平同志详细询问了唐庆旺一家的生活情况，足足待了半个小时。

从唐庆旺家出来，习近平同志向身边的干部接连发问。那一幕，让陈永辉终生难忘。

“有谁的家人住在这样的房子，举个手！”没有人回答。

“有谁的直系亲属住在这样的房子，举个手！”依然没有人回答。

“大家知道为什么要选在这个时候来棚户区调研吗？就是想让大家亲身体验百姓疾苦，加快棚改步伐。”

随后，习近平同志就近召集相关部门负责人和棚户区居民代表座谈。他说，改革开放已经20年了，我们千万不要忘了那些生活条件困难的群众。我们是人民政府，要记得政府前面“人民”二字，要将心比心，雪中送炭，把钱用在急群众之所急的项目上。

走出会场时，他又对围在会场外的群众说，政府一定不辜负大家的期盼，把好事办好。“当时，在场群众掌声雷动。”陈永辉说。

7月10日，习近平同志调研后第8天，苍霞棚户区改造工程正式拉开帷幕。当年春节，唐庆旺一家就搬进了60平方米的新居。2001年5月1日，涉及苍霞社区3441户、近万人的回迁安置房全部竣工。

直到今天，唐庆旺对当年的习近平省长仍心存感激。“盼新房盼了几十年，他几个月就让我们住上新房。他提倡的‘马上就办’，我们就是最直接的受益者和见证人！”

资料来源：魏贺、李翔、郑娜、赵鹏，《习近平带着我们“马上就办”（新思想从实践中产生系列报道之六·福建福州篇）》，载于《人民日报》2018年9月24日，第1版。

拓展思考题：

1. 结合材料，谈谈你对“马上就办”的理解和认识？

2. 习近平同志是如何践行“马上就办”理念的？

第八章

行政监督

行政监督是国家行政管理机制的重要组成部分，是依法治国、行政法治的根本保证。它主要通过对决策、执行过程和执行结果的法律监督检查，改善行政管理，加强法制建设，发展民主政治，维护廉洁，惩治腐败，为改革开放和社会主义现代化建设服务。本章主要研究和阐述行政监督的概念、行政监督机制，行政监察的性质与原则，以及行政监察效能评价。重点是行政监督的含义、特点和行政监察的原则；难点是行政监察效能的评价标准与方法。

第一节　行政监督概述

党的十八大明确提出：要确保决策权、执行权、监督权既相互制约又相互协调，确保国家机关按照法定权限和程序行使权力；要严格规范权力行使，加强对领导干部特别是主要领导干部行使权力的监督；深化重点领域和关键环节改革，健全反腐败法律制度，完善权力运行制约和监督体系。

一、行政监督的概念

（一）行政监督的含义

行政监督有广义与狭义之分。广义的行政监督是指立法机关、行政机关、司法机关、政党、社会团体、新闻舆论等多种政治力量和社会力量对政府及其公务员的行政行为所实施的监察和督导；狭义的行政监督是指行政机关内部对组织机构及其公务员的不良行政行为所实施的监察和督导。这里所说的监察，指监督主体通过各种有效方式揭露监督对象的弊端，评估监督对象的工作绩效，纠举监督对象的违法乱纪行为；这里所说的督导，指监督主体通过强有力的措施，自上而下或平行督促、指导监督对象依法合理办事和控制偏差。理解广义行政监督的含义，应当把握以下四个方面。

第一，行政监督的主体是党的组织、权力机关、检察机关、审判机关、企事业单位、社会团体、公民。

第二，行政监督的对象是各级国家行政机关及其公务员。

第三，行政监督的目的主要是保障社会主义民主和法制，保证行政机关依法行政，以确保行政行为的合法性、合理性和有效性，提高行政工作的质量和效率。

第四，行政监督是一种法治监督，一方面，由于行政监督各主体所享有的监督权都是法律赋予的，其所实施的监督活动都须依法进行；另一方面，针对行政机关及其公务员的监督，无论是对行政活动合法性及合理性的监督，还是对公务员遵守国家法律和行政纪律的监督，都是对行政活动中遵守法制情况的监督。

（二）行政监督的特征

1. 行政监督的专门性

行政监督机关是专门监察国家行政机关及其公务员的监督部门，我国行政监督机关区别于其他社会监督机构和部门。例如，人民代表大会及其常务委员会、各个政党部门、国家审判机关和检察机关、群众团体和舆论监督部门等，都有监督国家行政机关及其公务员的职能，但都不是专门对国家机关及其公务员进行监督的组织；政府的公安、新闻出版、税务、海关等部门，它们的监督依其职权范围也包括对国家行政机关某些行政管理活动的监督，但其监督对象并不只限于国家行政机关，甚至还包括工商企业和社会公民。这种对国家行政机关及其公务员监督的专门性，决定了行政监督的重要性和不可代替性。

2. 行政监督的全面性

行政监督机关对国家行政机关及其公务员和国家行政机关任命的其他人员的监督，是全面的、综合性的监督。从其监督的部门来看，包括从内政到外交、从经济到政治文化等所有的政府部门及其官员；从其监督的行政行为来看，包括行政过程所有环节的行政行为，既包括具体的行政行为，又包括抽象的行政行为，甚至还包括违反行政纪律的一些社会政治行为和违反社会公德的行为。这种监督的全面性、综合性，决定了行政监督的复杂性、艰巨性和高智能性。

3. 行政监督的法制性

行政监督工作是社会主义法制建设的重要组成部分。国家行政机关是国家权力机关的执行机关，基本职责是执行国家权力机关制定的法律和作出的决定。行政管理工作能否严格依法进行，直接关系到社会主义民主法制建设的整体水平，也关系到社会主义现代化建设的成败。监督机关要通过履行职责，促使行政机关及其公务员依法行使行政管理职权，保证法律、法规的正确实施，维护法律的严肃性。法制性还表现在行政监督人员必须熟悉法律，在各项工作中严格依法行事、依法监督。

（三）行政监督的作用

行政监督的作用是指行政监督机关通过履行监察职责，完成行政监督的基本任务，对政治、经济、思想、文化建设和社会全面进步所产生的积极影响。行政监督作为行政管理的重要职能和必要手段，其根本作用在于保证行政管理的社会主义方向，保护公民的合法权益，密切政府与群众的关系，提高行政人员的职业道德水平和行政管理的整体效能。具体作用有以下几个方面。

1. 行政监督的保障作用

在保障政治方向上，通过行政监督保证国家行政机关及其公务员的行政行为始终坚持社会主义方向，促使他们模范地贯彻执行党的路线、方针、政策和国家法律法规，自觉坚持全心全意为人民服务的根本宗旨，从而加强政府与人民群众的密切联系，增强人民群众对政府的信任和支持，保证社会的稳定和国家的长治久安，加强新时期的人民政权建设。

在保障公民合法权益上，行政监督机关通过惩治腐败促进廉政建设，解决群众关心的热点问题，有利于激发人民群众投入改革开放和经济建设的积极性，只有通过行政监督制止行政活动中的侵权行为，检举和查处一切违法乱纪现象，才能更好地保护公民合法权益。

2. 行政监督的预防作用

行政监督有助于防止行政管理行为中可能出现的错误、失误和违法现象，起到防患于未然的作用。

“预则立，不预则废”，现代行政管理复杂多变，作为决策者，既要考虑政治经济因素，又要考虑国际国内形势，还要考虑当前和长远利益，难免出现疏漏、不当和失误之处，因而需要通过预防性行政监督及时发现问题，以确保决策的合理性和合法性。

3. 行政监督的补救作用

行政管理面临的是复杂多变的动态环境，存在着许多随机性、不确定性等因素，需要通过行政监督及时发现行政执行中的偏离现象，采取相应的应急补救措施，加以排除和补救。

监督机关有权指正有关部门在行政执行中出现的各种过失、错误和违法现象，通过严格的监督和控制及时揭露和解决各种问题，促使有关部门及时纠正不良行政行为，制止和防止今后行政执行中出现更大的失误和由此造成的损失。

4. 行政监督的促进作用

对行政监督不能仅作威慑等消极被动的理解，还应看到它具有促进、指导等积极主动的作用。行政监督机关通过维护政纪、加强廉政勤政建设、做好宣传教育工作，有利于提高国家公务员的思想道德素质。

各级国家行政机关及其公务员是国家经济、科学、文化等各项建设事业的具体组织者和管理者，对人民群众具有很强的影响力和示范作用，能够有力地促进文明、健康、崇尚科学的社会风尚的形成和发展；同时行政监察机关通过履行职责，促进监察对象依法行政、勤于政务，认真做好各项社会管理工作，铲除危害社会主义精神文明建设的各种丑恶现象，有利于良好社会风尚的形成与发展，从而促进以德治国战略方针的实施。

二、行政监督机制

党的十七大报告中强调“完善制约和监督机制，保证人民赋予的权力始终用来为人民谋利益。确保权力正确行使，必须让权力在阳光下运行。要坚持用制度管权、管事、管人，建立健全决策权、执行权、监督权既相互制约又相互协调的权力结构和运行机制”。党的十九大报告从组织机构建设上提出要构建集中统一、权威高效的国家监察体系，形成以党内监督为主、其他监督相互贯通的监察合力。

（一）外部监督机制

国家行政组织的外部监督机制是一个国家的政权组织形式和整个国家运行机制的综合表现，反映国家的权力分配关系、国家行政组织的地位和作用及其所受到的制约。这种外部监督机制所体现出来的国家权力分配关系，从根本上说是由国家的根本大法即宪法规定和调解的，目的在于防止国家行政组织滥用权力，保证行政执行过程的合宪性和合法性，不断提高行政效能和绩效。外部监督机制一般包括以下几个方面。

1. 立法监督

（1）立法监督的作用。立法监督是指国家立法机关依据宪法对国家行政机关所实施的监督。在实行“三权分立”宪法原则的国家中，国家权力被分为立法、行政、司法三个部分，分别由三个国家机关独立行使，三者之间保持一种互相牵制、互相约束的制衡关系，国家立法机关、司法机关对行政机关起着监督制约作用。

（2）立法监督的形式。从世界各国的总体情况看，立法监督的形式一般包括以下几个方面。

第一，质询。主要指立法机关议员个人或集体以书面或口头方式就政府行政活动有关事项向政府首脑或部长提出问题，要求其即席或书面答复。质询往往导致一般性辩论并带来政治后果。

第二，提出不信任案或不信任表决。主要指立法机关在不同意政府的政策和施政方针或对政府的行为感到严重不满时，提出对政府的不信任案或谴责决议案并进行表决的活动。表决通过的结果将导致政府内阁辞职或新的议会选举。

第三，任命。主要指由国家立法机关审查并决定政府高级官员的任用问题。

第四，弹劾。主要指立法机关对政府高级官员违法失职进行控告和制裁的一种制度。此制度于14世纪起源于英国，后来为许多西方国家所效仿。

第五，罢免。主要指立法机关对于任期未满的违法失职人员用投票方式免去其行政职务。此制度一般适用于各级立法机关对同级政府官员的监督。

第六，审批。主要指立法机关审查并决定是否批准政府的预算、决算、经济计划、重大行政事项、施政性方针和政策等。

第七，国政调查。主要指立法机关为了了解政府的行政执行活动情况所进行的专门性调查或检查。内容一般包括围绕行使立法权进行的调查、选举调查、违法行为调查等。

第八，行使司法职能。某些国家的立法机关在特殊情况下可不同程度地行使司法权，如议会可向普通司法机关控告行政官员、议会以表决方式直接指控高级行政官员的违法犯罪行为并审判定罪或由议会组成特别法庭执行司法职能等。

（3）我国的立法监督。在我国，实行“议行合一”宪法原则，政权组织形式是人民代表大会制度。我国宪法关于全国人民代表大会、全国人民代表大会常务委员会、地方各级人民代表大会的有关条款，对我国立法监督的主要内容和形式做了明确的规定。全国人民代表大会是最高国家权力机关，行使国家立法权、对重大国家事务的决定权、任免权和监督权，它既是议事机关，又是工作机关，不存在与其他国家机关分权的问题。最高国家行政机关、最高国家审判机关等都由它产生、受它监督、对它负责。按照“议行合一”原则，国家行政机关是国家权力的执行机关，不能像实行分权原则的国家那样行使否决权。因此，立法监督在行政监督过程中起主导性作用，具有较高的权威性。

2. 司法监督

司法监督是指国家司法机关依据宪法和有关法律对国家行政机关所实施的监督。在实行“三权分立”宪法原则的国家中，一般由立法机关主管宪法或一般法律的制定，由司法机关主管宪法实施的监督，两者之间存在相互制衡的关系。而在实行“议行合一”宪法原则的国家中，制定宪法和监督宪法实施的权力统一由国家最高权力机关行使，司法机关和行政机关的地位一样，司法权和行政权不是独立的，它们都由立法机关产生并对立法机关负责。司法机关依法利用司法手段和程序，对国家行政机关的活动和行为实施监督。

在行政监督方面，法院通过独立行使审判权的审判活动和审级、陪审、辩护等司法审查制度对国家行政机关及其工作人员起监督作用。在司法机关负责监督宪法实施的国家中，由司法机关审查行政法规或行政措施的合宪性，追究并制裁违宪行为，或通过审理各种刑事案件、民事案件、经济案件和行政案件，审查与此有关的行政机关及其工作人员的行政行为或个人行为的合法性，追究并制裁其违法、侵权、失职、贪污受贿等犯罪行为。

3. 政党监督

（1）政党监督的作用主要是通过政治活动和政策制定的过程来实现的。政党监督的方式和影响力与一个国家的政治制度、选举制度、政权组织形式、文官制度或公务员制度有着密切联系。在不同的社会制度和政治制度中，各国政党监督的方式和特点有所不同。中国共产党作为执政党的领导地位和作用是在宪法中明确规定的。党的性质决定它代表中国各族人民的根本利益，宪法和各项规定与党的路线、方针、政策是完全一致的。党对国家行政机关的监督作用是真正从维护国家和全体人民的利益出发，其所实施的政治监督和政策监督的过程实质上也是依法监督的过程。由于中国共产党的性质和地位，其监督作用并不仅仅局限于国家行政机关外部，它同时也对国家行政机关内部实行有效的监督。

（2）中国共产党的行政监督作用与政治制度密切相关。具体表现在以下四个方面。

第一，政治监督。党对国家行政机关的监督作用主要是通过政治领导作用来体现的。党依靠制定正确的路线、方针和政策，提出符合国家利益和人民利益的政治主张，领导和影响国家行政机关的政策制定和决策过程。

第二，政策监督。党通过在各级人民代表人会和各级政府内部进行的政策法律化、政策法规化的过程，将党的路线、方针、政策转化为具体的法律规定，以立法程序强化政策的实施和效果。

第三，纪律监督。党的各级纪律检查委员会对担任各级行政机关领导的党员干部进行严格的考察和监督，对违反党纪国法的党员干部在进行党纪处分的同时，分别提请人民代表大会和有关行政机关免除其行政职务。

第四，法制监督。党通过自己的政治影响和政策影响，促进法制建设，不断加强立法机关、司法机关及其工作人员的工作，增强立法监督和司法监督的作用。

（3）政党监督。我国实行的是中国共产党领导下的多党合作的政治制度。各民主党派对国家行政机关的监督是我国政党监督制度的一个重要方面。其方式主要包括：一是政治监督，即通过政治协商会议座谈会、情况通报会等形式参政议政，讨论国家的大政方针、重要人事安排和重大问题，向国家行政机关提出建议，实行行政监督；二是立法监督，即各民主党派在各级人民代表大会中占有一定比例，可以通过立法程序和立法活动实施对国家行政机关的监督；三是直接参政，即各民主党派可在中央至地方的各级行政机关、司法机关和监察机关中担任一定的行政领导职务，直接参与国家行政机关的管理和监督；四是互相监督，即民主党派可以通过对中国共产党及其路线、方针、政策的监督，对国家行政机关的工作产生影响。

4. 社会监督

（1）社会监督的作用。社会监督是依据宪法和法律享有一定权利的公民、企事业单位、社会团体，利用多种方式对国家行政机关及其工作人员实施的监督。社会监督与立法监督、司法监督和政党监督有密切联系，它们的相互影响和共同作用构成对国家行政组织的有效的外部监督机制。

实施社会监督是大多数国家宪法中人民主权原则、基本人权原则和法制原则的体现，基本内容包括：一是主权在民，代议机关是实现人民主权的形式；二是以公民基本权利的规定表现基本人权的具体内容；三是用法律体现人民意志并保证公民的基本权利。资产阶级的宪法理论和法律制度虽然用主权即公意的说法抹杀权力的阶级性，并且对公民基本权利及其履行有不同程度的限制，但社会监督对国家行政机关的活动和行为仍有很重要的作用。

（2）社会监督的渠道。社会监督一般通过下列渠道进行。

第一，舆论监督。舆论是公众思想和意见的言论表达。舆论监督指公民、企事业单位和社会团体等利用言论、出版、新闻等方面的权力对政府行政活动实施的监督，包括批评、建议、评论、揭露违法和腐败行为等。

第二，参政议政。通过民主管理制度、来信来访、调查会、座谈会等形式直接对各级政府的工作提出批评和建议。

第三，申诉、控告或检举。根据国家有关法律规定，通过法律程序针对国家行政机关及其工作人员的违法失职行为行使正当的监督权利。

第四，社会政治活动。通过信访、投诉、游说、演说、集会、游行、示威等形式谋求立法机关、政党或社会舆论的支持来制约政府的活动和行为。

第五，公意表达。这是一种间接由公众表达自己意愿和政策看法的社会监督方式，是立法机关、政府和社会组织出于一定的政治需要，采用某种形式有计划地而不是公民自发进行的一种活动，但在一定情况下对政府的政策和行政行为有决定性的影响。主要形式有公民投票、预选制度和民意测验等。

（3）我国的社会监督。我国宪法中有不少规定与实行社会监督活动有关，如“中华人民共和国的一切权力属于人民”“人民依照法律规定，通过各种途径和形式，管理国家事务，管理经济和文化事务，管理社会事务”，以及关于一切国家机关和国家工作人员必须接受人民监督，公民有言论、出版、集会等自由及批评、建议、申诉、控告、检举的权利的规定等。这些规定为实行社会监督提供了根本的法律保障。

（二）内部监督机制

国家行政组织的内部监督机制是与外部监督机制相对而言的，它是国家结构形式和国家行政组织内部运行机制的综合表现。它反映国家行政组织自身作为监督主体对其各个组成部分的行政执行活动的控制过程，其中心任务是保持行政执行活动的统一和提高行政效率。内部监督机制从根本上说也是靠宪法和各种基本法律规定、调节的，同时各种行政法规和规章制度起着重要的制约作用。内部监督机制一般包括以下几个方面。

1. 结构性监督

结构性监督是与国家结构形式和内部组织结构相联系的监督形式。它直接关系到国家行政组织的内部指挥和协调运行，是一种最重要的内部监督形式。国家行政组织常见的一种结构形式是直线参谋结构形式，是一种以有利于统一指挥的直线结构形式为主、以有利于内部分工和业务监督的参谋结构形式为辅的有机系统，可划分为直线监督和职能监督两种类型。

（1）直线监督。直线监督又称纵向监督或垂直监督，是与国家行政组织的直线结构形式相联系的一种监督机制，调整的是组织内部指挥和服从、命令和执行的关系。其内容主要包括：一是根据行政职权和隶属关系的划分，上级机关或领导人员对下级机关或下级人员有进行指挥和进行监督的权力和责任；二是与依法行政的性质相联系，依法监督是直线监督的法定内容；三是上级机关可依照法律和有关规定检查下级机关的工作，改变或撤销下级机关不适当的决定和命令；四是上级机关可在其权限范围内作出有关下级人员的任免、奖惩等决定；五是在依法行政的基础上，下级机关和下级人员亦有监督上级机关及领导人员守法执法的责任，但需按正当程序和方法进行。在我国，国务院对各部委和各级地方政府的领导和监督，各级政府部门及各级地方政府对其所属机构的领导和监督等，都属于直线监督。

（2）职能监督。职能监督又称横向监督或水平监督，是与国家行政组织的参谋或职能结构形式相联系的一种监督机制。其目的在于保证组织的整体运行效率，内容主要是计划、人事、财政等各职能部门在自己的职能和职权范围内对其他政府部门和行政机关的职能工作进行布置、检查、指导和监督。它们与其他政府部门或行政机关没有直接的隶属关系和指挥权，但在其职能范围内有一定的决策权和监督权。这些职能部门彼此之间存在着互相监督的关系，它们是在首脑机关的统一领导下，为了共同的行政管理目标，按照各自的业务范围和行政范围分工协作的。职能监督的具体范围和任务与国家行政组织内部设置的职能机构相联系，如计划部门负责计划监督、人事部门负责人事监督、财政部门负责财政监督等，都属于职能监督的类型。

2. 违法违纪监督

违法违纪监督是在国家行政组织系统内，由专门的行政监察、监督或政法机关对国家行政机关及其工作人员所实施的监督。主要特点：一是实施违法违纪监督的机关隶属于国家行政组织，一般由中央政府统一领导和管辖，不同于外部监督机制的司法监督，但与司法监督有衔接关系；二是实施违法违纪监督的机关依照国家法律、法规和政策独立行使职权，不受其他行政机关、社会团体和个人的干涉；三是这些机关对保证行政执行活动的正常进行，防止、纠正和打击国家行政机关及其工作人员的违法违纪行为有重要作用。违法违纪监督一般有以下几种类型。

（1）行政监察。行政监察有广、狭两义之分，广义的行政监察指包括立法机关、司法机关在内的设立专门对所有国家行政机关及其工作人员实施监督的监察机构的制度，如瑞典议会监察专员公署、英国议会行政监察专员制度、法国的行政法院制度和美国的行政法官制度等；狭义的行政监察指在国家行政组织内部设立专门的行政监察机构，对所有国家行政机关及其工作人员实施监督。

（2）审计监督。审计监督指在国家行政组织内部设立专门机构，依法审核检查国家行政机关及企事业单位的财政财务收支活动、经济效益和遵纪守法情况。审计制度是一项重要的经济监督制度，其中一个主要内容是审查监督各级政府机关的经济计划、预决算的编制和执行情况及财务收支状况，检查财经工作中的违法违纪行为，因而是行政监督的一个重要任务。按照我国宪法规定，国务院设立审计总署，对国务院各部门和地方各级政府的财政收支、对国家的财政金融机构和企事业组织的财务收支进行审计监督，并规定县级以上的地方各级人民政府设立审计机关。审计机关依照法律规定独立行使审计监督权，不受其他行政机关、社会团体和个人的干涉。审计监督根据实际内容和任务，可分为财务审计、效益审计、财经法纪审计、专用基金审计、专用拨款审计、税利审计和贷款审计等。

（3）政法机关监督。政法机关监督是指在国家行政组织内部设立的政法机关，为维护国家利益和社会秩序，依法对国家行政机关及其工作人员所实施的监督。在我国，这类政法机关指公安部和地方各级公安机关以及国家安全部和地方各级国家安全机关。一般来说，政法机关泛指法院、检察院和公安机关等部门，但从隶属关系上看，只有公安机关和国家安全机关属于政府组织内的政法机关。作为政府部门中政法机关的公安机关与作为国家司法机关的人民法院、人民检察院三者之间存在着分工负责、相互配合、相互制约的关系。公安机关可独立行使侦查权，负责刑事案件的侦查、拘留、预审等工作，在防范和打击国家工作人员的各种刑事犯罪和经济犯罪行为方面起着重要的监督作用；国家安全机关是在承担公安机关部分职能的基础上建立起来的，1983 年 9 月，全国人大常委会决定，国家安全机关承担原由公安机关主管的间谍、特务案件的侦查工作，可行使宪法和法律规定的公安机关的侦查、拘留、预审和执行逮捕的职权，对保护国家利益、国家机密和国家安全有重要意义。

（4）党内监督。由于我国的社会制度、政治制度和其他国家不同，政党监督的作用并不仅仅局限于国家行政组织的外部监督机制，从某种意义上说，党内监督是构成我国国家行政组织内部监督机制的一个重要组成部分。党内监督从广义上分为组织监督和纪律检查两种类型，其中，组织监督指国家行政组织内部的各级党委对国家行政机关及其工作人员所实施的监督；纪律检查指通过国家行政组织内部的各级党的纪律检查委员会对国家行政机关及其工作人员所实施的监督。需要指出的是：从组织系统上讲，党的各级组织和各级国家行政机关不能混为一谈，不能以党代政，两者各有自己的职权和职能范围。但两者又是相互联系、相互依存的，不能绝对对立或完全割裂开来。所谓外部监督机制和内部监督机制只是一种相对的分类方法，搞好党内监督必须坚持从严治党、党内民主、重在领导、党规党纪监督、党内公开、预防为主的原则，要求各级党员特别是党的领导干部勤政廉政、廉洁自律，保证国家行政机关有良好的党风和政风。

第二节　行政监察性质与原则

党的十八大报告中明确提出："健全纪检监察体制，完善派驻机构统一管理，更好发挥巡视制度监督作用。"党的十九大报告进一步指出："深化国家监察体制改革，将试点工作在全国推开，组建国家、省、市、县监察委员会，同党的纪律检查机关合署办公，实现对所有行使公权力的公职人员监察全覆盖。"2018年3月20日，十三届全国人大一次会议表决通过了《中华人民共和国监察法》，《中华人民共和国监察法》的颁布和实施也标志着中国实现全面依法治国，实现国家监察全面覆盖的新阶段。正确了解行政监察的性质，有利于在监察实践中正确有效地履行职责，充分发挥职能作用，做好监察工作。

一、行政监察的含义

行政监察由"行政"和"监察"两个词构成。关于"行政"一词，在本书第一章中已作过阐述；监察意为监视、审评、督察等。

在行政监察的含义中，"行政"是监察的限定词，它限定了监察的性质、主体、范围、内容和手段；"监察"是这一含义的主词，表明行政监察在行政系统中所具有的专业属性和特有职能。

由此，我们可把行政监察的含义表述为：行政监察是指国家行政机构内具有监督职权的机关依法对国家行政机关及其公务员行使行政权力的行为进行的监视和督察。

二、行政监察的性质

（一）行政监察的法律依据

行政监察的性质是指行政监察所具有的特殊本质。为了加强监察工作，保证政令畅通，维护行政纪律，促进廉政建设，改善行政管理，提高行政效能，《中华人民共和国行政监察法》（以下简称《行政监察法》）由八届全国人大常委会第二十五次会议于1997年5月9日修订通过，自1997年5月9日起施行。《行政监察法》第二条规定："监察机关是人民政府行使监察职能的机关。依照本法对国家行政机关、国家公务员和国家行政机关任命的其他人员实施监察。"2010年6月25日十一届全国人大常委会第十五次会议通过《全国人民代表大会常务委员会关于修改〈中华人民共和国行政监察法〉的决定》，于2010年10月1日起施行。2018年3月20日，十三届全国人大一次会议表决通过了《中华人民共和国监察法》（以下简称《监察法》），并自公布之日起施行，《中华人民共和国行政监察法》同时废止。

（二）行政监察的基本性质

《监察法》是为了推进全面依法治国，实现国家监察全面覆盖，深入开展反腐败工作而制定的法律。《监察法》是反腐败国家立法。制定监察法是推进国家治理体系和治理能力现代化的重大举措，是总结反腐败斗争经验、巩固反腐败成果的制度保障。《监察法》的法律规定，指明了我国行政监察的性质。

第一，加强中国共产党对反腐败工作的集中统一领导。中国特色社会主义最本质的特征是中国共产党领导，中国特色社会主义制度的最大优势是中国共产党领导。监察委员会与党的纪律检查机关合署办公，是加强党对反腐败工作的集中统一领导，完善党和国家自我监督的重要举措。《监察法》为监察委员会履行职责、开展工作提供法治保障，在反腐败工作领域体现坚持党的领导、人民当家做主和依法治国的有机统一。

第二，各级监察委员会是行使国家监察职能的专责机关。按照宪法和《监察法》的规定，中华人民共和国各级监察委员会是国家的监察机关。中华人民共和国设立国家监察委员会和地方各级监察委员会。各级监察委员会是行使国家监察职能的专责机关，依照本法对所有行使公权力的公职人员（以下简称“公职人员”）进行监察，调查职务违法和职务犯罪，开展廉政建设和反腐败工作，维护宪法和法律的尊严。监察委员会依照法律规定独立行使监察权，不受行政机关、社会团体和个人的干涉。

《监察法》颁布以前，按照《行政监察法》（2018年已废止）规定，监察部曾是最高监察机关，在国务院的领导下，主管全国监察工作。中华人民共和国监察部是行使《行政监察法》授予行政监察权力的国务院监察机关，是国务院组成部门之一。1993年2月，根据中共中央、国务院的决定，监察部与中国共产党中央纪律检查委员会的机关合署办公，机构列入国务院序列，编制列入中共中央直属机构。国家预防腐败局列入国务院直属机构序列，在监察部加挂牌子。2018年3月，十三届全国人大一次会议审议通过了宪法修正案，设立中华人民共和国国家监察委员会，不再保留监察部，并入国家监察委员会。新设立的国家监察委员会与党的纪律检查委员会合署办公，履行党的纪律检查和国家监察两项职能，实行一套工作机构、两个机关名称，这是深化国家监察体制改革的重要制度安排。

第三，国家监察机关是行政监察的主体，依法享有监察权限。在行政监察活动中，依法独立行使监察权，不受其他行政部门、社会团体和个人的干涉。监察机关行使监督、调查职权，有权依法向有关单位和个人了解情况，收集、调取证据，有关单位和个人应当如实提供。监察机关及其工作人员对监督、调查过程中知悉的国家秘密、商业秘密、个人隐私，应当保密。任何单位和个人不得伪造、隐匿或者毁灭证据。对可能发生职务违法的监察对象，监察机关按照管理权限，可以直接或者委托有关机关、人员进行谈话或是要求说明情况。对涉嫌贪污贿赂、失职渎职等职务犯罪的被调查人，监察机关可以进行讯问，要求其如实供述涉嫌犯罪的情况。

第四，监察机关的监察对象由国家法律、法规明确加以规定，实现监察全覆盖。监察机关对下列公职人员和有关人员进行监察：中国共产党机关、人民代表大会及其常务委员会机关、人民政府、监察委员会、人民法院、人民检察院、中国人民政治协商会议各级委员会机关、民主党派机关和工商业联合会机关的公务员，以及参照《中华人民共和国公务员法》管理的相关人员。国家行政机关及其公务员和国家行政机关任命的其他人员是国家监察机关的主要监督对象，与此同时，监察委员会对所有行使公权力的公职人员进行监察，实现由监督“狭义政府”公职人员到监督“广义政府”公职人员的转变，使监督不再有空白地带。

第五，整合分散的反腐败力量，实现国家行政系统内部的自我监督与专门监督相结合。组建监察委员会，整合反腐败工作力量，解决检察机关查处职务犯罪的职能与党的纪律检查机关、行政监察机关职能交叉重叠问题，有利于形成反腐败合力。国家监察机关的监督是国家行政系统行政监督的一个重要形式，是国家行政机关内的一个自律机制，与上下级机关、领导者与被领导者相互间的监督，审计机关的监督，以及监察机关的监督等监督形式形成有效监督网络。

三、行政监察的基本原则

行政监察的基本原则是指监察机关在履行各项职责过程中必须遵守的基本准则。我国《监察法》的相关规定明确了行政监察的基本原则，这些原则体现了依法治国和加强社会主义法制建设的要求，是我国行政监察实践经验的科学概括，反映了做好监察工作必须遵循的规律性的要求。

（一）依法行使职权、不受干涉的原则

行政监察机关依法行使职权，不受其他行政部门、社会团体和个人干涉的原则，主

要包括以下基本内容。

第一，依法监察。监察机关是维护社会主义法制和促进法制建设的机关，其重要职责之一就是检查和纠正违法违纪行为，保证法律、法规、政策、政令的贯彻实施。这样的法律地位要求监察机关和监察人员自身必须具有很强的法制观念和纪律观念，严格依据国家法律、法规和政策进行活动，坚持以事实为依据，以法律、法规、政纪为准绳，妥善处理问题，做到依法监察。

第二，自主行使监察权。行政监察机关是依法行使监察职权的主体。按照责权一致的原则，行政监察机关依法拥有自主行使监察职权的权力，这是监察机关正确履行职责、提高工作质量和效率的法律保障。

第三，监察机关依法行使职权，不受其他部门、社会团体和个人的干涉。干涉是指其他行政部门、社会团体和个人利用职权、地位、影响，采取种种不正当手段，非法干预、影响监察活动的行为。监察机关和监察人员为了秉公执法，就必须坚决排除各种干扰，做到依法独立行使监察权。

（二）实事求是、重证据、重调查研究的原则

实事求是、重证据、重调查研究的原则体现了党的“一切从实际出发，理论联系实际，在实践中检验真理和发展真理”的思想精神，也贯彻了“以事实为依据，以法律为准绳”的社会主义法制原则的精神。贯彻实施这一项原则，对于搞好各项监察工作具有十分重要的作用。这一原则主要包括以下基本内容。

第一，坚持实事求是。坚持实事求是就是要尊重客观实际，一切从实际出发。监察机关和工作人员应自觉贯彻实事求是的原则，根据实际情况决定工作方针、做出工作部署、进行工作指导、解决各方面的问题。要坚持调查研究，详细掌握材料，对错综复杂的实际情况进行深入分析，总结和借鉴历史的和现实的经验教训，研究探索做好各项监察工作的规律，提高监察工作的质量和水平，防止和克服工作中的主观性、片面性、表面性和盲目性。

第二，重证据。重证据就是注重事实、证据，要充分收集和掌握证据，使政纪案件的处理建立在尊重客观事实的基础上，确保案件质量。

第三，重调查研究。调查研究是坚持实事求是的基本环节，是了解真实情况的基本途径和方法。监察机关在开展的各项监察工作中，都必须经过艰苦细致的调查研究，全面、客观地了解情况，再加以去伪存真、由表及里的分析研究，才能对监察事项的性质做出正确的判断，才能为做出监察决定和提出监察建议提供符合客观实际的依据。

（三）在适用法律和行政纪律上人人平等的原则

在适用法律和行政纪律上人人平等的原则是指监察机关在查处违反行政纪律案件等工作中，在适用法律和行政纪律上，对任何监察对象都要一律平等，不允许任何人有超越法律、法规和行政纪律的特权。这体现了我国宪法关于公民在法律面前人人平等、任何组织或个人都不得有超越宪法和法律的特权的社会主义法制原则。我国宪法和《监察法》之所以要规定这一重要法制原则，旨在坚持平等、反对特权，保护所有公民的合法权益，维护法律的尊严。

坚持和实行这一原则，在行政监察工作中要求：一是任何监察对象的合法权益都平等地受法律保护；二是任何监察对象都必须履行法定义务，遵守法律和行政纪律，不允许有超越法律和行政纪律的特权；三是一切违反法律和行政纪律的行为都必须受到追究，任何监察对象都不能例外。

（四）教育与惩处相结合的原则

教育与惩处相结合的原则是监察机关在查处违反政纪案件等工作中必须遵循的一项基本原则。行政监察机关是政府维护政纪的专门机构，通过严肃惩处违纪者，可以给监察对象以正确的导向，使违纪者及其他人员认识到政纪是必须遵守的，违反了就要受到惩处，从而增强遵纪守法的自觉性，并遏制和防范违反政纪行为的发生。但发现问题和执行纪律并不是这一原则的目的，其目的在于：除对监察对象进行教育、提高其思想道德素质之外，要通过发现问题、执行纪律，去分析产生错误的客观环境和主观原因，研究纠正错误。

监察机关应坚持惩处与教育相结合，通过惩处教育使那些违反行政纪律的人员认识错误，改正错误，做好工作，将功补过；同时，通过案件的解剖，分析产生错误的客观环境和主观原因，总结教训，对广大的监察对象进行法制和纪律教育，促使他们增强法制观念、纪律观念和遵纪守法的自觉性，为搞好廉政勤政建设提供思想保证。

（五）监察工作依靠群众的原则

1. 监察工作依靠群众的必要性

监察工作依靠群众的原则体现了党的群众路线的精神和要求，是做好新时期行政监察工作的基本保证。这是因为：一是监察对象的执法活动是在人民群众中进行的，人民群众对监察对象遵纪执法和工作情况的好坏最为了解，因此监察机关必须通过各种形式听取人民群众对监察对象的反映和意见，认真受理控告、检举，从而把行政监察与人民群众的监督紧密结合起来；二是人民是国家的主人，他们具有对国家机关及其工作人员进行批评监督的权力，也有同各种腐败现象进行斗争的政治责任感和积极性，行政监察机关应当支持和保护人民群众的这种积极性；三是人民群众往往是监察对象违纪行为的直接受害者，具有纠正和惩处监察对象违纪行为的强烈要求，行政监察机关应当认真受理并支持、保护、鼓励人民群众对监察对象违纪行为的控告、检举。

2. 监察工作依靠群众的基本制度

依靠群众开展监察工作是我国行政监察机关的优良传统，且已积累了诸多的经验。其基本制度包括以下几个方面。

第一，建立举报和来信来访制度。受理群众对国家行政机关及其公务员和国家行政机关任命的其他人员违反行政纪律行为的控告、检举，并对检举、控告有功人员给予奖励。

第二，实行特邀监察员制度。聘请民主党派、无党派人士、专家学者、劳动模范和团体、企事业单位中的知名人士作为特邀监察员。特邀监察员的职责是负责了解并反映监察对象执行法律法规和人民政府决定命令中的问题，向监察机关传递人民群众对监察对象违反行政纪律的控告、检举和法律规定应由监察机关受理的申诉，参与研究或起草行政监察的法规、规章，对行政监察工作提供咨询，参加某些执法监察和案件调查工作，反映人民群众对监察机关的意见和要求。

第三，在开展各项工作中，都要注意调动、发挥群众的积极性。在查处违反行政纪律的案件中，要深入群众进行调查，收集和核实证据，听取群众意见；在纠正部门和行业不正之风的工作中，要把群众意见大、反映强烈的问题列为纠风工作的重点；聘请人大代表、政协委员、民主党派人士及群众代表，对政府部门、公用事业单位的行业风气进行评议，提出意见与建议；在执法监察、领导干部廉洁自律、有关规章制度建设等各项工作中，都要通过各种形式让群众广泛参与。

第四，通过新闻媒体及其他各种形式，将行政监察工作的方针、政策、重要案件的查处结果、重要工作情况等向群众公开，让群众知情，听取群众意见，接受群众监督；同时还应在监察工作实践中，探索依靠群众开展监察工作的新办法、新途径。

第三节　行政监察效能与评价

一、行政监察效能评价的含义

效能是指有效的、集体的效应，即人们在有目的、有组织的活动中所表现出来的效率和效果，反映了所开展活动目标选择的正确性及其实现的程度。由此可以把行政监察效能定义为：行政监察机关选定监察目标并按照目标要求开展监察活动、发挥监察职能作用所表现出来的工作效率和最终取得的社会效果。可见，行政监察效能是行政监察工作全过程中质与量的综合反映，是目的、效率与效果的统一。

行政监察效能评价是指对行政监察工作的总体情况进行实事求是的分析，做出科学的、客观的估价。它是行政监察实施过程中反馈机制的重要组成部分，是总结工作、提高监察干部思想业务素质的重要方法。

二、行政监察效能评价的内容与标准

行政监察效能是一个综合指标，决定行政监察效能高低的因素主要有监察目标选择的正确性、开展监察活动所表现出的工作效率和最终取得的社会效果，因此评价内容与标准主要包括以下三个方面。

（一）监察目标的评价

行政监察目标是行政监察机关为保证政府工作目标的实现，而按照法定职责所选择的行动方向和预定要达到的要求。行政监察目标从时限上看，有长期目标和阶段目标；从内容上看，有总体目标、各项职能目标和具体项目目标。行政监察目标既是行政监察实施的导向，又制约着行政监察活动的最终成果。因此，行政监察目标确定的是否正确和适当，将直接关系到行政监察总体效能的高低。评价行政监察目标选择的正确与否，主要标准有以下几个方面。

1. 对大系统目标的服从性

用系统的方法来分析，国家行政管理是一个由许多子系统所构成的复杂的、动态的、有机的大系统，行政监察作为这个大系统中的一个子系统，其功能作用必须服从于行政管理这个大系统整体功能的要求，且作用于大系统，因而行政监察目标的确定必须服从于政府工作目标的要求。

从另一个角度看，全国行政监察是个大系统，而各省、自治区、直辖市行政监察则是构成这个大系统中的子系统，因此各级地方行政监察机关监察目标的选定必须符合上级监察机关所部署工作任务的要求。对一级行政监察机关来说，在总体目标确定后，各项职能目标必须服从于总体目标，项目目标又必须服从于职能目标。

2. 与行政监察基本目标的一致性

行政监察的基本目标是维护政府廉洁，促进行政高效，保证政令畅通。而对于各级、各地行政监察机关，由于实际情况的不同，所确定的具体工作目标必然有不同的内容、不同的要求。

但不论是哪个地方、哪一级的监察机关，也不论处于哪一个时期，确定的具体监察目标都必须符合行政监察的基本目标要求，如果偏离了行政监察基本目标，就失去了行政监察的本义，也就不可能产生行政监察效能。

3. 与其他行政管理目标的同步性

一级行政监察机关与其同级行政管理部门都是所在政府的职能机构，其工作目标既有联系又有区别，联系即必须服从于政府的工作目标，并为之服务，而区别则在于工作目标具体内涵不同。

各行政管理部门是依据法定职权对社会某些事务实施管理来贯彻执行政府的决策，而行政监察机关则是依据政府的决策来检查各执行部门在贯彻执行中的问题，及时纠正在贯彻执行中所出现的偏差，这就决定了监察机关所确定的监察目标必须与被监督部门所开展的工作及工作进程相吻合，也只有实现了工作目标的同步，监察机关的职能作用才可能得到较好的发挥。

4. 结合本地区实际情况的针对性

各地区发展情况的不同，各系统所承担工作任务的不同和工作方式、方法上所独具的特点，以及不同层次监察对象情况的差异，决定了反映出来问题的类型、严重的程度和产生的影响也各不相同。因此，各地、各级监察机关都必须结合实际情况，有针对性地确定自己在一个时期的具体工作目标。

5. 监察工作目标确定的规范性

行政监察是一种具有法律效力的行政监督活动，必须在法律法规所允许的范围之内开展而不得超越。因此，在确定监察目标时，对工作任务、监察对象和管辖范围，以及权力运用、采取措施和工作程序等一系列问题，都必须符合有关法律法规的规定，切实做到依法监察。

上述5个标准是评价监察目标正确与否的出发点，也是确定监察目标所必须遵循的依据。通过对照这5个标准在事后分析评价所确定监察目标的正确性，可以为下一步确定新的行政监察工作目标提供经验和思路。

（二）监察效率的评价

1. 监察效率的基本含义

从普遍意义上讲，效率所反映的是特定的物质运动所获得的结果与产生该结果的过程中所付出的代价之间的关系，是所实现的与所耗费的二者之间的比率。用上述具有普遍意义的效率来分析行政监察活动，可以对监察效率赋予一个特定的含义：监察效率是行政监察机关在一个时期内或是在某一专项监察活动中所取得的监察工作效果与为此所做的投入，包括人力、物力、财力与时间之间的比率关系，即：

$$监察效率=\frac{监察工作效果}{监察活动投入}\times 100\%$$

上述关系式反映了涉及监察效率的最基本的关系，它同任何其他的理论和概念一样，是思维的工具和手段。

2. 监察效率的评价内容

要提高监察效率必须善于运用实际效果与活动投入之间的比率关系去分析和处理问题。但在实践中，往往正是由于不考虑投入的合理性和经济性，不重视甚至无视对效率的分析，因而耗费了更多的投入或是不能充分发挥已有人员和各种物质条件的作用，而造成效率低下的状况。评价监察效率是个十分复杂的问题，在监察目标已明确的情况下，评价监察效率可从以下三个不同的角度进行。

（1）评价目标实现的程度。即对已确定的监察目标是否完全实现和实现的程度进行分析评价。如依据年度工作计划来评价一年的工作，依据专项监察活动实施方案中的目标要求来评价该项监察任务的完成情况。评价目标实现的程度是衡量监察工作成效的主要标准。

对一级监察机关来说，评价目标实现程度在有些方面是可用数量来衡量和表达的，如执法监察的成果、查处案件的数量、受理多少件控告和申诉等。但由于行政监察是一种具有行政法律效力、能产生行政法律后果的政治行为，因此更要注重分析所开展的各项监察活动是否达到了质的要求，包括监察活动是否贯彻了党的路线方针政策，是否严格依法进行，是否较好地发挥了监察职能作用，特别要分析是否取得了最佳的监察效果和良好的社会效应。

（2）评价投入的有效性。即对监察活动所做的各项投入是否都发挥出了其应有的作用，或者说投入是否都合乎目标要求及是否合理进行评价。如果所做的各项投入在所开展的监察活动中都完全地发挥出了合乎实现目标要求的作用，而无任何无谓的消耗，则认为监察工作是高效率的。

在各项投入中，最重要、最关键的是人力的投入。就整体而言，一级监察机关人员的编制数是相对稳定的，并分布在各个职能部门中。评价投入的有效性应着眼于：一是各个部门是否全面担负起了应尽的职责，高标准、高质量地完成了工作任务；二是各部门中的人员是否都在满负荷地工作，并发挥着有效的作用。

对专项监察活动，则是目标和要求已定，根据任务来安排投入力量。因此，评价活动投入的有效性，应着重从投入的人数及投入人员的专业技术、层次结构、对监察对象工作领域的熟悉程度，以及是否形成了优势互补、具有活力的工作集体等方面进行分析，以评价投入的合理性，只有投入合理才能保证工作的高效率与投入的经济性。

（3）评价活动的有序性。即对各项监察活动是否有秩序地展开进行评价。监察活动的有序性主要在于以下几个方面。

第一，统一的目标。不论哪个部门及其中的人员都必须围绕实现有效监督这个大目标，按照职责分工，运用法定的职权和依照法定的程序开展工作，不得自行其是。

第二，周密的计划。计划的周密有序是活动有序的前提，任何一项监察活动的开展都应在实施之前，对实施过程中可能遇到的来自内部和外部各种因素的影响做出充分的预测，并研究对策方案。计划是否周密，不在于它的形式，而取决于它是否符合监察活动本身和是否能够制约监察活动的客观规律性。

第三，良好的协作。行政监察是具有多种职能的整体活动，因此具有良好的协作对提高监察工作质量和效率都具有不可忽视的影响。但协作绝不意味着分工的消除，而是要更有利于发挥协作各方在履行职责上的主动性与创造性。

以上所述三个方面不是截然分割的，而是各有侧重，互为补充。显然，目标实现的程度高，投入的目的性强和活动开展的井然有序，所反映的就是监察工作的高效率。

（三）监察效果的评价

监察效果指按照监察目标开展监察工作、发挥监察职能作用所取得的有益（或有效）的结果。包括直接效果和间接效果。前者指监察机关在职责范围内所取得的各项工作成绩；后者指由于开展监察活动取得了直接效果而在社会上所产生的积极效应。

对直接效果的评价应主要依据反映工作成绩的事实，这些事实应是可见的，有的是可以用数字来计量的。而对间接效果的评价，需经广泛、深入的调查研究、民意测验，才可能做出较为符合实际的判断。

对一级监察机关进行工作效果评价时，不仅要看直接效果，还必须评价它的间接效果，因为行政监察工作的成效从根本上讲，是要反映在维护政府廉洁、促进行政高效上，而国家行政机关的廉政、勤政建设效果如何，最终要以人民群众满意的程度作为最重要的判断标准。如果直接效果显著，社会反映良好，那说明工作成绩大，监察效能高；如果直接效果看似成绩显著，而在干部、群众中反映冷淡或是不好，那说明在选定监察目标时未能抓住主要问题。但在对监察机关中一个职能部门或是一个人的工作进行评价时，则应着重于对直接效果的评价。

三、行政监察效能评价的原则与方法

（一）行政监察效能评价的原则

第一，评价量与评价质相统一的原则。行政监察不仅要考虑做了多少工作，还必须考虑工作的效果如何。只有工作做得多、收到的成效大，才能反映其高效能。因此，既要重视量的评价，更要重视质的评价，坚持两者的统一。

第二，评价单项工作与评价全面工作相统一的原则。行政监察的高效能必然是建立在监察职能作用都充分发挥的基础上，因此不仅要重视对所开展的每项监察活动的评价，更要重视对发挥各项职能作用的评价，这才能促进监察工作的全面展开。

第三，评价直接效果与评价监督效应相统一的原则。直接效果是具体的，而监督效应是无形的，但它会更广泛、更长久地存在。只有直接效果及由此产生的监督效应都是积极的，才反映行政监察的高效能，因而评价监察活动的直接效果绝不能脱离由其产生的监督效应。

（二）行政监察效能评价的方法

由于影响行政监察效能的因素众多，且各因素之间又都相互联系、互相作用，因此评价行政监察效能不可能只采用单一的方法、简单地做出判断，而是需要针对不同的内容采用不同的方法，从各个不同层次、不同角度加以综合分析，力求得出一个符合实际、比较准确并具有指导性的结论。通常可采用的方法有以下几种。

第一，自我总结法。这是由行为主体以回顾的方式对所开展的工作进行剖析，肯定成绩，找出不足，研究其中的经验与教训。

第二，对比分析法。在对比分析时应注意把握同类型事物才具有更强的对比性的特点，因此要与同类型的工作对比，与同层次监察机关的工作对比，与自己过去的情况对比，甚至与国外同类情况对比。在对比中肯定成绩、找出差距，进而研究提高行政监察效能的途径。

第三，实地考察法。实地考察是直接掌握第一手材料的必经途径。要了解监察活动在被监察单位和人员中的效果和反映如何，整个监察机关工作在社会和群众中的反映又是如何，就必须深入监察对象、监察活动影响范围内的基层组织和干部群众中去了解情况和听取意见，这些反映和意见正是评价行政监察效能的重要依据。

第四，问卷调查法。在评价行政监察效能的过程中，采用问卷调查的方法可在更大的范围内了解社会信息，对评价监察活动所带来的社会效应具有重要意义。

第五，诊断评价法。对已经出现的问题进行解剖分析，找出问题的症结所在，以便对症下药。在行政监察中，遇到困难或障碍难以突破，或由于目的性的不明确、徒劳无功，或由于措施、手段运用不当，带来了不良后果等，都直接影响着行政监察效能。因此，在评价行政监察效能时，应抓住其中的典型问题，群策群力地重点解剖分析，研究导致这些问题产生的原因，从中总结出经验教训，找出改进工作、提高行政监察效能的途径和措施。

以上所提出的各种评价方法，各有特点和作用。在行政监察效能评价实践中，应将行为主体的自我总结贯彻始终，并综合运用其他各种有效方法，以得出客观、准确、科学的评价结果。

本章小结

- 行政监督有广义、狭义之分。广义的行政监督是指立法机关、行政机关、司法机关、政党、社会团体、新闻舆论等多种政治力量和社会力量对政府及其公务员的行政行为所实施的监察和督导；狭义的行政监督是指行政机关内部对自己的机构及其公务员的不良行政行为所实施的监察和督导。具有专门性、全面性、法制性的特征，保障、预防、补救和促进的作用。

- 行政监督机制包括外部监督机制和内部监督机制，前者包括立法监督、司法监督、政党监督和社会监督；后者包括结构性监督和违法违纪监督，其中，结构性监督包括直线监督和职能监督，违法违纪监督包括行政监察、审计监督、政法机关监督和党内监督。

- 行政监察是指国家监察机关对国家行政机关、国家公务员行使行政权力的行为进行的监视和督察。宪法和《中华人民共和国监察法》规定，中华人民共和国各级监察委员会是国家的监察机关。中华人民共和国设立国家监察委员会和地方各级监察委员会。各级监察委员会是行使国家监察职能的专责机关，依照本法对所有行使公权力的公职人员进行监察，调查职务违法和职务犯罪，开展廉政建设和反腐败工作，维护宪法和法律的尊严。监察委员会依照法律规定独立行使监察权，不受行政机关、社会团体和个人的干涉。

- 行政监察的基本原则包括行政监察机关依法行使职权、不受干涉的原则，实事求是、重证据、重调查研究的原则，在适用法律和行政纪律上人人平等的原则，教育与惩处相结合的原则，监察工作依靠群众的原则。

● 行政监察效能是指行政监察机关选定监察目标并按照目标要求开展监察活动、发挥监察职能作用所表现出来的工作效率和最终取得的社会效果。它是行政监察工作全过程中质与量的综合反映，是目的、效率与效果的统一。

● 行政监察效能评价是指对行政监察工作的总体情况进行实事求是的分析，做出科学的、客观的估价。其内容包括监察目标的评价、监察效率的评价、监察效果的评价；评价的方法包括自我总结法、对比分析法、实地考察法、问卷调查法、诊断评价法。

复习思考

一、概念题

行政监督　　立法监督　　司法监督　　行政监察　　审计监督　　党内监督

行政监察效能　　行政监察效能评价

二、思考题

1. 如何理解行政监督的含义及其特征？
2. 行政监督机制的构成和主要内容有哪些？
3. 如何理解行政监察的基本性质？
4. 行政监察效能评价的内容与标准有哪些？
5. 行政监察效能评价的原则与方法有哪些？

三、材料阅读与拓展思考

在新的起点上深化国家监察体制改革

党的十八大以来，党中央就一直思考和谋划如何适应全面从严治党新形势，在强化党内各方面监督的同时，更好地发挥监察机关职能作用，强化国家监察，把公权力关进制度的笼子。在党中央领导下，中央纪委组织协调，从北京、浙江、山西试点探索到全国推开，再到组建国家和省市县监察委员会，同纪律检查委员会合署办公，改革取得重要阶段性成果。

一、国家监察体制改革成效初显

党的十九大提出构建集中统一、权威高效的国家监察体系，把组建国家监察委员会列在深化党中央机构改革方案第一条，形成以党内监督为主、其他监督相贯通的监察合力。经过一段时间的努力，国家监察体制改革已经显示出多方面成效。

一是有利于党对反腐败工作的集中统一领导。通过体制机制创新，我们把行政监察部门、预防腐败机构和检察机关反腐败相关职责进行整合，解决了过去监察范围过窄、反腐败力量分散、纪法衔接不畅等问题，优化了反腐败资源配置，实现了党内监督和国家监察、依规治党和依法治国有机统一。

二是有利于对公权力监督的全覆盖。我们把所有行使公权力人员纳入统一监督的范围，解决了过去党内监督和国家监察不同步、部分行使公权力人员处于监督之外的问题，实现了对公权力监督和反腐败的全覆盖、无死角。

三是有利于坚持标本兼治、巩固扩大反腐败斗争成果。党的十九大以来，全国纪检监察机关充分发挥新体制的治理效能，收拢五指，重拳出击，不敢腐的震慑效应充分显现，一批腐败分子投案自首，标本兼治综合效应更加凸显。

实践证明，党中央关于推进国家监察体制改革的决策是完全正确的。我们要保持战略定力，持续深化改革，促进执纪执法贯通，有效衔接司法，推进反腐败工作法治化、规范化，强化不敢腐的震慑，扎牢不能腐的笼子，增强不想腐的自觉。

二、加强对公权力的监督

我讲过，国家之权乃是“神器”，是个神圣的东西。公权力姓公，也必须为公。只要公权力存在，就必须有制约和监督。不关进笼子，公权力就会被滥用。马克思强调，社会主义国家的一切权力属于人民，一切公职人员必须“在公众监督之下进行工作”。列宁强调，要提高监督机关的地位、规格、权威，建立起包括党内监督、人民监督、法律监督在内的监督体系，以防止公职人员成为“脱离群众、站在群众之上、享有特权的人物”。

我们党从成立之日起就高度重视权力监督问题。在中央苏区、延安时期，我们党探索了一套对苏维埃政府、边区政府和革命根据地人民政权组织及其工作人员的监督办法。新中国成立后，我们对加强公权力监督进行了不懈探索。党的十八大之后，我们党在加强对国家机器的监督、切实把公权力关进制度的笼子方面做了大量探索和努力，目的就是要确保人民赋予的权力始终用来为人民谋幸福。

深化国家监察体制改革的初心，就是要把增强对公权力和公职人员的监督全覆盖、有效性作为着力点，推进公权力运行法治化，消除权力监督的真空地带，压缩权力行使的任性空间，建立完善的监督管理机制、有效的权力制约机制、严肃的责任追究机制。

国家监察是对公权力最直接最有效的监督，监察委员会第一项职责就是“对公职人员开展廉政教育，对其依法履职、秉公用权、廉洁从政从业以及道德操守情况进行监督检查”。要教育监督各级国家机关和公职人员牢记手中的权力是党和人民赋予的，是上下左右有界受控的，切不可随心所欲、为所欲为，做到秉公用权、依法用权、廉洁用权、为民用权。要督促掌握公权力的部门、组织、个人强化法治思维，严格在宪法法律范围内活动，严格依照法定权限和程序行使权力，决不允许任何组织或者个人有超越法律的特权。

三、完善纪检监察体制机制

现在，国家监委和省市县三级监委已经组建完成。在新起点上，要以新时代中国特色社会主义思想为指导，全面贯彻落实党的十九大和十九届二中、三中全会精神，坚持目标导向，坚持问题导向，继续把纪检监察体制改革推向前进。

第一，改革目标不能偏。深化纪检监察体制改革是要实现标本兼治。要强化不敢腐的震慑，保持惩治腐败高压态势，强化监督和监察全覆盖的震慑效应，不断释放全面从严强烈信号。要扎牢不能腐的笼子，把“当下改”和“长久立”结合起来，形成靠制度管权、管事、管人的长效机制。要增强不想腐的自觉，引导党员干部坚定理想信念，强化宗旨意识，树立正确的世界观、人生观、价值观，营造风清气正的从政环境和社会氛围。

第二，工作职能要跟上。要强化政治监督，做实日常监督，靠前监督、主动监督，坚决破除空泛式表态、应景式过场、运动式造势等形式主义、官僚主义问题，维护党中央权威和集中统一领导，确保党中央重大决策部署落实到位。

第三，各项规则要跟上。要整合规范纪检监察工作流程，强化内部权力运行的监督制约；健全统一决策、一体运行的执纪执法工作机制，把适用纪律和适用法律结合起来；推动纪检监察工作双重领导体制具体化、程序化、制度化，带动整个纪检监察系统提高履职质量。

第四，配套法规要跟上。要制定同监察法配套的法律法规，将监察法中原则性、概括性的规定具体化，形成系统完备、科学规范、运行有效的法规体系。

第五，协调机制要跟上。要强化对纪检监察体制改革的领导，对内加强跨部门跨地区统筹协调，对外加强反腐败国际追逃追赃工作。要旗帜鲜明地支持纪委监委行使职权，为其履行职责创造有利条件。要及时研究解决纪检监察体制改革中遇到的问题，使反腐败工作在决策部署指挥、资源力量整合、措施手段运用上更加协同高效。纪检监察机构要发挥合署办公优势，推进纪律监督、监察监督、派驻监督、巡视监督协调衔接，推动党内监督同国家机关监督、民主监督、司法监督、群众监督、舆论监督有效贯通，把权力置于严密监督之下。

四、规范和正确行使国家监察权

纪检监察机关肩负着党和人民的重托，必须牢记打铁必须自身硬的政治要求。党的十八大以来，我多次谈到“谁来监督纪委”、防止“灯下黑”，这就是监督者要接受监督的问题。这对行使监督权的机构和同志同样适用。纪检监察机关要马克思主义手电筒既照别人更照自己，不能只照他人、不照自己。在这里，我要再次提醒，纪检监察机关不是天然的保险箱，监察权是把双刃剑，也要关进制度的笼子，自觉接受党和人民监督，行使权力必须十分谨慎，严格依纪依法。

“善禁者，先禁其身而后人；不善禁者，先禁人而后身。”纪检监察干部处在正风肃纪反腐第一线，时刻面临着腐蚀和反腐蚀的考验，很容易被“围猎”。要求其他国家机关和公职人员做到的，纪检监察机关和纪检监察干部必须首先做到，坚决不能滥用职权、以权谋私，特别是不能搞选择性监督、随意执纪调查、任性问责处置。

党的十八大以来，纪检监察机关和纪检监察干部在贯彻落实党中央决策部署方面做得是好的。一事一时带好头不难，难的是事事时时作表率。纪检监察机关和干部任何时候都要克己慎行、守住底线，扎紧制度笼子，强化自我约束。

资料来源：节选自《习近平总书记在十九届中央政治局第十一次集体学习时的讲话》，载于《求是》2019 年第 5 期。

拓展思考题：

1. 如何理解国家监察体制改革是一项政治性改革，是一项旨在确立中国特色监察体系的创举？

2. 监察职能将如何进行横向和纵向拓展延伸？

第九章

行政信息

行政信息是社会信息的重要组成部分，行政管理各环节及其相互联系离不开信息，信息管理是行政管理达到现代化、科学化和法制化的重要保障。行政信息与行政咨询紧密相连，信息是咨询的基础，咨询是信息的应用。本章主要研究和阐述行政信息的含义、特征、重要性和行政信息系统，以及行政信息的处理、公开、保护和行政咨询。重点是行政信息与行政咨询的含义、行政信息系统与处理、行政信息公开与保护方法；难点是处理行政信息公开与保护的关系。

第一节　行政信息概述

一、行政信息的概念

（一）行政信息的含义

信息是指反映事物现状及其发展变化特征的各种消息、情报。信息在人类社会生活中普遍存在，人类自产生那一天起就注意识别、收集和处理信息，并利用信息为自己服务。在中国古代，通常采取“结绳记事”“烽火台报警”“驿站传信”等方式传递信息。在当代社会，信息、材料和能源被人们称为科技进步、经济繁荣和社会发展的三大支柱，信息化已成为当代社会发展的一大趋势。信息是人类社会进步的推动力，人类社会生活和工作的方方面面都离不开信息，行政管理工作亦是如此。

行政信息是指反映行政管理活动及其对象的状态发展与变化，以及对行政主体有影响意义的消息、情报、数据、语言、符号等信号序列的总称。行政信息是行政的基本要素，它既是行政管理活动的研究对象，也是对行政管理活动结果的反映。行政信息的范围以行政机关管理国家事务、社会公共事务、机关内部事务的活动为界限。

（二）行政信息的特征

1. 行政信息的客观性

行政信息与其他信息一样，都是对客观事物发生、发展、变化的状态、规律和特征的反映，是不以人们的意志为转移的，所以它是客观的，且以语言、文字、符号、声波、电磁波和光波等为载体或传播媒介，这些表现形式各有差异，但也是可观察到的。行政信息的客观性要求行政信息工作必须对客观事物、现象和活动进行客观的观察，如实地收集、准确地记载。

在信息处理中，注意由表及里，去伪存真。信息的客观真实性越强，有用程度就越高，信息的价值也就越大，反之亦然。行政机关在利用行政信息进行决策时，如果获得的信息是客观真实的，那么所采取的决策就会符合客观实际及其发展规律，并能取得较好效果。只有坚持实事求是的客观态度，才能获得应有的行政信息。

2. 行政信息的时效性

行政信息的时效性指信息从发出到接收再到利用的时间间隔及其效率。时效性是行政信息的重要特征，从某种意义上讲，信息的价值取决于信息的时效性。信息的价值与其传递时间成反比，信息一经形成，传递时间越短，价值越大。一个很有价值的信息，如果传递很慢，时间延误，会使信息的价值衰减或消失，成为无用的信息。

当然，不同信息的时效长短差异极大，有的时效甚短，稍不留神，就会错失良机；有的时效甚长，长至几乎没有期限。行政信息的时效性要求行政信息工作要讲求效率、珍惜时间、注重速度和把握时机，避免“马后炮”“雨后打伞”等行为，否则将会劳而无功或功亏一篑。

3. 行政信息的共享性

行政信息可以被不同的观察者提取、利用。它与实物不同，信息不属于任何个人或社会集团私有，而是跨越时间和地域的界限，不断为全人类共同开发、占用和利用。在实物产品交换过程中，一方所得正是另一方所失；而在信息交流过程中，信息接收者得之，提供者并未失之。

因此，人们往往通过广泛的信息交流来互相启迪，从而加速了新的科学理论的产生和发展。行政信息的共享性，一方面要求我们高度重视行政信息工作，充分利用各方面的信息；另一方面，又要加强行政信息的管理，注意做好保密工作和知识产权保护工作。

4. 行政信息的传递性

信息只有借助一定的物质载体和传递工具，才能在时间和空间上扩散，为人们所感受和接收。信息的生命在于传递，没有传递就没有信息，更谈不上信息的效用，且信息在每次传递过程中，由于传递载体技术条件的制约或经过使用者的加工，其内容会有所变化或调整。

行政信息除具有一般信息的传递性外，其传递方式和载体还具有高度的组织性和控制性。在传递行政信息的过程中，常采取非自然的、硬性的措施或手段，对传递方式和载体加以控制。这种有意识的控制，不仅起到对信息的分界及限定作用，而且对信息传递方向、步骤及速度均起着强制性的保障作用。

（三）行政信息的重要性

第一，行政信息是推行政务的基础。行政管理就其静态构成看，离不开人、财、物、事等因素。能否做到人尽其职、财尽其利、物尽其用、事尽其功，是管理实施是否有效、行政事务的推行是否畅通的重要条件和标准。为此，必须了解人、财、物、事的过去，分析其现状和预测其变化，而这正是行政信息的基本内容。只有这样，才能合理地调动和发挥人、财、物、事的作用，并有机地协调各方面关系，使行政管理系统的运行获得良好基础。

第二，行政信息是科学决策的依据。行政管理是一个动态过程，包括发现问题、确定目标、制订方案等决策活动和程序。问题的发现是否及时、目标的选择是否准确、方案的制订是否合理等，关键在于能否做到以真实、全面、及时的信息为依据。决策是行动的指导，行动还需要有效的组织。行政管理的组织与信息的处理、传递息息相关，行政活动的组织过程始终伴随着信息的流动与反馈。

第三，行政信息是行政管理现代化的重要资源。信息、物质与能量并列为客观世界的三大要素，它已成为行政管理的一种重要软资源。在现代社会中，一个国家或一个民族拥有信息的数量和质量以及运用信息的手段和能力，将影响其进退兴衰。我国社会主义现代化建设正处于重大历史时期，改革开放方兴未艾，行政管理事关重大。行政管理要实现现代化就应充分开发信息，向信息要动力、要效率、要质量、要人才；同时，还应努力完善信息管理，提高信息工作水平。

二、行政信息系统

行政信息系统主要由人、载体、技术和资料等要素构成，这些要素也构成了行政信息管理的具体内容。

（一）信息人员

对行政信息人员管理的基本内容主要包括：一是素质训练，即职责教育与技术培训；二是人员的组织，即信息工作由不同岗位的工作者共同承担，其组织是否合理，对信息工作的整体效益影响很大；三是机构设置，即信息工作机构的健全与适时的调整。

（二）信息载体

行政信息载体包括纸张载体或印刷载体、电子载体和光纤载体等，随着科技进步，电子、光纤载体所占比例与作用日益增大。电子技术的发展实现了信息管理的变革，使传统的以纸张印刷为单一载体的状况得到改变，并将引起更大变革，但它不能完全排除或彻底替代传统载体在现代行政管理中的作用。

（三）信息技术

信息技术是现代科技发展到一定阶段的产物，它以电子计算机为中心，包括电讯、缩微复制、声像等技术手段，用于信息的收集、储存、加工和传递。信息管理的系统方法、系统工程方法及信息处理的网络技术、检索技术等，都必须与信息技术相结合。可见，信息技术的使用，是现代行政管理方法不可或缺的条件。

（四）信息资料

资料作为各种现象的物理表现形式，是事物定量分析的依据。信息系统中资料的多少及其结构，是这个系统的管理规模和水平的重要标志。随着信息活动的高速发展，数据库成为数据管理的重要方式，一般分为文献数据库与数字数据库两类。

第二节　行政信息管理

行政信息管理是指在行政系统内，按一定的要求，通过对行政信息系统诸要素及其运作的组织，使之达到为行政工作服务的目的。行政信息首先要服务于行政管理，还要实现与外部信息的沟通，没有科学的管理，信息沟通则杂乱无章。行政信息只有在良好的管理中，才能达到规范化、科学化，为行政管理提供及时、全面、有效的服务。

一、行政信息处理

（一）收集信息

收集信息是信息处理的开端，要把大量散存、或真或假的行政信息充分利用起来并为行政管理服务，就必须由行政管理人员或信息工作人员有意识地收集整理各种信息，并把它们以文字、图表、资料、图像、符号等形式记录下来。收集信息质量的好坏、数量的多少将直接影响到以后加工、传递、贮存等环节工作的进行和效果。

1. 收集信息工作的步骤

（1）确立目的。行政信息的收集要根据实际需要有选择性地进行，在信息爆炸的时代，客观存在的信息难以计数，各种意义、作用、时限和流速截然不同的信息相互混杂、交叠而至。收集信息目的的确立，就决定了收集信息的方向和范围，而无目的地收集信息，必将导致信息泛滥或产生信息垃圾。

（2）制订计划。行政信息数量大，涉及面广，时效性强。为及时有效地做好信息的收集工作，要根据所需的信息内容、范围和时限要求，对信息的来源、种类及收集的时间、方式和人员等做出具体的规定，作为以后信息收集工作的依据。

（3）组织实施。计划确定后就要组织人力通过一定的技术手段，有系统地付诸实施。在实施过程中应对逐步收集到的信息做初步的分类整理，提供给信息加工者，为以后的加工、整理做好准备，所整理出来的行政信息资料可以是调查报告、资料摘编、统计报表、情况汇报等。

2. 收集信息工作的要求

（1）收集信息要广泛全面。任何事物都处于复杂的关系中，失去对事物联系的全面把握，必然造成认识的片面。政府要有效地管理社会公共事务，就必须收集掌握不同地区、不同部门、不同活动环节的信息资料。行政信息收集全面而广泛，能保证行政机关较好的掌握实际情况，为行政决策提供信息保障。

（2）收集信息要真实可靠。信息工作稍有大意，便会差之毫厘、谬之千里。根据不真实、不可靠的信息做出的决策，危害性远比没有信息的后果更严重。

（3）收集信息要系统连续。信息运行具有一定的规律，只有密切把握信息的流向，长期、连续、系统地收集，才能反映出行政管理活动概貌及其全部发展过程，并准确地做出预测。尤其是对重大信息的变动，要及早做准备，以利于主动、及时地做好信息收集工作。

（4）收集信息要有选择。通过比较和鉴别，收集那些信息含量大、价值高的行政信息。如果没有针对性地、不分轻重缓急地把所遇到的信息都收集上来，必然加重信息收集与加工的负荷，这就要求信息收集者要有敏锐的洞察力、判断分析能力。

（5）收集信息要方法得当。不同的信息需运用不同的信息收集方法。方法选择是否适当，直接影响信息收集的效果。一个较好的信息收集方法可以节省很多人力、物力，少走弯路，收到多快好省的效果。行政信息的收集还要充分利用现代化的技术手段，特别是利用计算机互联网。

（6）收集信息要经常主动。大量信息的掌握是靠日积月累实现的，这就要求信息收集者经常注意把与自己工作相关的信息收集上来，有目的有计划地进行积累。不能等到要用时才去临时"应急"，避免行政信息工作陷入被动局面。

信息收集工作不仅是信息处理工作的开端，它还贯穿于处理的全过程。在信息加工、传递和利用的各阶段，可能由于收集的信息不全、不准或出现了新情况，需对原有的信息做出补充、追踪或重新收集。

（二）加工信息

行政信息从原始状态到具有可用性，必须经过加工处理。所谓信息加工就是将收集来的信息按照一定的程序和方法进行分类、分析、编辑，使之成为一份真实的、规范的信息资料，以便于传递、储存和使用。其目的是通过加工处理，将信息处理成能综合反映事物总体特征的、能揭示事物的本质与规律的、为行政管理所需要的信息。信息的加工是信息处理的重要环节，是一种创造性的思维活动。

1. 信息加工的基本程序

（1）筛选。信息加工首先要对大量初始性的消息、情报、资料进行整理，使其获得精确的定性和定位，筛掉无关的、重复的、价值不大的部分；要对其实质内容加以鉴别，排除虚假、夸大或缩小的成分，以求真实准确地反映行政管理的活动、对象及其变化的有用信息。

（2）提炼。未经加工的信息大多是零散的，各种信息流向间的内在联系也不明显，甚至很曲折。因此，要运用逻辑推理、数理分析和直觉思维等方法，对收集到的信息进行加工提炼，力求所有信息之间的联系能在信息系统中符合逻辑地再现。提炼的过程有时还可获得认识上的飞跃，使信息获得更充分的利用。

（3）分类。对无序的信息，按一定的标准，如性质、时间、空间、事件、管理层次和信息载体等进行分类，并编制索引、目录，使之有序和规范，便于信息的管理和运用。

（4）比较。对同类信息或连续信息的比较，可使管理者对行政事务的历史、现状及趋向的分析获得客观依据。

（5）综合。不同时期、不同侧面的信息，经过综合处理，效用会得到增强，并会由此产生具有新质的概念或结论。

2. 信息加工的基本要求

行政信息的加工要做到客观、可用。信息加工必须从原始的材料出发，而不能主观臆断，随意加进自己的观点。信息价值的使用具有时效性和条件性，在加工时可区分大小、轻重、缓急，但无论价值大小都应认真处理，不得随意废弃。这就要求信息加工者坚持客观公正的态度，使信息在加工过程中受个人主观影响达到最小，以免信息失真。

经过加工后的信息不能模糊笼统，所包含的信息量应明确充分，具有直接可用性。这就要求信息加工者能够去粗取精、去伪存真、由此及彼、由表及里，准确地对信息进行定性和定位，充分反映事物状态及其发展变化特征。

（三）传递信息

行政信息的传递即加工过的信息向使用者的供给，也是直接使用信息的一种形式，如通过信息传递实施组织、控制与指挥。

1. 信息传递的方式

行政信息传递方式多种多样，不同的方式传递的量、速度、范围和条件各有不同要求，使用时应根据实际情况选择。

信息传递按传递方向，可分为单向传递和双向传递。单向传递包括下行传递、上行传递和平行传递，长处是速度快、时效强；双向传递主要是通过座谈会、情况通报会等方式传递信息，所有参加者既是信息传递者又是信息接收者，长处是反馈及时，易形成对信息的一致理解。按传递手段可分为书面传递、口头传递、电讯传递、光纤传递和网络传递等。

2. 信息传递的要求

（1）传递要及时、准确。行政信息传递不论方式如何，都必须保证及时和准确，这是最根本和最高的要求。传递迟缓或失真，均会造成决策失误、组织失控与指挥失利等情况。要保证传递及时、准确，不论是接收还是传递都应实事求是，不能耽搁、随意取舍或歪曲。

（2）渠道要畅通、健全。要建立固定、健全的信息传输渠道，注意删去不必要的环节，层次设置应合理，在每一层次或环节中，接收、反馈、中转的职责要分明，组织系统和法制要健全。

（四）储存信息

1. 信息储存的意义

行政信息储存就是借助人工或计算机等手段，把行政信息保存下来，以供利用的过程。信息储存对行政管理有重要的意义，主要表现在以下几个方面。

（1）储存为信息的使用和再用提供条件。新收集的信息一般都需要经过储存，然后才能投入使用。信息储存是信息使用的中转站，信息使用不同于物质消耗，不会因使用而消失，许多信息都有重复使用价值，储存可为信息的保值，并为其再次使用创造条件。

（2）储存为信息新质的挖掘提供可能。由于信息价值的扩展规律，当信息储存量不断扩充时，有的原有信息会潜生新质，通过储存，形成再生性信息源，可以使信息的充分开发和二次开发成为可能。

（3）储存为信息档案价值的发挥提供前提。许多使用过的信息记载着行政活动的历史，具有档案性质。它们是历史的客观凭证、行政实践的重要参考、行政研究的可靠资料和行政教育的生动素材。要充分发挥信息的这些价值，必须以妥善的信息储存为前提。

2. 信息储存的内容与方法

为充分发挥信息储存的特殊作用，不能把信息储存视为简单的存放，它有一定的工作内容、规则与要求。

（1）登记。登记是信息管理的前提条件，也是信息存储的一种形式。信息登记具有记录财产、方便加工利用、了解信息来龙去脉的作用。

（2）编码。编码是指根据行政信息管理和检索的需要，以代码的形式对行政信息进行编制，即以规定的代码来表示原状信息。信息编码能大大提高存取效率和空间利用率，是现代储存的重要方法。信息编码的方法有顺序编码法、分组编码法、数字式文字编码法和表意式文字编码法等。

（3）存放。存放是指运用一定的载体，把信息记录、存放起来。如软盘、光盘都已经成为基本的磁记录和光记录载体。信息存储要做到不丢失、不走样、不外泄，整理得当，方便使用。

二、行政信息公开

（一）行政信息公开的含义

行政信息公开是指政府有义务根据公众的需求，公开除国防、外交、司法等领域的机密以外的、不危及社会安全和国家利益的所有信息，并方便公众获取的行政管理制度。

1990年美国颁布的《公共信息准则》提出公共信息为公众所共享的理论，认为“我们将公共信息定义为联邦政府生产、编辑或维护的信息。我们认为公共信息是属于公众的信息，为公众信赖的政府所拥有，并在法律允许的范围内为公众所享用”。这是对政府信息公开制度比较权威的解释。

2007年1月国务院制定了《中华人民共和国政府信息公开条例》，该条例作为政府信息公开的法律性文件，为推动政府信息公开法制化发展提供了制度保障。2019年4月3日国务院公布修订后的《中华人民共和国政府信息公开条例》（以下简称《条例》），自2019年5月15日起施行。《条例》规定，政府信息是指行政机关在履行行政管理职能过程中制作或者获取的，以一定形式记录、保存的信息。《条例》明确规定，各级人民政府应当加强对政府信息公开工作的组织领导。国务院办公厅是全国政府信息公开工作的主管部门，负责推进、指导、协调、监督全国的政府信息公开工作。县级以上地方人民政府办公厅（室）是本行政区域的政府信息公开工作主管部门，负责推进、指导、协调、监督本行政区域的政府信息公开工作。实行垂直领导部门的办公厅（室）主管本系统的政府信息公开工作。2019年修订的《条例》进一步明确了政府信息公开的组织机构、公开内容和公开程序，为行政信息公开提供了制度依据。

（二）行政信息公开的必要性

政府建立信息公开制度，向社会提供信息服务，是为了让社会和公众最大限度地共享信息资源，发挥信息在国民经济建设和社会发展中的作用。正如1985年经济合作与发展组织发布的《跨国数据流宣言》所说，“计算机化的数据和信息流是技术进步的重要结果，在国民经济中正起着日益重要的作用”，因此要“意识到由于获取各种信息源和高效益的有效力的信息服务带来的社会、经济利益”。党的十八大进一步明确提出：推进权力运行公开化、规范化，完善党务公开、政务公开、司法公开和各领域办事公开制度，健全质询、问责、经济责任审计、引咎辞职、罢免等制度，加强党内监督、民主监督、法律监督、舆论监督，让人民监督权力，让权力在阳光下运行。党的十九大报告中明确指出，“要加强对权力运行的制约和监督，让人民监督权力，让权力在阳光下运行，把权力关进制度的笼子”。可见，政府信息公开十分必要。其原因主要包括以下几点。

第一，满足公众行使参政权、议政权、监督权的需求。当前我国正着力建设民主法制社会，公众有参政权、议政权和对政府官员的监督权。加之信息的传播和交流变得越来越平等，公众可以通过大众传媒直接观察到国家行政管理者的活动，也可以发表自己对国家管理的看法和褒贬政府官员的行为。政府管理公开化、民主化已是大势所趋、人心所向，要满足公众的这些权利就必须向他们提供政府管理的信息和政府官员的信息。

第二，满足行政管理者科学决策的需求。政策科学中的集团理论认为，公共政策就是多种利益集团相互斗争、相互妥协的产物，政府充当了掌握政策手段的协调人。公众充分了解政策的制定过程，就会更易于接受并且自觉地执行政策，从而使政策取得理想的结果。这是以政府与公众之间充分的信息交流为前提的，政府必须充分公开其拥有的信息。通常在行政管理中，一项决策必然是建立在广泛吸收公众意见、符合公众利益的基础之上的。科学决策的制定既需要政府自身的信息，又需要公众的需求信息。要获得公众的需求信息，首先必须向公众公开政府信息。

第三，政府履行责任义务的体现。政府是代表公众管理国家事务的，在管理工作中产生和收集的信息是国家公有财产。作为纳税人，利用和拥有政府的信息是公众的权利，政府作为社会服务机构有责任、有义务广泛公开信息。行政机关公开政府信息，应当坚持以公开为常态、不公开为例外，应遵循公正、公平、合法、便民的原则。

（三）行政信息公开的内容

行政机关对至少符合下列基本要求之一的政府信息，应当主动公开：一是涉及公民、法人或者其他组织切身利益的；二是需要社会公众广泛知晓或参与的；三是反映本行政机关机构设置、职能、办事程序等情况的；四是其他依照法律、法规和国家有关规定应当主动公开的。

依据2019年修订的《中华人民共和国政府信息公开条例》，对涉及公众利益调整、需要公众广泛知晓或者需要公众参与决策的政府信息，行政机关应当主动公开。主动公开本行政机关的下列政府信息：行政法规、规章和规范性文件；机关职能、机构设置、办公地址、办公时间、联系方式、负责人姓名；国民经济和社会发展规划、专项规划、区域规划及相关政策；国民经济和社会发展统计信息；办理行政许可和其他对外管理服务事项的依据、条件、程序以及办理结果；实施行政处罚、行政强制的依据、条件、程序以及本行政机关认为具有一定社会影响的行政处罚决定；财政预算、决算信息；行政事业性收费项目及其依据、标准；政府集中采购项目的目录、标准及实施情况；重大建设项目的批准和实施情况；扶贫、教育、医疗、社会保障、促进就业等方面的政策、措施及其实施情况；突发公共事件的应急预案、预警信息及应对情况；环境保护、公共卫生、安全生产、食品药品、产品质量的监督检查情况；公务员招考的职位、名额、报考条件等事项以及录用结果。

（四）行政信息公开的方法

1. 行政信息发布会

行政信息发布会是指发布政府信息的专门会议，由需要发布信息的行政领导部门组织，参加会议的主要是新闻媒体的记者，故又称作新闻发布会或记者招待会。行政领导部门用此方法向社会各界公开发布各种信息，或是某些部门和地区的行政单位用此方法到中心城市发布本部门或本地区的有关信息，以期引起社会各界和相关人士的关注，或以此方法获得某些有效的支援与合作，或向所辖地区的公众告知相关事项。

行政信息发布会具有及时、公开和影响面广的优势，借助大众媒体，可以获得很好的效果。尤其是在信息发布会现场，记者可以提出许多问题，行政部门可以具体解释、说明所公布信息的细节，这种与行政管理者对话的双向沟通的方法，日益成为一种行之有效的行政信息公开的方法。

2. 政府出版物

政府出版物又称官方出版物，是指国际性政府组织（如联合国、国际联盟、欧洲共同体等）和各国政府的出版机关出版的文件资料。一般可分为行政性文件和科技文献资料两大类。在行政信息管理中，通过政府出版物公布信息，包括公布各项政策、条例、命令、法令、规程、决议、决定、指示、公报、宣言、会议记录、听证会记录、外交文书和调查统计资料等。

一国政府或议会正式发表的重要文件或报告书，即政府出版物，根据其封面的颜色不同而取名，白色的叫白皮书、蓝色的叫蓝皮书，因而白皮书、蓝皮书等往往成为某些国家政府文书的代名词。一国使用的颜色并不限于一种。近年来，我国政府也陆续发表过“关于人权状况的白皮书”和“关于我国科学技术发展的白皮书”等。

3. 政府网站等信息平台

我国开展“政府上网工程”效果显著。2006 年 1 月 1 日，中央政府门户网站正式开通，当日点击量达到4048万次，页面浏览量为519万次，访问次数为34万次，访问人数达26万人，政府网站已经成为各级地方政府最主要的信息公开方式。

随着互联网信息技术的飞速发展，传统的沟通方式发生了转变，各种形式的新媒体平台在信息公开中备受青睐，发挥了重要作用。新媒体是信息公开、服务群众的重要载体，是密切联系干群、改进工作作风、引导宣传舆论、塑造单位形象的新媒介。政府官方微信、微博很快成为沟通桥梁，承载着个人、企业、政府组织和社会团体之间的信息沟通。微信作为一种新型的即时通信工具，具有主动性高、针对性强、信息传达快、能够创新服务模式、丰富服务手段、提升服务效率的优势。建立政务微信，发挥其沟通、便民、施政的价值，拓展了网络问政的深度与广度，对于扩大政府影响力有着重要的保障作用。

4. 广播电视讲话

在重要节日，由国家领导人或当地政府的最高负责人通过广播电台、电视台向公众发表节日讲话，是发布政府信息的重要方法之一。这种方法只用于“号召性”和“周知性”信息的发布。

5. 公告与通告

公告与通告是机关公文范畴里的两个公文文种。“公告”用于向国内外宣布重要事项或法定事项，用于公布遵照性信息；“通告”用于在国内一定范围内公布应当遵守或者周知的事项，具有约束力。这两种公文并不在机关之间流转，除了制发机关存档外，主要通过宣传媒介或以张贴的形式直接公诸社会。与这两类公文相似的还有“布告”，用于公布应当普遍遵守或周知的事项。

三、行政信息保护

（一）行政信息保护的含义

行政信息保护是指为党和国家的利益、公众的利益，对有些政府信息的保密，防止失密、泄密、窃密。这也是行政管理者的义务和职责。信息公开和信息保护是不可分割的同一事物的两个方面，无限制的信息公开是不存在的。

保密就是保守国家秘密。1988年制定的《中华人民共和国保守秘密法》（以下简称《保密法》）对“国家秘密”作了明确的定义：“国家秘密是关系国家的安全和利益，依照法定程序确定，在一定时间内只限一定范围的人员知悉的事项。”主要包括：国家事务的重大决策中的秘密事项；国防建设和武装力量活动中的秘密事项；外交和外事活动中的秘密事项以及对外承担保密义务的事项；国民经济和社会发展中的秘密事项；科学技术中的秘密事项；维护国家安全活动和追查刑事犯罪中的秘密事项；其他经国家保密工作部门确定应当保守的国家秘密。《保密法》已由中华人民共和国第十一届全国人民代表大会常务委员会第十四次会议于 2010 年 4 月 29 日修订通过，修订后的《保密法》已于 2010 年 10 月 1 日起开始施行。

我国《保密法》根据与国家安全和利益的密切程度，将国家秘密的密级分为绝密、机密、秘密三级。绝密级国家秘密是最重要的国家秘密，泄露会使国家安全和利益遭受特别严重的损害；机密级国家秘密是重要的国家秘密，泄露会使国家安全和利益遭受严重的损害；秘密级国家秘密是一般的国家秘密，泄露会使国家安全和利益遭受损害。失密指的是丢失秘密文件资料、产品、图纸、实物的行为。不论丢失物是否找回，是否造成危害，均属失密；泄密指的是向不应知道某一政府秘密信息的人员泄露该秘密信息的行为；窃密指的是采取非法手段窃取、搜集、刺探、收买、出卖、提供政府秘密信息的行为。

（二）行政信息保护的原因

实施行政信息保护的原因在于：一是不论对于哪个国家，不加区别地完全公开政府信息会危及国家的安全和利益；二是无限制地公开政府信息等于给计算机犯罪大开方便合法之门；三是无限制地公开政府信息将使知识产权无法得到保护；四是无限制地公开政府信息也会危及个人隐私权。

随着互联网技术的不断发展，我国政府管理中的保密工作又面临着许多新问题，也给行政管理的信息保护工作带来了新的难度。因此，国家要建立健全法律法规，行政管理人员要采取有效的防范措施，做好新时期的信息保护工作需要在细节上下功夫。《保密法》规定，互联网及其他公共信息网络运营商、服务商应当配合公安机关、国家安全机关、检察机关对泄密案件进行调查；发现利用互联网及其他公共信息网络发布的信息涉及泄露国家秘密的，应当立即停止传输，保存有关记录，向公安机关、国家安全机关或者保密行政管理部门报告；应当根据公安机关、国家安全机关或者保密行政管理部门的要求，删除涉及泄露国家秘密的信息。

（三）行政信息保护的方法

1. 建立和健全保密措施

（1）明确保密范围。行政信息管理工作中信息保护工作的范围有：一是文件保密，包括秘密文件、资料、图表、密码、密码电报、密码传真等方面的保密；二是会议保密，即会前要布置保密工作，会议期间和会后，对会议是否公开、何时公开应专门作出保密规定；三是新闻报道和出版物的保密，即必须对本单位、本机关新闻报道和出版物的内容进行事先审查，或明确报道范围；四是科技和涉外保密，即对我国科学技术发展的现状、成果及我国特有的工艺技术等应有很强的保密观念，防止各种以参观访问为名窃取科技情报的事件发生；五是信息技术和通信设备使用中的保密，即在使用计算机系统、通信设备、录像设备、电视会议设备时要防止被窃密。对于可能泄密的载体也要加强管理。依据《保密法》，机关、单位对承载国家秘密的纸介质、光介质、电磁介质等载体（以下简称“国家秘密载体”）以及属于国家秘密的设备、产品，应当做出国家秘密标志。

（2）严肃保密纪律。各级行政管理者包括各级机关办公室的工作人员，都要接触大量的文件和机密事项，所以行政管理中对每位行政管理者都制定了明确、严格的保密纪律。具体内容有：不该说的话，绝对不说；不该问的机密，绝对不问、不打听；不该看的机密文件，绝对不看；不该记录的机密，绝对不记录；不在非保密本上记录机密；不在私人通信中涉及机密；不在公用电话、明码电报和普通邮件中办理机要事项；不在公共场所谈论机密；不在不利于保密的地方存放机密文件和机密资料；不携带机密材料游览参观、探亲访友和出入公共场所；不在自己的著述中涉及机密事项或资料；不在新闻报道中涉及机密事项或资料；不在有非涉密人员在场的条件下翻阅机密文件或资料；不随意录收涉及机密的讲话、录像及其有关事项。行政领导者应把这些纪律印在保密手册上，以便时时提醒办公人员遵照执行，并经常进行督促检查。

（3）加强保密教育，选好保密人员。加强保密教育是对全体行政管理者而言的，各级政府机关的领导者必须加强对本单位、本部门工作人员的保密教育，增强保密观念，使他们了解保密工作对国家安全的重要性，了解新时期保密工作的特点，遵守党和国家的保密规定，学习保密知识，养成良好的保密习惯。选好保密人员指的是各级行政管理者要严格挑选好专职的机要保密人员，保密工作的好坏、保密制度能否执行，与保密人员的责任心和业务水平有重要关系。因此，各级各类机关对机要保密人员一定要坚持“先审后用”的原则，严格挑选，同时对他们要加强管理、严格要求。

（4）建立和健全保密制度。各级行政管理者必须明白，仅有保密纪律不能保证不发生泄密事件，仅靠思想教育也不能保证不失密，还必须建立和健全保密制度。没有制度就没有标准、没有措施，因此各级行政机关一定要建立一套完整的保密制度。制度的具体内容应根据各机关的具体情况来确定，有了制度还要经常检查执行情况，使制度不断完善，不流于形式，使保密工作经常化、持久化。

2. 堵塞泄密渠道

堵塞泄密渠道是行政管理中信息保护工作的一个重要方面。一般来说，行政信息的泄密渠道包括行政管理者泄密、办公设备泄密和传媒泄密三种。

（1）行政管理者泄密。行政管理者在行政公务进行中，一般都能够注意到保守国家机密。可是，往往在自己的私人交往中，如在与亲戚、朋友、同学、战友等进行交谈、通信、通电话时，不经意谈及国家机密信息而导致泄密；或在公共场所谈论机密事项，违背保密程序的规定导致泄密。

又如，在文件准备阶段，没有合理地划分密级，没有确定适宜的拟稿人选和环境，没有确认发放范围和份数，没有制定印刷环节的保密事项；在文件运转阶段，没有严格的收发登记，违反有关规定，擅自投递；在文件使用阶段，没有按照规定传阅，没有专人传达。只要其中一项程序不符合以上规定，都可能导致文件泄密。

再如，组织会议是行政管理工作中一个经常性的任务，但会议组织必须遵循固定的程序。开会前，要考虑与会人选、通知方式和内容、与会文件保密、会址保密和会议期间的安全保卫等问题；会议中，到会人员不得随意变换，未经批准不得随意记录、录音、录像，未经批准不得报道，会议的文件、资料的发放要登记，会终时妥善处理文件资料；会议结束后，不随意公布会议的情况，传达会议内容应注意保密要求，会后不得追记、翻印会议内容和文件。此外，还应在会场和与会者驻地检查，看有无会议文件遗失。会上发放的文件需要清退的，应办好退还手续，规定与会者带回的文件也要求回去后交机关机要部门保管，私人不应留存。行政管理者必须按这些会议组织的程序进行操作，其中任何一项操作的违规，都有可能导致会议泄密。

（2）办公设备泄密。现代办公自动化设备如今已得到普遍应用，这些设备虽然先进，提高了办公效率，但也容易泄密。有线通信中，电话信号会由于串音、被窃听而泄密，架空明线的通话信号会被安装在附近的普通长波接收机接收而泄密。无线通信保密性能更差，极易受到侦察、干扰或截获。无线通信中采用明语通信，或通信密码被人破译，或报务人员违反通信规定和纪律，都可能造成泄密。网上通信也存在保密性能差，极易受到干扰、截获的弊病，即使给在网上通信的信息加上密码，也难以万无一失。

因此，行政管理者在处理公务时，不要在没有保密装置的电话中，尤其是无线电话上谈及国家秘密事项；不在没有保密装置的传真机、电传机上传递国家秘密；使用国内保密机或进口保密机，必须按有关规定严格履行报批手续；在处理电报时，应坚持“密电密复”和“明电明复”的原则，严禁明密混用。

（3）传媒泄密。大众传媒公开发行，信息量大，内容涉及国家的政治、经济、军事、文化、科技等各个领域，从中收集情报既合法、又简便，几乎所有国家的情报机构都把从大众传媒上收集情报视为一条途径。

据报道，目前情报机构有80%以上的情报是从公开报刊中获得的。正因为如此，大众媒体也就成为行政管理中可能泄露国家秘密的一条渠道。我国《保密法》明文规定，报刊等信息载体必须遵守有关保密规定，不得泄露国家秘密。报刊新闻单位固然要据此开展各种保密教育和培训，但更重要的是行政管理部门的管理者应有强烈的保密意识，凡是在报道中可能涉及国家机密时，应当对报道内容进行适当处理，严防从传媒中泄密。

3. 泄密事件的查处

根据我国《保密法》及有关规定，泄露国家秘密是指违反保密法律、法规和规章的规定，使国家秘密被不应知悉者知悉的；或使国家秘密超出了限定的接触范围，而不能证明未被不应知悉者知悉的。

行政管理者不论职位高低，发现失密、泄密、被窃密的事件后，应该立即追查。根据《保密法》规定，对泄密事件应根据泄密的性质不同进行分别查处：故意或过失泄露国家秘密，不够刑事处罚的，有关单位应依照规定并根据具体情节，给予行政处分；为境外、国外的机构、组织、人员窃取、刺探、收买、非法提供国家秘密的，应依法追究其刑事责任。

传统的行政信息保护，是一种被动防范的方式。现在人们开始意识到，应规范人的行为，防止窃取他人行政信息事件的发生，或加大打击、处罚窃取他人行政信息行为的力度。所以，目前在行政信息安全问题上的主要趋势，不再是以传统的密码学为核心，不再局限于防范计算机犯罪，而是规范人们行政信息管理活动的行为，提高人的素质，通过行政信息法律、行政信息伦理，约束人们行政信息活动的行为，达到保护行政信息的目的。

第三节　行政咨询机构

一、行政咨询的概念

（一）行政咨询的含义

行政咨询是指咨询机构采用科学的方法，通过对相关信息的研究，对行政过程中出现的问题做出解答，以此影响决策活动。

从历史记载看，咨询起源于行政决策的实践，旨在以此来弥补决策者的缺陷，保证决策正确。随着时代的进步，社会活动范围更广，过程更复杂，且更具变动性，仅凭个人或少数人的才智和经验作为决策依据已不合时宜。

现代行政咨询有了重大发展，决策的复杂性迫切需要组织不同领域的专家和学者，形成各种从事决策研究的咨询机构，集中他们的智能和才能，开展跨学科的多层面的综合性调查研究，为行政管理出谋划策。伴随着社会民主化程度的提高，行政咨询又进一步扩展了它的民主功能，逐渐成为许多国家政府发扬民主、征询民意的必经程序和公众参与公共行政的重要环节。

（二）行政咨询的特征

第一，行政咨询的综合性。行政咨询是一项综合性工作，往往是情况研究与出谋划策相结合，它不仅要了解情况、分析形势、回顾过去、预测趋向，而且要针对所研究的问题提出可供选择的战略、政策、方案和措施。行政咨询还是多学科的综合，需要具有不同的知识结构、从事不同课题研究的人员相互协作，共集所长。

第二，行政咨询的智能性。行政咨询向行政管理所提供的是知识与智能的服务，咨询机构被誉为“智囊团”“外脑”或“软件企业”。行政咨询的智能性特点要求我们必须尊重知识、尊重人才，要给专家以自由研究的环境和气氛，充分发挥专家的个人创造力和集体智能。

第三，行政咨询的民主性。在现代行政管理中，行政咨询不仅仅为政府的决策服务，且成为政府听取群众意见、接受群众监督、动员群众参政议政、为公众参与公共行政提供机会的途径，因而行政咨询进一步具有了民主功能。

第四，行政咨询的相对独立性。咨询工作及其咨询对象和机构的相对独立性，是保证咨询客观性的条件之一。对咨询对象来讲，要充分尊重他们的独立研究和独立见解，要为他们创造宽松的畅所欲言的条件。对咨询机构来讲，不论是政府内部的或政府外部的，也不论咨询机构是否直接隶属于行政部门，都应保持它们相对的独立性。行政咨询工作的研究项目、方法、手段，信息的选择及所做出的结论，都应是独立自主的。但咨询又必须接受党和政府在原则上、整体上的指导，因此独立性是有条件的，即具有相对的独立性。

（三）行政咨询的作用

第一，提供决策目标的背景分析。确定或修订决策目标，既离不开对目标环境、条件及其变化的科学分析，也离不开对目标价值、可能性及其相应关系的准确把握。应当通过咨询，及时掌握全面的、准确的背景材料，并在咨询机构对这些材料所作充分分析的协助下，确定准确、合乎要求的目标。

第二，拟订并论证各种方案。围绕特定目标、研究制订若干可供决策者选择的方案是行政咨询工作的重要内容。咨询者从定性和定量两个方面，为政府决策提供方案，并列出依据。决策之后，还要协助决策者正确而适时地进行反馈，及时调整方案和提供应变措施。咨询机构在制订方案时，还可对所有方案进行可行性研究，为决策者提供论证。行政咨询通过方案论证，分析方案在社会各种关系发生变化的情况下可能出现的后果，再用科学方法求得可行的解决方法，同时运用优化方法寻求较佳方案。

第三，预测行政活动的变化与发展。行政领导不仅要致力于解决当前的迫切问题，也必须对发展趋势加以考虑。行政咨询可通过多种交流获得发展变化的信息，并做出多侧面、多角度、多层次的预测，协助决策者掌握更多信息，使其在较短时期内了解全局、明确形势、心中有数，并注意长远的、本质性问题，充分发挥主动性。

第四，扩大行政领导者的视野。现代行政管理对领导者的才能、知识有很高要求，由于主客观因素的限制，任何人都不可能完全了解各领域、各方面的问题，也不可能掌握各学科的全部知识。但行政活动又必定会涉及各领域与众多学科，这在实践中不可避免地会出现领导才能的局限性与领导工作的全面性的矛盾。行政咨询可以集思广益，充分发挥智囊团和各方面人士的才智，有效地帮助领导者解答各种疑难，并不断扩充新知识，破除决策过程中的知识性障碍，使上述矛盾得以解决。

第五，为公众参与公共行政提供机会。政府在做出重大决策或颁布行政法规之前，通过召开听证会、规定咨询期、实行公示制等方式，可更充分地听取群众的意见，接受群众监督，及时发现问题和不足，使政府的决策和法规更趋完善，更具有广泛的群众基础和更加深入人心。与此同时，也是广泛动员群众参政议政、为公众参与公共行政提供良好机会的实际行动，对于促进政治民主和行政民主具有重要的作用。

二、行政咨询机构

（一）国外行政咨询机构

现代各国政治家为了提高决策效能，纷纷在政府系统内部建立了由各类专家组成的幕僚机构。美国在建国初期，为辅助总统处理公务，就有了以总统私人雇员身份出现的总统秘书和总统助手。到第二次世界大战前，为适应资本主义发展的需要，富兰克林·

罗斯福总统迅速扩张总统的行政权力，以便有效地行使日益增强的干预经济的权力和其他各项权力，1939 年 4 月使国会通过了《政治改组法》，授权总统任命 6 位总统行政助理，从而奠定了美国总统幕僚机构的法律基础。随后，经过杜鲁门总统和艾森豪威尔总统时期的发展，特别是在肯尼迪和尼克松担任总统期间，充实健全了总统幕僚机构，并且使其在行政决策过程中占有特殊的重要地位。目前，美国等一些国家在其政府的各个部门及各级行政机关中也建立了参谋咨询机构，从而使政府组织形成了功能匹配的态势。

决策咨询机构的另外一种形式是处于行政决策系统之外的社会科学研究机构，尤其以第二次世界大战以后在发达资本主义国家兴起的智囊团、思想库、脑库等为典型形式。1948 年美国兰德公司的建立，是西方智囊团的先声。此外，现代世界著名的智囊团还有美国的斯坦福国际咨询研究所、胡佛研究所、日本的野村综合研究所、德国的工业设备企业公司、英国的伦敦战略研究所等。这些智囊团是社会研究机构，但又与一般的研究机构有明显的区别，它们与政府、垄断企业、利益集团等各种政治权力有千丝万缕的联系，对决策的背景、环境、决策战略、决策方案、改革效力等进行研究和分析，从而为政府决策提供知识咨询。这些研究机构最主要的特征是研究现实、服务现实，而不是做纯粹的学理研究。二战后在资本主义国家兴起的这种新的研究机构从各个方面影响了这些国家的政策分析水平，有效地补充了政府决策的科学性，成为各国政府决策过程中的一种独特因素。

（二）我国行政咨询机构

我国直接为行政活动提供服务的咨询机构，主要有政策研究机构、情报研究机构、学术研究机构、咨询服务机构和专家顾问委员会等。

1. 政策研究机构

中央各部委和国家领导机构，以及各级政府的政策研究室与调查研究处等组织形式，是我国政策的主要研究机构。这类机构主要从事与国家行政直接相关的现行政策研究，分析政策实施过程中的问题，测定评估政策执行的效果，帮助决策者修改、完善已行政策，制定、评定有关措施以保障政策的有效执行。

2. 情报研究机构

行政活动与科学研究活动的关系越来越密切，科学研究、技术进步及其管理的情报，对行政管理有重要意义，情报研究机构所提供的咨询服务也日益受到重视。我国的情报研究机构遍布各学科、各专业和各层次，这些机构所掌握的产业、商业、文教、科技、人口和民族等方面的情报是行政管理者了解社会状况的主要信息资源。

3. 学术研究机构

学术研究机构包括按学科或研究问题组织的各种学会、研究会、协会和各科学技术普及团体，其成员一般来自高等院校、科研机构或专业性组织。学术研究机构的咨询工作涉及的学科、问题较广，并且有较大的研究优势。

4. 咨询服务机构

咨询服务机构是我国实行改革开放政策后形成的，为有偿服务性质，一般不直接隶属于行政系统，但又不同于国外的咨询公司。我国的咨询服务机构，一般是工会、青年团、妇联以及其他社会团体或科研组织的附属与派出机构。这类机构为政府或其他机构提供咨询服务，对社会、经济、科技、组织管理中新的问题进行专题研究，收集社会各界对政策的颁布和执行的反映，并提出相应的方案、措施与方法。

5. 专家顾问委员会

各级专家委员会、学术委员会和顾问委员会，是对行政管理起咨询作用的重要组织形式。它不是专业咨询机构，而是通过委员会的形式，把各学科、各专业的专家和曾长期担任主要行政职务的领导组织起来，充分发挥他们的学识、专长、经验和才能，对重大决策起顾问、参谋和指导作用。

三、行政咨询与行政信息的关系

（一）行政信息是行政咨询的基础

第一，信息的内容决定咨询服务的范围。对咨询提供者来说，掌握何种信息才能进行何种服务。咨询范围或服务项目的选择，在很大程度上取决于选择者所拥有的信息内容。所以，不论提供何种咨询，都应从拥有信息的内容这一实际出发。

第二，信息的完整性决定咨询服务的能力。信息的完整性既与信息量相关又不等同于信息量，它指的是信息对某一或某些现象、事物或工作的反映具有全面、系统的性质。咨询服务提供者拥有的信息越多、越完整、越系统，提供咨询服务的能力就越强。

第三，信息获取与加工的及时性决定咨询服务的应变性与主动性。咨询任务的提出，有时是突发的，往往有严格的时间限定。咨询服务的提供者能否完成任务，与其自身的应变性和主动性有关。应变性就是根据新的任务迅速调整信息的收集方向，并较快地按此方向展开信息处理工作；主动性就是平时对信息的变化发展很敏感，能及时地获取、加工这些信息，一旦面对突发性的咨询任务，能有所准备，甚至做到应对自如。可见，咨询服务不论是应变性还是主动性，都与信息的获取与加工是否迅速、及时直接相关。信息获取、加工越迅速、及时，咨询服务的应变性、主动性就越强。

第四，信息加工的科学性决定咨询服务的可靠性。咨询服务的可靠性主要指咨询结果，即战略、策略、计划、方案、报告等能与实际相一致，或与事态的发展趋势相一致。这不仅要求咨询服务提供者掌握充分的信息，而且要求他们能对信息进行科学分析、综合、抽象、概括。信息加工的科学性决定着咨询结果的可靠性，因此科学的信息处理也是咨询服务的重要方面。

（二）行政咨询是行政信息的应用

第一，行政咨询使行政信息的获取更具有针对性。行政信息工作是为行政管理服务的，这种服务性质决定了信息工作必须符合行政管理的要求或需要。因此，行政信息工作应明了行政管理所需解决的问题或所需了解的信息。通过咨询能使行政信息工作及时地掌握这两个“所需”，从而使信息的获取更具针对性。

第二，行政咨询为信息加工提供了依据。行政信息因发生、形成或应用条件（时间、地点、应用者、相关信息等）不同，其价值的大小、内容的取舍、加工程度的深浅及加工速度的快慢等都会有所不同。这些都给信息工作者对加工标准的把握造成一定的困难，而行政咨询恰恰是解决这些困难的有效方式或途径。行政管理所咨询的问题，其本身往往就是信息加工过程中判定信息价值、决定内容取舍和确定加工程度与速度的依据或标准。

第三，行政咨询为信息传递明确了要求。信息在行政管理体系中的传递能否更为合理，或信息的应用能否更有成效，在很大程度上与信息传递的流向、范围、方式和速度等因素的确定与能否适时调整相关。而行政咨询的内容、性质和所涉及的范围、层次等，对信息的传递提出了具体要求，直接决定着信息传递诸因素的确定或调整。

第四，行政咨询促进了信息管理的完善。信息工作人员素质的提高、信息载体和技术的进步不仅与科学发展和经济进步直接相关，而且与行政管理的发展直接相关。咨询工作体现或提出了行政管理对信息工作的新要求和更高标准，这对行政信息的管理具有促进作用。不仅如此，咨询过程实际也可看作是对信息管理效果的检验。为能及时提供可靠信息作为咨询服务的基础，信息管理者就要在管理上下功夫，保障各要素的有机结合，充分发挥信息系统的作用与效能。

除上述四方面外，行政咨询对信息的储存、信息潜在价值的挖掘等，也有积极的意义。

本章小结

● 行政信息是指反映行政管理活动及其对象的状态发展与变化，以及对行政主体有影响意义的消息、情报、数据、语言、符号等信号序列的总称。它是推行政务的基础，是科学决策的依据，是行政管理现代化的重要资源。具有客观性、时效性、共享性、传递性的特征。

● 行政信息公开是指政府有义务根据公众的需求，公开除国防、外交、司法等领域的机密以外的、不危及社会安全和国家利益的所有信息，并方便公众获取的行政管理制度。政府建立信息公开制度，向社会提供信息服务，是为了让社会和公众最大限度地共享信息资源，发挥信息在国民经济建设和社会发展中的作用。行政信息公开的方法包括信息发布会、政府出版物、政府网站、广播电视讲话、公告与通告。

● 行政信息保护是指为党和国家的利益、公众的利益，对有些政府信息的保密，防止失密、泄密、窃密。这也是行政管理者的义务和职责。行政信息保护的方法包括建立和健全保密措施、堵塞泄密渠道和泄密事件的查处。

● 行政信息处理包括收集信息、加工信息、传递信息和储存信息，其中信息收集工作的步骤包括确立目的、制订计划、组织实施；加工信息的程序包括筛选、提炼、分类、比较和综合；传递信息要求传递及时、准确，渠道畅通、健全；储存信息的内容与方法是登记、编码和存放。

● 行政咨询是指咨询机构用科学方法，通过对相关信息的研究，对行政过程中出现的问题做出解答，以此影响决策活动。具有综合性、智能性、民主性和相对独立性的特征。其作用表现为：提供决策目标的背景分析，拟订并论证各种方案，预测行政活动的变化与发展，扩大行政领导者的视野，为公众参与公共行政提供机会。

● 决策的复杂性迫切需要组织不同领域的专家和学者，形成各种从事决策研究的咨询机构。现代各国政治家为提高决策效能，纷纷在政府系统内部建立了由各类专家组成的幕僚机构和处于行政决策系统之外的社会科学研究机构。我国直接为行政活动提供服务的咨询机构主要有政策研究机构、情报研究机构、学术研究机构、咨询服务机构和专家顾问委员会等组织形式。

● 行政信息与行政咨询紧密相连。行政信息是行政咨询的基础，行政咨询是行政信息的应用。即信息的内容决定咨询服务的范围，完整性决定咨询服务的能力，获取与加工的及时性决定咨询服务的应变性与主动性，加工的科学性决定咨询服务的可靠性；行政咨询使行政信息的获取更具有针对性，为信息加工提供了依据，为信息传递明确了要求，促进了信息管理的完善等。

复习思考

一、概念题

行政信息　　行政咨询　　行政信息公开　　行政信息保护

二、思考题

1. 行政信息的含义及其特征是什么？
2. 行政咨询的含义及其特征是什么？
3. 行政信息处理的基本程序和要求有哪些？
4. 试述行政信息与行政咨询的关系。
5. 行政信息公开与保护的方法有哪些？

三、材料阅读与拓展思考

人力资源社会保障部2019年政府信息公开工作年度报告

根据《中华人民共和国政府信息公开条例》（以下简称《条例》）的规定，现发布人力资源社会保障部2018年政府信息公开工作年度报告。本报告包括主动公开政府信息情况、依申请公开政府信息情况、推进重点领域信息公开情况、建议和提案办理结果公开情况、政策解读和舆情回应情况、政务公开平台建设情况、存在的主要问题和改进措施七个部分。本报告所列统计数据的期限自2018年1月1日起，至2018年12月31日止。

一、主动公开政府信息情况

人力资源社会保障部2018年全面贯彻党的十九大和十九届二中、三中全会精神，以习近平新时代中国特色社会主义思想为指导，深入落实党中央、国务院关于全面推进政务公开工作的系列部署，把公开透明作为基本要求，坚持以公开为常态、不公开为例外，坚持统筹兼顾、突出重点，不断提升人力资源社会保障政务公开的质量和实效。着力推进决策过程公开。2018年，就社会保险服务总则等国家标准修订、职称评审管理规定、社会保险领域严重失信“黑名单”管理暂行办法、香港澳门台湾居民在内地（大陆）参加社会保险暂行办法、社会保险经办管理服务条例等文件公开征求意见。及时公开政策文件和业务动态信息。全年通过人力资源社会保障部门户网站公开发布政策文件类信息835条、政务动态信息3332条，通过部政务微信公众号发布信息1310条。

二、依申请公开政府信息情况

2018年度人力资源社会保障部共接到政府信息公开申请335件，均已按《条例》有关规定办结，其中属于已主动公开范围的29件，同意公开答复的150件，不同意公开答复的69件（涉及国家秘密9件，危及国家安全、公共安全、经济安全和社会稳定1件，不是《条例》所指政府信息50件，法律法规规定的其他情形9件），不属于本机关公开的30件，申请信息不存在的28件，告知做出更改补充的29件。

本年度发生针对人力资源社会保障部政府信息公开事务的行政复议16起、行政诉讼5起。按照有关规定，本年度没有向政府信息公开申请人收取费用的情况。

三、推进重点领域信息公开情况

认真贯彻落实国办《2018年政务公开工作要点》工作要求，除继续重点公开就业创业、社会保险、人才人事、劳动关系等方面政府信息外，着力推进财政预决算和政府采购、精准扶贫精准脱贫、网上办事服务等重点领域信息公开。

（一）推进财政预决算和政府采购信息公开。贯彻落实国务院办公厅《关于推进重大建设项目批准和实施领域政府信息公开的意见》《关于推进公共资源配置领域政府信息公开的意见》《关于推进社会公益事业建设领域政府信息公开的意见》等文件精神，抓好我部财政预决算、政府采购等信息公开。2018年，公开了财政部《关于中央预算单位2018年预算执行管理有关问题的通知》等重要文件，公开了我部2018年度部门预算和2017年度部门决算，并补充公开了原人事部、原劳动保障部2007年度部门预算和决算。对我部基础建设、系统开发、设备采购等政府采购项目，及时公开相关招标、中标公告。

（二）推进精准扶贫精准脱贫信息公开。在门户网站开设“就业扶贫”（2019年改为“人社扶贫”）专栏，集中发布扶贫脱贫重要政策文件、重大会议活动、各地扶贫工作动态等信息。2018年，制定公布了关于做好2018年就业扶贫工作的通知、打赢人力资源社会保障扶贫攻坚战三年行动方案等文件，及时发布关于开展农村贫困残疾人就业帮扶活动、“就业扶贫行动日”、深度贫困地区技能扶贫行动等信息，交流各地人社扶贫经验。积极宣传人社业务代办、为农民工讨薪、创业帮扶贫困户等人社扶贫典型，激发扶贫斗志，鼓舞脱贫精神。

（三）推进网上办事服务信息公开。全面梳理了部本级和系统行政审批和公共服务事项清单，实现办事材料目录化、标准化，调整完善门户网站服务目录，让群众办事更明白、更便捷。落实“一网一门一次”改革任务，参与全国一体化在线政务服务平台试点，启动部本级网上政务服务平台建设，制定部政务服务平台与国家平台对接实施方案，按时完成5项政务服务应用与国家平台的对接。优化审批办事服务，落实《国务院办公厅关于做好证明事项清理工作的通知》，对现行有效的人力资源社会保障规范性文件设定的证明材料进行了清理，决定取消73项由规范性文件设定的证明材料。全面取消社保待遇集中认证，采取信息比对、建立失信“黑名单”等措施，加强事中事后监管。

四、建议和提案办理结果公开情况

2018年，人力资源社会保障部共承办建议提案1011件，全部按时办结，圆满完成了2018年度建议提案办理工作。进一步加强建议提案复文的公开力度，在主动公开基本目录中“建议提案办理”子目录、政务公开栏目“回音（建议提案）”子栏目，对涉及公共权益利益、社会关切及需要社会广泛知晓的复文进行公开。2018年共公开复文200件。

五、政策解读和舆情回应情况

围绕人力资源社会保障重点政策，全面推行政策解读“1＋2＋X”（即政策原文＋新闻通稿和解读文章，X指多种呈现形式）模式，做到政策解读与政策制定同步安排，将政策解读贯穿文件起草、印发公开全过程。推动部属各单位落实政策解读主体责任，以多种形式全媒体权威宣传解读人社重点改革政策，广泛凝聚共识，增强群众获得感。部领导出席国务院政策例行吹风会、专题新闻发布会，就建立和实施拖欠农民工工资“黑名单”制度、提高技术工人待遇、留学回国人员创业创新、终身职业技能培训、建立企业职工基本养老保险基金中央调剂制度、全面取消领取社会保险待遇资格集中认证、进一步支持农民工等人员返乡下乡创业、做好当前和今后一个时期促进就业工作等专题解读相关政策，回答中外记者提问。全年参加或举办21次新闻发布活动，参加或组织7次政府网站在线访谈。发布54篇政策解读稿件，对重要政策文件的起草背景、指导思想、重要内容、政策实施的重点难点等问题进行权威详细的解读。积极利用微信回应舆论热点，及时发布准确权威信息，引导社会预期。

六、政务公开平台建设情况

认真落实《政府网站发展指引》要求，进一步加强和改进部属政府网站内容建设，丰富信息资源，做好日常监测和季度抽查，及时公开抽查情况。开展政府网站信息公开发布培训，提高信息发布的规范性准确性。制发人力资源社会保障部部属互联网网站信息发布保密审查表，严格执行信息发布保密审查制度，防止失泄密发生。全面梳理持有的域名，按照《国务院办公厅关于加强政府网站域名管理的通知》，启动域名清理整合工作，规范域名管理。完成了部门户网站互联网协议第六版（IPv6）的升级改造。充分发挥政务微信主阵地作用，截至2018年底，人力资源和社会保障部微信公众号订阅数85万，总阅读1198万人次，共为129.6万人次提供人社在线服务。积极拓展新媒体宣传平台。入驻人民日报客户端、今日头条客户端、澎湃问政号、腾讯企鹅号、百度百家号，开通“人力资源社会保障部”政务号，加强人社权威信息发布。加强12333电话咨询服务能力建设，印发了关于深入推进12333发展促进人力资源社会保障公共服务便民化的意见，充分发挥热线专业性强、集成度高、咨询服务量大的优势，以多种方式增加服务供给，进一步提升人力资源和社会保障公共服务能力。

七、存在的主要问题和改进措施

2018年人力资源社会保障部政务公开工作存在的主要问题：一是依申请公开工作有待进一步规范，答复文书格式对权力救济途径联系方式的告知不够详尽；二是互动回应需要进一步加强，因部长信箱等留言平台接收网民留言量较大，存在答复处理不及时的情况。

2019年，人力资源社会保障部将继续以习近平新时代中国特色社会主义思想为指导，贯彻落实党中央、国务院关于新时代政务公开工作的决策部署，准确把握政务公开工作面临的新形势新任务新要求，进一步增强工作的主动性、创造性，让公开成为自觉，让透明成为常态。一是完善信息公开制度，新修订的《中华人民共和国政府信息公开条例》出台后，调整完善人力资源社会保障部政府信息公开有关制度。二是进一步规范依申请公开答复文书。三是加强政务公开平台建设，强化搜索功能，提供文件下载渠道，方便网民查询使用。四是增强在线互动平台的实用性，在门户网站增加常见问答、咨询电话等栏目，引导网民按需进行互动留言，提高部长信箱留言的处理效率和质量。

资料来源：人力资源社会保障部网站。

拓展思考题：

1. 人力资源社会保障部政府信息公开的主要内容有哪些？信息公开的重点是什么？为什么要进行信息公开？

2. 人力资源社会保障部政府信息公开存在的问题是什么？怎样改进？

第三篇

行政管理实施

行政管理实施是政府实现管理目标的过程，即政府的行政管理活动是一个周而复始的循环运动过程。政府为了实现管理目标，需要对人员、物资、组织等方面进行合理配置，并通过文化建设等措施在政府内部形成良好的行政习惯与行政方式。同时，应注意行政管理发展也是行政管理实施的必然结果。本篇主要研究和阐述人事行政、机关行政、行政文化和行政发展等内容。

第十章

人事行政

一切管理活动通常是为实现一定目标，围绕特定人和事展开的。行政机关为更好地实现行政目的，必须对行政组织内部的人员进行科学分类并实施科学管理，从而提高行政效率，实现行政效益。本章主要研究和阐述人事行政概述、人事行政管理、国家公务员和职位分类制度。重点是人事行政的含义与原则、现代人力资源管理、我国公务员制度、职位分类的含义和程序；难点是中西方公务员制度、职位分类与品位分类的比较。

第一节　人事行政概述

一、人事行政的概念

（一）人事行政的含义

“人事”主要是指在社会生产劳动过程中人与事、人与人之间的关系，或者简单地称之为人事关系。人事行政是指国家行政机关运用科学的管理手段，以行政事务和行政人员为特定的管理对象，通过一系列法规、制度和措施对行政管理活动中的行政人员与行政事务之间的关系以及行政人员相互之间关系的组织、指挥、协调、控制和监督等的管理活动和管理行为。其目的是保证行政人员队伍的优化、稳定、廉洁、高效，充分发挥行政人员的聪明才智和潜在能力，使实施行政事务的行政人员达到最优结合，以便更好地行使国家行政权力，履行国家的管理职能，取得最高的行政效率和最佳的行政效益。

人事行政对国家公职人员的管理和公共行政组织的正常运行有十分重要的影响，它直接涉及国家行政人员的更新补充、工作态度和工作效率等各方面的问题。20 世纪后期，人事管理进入新的发展阶段，即人力资源开发与管理阶段。这一阶段，人事行政视野广阔、内容丰富，不再局限于对组织内部工作人员的管理，而是同时注重对全社会人才资源的管理。人事行政是一个复杂的系统工程，其范围广泛，包括人事规划、录用选拔、考试考核、职位分类、职位任免、职务升降、人员培训、人才流动、奖励惩罚、工资福利、申诉控告、权利义务、辞职辞退和退休退职等。

（二）人事行政的重要地位

1. 人事行政是推动生产力发展、提高经济与社会效益的重要手段

生产力是推动经济和社会发展的基本动力，而人是生产力中最基本、最活跃、最关键的因素。任何一项社会活动，只有通过一定的形式把人组织起来，采取共同行动，才能达到预期的目的。这就是说，提高人的素质，开发人的智力，运用科学的管理原理和技术方法，充分调动人的积极性、创造性，合理利用人的资源，是提高生产力水平的重要手段。

事实证明，如果没有科学的人事行政管理和良好的人事管理制度，就会压抑甚至扼杀人的积极性和创造性，阻碍社会生产力的发展。我国要建设成一个繁荣富强、民主文明的现代化国家，就必须建立科学、高效、富有生机的人事管理制度，最大限度地调动人的积极性，开发人的潜能。

2. 人事行政是巩固政权、保障国家机器正常运转的必要条件

人事行政是伴随着国家政权产生而产生的，任何一个强大的权力体系，都必须依靠完备的人事制度来维系其统治。人事行政历来是国家行政管理的重要内容，被称为国家机器的司机，决定着整个国家机器运转的速度和功能。

从历史上看，我国历代王朝的兴衰都与人事行政密切相关。凡吏治清明、选贤任能的政权，一般都比较稳固，社会经济、文化发展较快；相反，凡吏治腐败、奸臣当道的政权，都摇摇欲坠，最终走向灭亡。

可见，科学的人事行政管理能够提高国家对社会管理的能力。相反，不合理的人事管理制度和行为也会阻碍和破坏国家管理的有效性。因此，用什么样的人，怎样用人，如何协调好人与人、人与事之间的关系是一个国家能否兴旺发达、充满生机、有所建树的关键。

3. 人事行政是加强人才开发、促进人才成长的重要保证

人事管理总是围绕着人才的开发和利用来进行的，从某种意义上说，人事管理就是人才管理，其目的就在于发现人才、培养人才和合理使用人才。当今世界各国之间的竞争，主要表现为经济实力的竞争，经济实力的竞争又表现为科学技术的竞争和管理的竞争，科技和管理的竞争归根到底又表现为人力的竞争。

现代社会科技发展突飞猛进，一个国家经济发展水平和经济实力的重要标志之一就是该国人力资源的开发和利用的程度。改革干部人事制度、完善国家公务员制度，建立起符合机关、企事业单位不同特点的人事管理机制，以期多出人才、快出人才。

二、人事行政的原则与内容

（一）人事行政的原则

人事行政作为国家行政管理的重要内容，具有政治性和科学性，要想合理选拔人才、正确培养和使用人才，不断提高行政管理效率，使人事行政逐步实现科学化、现代化、法制化，就必须遵循人事行政的一般原则。

第一，公平原则。公平原则有利于保证人事行政的权威性、有效性和长治久安。人事行政之中的考试录用、奖励惩戒、升迁调转等必须以法定条件为依据，以客观事实为标准，一视同仁、公平合理，不能以个人的好恶为转移，更不能假公济私、打击报复、泄私愤于公务之中。

第二，竞争原则。人事行政的政策和方法必须有助于形成竞争激励的机制。竞争原则的目的是培养人们奋发向上的工作精神，在竞争中不断提高自身能力，力争创造最好的工作业绩；同时竞争也是发现和选拔优秀人才的重要方法。

第三，科学原则。人事行政必须按客观规律办事。无论是在机关内部人事管理还是在社会人才资源的管理和开发上，都要按照社会发展和行政管理的需要来配置人才资源，并科学地制定行之有效的人事行政制度和管理方法，调动人的工作积极性和创造性，不断提高我国工作人员和社会人才的个体素质和整体素质。

第四，公开原则。人事行政活动必须实行政务公开。从考选到退休的全过程，都应在公开的原则下进行，如行政活动只要不涉及国家机密就应当公布于众。因为公开是公平的基础，公开与公平互为因果，公开是防止和杜绝私相授受、成帮结伙、牟取私利的前提条件。

第五，法制原则。人事行政必须严格遵守宪法、法律和法规，按照依法行政的原则制定人事政策、规范人事行为、建立人事制度、运用人事方法、进行人事活动、实施人事管理。在人事行政中，任何另立标准、违反法制的行为，都在禁止之列。

（二）人事行政的内容

研究人事行政的主要任务，就是选用合格的行政工作人员，使他们尽职尽责，更好地实现政府的职能。总的来说，人事行政的内容主要包括以下四个方面。

第一，行政人员的选择。主要包括确定各类人员的合理编制和比例结构，确定人员补充的原因、职位空缺、任职条件、选配方法和程序，对候选人员进行选择、取舍和分配，控制组织成员的调入、调出的各项工作等。录用是公共行政组织选派人员的重要环节，它直接关系到能否事得其人，关系到整个行政人员队伍的素质和结构是否合理，关系到人事行政的其他环节。

第二，行政人员的使用。人事行政的目的在于合理使用行政人员，最大限度地提高行政人员的使用效率。合理使用人员对于行政组织的发展具有至关重要的意义，只有做到人尽其才，才能做到物尽其用、财尽其利，才能使组织得到长期的可持续发展。行政人员的使用包括考核制度、奖惩制度、岗位责任制、晋升机制等内容。

第三，行政人员的培养。现代组织应是学习型组织，而组织中的个人应树立终身学习的理念，公共行政也是如此。行政组织的环境和职能是处于不断变动之中的，这会不断对行政人员的素质和能力提出新的要求。行政人员需要通过在职培训、脱产培训、进修、学历教育等多种形式实现素质和能力的提高，激发工作的积极性、主动性和创造性。

第四，行政人员的保障。行政人员的保障就是对行政人员的工作、待遇、报酬、福利等方面的保障。根据组织平衡理论，组织只有满足有贡献的成员的需求，确保其贡献与满足平衡时，才能抵消成员对组织的离心力，从而提高组织效率。人事行政工作需要为行政人员的工作创造良好的组织环境和工作条件，主要指工资制度、社会福利和退休制度等，保证行政人员工作安心和稳定。

第二节 人事行政管理

人事行政管理是指对人事关系的组织、协调、指挥和控制等，以达到人事相宜、人尽其才、才尽其用、事尽其功的目的。

一、行政人员制度的由来

很多国家把行政组织看作一种独特的职业集团，但行政人员却是来自社会的成员。当然不同的时代、不同的国家，从社会成员中选拔行政人员的制度各不相同。而不同的行政人员选拔制度，也必然会导致行政人员的来源有很大的差异。

（一）中国古代选官制度

早在公元前两千多年的夏朝，中国就建立了国家。为维持国家机器的运转，必然有相应的官吏。中国古代官吏的选拔机制经历了世卿制、军功爵禄制、察举征辟制、科举制等几种主要形态，同时还出现了“恩赐官职制”等次生形态。

西周时期宗法制、分封制决定了当时的官吏选拔制度只能是世卿世禄制，军功爵禄制确立于秦朝。这种按军功大小封爵授官的做法，废除了原有的贵族特权，使新兴的地主阶级以及其他社会地位较低的人们拥有了建功晋绅的机会，而无军功的宗室成员也有可能被革除爵位，这种做法促进了封建官僚制度的发展。

两汉时期察举征辟制则进一步扩大了选官范围，增加了中小地主做官的机会。察举是汉代选拔官吏的制度，由丞相、列侯、刺史等推荐，经过考核，任以官职。这是汉代重要的选仕途径之一，其主要科目有孝廉、贤良、文学等。非豪门出身的人符合标准，经举荐也有做官的机会。征辟又称辟除，是汉朝高级官吏任用属官的制度。

隋唐时期的科举考试制度是古代官吏选拔制度的一大改革，它为以后历代所引用，直至整个封建社会结束。其特点是由国家定期举行分科考试，以考试成绩的优劣作为选拔各级官吏的主要标准，称为开科取士。由于科举制度通过考试取人、机会均等，一定程度上打破了门第、年龄、地域和民族的界限，扩大了选官的范围，这不但为中小地主进入仕途打开了大门，而且满足了从中央到地方各级政府补充官员的需要。

尽管东西方都在一定时期和一定条件下建立了较为完备的官吏选拔制度，但这种制度的基本依据都是为私而不是为公的。在中国封建时代，整个国家都是皇帝的，“普天之下莫非王土，率土之滨莫非王臣”。即使是社会基础较广的科举制度也不过是为封建王朝网罗人才的工具而已。在这种制度中官吏是对上负责的，要效忠于皇帝，尽管官吏的选拔、任用等管理有一定的制度依据，但皇帝却可以打破一切制度的规范，这种人身依附式的官吏选拔制度所造成的只能是对以皇帝为代表的封建地主阶级利益的维护。西方的恩赐官职制在本质上与中国封建时代的官吏制度是相同的。

（二）西方国家的选官制度

西方国家管理制度的发展与中国有一定差异，在建立现代文官制度之前，主要经历了恩赐官职制和政党分肥制两种形态。在封建君主专制制度下，国王集立法、司法和行政大权于一身。行政官员都是国王的臣仆，一切听命于国王，官职要由国王任命，这种官吏选拔机制称为恩赐官职制。1688 年英国资产阶级革命取得了决定性胜利后，确立了资产阶级君主立宪制。到 19 世纪初在议会制度进一步发展的同时，两党制基本形成，议会成为政党活动的主要舞台。在议会选举中获得多数议席的政党有权组阁，政府的重要职位则成为执政党的战利品，用于对在选举中做出贡献的人作以“论功行赏”。

英美等国家建立现代文官制度时，都将价值中立作为基本原则。价值中立是指行政人员在执行公务的过程中应超然于政党政治和个人政治理念之外；不以行政权力偏袒某一政党、政治团体和利益集团，以客观、公正、公平的态度尽忠职守，推动政策，为公民服务；不受利益团体的影响，更不能谋图某个集团的利益，执行法律时，采取统一、一致的标准；不介入派系和政治纠纷，专心执行本职工作。在西方国家，价值中立原则是通过政务官和事务官进行分类的，并规定各类公务员的政治权利和义务。例如，西方国家的文官法一般都规定：文官不得兼任议员；不得参加政党和工会；不得参加营利性经济活动，否则必须先辞去公职。政治中立原则的确立，主要是为了调和资产阶级政党之间的矛盾，使政府管理工作不因政党斗争和内阁的更迭而中断，从而更有效地维护社会公共利益。

公开考试、择优录用是西方文官制度最重要的一个特点，是反对封建特权、杜绝用人制度中存在的种种弊端的有效手段，它有利于政府广开才路，有助于提高行政人员的素质，适应政府工作日益复杂化和专业化的需要，从而达到提高行政效率的目的。1870 年英国枢密院令确定，凡未经考试并获得合格证书的，一律不得从事任何事务官职，常务次官以下官员和雇员均由考试录用。这一做法为许多资本主义国家所效仿，且这一举措大大提高了行政人员的社会代表性。

二、我国的人事管理

（一）传统的人事管理

1. 我国干部人事制度的演变

我国干部人事制度是新中国成立后，在民主革命时期根据地和解放区的人事制度的基础上，依据当时国情而逐步建立起来的。1953 年建立的在党中央及各级党委统一领导下的、中央和各级党委组织部统一管理下的分部分级管理干部的制度，奠定了干部管理体制的基本框架。数十年来，管理机构、管理权限和管理范围虽做过多次调整，但基本的管理模式仍然是分部分级管理干部的体制。这一管理体制与当时实行的计划经济体制相适应，具有管理权限高度集中、管理方式高度统一性和计划性等特点。它为新中国成立后迅速医治战争创伤、恢复经济，巩固政权及其后的经济建设起了重要的保障作用。

从 20 世纪 50 年代开始，国家和政府通过和颁布的有关法律及专项法规，如 1951 年的《中央人民政府任免国家机关工作人员暂行条例》、1954 年的《中华人民共和国宪法》和《中华人民共和国国务院组织法》等，把国家领导人和国务院组成人员的产生和任免纳入法制轨道。此外，国务院还制定了有关录用、任免、调配、培训、奖惩、工资、福利、退休、退职等方面的法令、规章和制度，有效地规范了国家行政机关乃至企事业单位的人事行为。80 年代党中央和国务院加大了改革干部人事制度的力度，并在许多方面取得了重要成果。这些改革成果虽然在许多方面改善了人事工作，推进了干部队伍建设，但没有在整体上克服干部人事制度存在的弊端，如管理对象笼统庞杂、管理权限过于集中、管理方式陈旧单一、管理法规不健全等。

2. 改革干部人事制度的步骤

全面改革干部人事制度是一项艰巨的社会系统工程，而且在不同程度上会与人们的既得利益相冲突，是行政体制中的敏感部分。有鉴于此，党和政府采取了积极慎重的改革步骤。

（1）合理分解国家干部。将现有国家干部队伍分解为中国共产党各级组织的领导人员和工作人员，国家行政机关的领导人员和工作人员，国家权力机关、审判机关和检察机关的领导人员和工作人员，群众团体的领导人员和工作人员，企事业单位的管理人员等。对国家干部的合理分解，为建立不同类型工作人员的各具特色的人事管理制度提供了分类基础。

（2）实行国家公务员制度。对从国家干部中分离出来的国家行政机关领导人员和工作人员实行公务员制度，依法实施有别于其他社会组织和企事业单位的管理措施和办法。国家公务员制度的建立，不仅对提高国家行政机关工作人员的素质和行政效率有重要作用，而且突破了以往只在干部人事制度内作局部改革的束缚，为建立科学灵活、各具特色的与社会主义市场经济相配套的人事管理体制迈出了决定性的一步。所以，国家公务员制度不是干部人事制度改革的简单再版，而是自我完善，是一个新的发展阶段的开始。

（二）现代人力资源管理

1. 现代人力资源管理的提出

人力资源的开发与管理是在20世纪60年代提出的。人力资源是指在一定领域内人口所拥有的劳动能力，是与自然资源相对应的，是以人的生命机体为载体的社会资源。目前，我国人事行政主要指人才资源开发与管理，我国从90年代起实行了两个具有全局意义的根本性转变：一是经济体制从传统的计划经济体制向社会主义市场经济体制转变；二是经济增长方式从粗放型向集约型转变。

为了适应上述两个转变的要求，人事工作必须做如下两个调整：一是把适应计划经济体制的人事管理体制调整到与社会主义市场经济体制相配套的人事管理体制上来；二是把传统的人事管理体制调整到整体性人才资源开发上来。

2. 现代人力资源管理的优势

与传统的人事管理相比，现代人力资源管理的优势表现在以下几个方面。

（1）注重人力资源的长远发展。在传统的人事管理中，人事管理部门往往被当作纯消费部门，人事管理关心的是眼前问题，如为组织补充人员、培训职工、发放工资、解决劳资纠纷等，很少进行长期的人力资源的预测、规划和开发。人力资源管理则不同，它不但要考虑目前人才的需要和人员的配备，而且更着眼于未来，重视人力资源的规划与开发，把在吸引人才、培训人才和激励士气方面的投入当作一种重要的投资。一方面，要根据组织的长远发展目标、任务和组织设计，预测组织对人力资源的需求，并采取各种措施来满足这种要求；另一方面，它提供各种形式的培训和发展机会，更多地考虑如何开发人才的潜力，以不断提高组织的效率。

（2）重视人力资源的作用。传统的人事管理属于一种业务管理，将员工视为组织最重要的资源，认为人力资源仅仅在组织需要时才发挥作用，着眼于人员配备及管理，如招聘、调配、工资福利管理等，因而它在管理中的地位不高。人力资源管理与传统的人事管理不同，它将人力资源看作组织发展的第一位资源，是一种凌驾于自然资源、资本和信息等资源之上的主导性资源。人力投资是谋求组织发展的最有效的投资，贯穿始终的一个主题是承认员工是组织最宝贵的财富。因此，人力资源战略与组织的发展战略密切相关，成为组织发展战略的重要组成部分。

（3）管理体制更加灵活。传统的人事管理体制僵化，缺乏应变能力，对组织中的员工进行刻板、严格的监督和控制，员工很少有机会参加组织的重大决策及管理事务。相反，人力资源管理则重视培养员工对组织的认同感和责任感及自我管理的能力，强调组织的灵活性和应变能力的重要性，采用灵活的管理体制和更加人性化的管理方式。它希望组织的不同部门用系统的方法对组织进行分析和管理，希望组织的不同部门能有效运作，同时朝着实现组织总目标的方向一致努力，使人力资源为实现组织的目标作出更大的贡献，并相信员工、关心员工、爱护员工，把提高员工的福利作为鼓励和激励员工的有效方式。

（4）管理范围和内容进一步扩大。传统的人事管理的范围较为狭窄，主要关注人员调动、招聘、上岗培训、工资管理等业务，而且这些业务往往是被分割的。人力资源管理的范围则更广泛、内容更加丰富，除传统人事管理的各项业务外，增加了许多新的工作内容，如人力资源规划及预测，人力资源的开发及培训，员工的业绩评估、奖励，员工的沟通与参与，引进新的劳动技术或方法，疏通员工的交往渠道，寻求激励员工的方法，创造愉快的组织环境及文化气氛等。它要求将组织的所有人员，甚至包括能为组织所用的组织以外的人力资源，进行统一的规划、预测及安排，制定恰当的选拔、培养、使用、调配、激励等政策措施，以充分开发人力资源，调动员工的积极性和创造性，增强组织活力，提高组织效益。

三、人事行政的管理内容与机构

（一）人事行政的管理内容

1. 行政人员基础管理

行政人员基础管理主要是建立人事分类、人事统计、人才预测和人事档案等制度，是人事行政正常进行必须具有的基础性工作。其中，人事分类制度是指国家行政机关的领导机关根据一定的标准对各级政府的公务人员和他们所从事的工作进行门类等级区分的人事管理制度，它是整个人事制度的基础；人事统计制度是指应用普及的原理和方法，有计划、有组织地对人事管理活动的有关数字、数据资料进行收集、整理、分析和推断，为认识和研究人事客观现象提供数字依据的一套制度；人才预测制度是指运用预测学的理论和方法，研究未来各个阶段人才的供求情况、人才结构的发展趋势及变化规律的制度；人事档案制度主要是指对政府行政人员档案材料的收集、鉴别、整理，以及保管、利用和传递等的制度。

2. 行政人员使用管理

行政人员使用管理主要包括对行政人员的考试、录用、培训、调配、流动、退休和退职等内容，是对行政人员如何进入、进入后如何使用，以及如何退出进行管理。

其中，考试是指用统一的标准和多种手段，测试和鉴定人的知识、能力和心理等状况，以便择优录用，人事行政的考试原则是公开、平等、竞争、择优；录用是指用人部门根据用人的条件和标准，按照一定的程序，选拔和委派拟用人员担任某种行政职务的行为，分为选任、考任、委任、聘任等四种方法；培训是指由组织有目的、有针对性地对行政人员进行专业知识和业务能力的教育训练，是对行政人员的一种再教育过程；调配是指根据工作需要，有组织地对各类现职人员从地区、职业、岗位等方面进行适当的工作调整；流动是指行政人员根据工作需要和生活需要所进行的服务部门的改变；退休是指工作到一定年限，达到规定年龄及符合国家法律和政策规定的退休条件的工作人员，离开工作岗位，领取一定数额的退休金，安度晚年；退职是指不具备国家规定的退休条件的人员，因身体有病，基本丧失工作能力，不能继续工作而辞去职务。

3. 行政人员激励管理

行政人员激励管理主要包括对行政人员的考核、奖励、惩戒、晋升、工资和福利等内容，是对行政人员如何进行激励和监督方面的规定。其中，考核是指遵循一定原则，运用适当方法，对工作人员履行岗位职责情况实施考察与评价的活动；奖励是指对表现突出或有特殊贡献的人员赋予奖励和物质利益的一种措施；惩戒是指对违法失职人员给予处罚，督促其纠正错误的一种措施；晋升是指对工作成绩突出、贡献较大，并具备一定条件的工作人员，给予职务和待遇的提高；工资是指国家对工作人员的劳动定期给予的报酬，即国家根据按劳分配原则有计划分配给工作人员个人消费品的货币表现；福利是指部门和单位在工资和劳保、医疗以外，通过提供集体福利设施、提供劳务以及发放补贴等形式，给予本部门和单位的工作人员的生活照顾，以满足他们带有共同性和普遍性的消费需要，解决工作人员个人难以解决的某些困难。

（二）人事行政的管理机构

人事行政的管理机构是指主管或办理政府人事行政业务的机构。在西方国家，随着公务员制度的确立，现代意义上的人事行政管理机构也开始出现。1855 年英国为了对专业化的文官考试业务实施管理，保证文官考试任用的公正性和权威性，成立了专管文官考试录用的文官委员会，这是现代意义上的第一个独立的、职能化的人事行政管理机构。1883 年美国也效法英国成立了专门负责政府人事行政的管理机构——文官委员会。此后，法、德、日等国家在各自公务员制度形成的初期，也相继在政府中设立了专门的人事行政管理机构来管理公务员。

1. 人事管理机构的类型

目前，西方国家的人事行政管理机构已演变进化成一个比较健全的管理系统，功能比较齐全，管理形式多种多样，部门分工专业化，管理功能部门化，具有较强的科学性，人事行政的效率也相应提高，基本上适应了西方国家政府人事行政的需要。当代西方各国的人事行政管理机构，从组织形式、权力划分、功能配置等方面来看，可以说有着千差万别。若从这些机构与政府的关系来考察，则可分为以下三种类型。

（1）部外制机构。部外制也称独立制，是指人事行政的管理机构设立于政府组织系统之外，不受政党和行政首长的干涉和控制，独立掌握整个政府的人事行政事宜。采用部外制的国家主要有美国和日本。

（2）部内制机构。部内制是相对部外制而言的，是指人事行政的管理机构隶属于政府机关系统，是政府机构的组成部分之一。实行部内制的国家主要有法国、德国和瑞士等。

（3）折衷制机构。折衷制是部外制与部内制之间的一种类型，是指人事行政的管理机构既有一些独立于政府部门系统之外，也有一些附属于政府机关之内。英国的文官考试委员会和惠特利委员会均独立于行政部门之外，不属于内阁中的任何部门，而财政部的人事管理处实为人事行政的又一管理枢纽，隶属于内阁财政部，因而英国的人事行政管理机构是一种典型的折衷制类型。

上述各种类型的人事行政管理机构，各有所长，也各有所短。在实践中，无论采用哪种类型和形式，只有能充分体现科学、理性、效率精神的，能适应国家制度、政府管理、经济增长和社会发展的，并能带来人事行政良性运行的人事行政管理机构，才是最好的模式。

2. 我国人事管理机构的演变

我国古代自唐宋起，至元、明、清历代王朝设置的吏部，是封建国家专门建立的主管官吏考核任用的人事行政机构。我国在革命战争年代和新中国成立初期，干部（包括在政府部门中工作的干部）除了军队系统实行单独管理以外，其余的都是由党中央和各级党委组织部门统一管理。新中国成立以来，人事行政的管理机构随着历史条件的变化发生过多次较大的变动，具体演变过程如下。

（1）政务院人事局（1949 年 10 月至 1950 年 9 月）。政务院人事局作为政务院的直属机构，协助中央组织部管理政府机关的干部工作。

（2）中央人事部（1950 年 9 月至 1954 年 9 月）。1950 年 9 月成立统一的中央人民政府人事部。这是我国政府系统中第一个部级的人事行政管理机构，受政务院领导，负责综合管理全国政府机关的人事工作。这一时期政府人事管理权相对集中，权限范围也较大。

（3）国务院人事局（1954 年 9 月至 1959 年 7 月）。这是为了适应 1953 年干部管理体制改变后的新情况和贯彻一届全国人大一次会议通过的《中华人民共和国国务院组织法》的规定而对中央人民政府人事部作出的调整，国务院人事局的业务范围比原政务院人事部的业务范围大大缩小。

（4）内务部政府机关人事局（1959 年 7 月至 1969 年 12 月）。这是根据二届人大常委会四次会议关于精简机构的决定作出的机构调整，原国务院人事局的全部业务由内务部政府机关人事局承担负责。

（5）中国共产党中央委员会组织部（1970 年 1 月至 1978 年 2 月）。"文化大革命"期间，国家的相关人事工作交由中央委员会组织部办理。

（6）民政部政府机关人事局（1978 年 3 月至 1980 年 7 月）。国务院对各方面工作进行调整，逐渐趋于正规化，设立了民政部政府机关人事局，负责政府人事行政工作。

（7）国家人事局（1980 年 8 月至 1982 年 5 月）。1980 年国务院决定将民政部政府机关人事局与国务院军队转业干部安置工作办公室合并，成立国家人事局，直属国务院，负责综合管理政府系统的人事工作。

（8）劳动人事部（1982 年 5 月至 1988 年 4 月）。根据五届人大四次会议精神，本着重叠的机构撤销、业务相通的机构合并的原则，将国家劳动总局、国家人事局、国务院科技干部局和国家编制委员会合并，于 1982 年 5 月成立劳动人事部。这时的劳动人事部业务范围很广，权限比其他时期都大。

（9）国家人事部（1988 年 4 月至 2008 年 2 月）。为适应党的十三大提出的进行政治体制改革的形势需要，为加快建立国家公务员制度，加强政府人事工作，七届人大一次会议通过了建立国家人事部的决议。建立人事部是改革政府机构、建立国家公务员制度的重要步骤。

（10）人力资源和社会保障部（2008 年 3 月至 2018 年 2 月）。2007 年党的十七大报告中提出要不断深化干部人事制度改革，着力造就高素质干部队伍和人才队伍。根据党的十七大报告的精神，2008 年 3 月十一届人大一次会议通过了组建人力资源和社会保障部，取消国家人事部、劳动和社会保障部的决议，为深化人事制度改革、完善国家公务员制度奠定了基础。

（11）中央组织部（2018 年 3 月至今）。2018 年 3 月，根据《深化党和国家机构改革方案》，为更好落实党管干部原则，加强党对公务员队伍的集中统一领导，更好统筹干部管理，建立健全统一规范高效的公务员管理体制，将国家公务员局并入中央组织部。中央组织部对外保留国家公务员局牌子。调整后，中央组织部在公务员管理方面的主要职责是：统一管理公务员录用调配、考核奖惩、培训和工资福利等事务，研究拟订公务员管理政策和法律法规草案并组织实施，指导全国公务员队伍建设和绩效管理，负责国家公务员管理国际交流合作等，这标志着我国的人事行政体制和人事行政管理机构逐步走向成熟。

第三节　国家公务员制度

一、国家公务员的概念

（一）国家公务员的含义

一般认为，国家公务员是指在各级政府机关中代表国家行使行政职权、履行国家公务的人员。“公务员”一词，是从外文“civil servant”或“civil service”翻译过来的。英文原意是“文职服务员”或“文职仆人”。

法国直称为“公务员”；美国则称为“政府雇员”（governmental employee）；日本在第二次世界大战前称“文官”，战后改称为“公务员”。当今世界，许多发达国家以及一些发展中国家都纷纷仿效英美等国，建立起自己的公务员制度，把政府中从事公务活动的人员称为“公务员”。

（二）国家公务员的类型

国家公务员分为政务类和业务类两大类，政务类公务员是指通过选举程序产生的政府工作人员；业务类公务员是指通过非选举程序产生，在政府系统中执行公务的人员。由于西方公务员法规的适用对象通常只限于业务类公务员，有些国家就往往不加区分地把业务类公务员称为国家公务员。在国外，公务员的概念有大有小，范围不尽一致，大致有三种类型。

1. 窄范围的公务员

该类公务员仅指中央政府中非选举产生和非政治任命的事务官，不包括由选举或政治任命产生的内阁成员及各部政务次官、政治秘书等政务官。这种范围同国家公务员法规的适用范围相一致，英国及许多英联邦国家基本属于此类。

在英国，公务员是指那些不与内阁共进退，经过公开考试择优录用，没有过失可长期任职的文职人员。印度尼西亚、巴基斯坦、马来西亚、澳大利亚、新西兰、肯尼亚、南非、加纳等国也属于此类。

2. 中等范围的公务员

中央政府的所有公职人员，包括政务官与事务官都称为公务员，但适用于国家公务员法规的只是事务官。

美国基本属于此类，并把公务员称为“政府雇员”，它是范围很广的一种称谓，包括了除军事人员以外的所有政府雇员。菲律宾、韩国、泰国和加拿大等国也属于此类。

3. 宽范围的公务员

将从中央到地方政府机关的公职人员、国会除议员以外的工作人员、审判官、检察官、国有企业和事业单位的工作人员统称为公务员，并有国家公务员和地方公务员之别，有一般职与特别职之分。

一般职公务员是指政府系统中由考试选拔产生的，而非选举产生和非政府任命的工作人员，是国家政府系统中的事务官，适用于国家公务员法规的只是一般职国家公务员。典型的，如法国公务员包括在中央机关及其所属机关、地方行政机关、公共企事业单位被任命为常任官员的工作人员。特别职公务员一般由选举、委任产生。如日本的学士院会员、内阁官房长官、国会议员等由选举产生的非常任的官员。

二、西方的公务员制度

（一）西方公务员制度的形成原因

当代西方公务员制度正式形成于19世纪中后期，首先在英国、美国等西方发达资本主义国家出现，是资本主义政治制度长期发展的产物。

1. 公务员制度形成的政治原因

19世纪初随着选举制度的推广，西方各主要资本主义国家先后形成了政党分肥制度。所谓政党分肥制就是在选举中获胜的执政党有权重新任命政府官员。政党分肥制以美国最为典型，1801年上任的美国第4届总统杰斐逊被认为是政党分肥制的创始人，而1829年美国的第11届总统杰克逊任职后，政党分肥制便大规模实行起来。

在政党分肥制下，执政党把官职作为战利品，合法而公开地在本党党员和亲属朋友中进行“肥缺分赃”。政党分肥制不仅造成政府人员素质和行政效率低下，而且每次大选之后进行官员的大幅度撤换，也造成“一朝天子一朝臣”的周期性震荡，不利于保持政府工作的连续性和稳定性。因此，资产阶级必然要求废止政党分肥制，通过改革建立一套有利于本阶级利益和社会发展的新的人事制度，即公务员制度。

2. 公务员制度形成的经济原因

19 世纪中后期，欧美资本主义国家在完成产业革命的基础上获得迅速发展，同时社会矛盾和分割世界市场的斗争也日益激化，客观上要求政府完善人事制度，优化人员素质，提高行政效率，这在英、美两国表现尤为突出。英国是当时最发达的工业强国，但其人事行政管理制度却落后于德国、奥地利等欧洲大陆国家；美国是当时经济发展最快的国家，其行政人事制度仍停留在“人治”状态。

3. 公务员制度形成的思想原因

“自由”“平等”和“博爱”是资产阶级革命的口号。资产阶级把是否具有“功利”和“效用”当作看待国家和政府活动的准则，并根据这一准则来改造世界、改革政府，要求实现最高限度的行政效率和最低限度的经费开支，要求政府在用人问题上体现机会均等的资本主义精神，这些精神，都为公务员制度提供了主要的理论依据。

（二）西方公务员制度的形成标志

第一，公开考试、择优录用制度。公开考试、择优录用制度是西方公务员制度建立的标志之一。公开考试是指公务员录用考试时，有关考试录用的事务、成绩和录用结果等都必须向全社会公开，符合报考条件的报考者不因民族、种族、信仰等受到歧视，而是平等地在考试和录用中处于竞争状态。

第二，政务官与事务官的区分。政务官与事务官的区分是资本主义国家公务员制度形成的另一个标志。政务官是指由选举和任命产生，与执政党组织的政府共进退，实行职务任期制的政府人员。事务官又称文官，是除了政务官以外的其他政府工作人员，一般实行公开竞争考试、择优录用、职务常任、政治“中立”的制度。

第三，法律制度的建立。国家公务员制度首先在英、美等国建立，这些国家在建立本国公务员制度之初，就首先以立法的形式，对公务员制度进行了规范和保障。

（三）西方公务员制度的主要特点

现代西方各国都相继建立了较为严密的公务员制度体系，其主要特点包括以下几个方面。

第一，公开考试与择优录用。这是西方各国公务员制度的一个突出特点。最先建立国家公务员制度的英国，在确立新的人事制度原则时，将“公开考试、择优录用”定为首要的原则。实践证明，作为杜绝旧时用人制度中存在的种种弊端的有效方法，它有助于政府选贤举能、广开才路，有助于提高公务人员的素质，有助于树立公务人员的竞争意识，培养其不断进取的精神，适应政府工作日益复杂化和专业化的需要，达到提高行政效率的目的。

第二，严格考核与功绩晋升。这是西方公务员制度的另一突出特征。公务员定期接受考核，考核内容依据不同工作对象而定。对一般工作人员，主要考核工作责任心、工作数量、工作质量、工作态度、工作能力、工作速度、工作方法、品德、组织纪律性和专业知识等。对于领导人员，则还要考核指挥能力、组织能力、协调能力和监督能力等。

第三，政治中立与法律保障。为了保证政府工作的连续性和稳定性，各国对公务员都按照政治与行政分离的要求实行政治中立原则。西方各国一般都要求公务员必须忠于国家、忠于职守、为国效劳；保守国家机密，不得公开发表政见或对政府进行批评等。政治中立被视为公务员必须遵从的职业道德，同时，实行公务员制度的国家都有专门的公务员法，对公务员的身份、地位、权利和义务等都作了详尽规定，使公务员职业稳定发展并在法律上得到保障。

三、我国的公务员制度

（一）我国国家公务员的界定

我国的国家公务员，根据 1993 年《国家公务员暂行条例》，是指各级国家行政机关中除工勤人员以外的工作人员，包括国家行政机关中从事党团工作的专职工作人员，如人事部机关党委专职副书记等。2019 年修订并颁布的《中华人民共和国公务员法》（以下简称《公务员法》）中，所称公务员是指依法履行公职、纳入国家行政编制、由国家财政负担工资福利的工作人员。三个条件同时具备才能界定为公务员：一是必须依法履行公职；二是使用行政编制；三是由国家财政负担工资福利。可以看出，我国公务员范围较 1993 年的《国家公务员暂行条例》有所扩大。

《公务员法》是根据我国国情，结合建立公务员制度的目的制定的，它将党政机关工作人员全部纳入了公务员范围。《公务员法》规定的公务员范围，对下列几类人员作以下具体落实：法官、检察官在纳入公务员范围的同时，根据其职务特点，另行设置法官、检察官职务，与法官法、检察官法相衔接；民主党派机关工作人员与共产党机关工作人员一样纳入公务员的范围；人民团体、群众团体的工作人员，鉴于其性质虽不同于国家机关工作人员，但管理上历来属于干部范畴，仍按现行做法，规定其参照《公务员法》进行管理。我国党政机关干部是一个有机的整体，从事的都是国家管理或者是与执政、参政有关的公共事务，对基本素质有着共同的要求，均使用国家核定的行政编制，从国家行政费用中支付薪酬，应当由国家立法对他们依法进行管理，并依法保障其权益。2019 年 6 月 1 日正式颁布实施的《公务员法》在公务员的定义中增加了“公务员是干部队伍的重要组成部分，是社会主义事业的中坚力量，是人民的公仆”一句，进一步明确了公务员在我国干部队伍中的地位和性质。

（二）国家公务员制度的指导原则

第一，坚持公开、平等、竞争、择优的原则。国家公务员制度作为国家上层建筑的一个组成部分，为一定的经济基础和政治统治服务。西方资产阶级学习中国封建时期的科举制度，建立起近代公务员制度，同样我国也应吸取西方国家公务员制度的有益经验来促进人事制度的改革和公务员制度的建设。这些科学成分和有益经验中最重要的是坚持公开、平等、竞争、择优的原则，这是国家公务员制度的灵魂和标志。离开这一原则，国家公务员制度就会失去科学的根基。

第二，坚持党的领导和改革开放的原则。中国共产党是全国各族人民的领导核心，是中华民族振兴和社会主义现代化事业顺利实现的根本保证。我国公务员制度必须旗帜鲜明地坚持党的领导，不必要也不应该照搬西方国家公务员制度的政治中立。坚持党的领导绝不是要各级党委直接管理公务员的具体事务，而是要坚定不移地贯彻改革开放的基本路线。党的十一届三中全会以来，我国社会主义经济建设的伟大实践证明改革开放是完全正确的。我国公务员制度要获得健康发展，成为新型的社会主义人事行政制度，就必须以党的领导和改革开放为指导原则，并具体地贯彻于公务员管理的整个过程和各个环节中。

第三，坚持监督约束与激励保障并重的原则。对公务员的管理要从监督和激励两个方面入手，既要对公务员的行政行为进行有效监督，防止失职、渎职等行为发生，又要保护和激发广大公务人员的工作积极性，使其自觉主动地承担行政责任。

第四，坚持任人唯贤、德才兼备的原则。坚持德才兼备的用人标准是我国人事工作的优良传统。我国社会主义建设需要广大干部掌握现代科学技术和先进管理技能，但更加需要具有优秀的道德品质。任何时候都不能忽视或降低德的要求，只有德才兼备才能坚持为人民服务。

（三）我国公务员制度的主要内容

依照《公务员法》的相关规定，我国国家公务员制度的主要内容包括：公务员制度的法律依据、指导原则和适用对象；公务员的权利和义务，公务员的权利和义务是公务员行为规范的核心内容；公务员的具体管理环节，包括公务员职位分类、录用、考核、奖惩、纪律、职务任免与升降、培训、交流、回避、工资福利、辞职、辞退、退休等；公务员的管理和监督，包括对公务员的申诉控告、公务员的法律责任等。我国的国家公务员制度是一个完整的有机整体，各个环节之间紧密协调，是一套完整、配套的制度体系。在国家公务员制度体系中起支柱作用的主要环节是职位分类、选拔任用、培训和考核。

1. 公务员职位分类制度

（1）职位分类的含义。职位分类是国家公务员制度的基本问题之一。所谓职位是指公务员担任的职务和责任。职位分类是指把公务员的职位按照工作性质、业务内容、简繁难易、责任轻重和所需资格条件等区分为若干规范化的种类，以此作为公务员管理的依据。

公务员的职位分类可描述为这样一种过程，即把政府中各种公务职位，按工作性质和业务种类的不同，从纵向上划分为若干职类、职组、职系，再按工作责任、难易程度和所需资格条件的不同，在横向上划分为若干职级、职等，使每一个职位都能在纵向分类和横向分类交叉构成的职位分类结构体系中，找到自己的位置，从而实现对公务员科学化、标准化、专业化和系统化的管理。

职组和职系是录用、晋升、培训公务员时，从工作的业务性质上进行考虑的依据；职级是从掌握业务的程度和工作能力进行考虑的依据；职等则是薪金、待遇、奖惩、调转的依据，同一职等上公务员的薪金和待遇是相同的。公务员职位分类的基本程序由职位调查、职系区分、职位评价、制定职级和职位归类等组成。

世界上多数国家，实行的是与美国、日本等国不同的公务员分类制度，即公务员的品位分类。这种分类制的特点是把公务员分成不同的品位等级，公务员既有代表地位高低、资格深浅、报酬多寡的官阶，又有代表权力大小、职责轻重、任务难易的职位。

（2）职位分类的优势。职位分类制度与品位分类制度相比，二者有着明显的不同之处和各自的优劣。主要包括以下几个方面。

第一，职位分类制是以“事”为中心，以公务员所在职位的工作、责任为分类的依据，以工作的多少来定待遇，是按事设职、按职择人；品位分类是以“人”为中心，以公务员个人的资格条件为分类的主要依据，以品位的高低来定待遇。

第二，职位分类制中级随职走，职位变动等级也就变动，等级是随职位而定，而不是随人走；品位分类制中，等级与职位是分开的，同样职位的公务员可能品位等级不同，而同样品位等级的公务员也可能职位不同，当职位变动时，品位却可以不变。

第三，职位分类制体现同工同酬，工资差别与职位工作的难度、责任大小和资格深浅成正比；品位分类制中则以品位等级定工资，存在同工不同酬、同酬不同工的现象。

第四，职位分类制中公务员分类较复杂，职类、职组、职系、职级、职等划分较多，办理职位分类的程序比较复杂，技术性要求较高；品位分类制中，公务员只做大体上的分类，分类较少，较为简单，不需要很高的技术性。

第五，职位分类制有利于培养“专才”，任何公务职位都经调查、评价和划分等级，都有规范性的职位说明，公务员的升迁调转范围和程序都有严格的规定，易于对公务员进行科学管理，但管理方面缺乏灵活性，公务员流动与调转的限制条件较严格，流动与调转的范围也较小；品位分类制下，公务员的管理具有伸缩性，人事管理机构拥有灵活和富有弹性的管理权限，但在品位分类制下，对公务员的管理带有更多的经验色彩和主观性。

（3）职位分类的类型。2019 年 6 月 1 日正式颁布实施的《公务员法》对公务员的职位分类进行了新的规定。公务员职位类别按照公务员职位的性质、特点和管理需要，划分为综合管理类、专业技术类和行政执法类等类别。国务院根据《公务员法》对具有职位特殊性、需要单独管理的职业，可以增设其他职位类别，如人民警察及海关、驻外外交机构公务员，根据其工作特点设置了与其职务相对应的衔级。取消了原有的领导职务、非领导职务的划分，实行国家公务员职务与职级并行制度，根据公务员职位类别和职责设置公务员领导职务、职级序列。

公务员领导职务根据宪法、有关法律和机构规格设置。领导职务层次分为：国家级正职、国家级副职、省部级正职、省部级副职、厅局级正职、厅局级副职、县处级正职、县处级副职、乡科级正职、乡科级副职。公务员职级在厅局级以下设置。综合管理类公务员职级序列分为：一级巡视员、二级巡视员、一级调研员、二级调研员、三级调研员、四级调研员、一级主任科员、二级主任科员、三级主任科员、四级主任科员、一级科员、二级科员。综合管理类以外的其他职位类别公务员的职级序列，根据《公务员法》由国家另行规定。行政机关依照确定的职能、规格、编制限额、职数及结构比例，设置本机关公务员的具体职位，并确定各职位的工作职责和任职资格条件。

2. 公务员选拔任用制度

公务员选拔任用制度包括考试录用制度和其他任用制度。

（1）公务员的考试录用制度。考试录用制度是人事行政制度的核心，是国家对行政人员的入口管理制度。录用是进入公务员队伍的入口，是决定和影响公务员队伍的素质和水平的首要环节。考试录用制度是指通过公开考试的方法，从社会上选拔合格、优秀人员担任公务员的管理制度。

根据我国《公务员法》的规定，录用担任一级主任科员以下及其他相当职级层次的公务员，采取公开考试、严格考察、平等竞争、择优录取的办法。这一制度能够最大限度地吸纳最优秀的人才进入政府行政机关任职。公务员考试录用程序包括：发布招考公告；招录机关根据报考资格条件进行报考资格审查；采取笔试和面试的方式进行公务员录用考试，考试内容根据公务员应当具备的基本能力和不同职位类别分别设置；招录机关根据考试成绩确定考察人选，并对其进行报考资格复审、考察和体检；招录机关根据考试成绩、考察情况和体检结果，提出拟录用人员名单，并进行公示；公示期满，中央一级招录机关将拟录用人员名单报中央主管部门备案；地方各级招录机关将拟录用人员名单报省级或者设区的市级公务员主管部门审批。新录用的公务员试用期为一年。

（2）公务员的其他任用制度。主要包括选任制、委任制、调任制和聘任制。在我国，担任领导职务的公务员，其任用不是通过统一的考试录用方式，公务员领导职务主要实行选任制、委任制和聘任制。公务员职级实行委任制和聘任制。选任是指国家权力机关通过选举的方式任命公务员，我国地方各级人民代表大会分别选举并且有权罢免本级人民政府的省长和副省长、市长和副市长、县长和副县长、区长和副区长、乡长和副乡长、镇长和副镇长。委任是指不通过选举方式而直接任命公民担任公职。委任可以由权力机关委任，也可以由行政机关委任。调任即行政机关可以从行政系统以外，如国有企业、事业单位、社会团体等机构直接调入人员。聘任即行政机关通过与拟任公务员的公民签订聘任合同的方式任用公务员。依照《公务员法》的有关规定，聘任制一般适用于专业性较强的职位和辅助机关聘任公务员，应当按照平等自愿、协商一致的原则，签订书面聘任合同，聘任合同明确双方的权利、义务。

3. 公务员培训制度

国家公务员培训是指国家行政机关根据经济、社会发展的需要，按照国家公务员职位的要求，通过各种形式，有组织地提高国家公务员政治和业务素质所进行的培养、训练活动。按照《公务员法》的规定，机关需要根据公务员工作职责的要求和提高公务员素质的需要，对公务员进行分级分类培训。公务员的培训一般由一级政府的人事主管部门进行统一管理，各级政府的工作部门负责本部门的国家公务员培训管理。

公务员培训的类型主要包括初任培训、任职培训、专门业务培训、更新知识培训。具体类型上，机关对新录用人员在试用期内必须进行初任培训，培训时间不少于 10 天，主要是对其进行国家公务员行为规范、树立公仆意识、廉政勤政教育以及公共行政管理知识、公文处理知识等方面的培训。任职培训一般是对晋升领导职务和非领导职务的公务员在其任职后一年内进行的培训，培训时间不少于 30 天。任职培训主要是根据职位的要求所进行的培训，培训内容以领导科学、国内外政治经济发展战略、现代管理学等知识与技能为主。对从事专项工作的公务员应当进行专门业务培训，培训时间根据工作需要确定。专门业务培训是国家各级行政系统、各级国家行政机关公务员由于专业的变更所进行的适应性的专门业务培训。更新知识培训是对在职公务员为了适应社会经济发展需要而进行的以增新、补充、拓展相关知识为目的的培训。每人每年参加培训的时间累计不少于 7 天。

4. 公务员考核制度

公务员的绩效考核主要是指国家行政机关根据法定的管理权限，按照一定的原则和工作绩效测量标准，定期或不定期地对所属公职人员在工作中的政治素质、业务表现、行为能力和工作成果等情况，进行系统、全面的考察与评价，并以此作为公职人员奖惩、职务升降、工资增减、培训和辞退等的客观依据的管理活动。

《公务员法》第三十五条规定："对公务员的考核，按照管理权限，全面考核公务员的德、能、勤、绩、廉，重点考核政治素质和工作实绩。""德"是对公务员政治态度、思想品质作风，以及是否遵纪守法、廉洁奉公、遵守职业道德和社会公德情况的考核；"能"是对分析问题、解决问题的技术业务和管理水平的考核；"勤"主要是考核出勤情况和工作态度；"绩"是指完成工作的数量、质量和效率。

考核类型分为平时考核和定期考核。平时考核是对公务员完成日常工作任务、阶段工作目标情况以及出勤情况等进行考核；定期考核是在每年的年末或者翌年年初进行的年度考核，考核结果包括优秀、称职、基本称职和不称职四种。考核为人力资源管理的其他活动提供了客观依据，是选拔优秀人才和合理使用人才的重要途径。

5. 公务员晋升与奖惩制度

晋升是指公务员由低层级职位转移到高层级职位，具体指国家人事部门根据工作需要和晋升对象的德、能、勤、绩、廉，依照法定程序，对已担任国家公职的工作人员，从较低职级或职务升任更高一级职级或职务的管理制度。根据《公务员法》的规定，公务员晋升应当具备拟任职务所要求的思想政治素质、工作能力、文化程度和任职经历等方面的条件与资格。公务员的职务晋升程序包括民主推荐、组织考察、按照管理权限讨论决定和按照规定履行任职手续。

奖惩制度是对公务员工作实绩的肯定或否定的评价制度，包括奖励和惩罚两类。奖励在公务员管理中是一项富有激励机制的制度，通过奖励，可以增进公务员的荣誉感和责任感，激发公务员工作积极性和进取心。惩戒的作用是规范公务员行为，制止和预防公务员违纪行为的发生。它从法律上、制度上促进公务员廉政勤政。行政机关对工作表现突出、有显著成绩和贡献，或者有突出事迹的公务员或者公务员集体，给予奖励。奖励分为精神奖励和物质奖励，坚持以精神奖励和物质奖励相结合、以精神奖励为主的原则。奖励可以分为嘉奖、记三等功、记二等功、记一等功、授予称号。

对受奖励的公务员或者公务员集体予以表彰，并给予一次性奖金或者其他待遇。相反，依照《公务员法》第五十七条规定："机关应当对公务员的思想政治、履行职责、作风表现、遵纪守法等情况进行监督，开展勤政廉政教育，建立日常管理监督制度。对公务员监督发现问题的，应当区分不同情况，予以谈话提醒、批评教育、责令检查、诫勉、组织调整、处分。对公务员涉嫌职务违法和职务犯罪的，应当依法移送监察机关处理。"《公务员法》第六十二条规定："处分分为：警告、记过、记大过、降级、撤职、开除。"

6. 工资福利保险制度

工资福利保险制度是关系到公务员切身利益的主要问题，是公务员尽职尽责的内在动力和基本保障。我国的公务员实行国家统一的工资制度，公务员工资制度贯彻按劳分配的原则，体现工作职责、工作能力、工作实绩、资历等因素，应保持不同领导职务、职级、级别之间的合理工资差距。国家建立公务员工资的正常增长机制。

公务员工资包括基本工资、津贴、补贴和奖金。津贴包括地区附加津贴、艰苦边远地区津贴、岗位津贴等，补贴包括住房、医疗等补贴、补助。公务员按照国家规定享受一定的福利待遇，享受法定的休假制度。国家建立公务员保险制度，公务员在退休、患病、工伤、生育、失业等情况下可以获得帮助和补偿。

（四）国家公务员制度的主要机制

国家公务员制度比干部人事制度之所以更有生气和活力，在于它具有新的机制。

第一，科学的竞争机制。干部人事制度并非从一开始就没有竞争机制，而是长期存在的干多干少和干好干坏都一样的事实使它逐步消失，甚至把它引到不健康的道路上。公务员制度不仅强化了它的竞争机制，而且在录用、考核、奖惩、职务升降乃至辞职辞退和工资福利等方面规定了法定的程序，把它置于法制化的基础上，从而保障竞争的健康发展和择优目的的实现。

第二，新陈代谢的流动机制。缺乏新陈代谢机制是干部人事制度缺少活力和走向僵化的重要原因，国家公务员制度大力强化新陈代谢机制，使公务员队伍有进有出，进出渠道畅通。它使符合条件的优秀人才及时补充进来，年老和因健康情况不宜继续工作的能正常退休，连续两年考核不称职的应予辞退，不愿意担任公务员职务的允许辞职以及实行有计划的交流等。有了正常的新陈代谢机制，公务员队伍就能在运动中增强活力。

第三，勤政廉政的保障机制。全心全意为人民服务是国家机关及其工作人员的根本宗旨。大多数工作人员也能勤恳工作、清正廉洁，但作为一种制度，干部人事制度尚缺乏坚强有力的勤政廉政的保障机制，而国家公务员制度则在义务权利、纪律、录用、考核、奖惩、职务升降以及回避、交流等法律规定上突出勤政廉政的要求，从制度和法律程序上保障公务员忠于职守，积极工作，遵守纪律、廉洁奉公。

四、我国公务员制度的特色

我国国家公务员制度是根据我国的国情建立的，同时又改革了传统的人事制度的弊端，也不同于西方文官制度。

1. 我国国家公务员制度与传统人事制度的差异

国家公务员制度与传统的人事制度相比较，也是有差别的。主要表现在以下几个方面。

（1）在科学化、法制化上比传统的人事制度有很大的提高。国家公务员制度是分类管理的一种制度，是行政机关工作人员管理的一整套规范。它除了有总法规，还有若干个配套的单项法规及其实施细则、实施方案，从而形成一个健全的法规体系。

（2）在管理机制上比传统人事制度进一步健全和强化。主要包括：一是竞争择优机制，即在公务员考试、考核、晋升、任免等方面体现优胜劣汰机制，保证每个职位都有最优秀的人员来担任；二是廉政勤政保障机制，即对公务员的义务、纪律、考核、奖励、回避等方面都加以严格约束，并通过监督来加以保障；三是新陈代谢机制，如对公务员进行考核，不能胜任工作的要免职，实行不同职务的最高任职限制、年龄及部分职务的聘任制度，以及人员交流、竞争上岗、职位轮换和职务聘任制等。

（3）在队伍优化上比传统的人事制度有新的突破。国家公务员制度是在行政管理体制和机构改革的基础上推行的，也是在人员精简基础上建立的。

（4）在工资、福利、保险上比传统人事制度科学合理。公务员实行新的职级工资制，按不同的职能分为职务工资、级别工资、基础工资和工龄工资四个组成部分。

2. 我国公务员制度的特点

（1）坚持党的基本路线。党的十八大提出："深化干部人事制度改革，建设高素质执政骨干队伍；坚持和发展中国特色社会主义，关键在于建设一支政治坚定、能力过硬、作风优良、奋发有为的执政骨干队伍。”党的十九大提出：“全党同志必须全面贯彻党的基本理论、基本路线、基本方略，更好引领党和人民事业发展。”

《公务员法》总则明确提出公务员制度坚持中国共产党领导，坚持以马克思列宁主义、毛泽东思想、邓小平理论、“三个代表”重要思想、科学发展观、习近平新时代中国特色社会主义思想为指导，贯彻社会主义初级阶段的基本路线，贯彻新时代中国共产党的组织路线，坚持党管干部原则。这表明我国公务员制度是为党的政治路线服务的。而西方的国家公务员制度强调所谓的政治中立，要求公务员不得以公务员的身份参加党派活动，在公务活动中不得带有所谓的政治倾向性。

（2）坚持党管干部原则。党管干部原则就是要坚持五湖四海、任人唯贤，坚持德才兼备、以德为先，坚持注重实绩、群众公认，深化干部人事制度改革，使各方面优秀干部充分涌现、各尽其能、才尽其用。全面准确贯彻民主、公开、竞争、择优方针，扩大干部工作民主，提高民主质量，完善竞争性选拔干部方式，提高选人用人公信度，不让老实人吃亏，不让投机钻营者得利。

完善干部考核评价机制，促进领导干部树立正确政绩观。健全干部管理体制，从严管理监督干部，加强党政正职、关键岗位干部培养选拔，完善公务员制度。各级政府组成人员由各级党委及其组织部门负责考察、管理和推荐，由各级人民代表大会及其常委会依法选举和任命。

除政府组成人员以外的某些重要干部，也由各级党委及其组织部门负责考察、管理、推荐，由各级人民代表大会及其常委会依法选举和任命。在西方，公务员制度强调公务员的管理与党派脱钩，公务员管理不受政党干预。

（3）坚持德才兼备的用人标准。公务员的录用采取公开考试、严格考核、择优录用的办法。方式主要是测试报考者适应职位要求的能力，考核政治思想和道德品质。在公务员的晋升方面，要求坚持德才兼备原则，注重政治思想表现和工作实绩。

在考核方面，坚持对德、能、勤、绩、廉全面考核，重点考核政治素质和工作实绩。这种既要求有德又要求有才的全面用人标准，也是我国公务员制度的一大特色。

（4）坚持为人民服务的宗旨。坚持为人民服务的宗旨，这是由我国的政权性质决定的。公务员的义务包括：公务员必须密切联系群众，倾听群众意见，接受群众监督，努力为人民服务；公务员必须公正廉洁。公务员考核、晋升都要考察为人民服务的态度和政绩，为人民做出特殊贡献的要受到奖励。

在西方，国家的公务员队伍是一个单独的利益集团，他们对老百姓来说是官员，对政府来说是雇员，他们可以通过自己的工会组织同政府进行谈判，以维护自身的利益。

（5）不进行分类管理。西方国家实行所谓的“两官分途”，强调政务官的政治化、事务官的职业化。政务官随着政党的进退而进退，事务官职务常任，只管推行行政指令，保持政治中立。

我国没有政务官与事务官的截然分别，政府组成人员和非政府组成人员在产生方式上虽然不同，但所有公务员不论职位高低，都是人民的勤务员，党和国家对他们的要求是一致的，必须既懂政治又懂业务，可以根据工作需要互相转任。

本章小结

- 人事行政是指国家行政机关运用科学的管理手段，以行政事务和行政人员为特定的管理对象，通过一系列法规、制度和措施对行政管理活动中的行政人员与行政事务之间的关系以及行政人员相互之间关系的组织、指挥、协调、控制和监督等的管理活动和管理行为。它是推动生产力发展、提高经济与社会效益的重要手段，是巩固政权、保障国家机器正常运转的必要条件，也是加强人才开发、促进人才成长的重要保证。

- 人事行政是国家行政管理的重要内容，要合理选拔人才、正确培养和使用人才，不断提高行政管理效率，使人事行政逐步实现科学化、现代化、法制化，就必须遵循人事行政的公平原则、竞争原则、科学原则、公开原则和法制原则。基本内容包括行政人员的选择、使用、培养和保障。

- 我国干部人事制度是新中国成立后，在民主革命时期根据地和解放区的人事制度的基础上逐步建立起来的，其管理模式是分部分级管理干部体制，并合理分解国家干部、实行国家公务员制度。20世纪60年代提出人力资源的开发与管理，其优势表现在注重人力资源的长远发展、重视人力资源的作用、管理体制更加灵活、管理范围和内容进一步扩大。

- 人事行政管理机构的类型主要分为部外制机构、部内制机构和折衷制机构。新中国成立以来，我国人事管理机构历经政务院人事局、中央人事部、国务院人事局、内务部政府机关人事局、国家人事局、劳动人事部和国家人事部，发展至今的人力资源和社会保障部。

- 国家公务员是指在各级政府机关中代表国家行使行政职权、履行国家公务的人员。现代西方各国都相继建立了较为严密的公务员制度体系，其主要特征表现为公开考试与择优录用、严格考核与功绩晋升、政治中立与法律保障。

- 按照《公务员法》的规定，公务员是指依法履行公职、纳入国家行政编制、由国家财政负担工资福利的工作人员。其条件是必须是依法履行公职、使用行政编制、由国家财政负担工资福利。我国公务员制度的主要内容包括条件、义务与权利、职务与级别、录用、考核、职务任免、职务升降、奖励、惩戒、培训、交流与回避、工资福利保险、辞职辞退、退休、申诉控告、职位聘任和法律责任；主要机制包括科学的竞争机制、新陈代谢的流动机制和勤政廉政的保障机制。

● 西方国家公务员制度的特色是实行分类管理、保持政治中立、通才与专才标准、贯彻平等原则、实行功绩制和保障公务员权利。我国公务员制度的特点主要表现在坚持党的基本路线、坚持党管干部原则、坚持德才兼备的用人标准、坚持为人民服务的宗旨、不进行分类管理。

● 所谓职位是指公务员担任的职务和责任。职位分类是指把公务员的职位按照工作性质、业务内容、简繁难易、责任轻重和所需资格条件等区分为若干规范化的种类，以此作为公务员管理的依据。基本范畴包括职系、职组、职类、职级、职等，基本程序包括职位调查、职系区分、职位评价、制定职级和职位归类。

● 世界上多数国家实行的是与美国、日本等国不同的公务员分类制度，即公务员的品位分类。这种分类制的特点是把公务员分成不同的品位等级，公务员既有代表其地位高低、资格深浅、报酬多寡的官阶，又有代表其权力大小、职责轻重、任务难易的职位。

● 我国公务员职位类别分为综合管理类、专业技术类和行政执法类等。实行国家公务员职务与职级并行制度，根据公务员职位类别和职责设置公务员领导职务、职级序列。公务员领导职务根据宪法、有关法律和机构规格设置。领导职务层次分为：国家级正职、国家级副职、省部级正职、省部级副职、厅局级正职、厅局级副职、县处级正职、县处级副职、乡科级正职、乡科级副职。公务员职级在厅局级以下设置。综合管理类公务员职级序列分为：一级巡视员、二级巡视员、一级调研员、二级调研员、三级调研员、四级调研员、一级主任科员、二级主任科员、三级主任科员、四级主任科员、一级科员、二级科员。综合管理类以外其他职位类别公务员的职级序列，根据公务员法由国家另行规定。

复习思考

一、概念题

人事行政　公务员　公务员制度　职位分类　品位分类　职级　职等

二、思考题

1. 怎样理解人事行政的原则与内容？

2. 现代人力资源管理的优势有哪些？

3. 西方公务员制度的主要特征有哪些？

4. 如何理解我国公务员制度的内容与机制？

5. 职位分类与品位分类有何差异？

6. 试述我国公务员制度与西方国家公务员制度的差异性。

三、材料阅读与拓展思考

职位分类制度

职位分类还是品位分类，职位分类的标准及其现实合理性、现实可行性、现实效用等，不仅涉及人类社会的价值标准、伦理道德问题，而且涉及公务员的稳定性、工作动机、工作潜能的发挥等一系列的管理问题。

一、职位分类的由来与发展

职位分类是为适应现代社会发展的需要，而首先在美国的公务员管理体系中兴起的一种科学的人事管理方法和手段。19 世纪末到 20 世纪初期，随着科技进步、经济活动增多、社会分工精细、政府职能迅速扩张、政府管理工作日趋复杂，政府公务活动的范围也越来越广。在美国，联邦公务员的数量由 1884 年的 1 万多人猛增到 1924 年的 41 万多人。而机构膨胀、公务种类增多、人员增加，对公务员管理提出了更高的、技术性的管理标准，公务员中诸如“同工不同酬、同酬不同工”的现象随处可见，整个公务员管理工作显得非常混乱。这种状况显然不能适应社会发展的需要，因而要用科学的方法将政府公务职位加以分类处理，使政府繁多复杂的公务职位得到科学化和专业化的管理。

如前所述，这一时期管理科学的理论研究和实际应用在美国取得长足发展。1895 年被人们誉为“管理科学之父”的美国科学家泰勒，开始从事“工作时间研究”，即专门研究完成某项工作所需的标准时间，以提高劳动生产率。他的朋友基尔勃莱夫妇也同时进行人工操作动作的标准化研究。在他们研究的基础上，“工作分析”和“工作评价制度”运用于美国的工商企业中并取得巨大成效，这逐渐引起了美国人事行政部门的关注。不久，与工作分析和工作评价制度精神实质相同、内容形式相近的职位分类制度，便被引入美国公务员管理领域中。1908 年美国芝加哥市政府首次采用职位分类制，随后其他一些城市也相继仿效实行。1923 年美国国会正式通过第一个联邦政府职位分类法案，规定成立联邦人事分类委员会，办理联邦公务员的职位分类，这是世界上最早的公务员职位分类制度。

在美国实施职位分类制度以后，诸如日本、加拿大等国家也相继仿效实行职位分类。之后，菲律宾也建立了公务员的职位分类制度。数十年来的实践表明，公务员的职位分类是一种比较科学、比较规范化的人事管理方法，比较适合运用于政府系统的人事行政之中。虽然目前世界上只有少数几个国家实行了公务员的职位分类制度，但这种制度的优越性已被越来越多的行政学专家重视并研究，也受到更多的国家所关注与运用。

二、职位分类的范畴和程序

（一）职位分类的基本范畴

实行职位分类的国家，一般都制定有专门的职位分类法。这些国家的职位分类法虽然各有特点，其中的具体规定和分类方法也不尽相同，但是从性质和基本内容上看，都是采用与美国基本相同的方式，其使用的基本范畴也是类似的。总的来说，职位分类中的基本范畴大致可以包括以下几种。

1. 职系。根据工作的业务性质，把业务性质相同的所有职位划分为一个职系。如办事员职系、机械工程师职系等。

2. 职组。工作性质相近的若干职系集合而成为职组。如办事员职系、速记员职系和打字员职系集合到一起构成文书职组。

3. 职类。又称职门，由工作性质大致相近的若干职组构成一个职类。它是职位分类中最粗略的单位。如行政执行职类、专门技术职类等。

4. 职级。在工作性质相同的基础上，也就是在同一职系中，按照工作责任大小、业务的简繁难易程度和所需资格条件等，把职位划分为不同的职级。如把速记员分为一级速记员、二级速记员和三级速记员等。

5. 职等。把不同的职系中，工作难易程度和责任大小相同的职位划分归类为同一等级，这些等级就是职等，同一职等的所有职位在工资待遇上相同。划分职等是为比较不同职系之间职位的关系，如三级护士和一级内科医生，虽在职级、职系上都不相同，但由于工作强度（责任大小和难易程度）基本相同，因而在美国被划入同一职等中，二者领取的工资报酬也相同。

（二）职位分类的基本程序

1. 职位调查。即对政府现有职位的有关情况做详细的了解，并对有关资料加以全面收集的过程。对职位有关情况的了解包括工作性质、工作数量、工作时间、工作难易程度（包括所需创造力、工作的复杂性等）、工作责任轻重、工作职权范围、工作报酬和所需资格条件（学历、资历、熟练程度与技术高低等），以及所接受和所施行的监督（即上下级关系）等。也有人以“六 W－H”来概括职位调查所要了解的内容，即 Who（何人）、What（何事）、Why（为何）、When（何时）、Where（何地）、How（何法）、Whom（为何人）。职位调查所需收集的有关资料主要指职位所在机关的资料，如各种法律法规、行政命令和条例中的有关机关权限、部门权限、工作流程等方面的规定。职位调查中采用的方法一般有填表法、直接访谈法、实地观察和综合调查法等。

2. 职系区分。即在职位调查的基础上，把职位按照工作性质的异同，分别划分为若干种类的过程。职系区分一般可分三步完成：一是先划分出若干职类，即把工作性质大致相近的职位归为一个职类，如可把所有公务职位大致划分为行政执行类、专门技术类和后勤事务类三大职类；二是把每一职类中的职位按照工作性质相近的标准划分为若干职组，如把专门技术类分为医疗职组、工程职组、物理学职组、生物学职组等；三是把每一职组中工作性质相同的职位再划分为若干职系，如把医疗职组划分为内科医生职系、外科医生职系、护士职系等。经由这三个步骤，即完成了职位的职系区分。

3. 职位评价。即按照工作简繁难易、责任轻重大小、担任职务所需教育程度和技术的高低，对各职系的职位进行评价，划分为若干个等级的过程。这一过程包括两个步骤：一是职位定级，即在一个职系里按工作难度、责任轻重、所需教育程度和技术高低划出职级；二是职位定等，即把各职系间工作简繁难易、责任轻重大小以及所需资格条件程度相当的职级划归为同一职等，在不同职系中难度越大、责任越重的职级，所归的职等就越高。职位评价的关键是把每一职位的全部内容尽可能科学地量化表述出来，以进行评价比较，进而划分出职级和职等。常用的职位评价方法有排列法、因素比较法和评分法等。

4. 制定职级。即用文字对一个职位作标准化和尽可能定量化说明的书面文件。其内容一般包括职位名称、职级编号、职级特征（对该职位工作性质、责任待遇、所属等级的概述）、工作举例、所需资格条件与专门技能（如学历、经历、经验、能力、技术、性格、身体状况等）和其他一些事项等。制定职级主要是为指出各职位的工作内容和特性，明确每一职位的职级和职等，以便于对每个职位进行科学管理。

5. 职位归类。这是职位分类的最后一道程序，即将每一现有职位的工作性质、内容和资格条件等，与职级规范上的内容相比较，而把它们归入适当的职类、职系、职级与职等。这样就可以在此基础上，参照职位分类的有关法律对这些职位上的公务员实行科学管理。

资料来源：孙柏瑛、祁凡骅，《公共部门人力资源开发与管理（第四版）》，中国人民大学出版社 2016 年版。

拓展思考题：

1. 怎样理解职位分类的原则与方法？

2. 职位分类相对于品位分类而言，优势有哪些？

第十一章

机关行政

机关行政在政府行政机关内部具有很强的协调性和综合性，它能对实现政府行政职能和工作目标起到核心和枢纽的作用。因此，如何进一步完善行政机关的管理活动，努力提高机关管理效率，并使之走上科学化、法制化和现代化的轨道，是我国现阶段行政学面临的重要课题之一。本章主要研究和阐述机关行政的含义、特点与原则、地位与职能，机关行政管理和机关行政现代化。重点是机关行政的特点与职能、机关会议管理、机关文书管理、机关行政现代化的内容；难点是机关行政管理和机关行政现代化的内容。

第一节　机关行政概述

一、机关行政的基本含义

（一）机关的含义

机关是从工程学借用来的概念，原意是指机械设备中承担启动和制动功能的关键性组件，对机械设备起着整体控制的作用。这一概念运用到行政管理学中，泛指所有行政组织为实现其职能而建立的固定机构。

机关既是行政人员处理日常工作的活动场所，又是行政机关及其工作人员与外界人士或其他机关接洽公务的地方，并为该机构收发、汇集和典藏文书资料的所在，它在任何一个行政组织中都起着核心与枢纽的作用。机关一般分为权力机关、党群机关、行政机关、司法机关和企事业单位机关等。

（二）行政机关的含义

行政机关是指依法行使国家权力、执行国家行政职能的机关。有广义与狭义之分，从广义上讲，行政机关是一级政府机关的总称，即国家政权组织中执行国家法律，从事国家政务、机关内部事务和社会公共事务管理的政府机关及其工作部门。

从狭义上讲，行政机关仅指政府机关内部的综合办事机构，即办公厅（室），它是在行政首长直接领导下处理各种事务、辅助进行全面管理工作的机构。本章所阐述的行政机关主要是指狭义的行政机关。

（三）机关行政的含义

机关行政是指各级政府及其职能部门，为发挥行政职能、实现行政目标而对行政机关内部事务和工作环境进行的管理活动。它也有广义与狭义之分。广义的机关行政是指对整个行政机关各种事务的全面管理。包括机构的设置、行政人员的配备、决策的制定及组织的执行、协调、监督等。

狭义的机关行政是指对行政机关本身日常事务、规章制度、工作秩序的管理，它不直接涉及对外行政管理活动。由于在整个机关内部事务的管理中，办公厅（室）具有枢纽和核心的地位，因此机关行政又是以办公厅（室）的管理为主要内容。

二、机关行政的特征和原则

（一）机关行政的特征

第一，机关行政的综合性。在任何一个行政机关，办公厅（室）都是综合性管理部门，它负责的行政事务琐碎复杂，涉及面广泛，包括政策的综合运用、业务的综合办理、技术的综合应用、信息的综合处理等。解决这些行政事务，要求速度快、质量高。因此，办公厅（室）综合统摄能力要强，办公厅（室）的工作人员要具备各方面的知识和技能，具有综合管理能力。

第二，机关行政的辅助性。办公厅（室）是领导机关的从属机构，在面向社会的行政管理活动中，它只是起配角和助手的作用。它既为领导者出谋划策，又为领导者处理日常行政事务和接洽公务，并协助领导者搞好领导机关的各项管理工作，为领导机关和领导者的工作提供便利条件。因此，办公厅（室）绝不可凭主观意志行事，也不可消极被动，要发挥好辅助的作用。

第三，机关行政的协调性。这是机关行政管理最基本的特点，也是保证行政机关正常、高效工作的基础。办公厅（室）的工作特点之一，就在于协助领导、协调机关各部门之间的关系，减少和解决各部门之间的矛盾，使各部门间能统一意志、统一行动、相互支持配合地实现机关的总目标。办公厅（室）的协调既包括机关内部各处（科）室之间的协调，也包括与上级和下级机关的协调。

第四，机关行政的政策性。机关行政管理是处于中心枢纽地位的管理，它直接参与行政首脑机关的政务活动，因而具有很强的政治性、政策性。机关行政政策水平的高低，关系到行政首长施政功能能否实现，关系到各职能机构施政水平的高低，也关系到领导与群众的关系好坏。因此，办公厅（室）要当好领导的参谋和助手，要处理好纷繁复杂的行政事务，这就要求工作人员要加强政策研究，增强政策观念，坚决按政策办事。

（二）机关行政的原则

机关行政传统观点强调权力管理，强调机关行政对行政首长负责；现代观点则强调服务管理，强调行政服务前提下的高效率。其原则包括以下几个方面。

第一，服务原则。现代行政理念强调服务管理，机关行政是领导工作的基础，为领导工作服务是其主要任务。而从宏观上看，机关行政全部工作的出发点、落脚点又是为公众服务。行政机关要想更好地服务于社会，就要遵从平等、优质、适时、按章服务的原则。

第二，节俭原则。即要最大限度地节约人力、物力和财力，少投入多产出。节俭原则是衡量机关行政廉洁和高效的基本标准。要建立各种运用经济手段进行管理的制度，对经费使用严格把关，对设备购置精心计划，对办公用品的发放和使用进行监督检查等。

第三，清正原则。即反对以权谋私。从事机关行政的人员，上能接近领导，下能管理一定的人、财、物，这可能会使人不知不觉地产生优越感，甚至利用职权谋私利。对这种情况不仅要从制度安排上坚决反对，也要从思想观念上反对。

第四，效率原则。这是行政管理的根本原则，也是机关行政的一个重要原则。机关行政必须重视行政成本与行政效率的关系，力争以最少的人力、物力和财力的消耗来提供最快最好的服务。

第五，联系原则。机关行政是代表领导同社会公众进行直接联系的，它充当行政领导与社会公众联系的桥梁和纽带，因此必须注意到机关行政各种繁杂的工作都同人民群众的利益息息相关，为人民利益而工作应成为各项工作的出发点和归宿。

三、机关行政的地位与职能

（一）机关行政的地位

机关行政在整个行政组织中处于中枢和要害地位，它是行政组织的“心脏”，是行政管理工作的“咽喉”，又是政府形象的“窗口”。具体而言，机关行政的地位如下。

第一，中心的地位。机关行政虽然不是一级政府或单位的法定领导，然而它却要代表领导处理全局性的问题，起着辅助领导的作用，是指挥、控制整个机关行政工作的中心。

第二，枢纽的地位。机关行政在机关中是沟通上下、协调左右、联系各方、保证机关工作正常运转的枢纽。同时，它作为综合管理部门，还是各种信息的交汇点和集散地。

第三，窗口的地位。机关行政是联络上下级、沟通各方面的窗口。外界对行政组织的第一印象来源于行政办公室的精神面貌、思想作风、管理水平和工作效率等。

（二）机关行政的职能

机关行政的主要职能是“参与政务，管理事务，搞好服务”。

第一，参与政务。即辅助领导进行决策。领导者的基本职责是决策，很多情况下仅凭领导者个人的经验和智慧是不够的，在这方面机关行政就要为领导决策提供基础工作、辅助工作。这种作用体现在对客观情况的调查研究、收集详尽信息及时传递给领导者、提供多方面的科学知识，为领导者决策寻找科学理论依据等。

第二，管理事务。即协调沟通上下级。机关行政起着承上启下的作用，既要将行政首长的决策指示、命令准确迅速地传达给下属各单位；同时，要将下级执行情况及时向行政首长汇报，还要收集民情、民意信息，是领导联系基层和社会公众的桥梁。这种作用具体体现在机关行政处理日常事务之中。

第三，搞好服务。即服务好领导和群众。机关行政工作的目的就是要为领导提供良好的办公环境，做好各项准备工作，保障机关各部门正常运作，从而更好地服务于公众。此外，机关行政还要协助行政首长处理好临时性、偶然性和突发性的工作及人民群众来信来访。

第二节　机关行政管理

一、机关会议管理

（一）会议的含义

会议是指有组织、有领导、有目的的议事活动，它是在限定的时间和地点，按照一定的程序进行的。会议一般包括议论、决定、行动三个要素。

因此，必须做到会而有议、议而有决、决而有行，否则就是闲谈或议论，不能称为会议。会议是一种普遍的社会现象，几乎有组织的地方都会有会议。

（二）会议的功能

会议的主要功能包括决策、控制、协调和教育等功能。

第一，决策功能。为保证决策的科学化，就必须在决策前召开会议，要求到会人员围绕需要做出决策的问题，充分而广泛地发表意见，并在讨论或争论的基础上逐步达成共识，最终做出决定，形成决策。

第二，控制功能。当决策贯彻执行后，通过召开会议，让到会人员汇报执行决策情况，以便及时发现存在的问题，及时进行控制。属于决策本身的问题，如执行中发现决策的某个方面与实际不符时，应立即修改和完善决策；属于执行决策过程中的问题，如组织措施不利、人力资源不足和经费不到位等，则积极调配人力、物力、财力，使决策得以顺利进行。

第三，协调功能。在进行行政管理过程中，组织与组织之间、组织与个人之间、个人与个人之间发生误会、产生矛盾是难免的，而召开会议正是消除误会、化解矛盾的重要手段。在会议中，误会或矛盾的各方都把看法和意见摆在桌面上，通过面对面的坦诚相见、开诚布公地交换意见或思想，使误会得以消除、矛盾得以化解，达到相互协作、团结一致的目的。

第四，教育功能。通过召开会议，向与会者宣传党的方针政策和国家的法律、法规，使与会人员从中得到教育，对党的方针政策和国家的法律、法规有深刻的理解，提高贯彻执行党的方针政策和国家的法律、法规的自觉性。

除此之外，会议还有咨询功能、纪念功能等。

（三）会议的类型

1. 一般会议的类型

会议种类多种多样，按不同的标识、特征有不同的分类方法。

（1）按会议的规模，可分为大型会议、中型会议和小型会议。

（2）按与会人员所代表的地域范围，可分为国际性会议、全国性会议、全区性会议、全省性会议、全市性会议、全县性会议、全乡性会议和全村性会议。

（3）按会议的时间，可分为定期召开的会议、不定期召开的会议等。

（4）按会议的保密程度，可分为公开会议、内部会议和机密会议。

（5）按会议的组织形式，可分为现场会、观摩会、电视会议、电话会议、网络会议等。

（6）按会议的内容和性质，可分为规定性会议、决策性会议、综合性会议、专业性会议、纪念性会议、动员性会议和外事性会议等。

2. 行政会议的类型

在行政管理工作中，经常召开的会议主要有以下几类。

（1）例行会议。主要指行政机关日常召开的工作会议和办公会议等。这类会议主要用于领导成员之间交流各自分管工作的情况，相互通气，研究上级的有关指示，领会文件精神实质，制定本单位具体贯彻实施的办法、措施，讨论处理重大问题等。

（2）联席性会议。在开展某项较大规模活动或建设某项大工程时，如涉及若干单位和若干方面，有关部门就有必要一起开会讨论，共同协商解决。这种会议可由上级主管部门或上级机关出面组织召开，也可由上级机关根据工作任务的内容指定某一个单位负责牵头主办。

（3）布置总结会议。主要指行政机关在年度或季度、月度开始之前对下属的工作内容和具体工作进行安排和布置的会议，以及在每年度或季度、月度结束以后对下属部门的工作效果和工作成绩进行总结的会议。

（4）经验交流会。上级行政机关在总结一段时间的工作情况以后，对表现好的下级部门进行表彰和鼓励，专门召开由全体机关成员参加的会议，请工作表现出色的单位或个人介绍工作经验，从而在全系统中交流推广；同时，行政领导部门往往还要指出本单位存在的主要问题，敦促有关部门迅速解决。

（5）座谈会。常常用于行政领导就某些重要问题想多听取一下各方意见的场合。座谈会的形式可以多种多样，有征求某一问题解决方法的会议，也有讨论某一专题问题的会议，还有各种小型的纪念会、讨论会和调查会等。

（6）电话会议。主要是领导机关向下属机关布置某一紧急任务时常采用的一种形式，可以避免因人员往返而浪费精力和延误时间。

（7）紧急会议。往往在特殊情况下召开，会议讨论的内容是迫切需要解决的重大问题。如防汛救灾紧急会议、重大伤亡事故发生后的现场紧急会议等，目的是在尽可能的情况下动员各方面的力量加以协调，迅速、妥善地做好善后事宜。

总之，会议是一种广泛的社会活动，种类很多，且分类的方法也各不相同，只有从不同的侧面对会议进行分析，才能全面正确地把握会议的性质，按照不同的要求做好会议管理的各项工作。只有根据会议的特点和要求进行管理，才能增强会议效果。

（四）会议管理的要求

机关会议不开不行，但是乱开也不行，会议管理的目标是控制会议数量，提高会议质量，端正会风，其核心是提高会议效率。

1. 控制会议数量

（1）严格控制会议审批制度。这是避免会议主观随意性的有效措施。它要求任何机关和部门，要召开会议必须先有计划，对召开的会议要充分说明其必要性和重要性，并要按程序报上级主管机关或领导审批。未经批准的会议不能召开，否则要追究当事人的责任。

（2）严格控制会议经费。从我国目前的情况来看，会议经费在行政经费中占相当大的比例，因此按照年度预算严格控制会议经费，从经济上控制会议的次数、规模、时间是十分必要的。无特殊情况，无充分的理由，绝不能随意追加会议经费，更不能以任何理由将会议经费转嫁到基层单位或企业。

（3）提倡开综合性会议。在重视会议计划性的前提下，加强与各部门之间的联系，以便统筹考虑，综合部署。凡是能联合召开的会议就联合召开，凡是开一次会能解决的问题绝不开第二次。

（4）应用现代化办公手段。随着科学技术的进步，替代会议形式去完成行政任务的手段越来越多，如利用电话、电报、电视、卫星远程网、广播、报纸、刊物等手段，常常也能达到召开会议所要达到的目的，有时甚至比召开会议花的经费更少、速度更快、效果更好。

2. 提高会议质量

开会是一门艺术，能够自由运用好开会的艺术，就能不断地提高会议的质量。在提高会议质量问题上，日本管理学者提出了“八戒”的要求：一戒没有明确主题的会；二戒开许多议题的会；三戒开没有准备的会；四戒可开可不开的会；五戒无关人员参加会议；六戒作例题的发言；七戒作重复性的发言；八戒议而不决。结合我国的实际情况，可从以下两个方面提高会议质量。

（1）会前要有充分的准备。在召开会议之前，对会议的各项议程必须要经过充分的酝酿和准备。对准备不充分的会宁可不开或推迟。

（2）要有好的会风。好的会风主要表现在：讲求实效、畅所欲言、树立时间观念、注意会议艺术。要善于调动与会者的情绪和积极性，使整个会议主题明确、生动活泼，较好地达到预期目的。

二、机关文书管理

（一）机关文书管理的含义

机关文书又称公务文书或公文，是指各类机关在社会活动中处理公务时形成和使用的文字材料。它是传达党和国家的路线、方针、政策，发布命令、法规，请示和答复问题，指导和商洽工作，报告情况，交流经验的重要工具之一。

根据2012年4月中共中央办公厅和国务院办公厅制定的《党政机关公文处理工作条例》，行政公文分为15种，即决议、命令（令）、公报、决定、通告、公告、通知、通报、议案、报告、请示、批复、意见、函、会议纪要。在实际工作中使用的通用文种，比以上规定的要多一些。

机关文书管理是指对机关文书的制发、传递、处理等环节和程序的规范化管理。它是沟通行政信息、实现行政管理职能的重要手段。机关文书的管理程序包括收文和发文两个方面：收文程序包括签收、折封、登记、分发、传阅、拟办、批办、承办、催办、注办、清退、归卷等；发文程序包括拟稿、审核、签发、缮印、校对、用印、登记、封发、注发、归卷等。

（二）机关文书管理的作用

第一，领导和指导作用。在机关行政活动中，上级机关经常通过制定和公布决议、意见、计划、通知等文件对下属机关的工作进行领导和指导。搞好文书管理可以有效地加强上下级之间的联系，保证行政活动的顺利进行。

第二，联系和沟通作用。在行政机关日常工作中，文件的流转往往能起到沟通上下、联系左右、进行互相协调的作用，文件本身就成为行政工作中不可缺少的信息流通的主要形式。

第三，规范和约束作用。在行政文本中，有相当部分是具有法律规范性和强制约束力的法令、规章和条例等。它们代表上级行政机关对下级机关立法和执法行为的规范和指导，下级机关必须以文件的要求规范自己的行为，并把管理工作纳入法治的轨道。

第四，依据和凭证作用。各级行政机关通常把文件登记存档，即使文件在失去它的现实效用以后，也要归档保存。这些成为机关行政活动的历史见证，可以在以后作为总结历史经验、研究机关工作成就等问题的重要依据。

第五，宣传和教育作用。我国各级行政机关常常通过发文的方式，向下属机构宣传党的路线、方针、政策，宣传和表彰各级各类的先进模范事迹。

（三）机关文书管理的要求

为了保证机关文书在行政管理中的作用能够得到有效的发挥，机关文书的管理必须符合以下要求。

1. 规范公文的种类

在使用机关文书时一定要根据各种公文的含义、程序、手段、应用范围，慎重地选择公文的种类，切忌乱用、混用，更不能随意生造新的公文种类。

2. 统一公文的格式

公文格式指公文的规格样式，必须严格统一，不能有任何遗漏。公文格式一般由主体部分与附加部分组成。主体部分包括：一是标题，简要地概括文件的主题思想或中心意思；二是主送和抄送机关，是机关文书的受文机关，即阅读者；三是正文，即文书的内容；四是发文机关，即文书的作者；五是发文日期；六是盖章与签署，是文件生效的标志。

附加部分包括：一是文件的版头，指发文机关的名称和文种；二是说明部分，其内容有编号、密级、缓急程度、阅读极限、主题词、文件的印发单位、印刷份数和时间等。

3. 按固定关系行文

行文关系是指机关行文秩序或行文制度。行文关系所反映的是依照行政组织系统，按照上下级之间的隶属关系和职权范围进行的行政机关之间文件来往的关系。行文关系主要有以下三种。

（1）上行文。指垂直的领导系统中下级机关向上级机关的行文。各级国家行政机关一般不得越级行文，如因特殊情况必须越级行文时，应当抄报所越过的机关。

（2）下行文。指上级领导机关对所属下级机关的行文，也可根据公文的不同目的和要求，采取逐级行文、多级行文或直达社会公众等方式。

（3）平行文。指互相没有隶属关系、同级或不属同一级部门之间的行文。在行文中不能用指令性的语气，应采用协商的口气。

建立正确的行文关系，有助于避免行文混乱、指挥不灵、传递迟缓等现象的发生。同时，也能有效地改进机关工作作风，提高工作效率。

（四）机关文书管理的原则

为提高文书的质量，机关文书管理必须遵循准确、及时、精简、保密的基本原则。

第一，准确原则。机关文书要做到观点鲜明，文字表达准确，层次分明，实事求是，能够准确地传达党和国家的方针政策，体现国家的法律法令，表达上级的指示。

第二，及时原则。办文要迅速及时，努力提高文书的使用效益。收发文书要有明确的办文时限，要讲究效率和速度，避免办文拖拉、积压文件、公文旅行等做法。

第三，精简原则。机关文书行文要精简，包括文件数量的精简、文件内容的精简和办文手续的精简。精简原则可以有效地遏制公文泛滥，提高行政效率。

第四，保密原则。机关文书与一般文书不同，它涉及许多党和国家的机密，因此，办文的每一个环节都必须注意保密，防止文件丢失、被盗，保证国家机密文件的安全。

三、机关档案管理

（一）档案的含义与作用

1. 档案的含义

《中华人民共和国档案法》（以下简称《档案法》）规定，档案是指过去和现在的国家机构、社会组织以及个人从事政治、军事、经济、科学技术、文化、宗教等活动直接形成的对国家和社会有保存价值的各种文字、图表、声像等不同形式的历史记录。

2. 档案的作用

（1）历史见证作用。作为历史的真实记录，在查证研究历史事件、纠正处理历史遗留问题时，档案的凭证、依据作用是无可替代的；同时，由于行政机关档案具有很强的时间连续性，国家、社会、机关内部的重大事件多反映于此，所以可以作为编纂史书、地方志、机关志的历史资料。

《档案法》于1987年9月5日第六届全国人民代表大会常务委员会第二十二次会议通过，于1988年1月1日起施行，并根据1996年7月5日第八届全国人民代表大会常务委员会第二十次会议《关于修改〈中华人民共和国档案法〉的决定》，进行了第一次修订；根据2016年11月7日全国人民代表大会常务委员会第二十四次会议《关于修改〈中华人民共和国对外贸易法〉等十二部法律的决定》，第二次进行了修订。《档案法》对档案的范围、档案工作原则、档案机构及职责、档案的管理、档案的利用和公布，以及人们对档案的法律责任都作了明确规定，这对我国档案事业的发展、对档案资源的保护和利用，使档案工作更好地为社会主义现代化建设服务提供了强有力的法律保障。

（2）参考借鉴作用。一方面，档案是历史发展的原始凭证，现实是历史的继承和发展，档案对解决现实问题具有广泛的研究和参考价值；另一方面，档案材料完整并有很强的改革性，具有很强的咨询作用，可作为行政决策的直接材料，为行政领导提供决策参考。

（二）文书和档案的关系

文书与档案有着密切的关系。文书是档案的重要源泉和组成部分，但不是唯一源泉。即经过处理的文书在档案中占较大比例和重要地位，但档案除转化而来的文书外，还有音像等多种形式的资料。另外，文书转化为档案是有条件的，并非所有文书都需要和可能转化为档案。只有办理完毕的文书才能作为档案，没有完成处理程序的正在承办中的文书不能成为档案。可见，文书是档案的前身，档案是文书的归宿；只有对日后工作具有一定查考利用价值的文书，才有必要保存起来成为档案。

各级机关在日常工作中要制定和收发大量文件，特别是在“文山会海”状况没有得到根本改变的情况下，文件的种类繁多、数量巨大，不可能也没必要“有文必档”，必须按一定标准和要求进行筛选，将具有保存价值的文书整理归档。因此，文书是档案的基础，档案是文书的精华，只有按照一定的规律保存起来的文书才能成为档案。文书是逐年逐月逐份产生的，档案不是文书的简单堆积，而是将已处理完毕的，对国家、社会和机关工作具有保存价值的文书，根据其内在的联系，按照一定的程序和规律整理、集中、保管起来，才能转化为档案。

（三）档案管理的特征及内容

1. 机关档案管理的特征

（1）机要性。实质就是政治性。档案是文书材料的变体，文书材料的政治性决定了档案工作的政治性，这是档案工作的根本特点。因此，档案管理工作者必须明确树立保密观念，严格遵守保密制度，为维护档案的真实性、完整性和严肃性而尽职尽责地工作。《档案法》强调了有关保密规定，提出了设立保密室和阅文室的要求，对公文的定密和解密、密级文件的复制和汇编、公文的销毁和移交、新设立单位的发文立户等作出具体规定。

（2）科学性。就是要有一套科学的、系统的管理程序、制度和方法。档案管理是一门科学，有其自身的发展规律，因而必须按照相应的程序、制度和方法进行管理，不能随心所欲地、杂乱无章地安排。

（3）服务性。档案服务对象是各级党政领导者，档案服务为他们了解情况、决定方针、制定政策提供各种文书资料，也为配合一个阶段的中心工作，为领导和业务部门提供有关的资料，同时也为基层单位或教学、科研部门等专门研究提供服务。因此，机关档案管理工作应属于办公厅（室）或秘书部门，处于辅助领导的地位。

2. 机关档案管理的内容

（1）收集。即做好机关内文件的归档工作。档案部门应指导并帮助文书部门、业务部门进行资料整理分类和保管，且收集机关内分散保管的文件材料、统一归档；机关档案部门收集档案资料，必须做到主动收集、重点收集，使文件材料齐全、完整；按文件材料内容的联系，合并整理立卷；归档的文件材料应保持它们之间的历史联系，进行初步的分类、整理，为下一步工作提供前提条件。

（2）整理。即把零散的和需要进一步条理化的档案进行基本的分类、排列和编目，使之系统起来。它包括全宗、分类、组卷和编目，这就构成了整理工作的基本程序。

（3）鉴定。即对内容复杂、种类繁多、数量较大的档案进行“去粗存精”的甄别，根据它们的不同价值，确定不同的保管年限。把需要永久保存的档案妥善地保存，把已到保管期或不需继续保管的档案加以销毁，从而保证档案具有较高的质量。

（4）保管。即维护档案的完整与安全的最主要的工作，是最基本、最经常的任务。因此，既要有一定的物质条件，包括运用各种技术手段和现代化设备来保护，又要建立严格的管理制度，采取措施防止机械的磨损、污染和失窃等。

（5）利用。即随时向行政领导及机关工作人员介绍所保存的档案内容和实际情况，根据需求，及时、准确地查找出有关档案供查考使用。

（6）统计。即对档案在收进、移出、整理、鉴定、保管、利用中所表现出来的数量关系进行调查分析，借以了解档案和档案工作的规模、水平、速度等方面的情况，为分析研究和改进档案管理工作提供可靠的根据。

四、机关事务管理

（一）机关事务管理的含义

机关事务管理是指机关管理部门负责的机关专业和职能部门以外的其他事务管理，它是机关行政管理的有机组成部分，一般包括环境事务管理、生活事务管理、财物事务管理和接待事务管理等方面。这是行政机关管理中最复杂、最烦琐的管理，又是行政管理中最基础性的管理。

机关事务管理的目标是为机关干部、职工提供尽可能方便和舒适的工作及生活条件，保证机关工作的正常运转，高质量、高效率地完成机关职能活动。机关不论大小，都存在事务管理工作。负责这一工作的机构，有中央和省、市的机关事务管理局，有的机关在办公厅（室）下设行政处（科），有些机关虽未设专门机构，但也都配有管理事务的专职人员。

机关事务管理的范围包括机关的办公场所、财物、车辆、宾馆招待所、食堂、礼堂、会场，以及机关的内外环境美化、清洁卫生等。机关事务管理所涉及的内容虽然庞杂琐碎，但它是机关管理的有机组成部分，是为领导和职工提供必要的工作和生活条件、保证机关和职能部门正常运转、提高行政效率的物质基础。

（二）机关事务管理的特点和原则

1. 机关事务管理的特点

（1）涉及面广。机关事务管理内容非常广泛，涉及人、财、物的协调。它既要解决行政机关的工作环境，又要解决组织成员的生、老、病、死和衣、食、住、行。大到房产、车辆等资产的管理，小到大头针等低值易耗品的采购供应等。

（2）细小琐碎。机关事务管理的多是细小琐碎的事务，它没有涉及成千上万资金的大项目，也没有惊天动地的大事业，有的只是本机关、本部门内部服务性的事务，甚至是几元几角的经费开支，并不引人注目，但它却与机关工作的效率息息相关。

（3）社会性强。行政机关事务管理与社会上各种服务性行业联系密切，如基建、交通、电信、邮政、财政、银行、医疗卫生、绿化、公安等部门。因此，它是一项社会性很强的管理工作。

2. 机关事务管理的原则

（1）服务原则。为机关的专业和职能部门的工作服务、为机关的领导和全体职工的生活服务是机关事务管理工作的根本宗旨。要搞好机关事务管理的工作，就必须树立全心全意为人民服务的观念，克服重政务、轻事务的倾向。

（2）节约原则。勤俭节约是中国共产党的优良传统和作风，在社会主义初级阶段，节俭更具有重要意义。在机关事务管理中，要树立勤俭节约的思想，尽可能少花钱、多办事。

（3）效能原则。效能是在单位时间内，完成既定目标的力量与才能的总和。在机关事务管理中，从人员定编到建立健全岗位责任制，都要强调效能原则，充分发挥事务管理者的工作积极性和创造才能，提高工作效率，取得事务管理的最佳效能。

（4）制度化原则。事务管理工作关系到机关每一个工作人员的切身利益，涉及各方面的政策，必须坚持按政策办事，制定并严格执行合理的规章制度，特别是住房分配制度、车辆调配使用制度等。要做到有法可依，有章可循，政策、制度面前一视同仁。

（三）机关事务管理的内容

1. 环境事务管理

环境事务管理包括办公室布置、标语的张贴、国旗与国徽的使用、公牌的制作、园林的绿化、环境卫生和安全保卫等方面。环境状况对人们的情绪、精神面貌，从而对工作效率都有重要影响。因此，环境管理总的要求是整洁、幽雅、优美。

2. 生活事务管理

生活事务管理包括房产管理、车辆管理、食堂、浴室、招待所、理发室、幼儿园的管理等。例如，房产管理主要是对办公用房和生活用房的建筑、分配、管理和维修等；车辆管理主要是对车辆的购置、登记、调配使用、保养维修、油料领用及司机培训管理和肇事处理等。

此外，食堂管理的好坏直接影响机关工作人员的身体健康和工作积极性，应主要抓好饭菜质量及价格、服务时间及态度和饮食卫生等环节。幼儿园工作关系到干部职工子女教育问题，这项工作搞好了，可以解除干部及职工的后顾之忧，使他们能集中力量干好工作。

3. 财物事务管理

财物事务管理是对机关工作所必需的物资器材和财务开支的管理。机关财务管理是指在严格遵守财务规定的前提下，管好经费的使用，做到尽量少花钱、多办事、办好事。

办公器材包括办公桌椅、笔墨纸张、电扇、火炉、打字机、复印机、电话等。对这些物材的购置、保管、使用、维修和稽核等，要通过合理的制度和科学的方法进行管理，做到物尽其用。只购置办公必需物品，避免积压闲置；保管要由专人负责，并逐件登记，防止损害、遗失或浪费；使用要登记造册，明确责任；物材要经常注意保养维修，并定期清点、稽核，做到账物相符。

4. 接待事务管理

接待事务管理是指行政工作人员对来自上级、平级和其他相关组织的来宾以及外国友人的参观访问进行接洽与招待，是一种有着公共关系职能的具体活动。接待工作要做到服务周到、热情，及时解决来宾遇到的问题。

第三节　机关行政现代化

一、机关行政现代化的含义

机关行政现代化是指在机关行政中注入现代管理的理念，使用现代科学的管理方法和先进的技术手段，使行政机关管理能适应现代行政管理的要求，达到较高的管理水平和工作质量。

机关行政管理现代化是当代科学技术发展与社会进步的客观需要，是行政管理走向科学化的一条必由之路。

二、机关行政现代化的内容

（一）机关行政观念的现代化

机关行政观念的现代化是以高效化为核心的，实现行政机关工作高效化的基本途径主要有以下几个方面。

1. 树立较强的时间观念

时间观念具有历史性，它随着社会的发展而发展。现代科学技术的发展，对人们的时间观念提出了更高的要求，如现在采用了毫秒、微秒、毫微秒的时间概念。

虽然行政管理工作还不需要用这样的单位来实际计量时间，但是确立精确的时间概念，增强工作的时间观念，对于现代行政管理工作是十分有意义的。

2. 重视行政工作的高质量

行政工作不仅要讲数量，还要讲质量。行政工作的质量和数量是辩证统一的，质量是行政工作的功效方面，数量是行政工作的时效方面。

失去了质量，行政工作的数量再多也没有意义，甚至还会造成负面影响。因此，我们必须从质与量相统一的角度来看待行政工作的高效化，力求行政工作的高质量。

3. 追求行政资源的高效化

行政机关工作也要讲求经济成本，要讲求行政成本与行政效益之间的合理比率。在行政工作中，所谓行政高效化就是要力争投入最小的行政资源（行政组织的人力、财力、物力、时间等）来使行政事务处理得最好。

现代机关管理工作应当合理利用、优化配置好各种资源，做到人尽其才、财尽其利、物尽其用。

（二）机构设置现代化

现代行政机关组织机构的设置是随着办公厅（室）工作任务的变化、工作职能的演变和办公手段的发展而不断调整和完善的。办公厅（室）的工作要实现规范化、科学化和现代化，必须严格遵循以下基本原则。

第一，目标一致原则。一个系统运行的首要工作是确定目标。目标既是提高行政效能的前提条件，也是团结和鼓舞行政人员同心协力完成工作任务的根本动力。行政机关的机构设置应紧紧围绕行政组织的最终目标，把总目标分解成每个部门和每个人员的具体工作目标，强调从实现整个系统的根本目标入手，用目标来权衡利弊得失，按照整合的要求来安排机构的设置，实现机构与机构之间在实现组织目标过程中的联系性和统一性。

第二，职责权一致原则。职责权中的职是指职务、责是指责任、权是指依据任务所赋予的权力，职责权一致原则要求机构设置以工作任务为依据，因事设职、盲目增设和缩小机构都不利于任务的完成。在现代化的行政机关内部，每个成员的职责都十分明确，并在其职责范围内处理有关问题，机构内不设有职无权的岗位；每个人之间的分工十分明确，在任何情况下都能按照分工标准找到经办人员，真正做到事事有人负责，人人各司其职、各行其权。此外，为保证职、责、权的有效行使，行政机关应对每个工作人员行使职权的情况进行考核和监督，并根据考核的实绩，有功者奖，有过者罚。

第三，效率原则。机构设置的根本目的在于实现既定目标，要实现目标就必须讲究效率，特别是在当今高科技迅速发展的信息化时代，企业不讲究效率就没有竞争力，就会面临破产和倒闭的危险；行政机关不讲究效率就会给国家和人民的利益造成重大损失。因此，行政机关在机构设置时，必须认真考虑如何设置机构才有利于提高工作效率的问题。

第四，精简原则。一般行政机构设置是根据单位体制、规模、业务范围和工作特点进行的，因而在机构设置的过程中，应在明确机构总目标和总任务的基础上，本着合理与精简的原则进行机构设置。想要从根本上克服官僚主义和机构臃肿的现象，关键一点就是要在行政机构内部引入竞争机制，根据工作实绩优胜劣汰，把那些素质低、工作能力差的人员分流出去，以实现机构精简的目标、保证行政机构的活力。

第五，分层管理原则。一般来说，行政机关的各层次及各部门在组织中是一个完整的统一体。在具体的运作过程中，每个管理层应当实行逐级指挥、逐级负责的制度。对每个管理者来说，一个人只有一个特定的上级，每个人只能从自己的上级那里接受指令，也只能向自己的上级请示报告并对其负责。各个层级之间层层负责、分级管理、上下配合、左右协调。在上下层级的任务发生矛盾时，下级应当服从上一层级总任务的要求。

要实现机构设置的现代化，仅仅关注机构设置本身的问题还不够，还必须努力实现行政机关管理的制度化和规范化，也就是说，在行政机关各部门中建立相应的规章制度，如工作制度、责任制度、考核制度和奖惩制度等，做到有法可依、有章可循。这些规章制度既要具有稳定性和延续性，又要根据形势和环境的变化不断加以充实和修订，使其更符合机构设置现代化的要求。

（三）管理方式现代化

实现行政机关管理现代化、提高机关管理的效率，必须采取现代化的管理方式。现代化的管理方式不仅是机关管理现代化的要求，也是整个行政管理现代化的要求。其内容主要包括实行参与式的管理和设计科学的管理程序。

1. 参与式的管理

参与式的管理就是让全体工作人员共同参与机关管理目标和制度的制定，参与对机关管理重要问题的筹划和讨论，集思广益共同把机关管理工作做好。参与式管理的宗旨在于调动工作人员的积极性、主动性，强化其自控、自律、自主的能力，使繁杂的机关内部事务合理分解，由专人负责，从而达到有条不紊和高效率。参与式管理的主要形式有以下几种。

（1）落实岗位目标责任制。通过让全体工作人员参与对机关管理目标的制定和分解落实岗位目标责任，使工作人员明确任务和指标，自觉地履行职责、完成任务。

（2）全员评议制。在落实岗位目标责任制的过程中，定期组织工作人员开展互相评议，使工作人员对所承担的工作有一个正确的评估，能及时发现问题，明确努力方向，并且能够知己知彼、取长补短、促进工作。

（3）工作人员述职制。在某一阶段的岗位目标期限届满时，由工作人员在所有组织成员面前公开述职、进行自我对照检查和总结，把自我鞭策与互相鞭策结合起来，用群体的力量促进个体的自我约束。

2. 科学的管理程序

机关管理纷繁复杂，如果没有一定的科学管理程序，就必然会使工作杂乱无章、效率低下。科学的管理程序要求机关管理各项工作都要简化办事手续，提高行政效率。行政机关管理的科学程序包括以下两个方面。

（1）手续性程序。这是处理日常事务的一般执行手续方面的程序。如文书办理程序、档案管理程序、会议组织程序、财务收支程序和报告编制程序等。

（2）决定性程序。这是对行政机关全局的控制、布置方面的程序，包括决策程序、协调程序、指挥程序、考核程序和总结程序等。

行政机关科学管理程序的制定，要符合行政法律规范的要求，符合行政机关管理的特点和规律，要从实际出发，不拘泥于某种死板的公式，而且要力求简化，杜绝重复多余的手续。

（四）办公手段现代化

办公手段的现代化是行政机关管理现代化的技术保障，主要是要普遍采用电子计算机进行管理。由于电子计算机具有迅速、准确、储存、判断等特点，因此最适合广泛应用于行政机关管理。此外，无线电传真机、自动显示装置、高速复印机、高保真录音录像设备和移动通信装备等已经成为现代办公机构的必要工具，成为开展日常办公业务不可缺少的重要手段。

1. 办公手段现代化的意义

办公手段的现代化对实现行政管理的现代化具有重大意义，它可以大规模取代日常繁杂的事务性工作，大大提高处理事务的速度和质量，避免办公人员在“文山会海”中消耗大量的工作时间，从而大大提高行政效率。

与此同时，通过对大量情报数据的分析加工，能很好地解决行政管理业务中信息量剧增的尖锐矛盾，为迅速、果断地进行行政决策和行政执行提供条件。

2. 办公手段现代化的标志

实现办公手段的现代化，简单地说，就是全面实现办公自动化（office automation，OA）。办公自动化是指应用计算机技术、通信技术、系统科学和行为科学等先进的科学技术，将人们的部分办公业务物化于各种办公设备，并由这些办公设备与办公人员构成服务于某种目标的人机信息系统。

随着科学技术的进步和社会的发展，以应用电子计算机为主要标志的办公自动化已在我国逐步实现，并成为行政管理现代化的重要组成部分。人机信息系统的规模和功能，既受行政组织机构、办公制度和办公环境等因素的制约，又对这些因素的变化起着重要的促进作用。

3. 办公自动化系统的构成

办公自动化系统主要包括：由电子计算机和光缆组成的局部信息网、综合办公系统、办公室服务站、文字处理中心；大中小型电视会议系统、图像传真会议室、电传系统、内线电话号码检索系统、电子归档与检索系统；数字及数据交换机、终端机、个人电脑、文件处理机、传真机、缩微照相以及大楼管理系统等。

4. 办公自动化系统的功能

办公自动化系统主要包括：文字、文件处理功能；图形、图像处理功能；声音处理功能；信息查询功能；网络通信功能；决策支持功能和行政管理功能等。

从办公自动化系统的功能看，它与管理信息系统、决策支持系统既各自独立，又相互交叉耦合，它们相互耦合的深度既取决于三大系统相互作用的方式，又取决于具体的环境和背景。三大系统的耦合，使办公自动化系统的功能更趋完整，其作用亦得以极大增强。

办公手段的现代化是实现行政机关管理现代化的物质基础和技术支撑，它可以大规模地取代日常繁杂的事务性工作，大大提高处理事务的速度和质量，避免行政人员在“文山会海”中消耗大量的时间，从而大大提高行政效率。

（五）人员配备现代化

行政机关的工作效果常常是和工作人员的办事能力、办事效率联系在一起的。要实现机关管理现代化，必须加强人员配备的现代化，也就是要加强行政人员的素质教育。在行政人员个体素质结构方面，主要强调的是知识结构、能力要求、道德素质、心理条件等。

在实现行政人员群体结构优化方面，要注意到每个人的年龄、知识结构、个性和文化背景的不同，认真贯彻群体互补的原则，努力使机关内部群体具有梯形的年龄结构、合理的知识结构、多类型的智能结构和协调的气质类型结构，同时应当贯彻行政人员经常调整的原则，鼓励行政人员积极流动，促使他们开阔视野、增长见识、充分发挥自己的才干。

在提高行政人员办事能力方面，应着眼培养行政人员的参谋能力、执行能力、协调能力和表达能力。参谋能力是指行政人员为领导出谋划策，进行决策咨询和智力辅导的能力；执行能力是指行政人员及时、准确、优质、高效地完成领导交办的各种事项的能力；协调能力是指行政人员根据领导的意图，积极主动地沟通各方面的信息，调节各种关系，与各部门、各单位商讨事项、协同步调、一起进行工作的能力；表达能力一方面是指行政人员应具备较强的口头表达能力，另一方面是指行政人员应具有较强的文字表达能力，既要能熟练起草各种公文，又要善于根据领导者的不同要求写出不同风格的讲话稿。

三、电子政务

（一）电子政务的含义

电子政务是指国家机关在政务活动中，全面应用现代信息技术、网络技术及办公自动化技术等进行办公、管理和为社会提供公共服务的一种全新的管理模式。广义电子政务的范畴应该包括所有国家机构在内；而狭义的电子政务主要包括直接承担管理国家公共事务、社会事务的各级行政机关。

在中国，电子政务既包括各级行政机关系统的政务工作信息化，也包括执政党以及国家权力机关、司法机关、政协等机构的政务工作信息化。因此，在中国特定的管理体制下，电子政务有着更广泛的内涵，其中最重要的内涵是运用信息通信技术打破传统行政机关的物理组织界限，整合和贯通行政流程，实现基于互联网的电子化虚拟环境下的政府服务。

（二）电子政务的作用

20 世纪 90 年代以来，西方国家的信息技术和网络技术在社会各方面得到了广泛应用，电子政务的发展在很大程度上推动了行政改革的深化和行政效率的提高。因此，加快政府电子化建设的步伐，使政府部门通过互联网络与民众进行互动式的交流和社会管理，无疑将从根本上变革传统的办事方式，改进社会服务的质量，而且对我国实现行政管理现代化具有重要的作用。

第一，电子政务有利于提高政府决策的科学化。在信息化、网络化的时代，公民与政府官员的直接对话成为可能，从而提高了民意在政府运作中的分量，这使得政府能够比以往更广泛地听取各方的意见，集思广益，有利于政府决策的科学化。

第二，电子政务有利于促使政务公开，改善政府公共服务的质量。政府可以通过网络，向社会及时、准确地传递信息；可以大大提高政府服务效率，克服官僚主义弊端；电子网络政府的建立，还有利于实现并强化民众监督机制的效用；网络技术以“秘密投票”的方式确保监督者尤其是民众敢于监督。

第三，电子政务有利于实现资源共享，降低行政成本。一方面，电子网络政府的建立，以及政府管理中普遍应用的信息技术、办公自动化和网络技术，可以把一定区域乃至全国的行政机关连接在一起，使信息、知识、人力以及创新的管理制度、管理理念和管理方法等各种资源真正实现共享，提高各种资源的利用率；另一方面，虚拟办公、无纸办公的出现，电子邮递、连线办公、电子交换作业和公文电子化处理等，很大程度地减少了行政人员的办公费用和公文处理费用，克制了长期困扰我们的“文山会海”和“公文旅行”等不良现象。另外，政府可以通过网上采购，节约大量的人力、物力、财力和时间，达到提高行政效率、降低管理成本的目的。

（三）电子政务发展的改革与实践

1. 电子政务发展的政策要求

党的十七大正式提出“加快行政管理体制改革，建设服务型政府”和“推行电子政务，强化社会管理和公共服务”，我国电子政务已经成为加快政府职能转变、深化政府机构改革的重要手段。

党的十八大以来，以习近平同志为核心的党中央高度重视以信息化推进国家治理体系和治理能力现代化，强调要加快推动电子政务，打通信息壁垒，构建全流程一体化在线服务平台，助力建设人民满意的服务型政府。

党的十九大报告中提出“加强互联网内容建设，建立网络综合治理体系，营造清朗的网络空间”“转变政府职能，深化简政放权，创新监管方式，增强政府公信力和执行力，建设人民满意的服务型政府”。这意味着对“服务型政府”建设提出了更高要求，“增强改革创新本领，保持锐意进取的精神风貌，善于结合实际创造性推动工作，善于运用互联网技术和信息化手段开展工作”就成为当前政府机关行政管理创新的应有之义。

由此可见，随着我国政府向公共服务型政府转型的逐步深入，政府对民生问题的重视不断加强，要把人民群众是否满意作为衡量服务型政府建设成效的根本标准。要做到这一点，既需要政府工作人员牢固树立“全心全意为人民服务”的理念，同时也需要有强大的政务信息系统的支撑，电子政务必将成为重要抓手，否则工作就可能心有余而力不足，因此要完善政务数据资源体系，做好政务信息系统改造对接。

2. 电子政务发展的客观实践

整合与共享、系统与联动、建设数字政府是新时期电子政务建设最突出的特点。电子政务更加注重统筹推进、条块结合、上下联动，注重政府管理和服务的系统性、整体性，加强行业主管部门业务指导和政策支持，充分调动地方政府的积极性和主动性，加强制度衔接，有效整合各方资源，促进纵横协同、上下联动，构建一体化联合推进机制，提升协同服务能力和综合管理水平。党的十九大对决胜全面建成小康社会、开启全面建设社会主义现代化国家新征程作出了全面部署。要深入贯彻党的十九大和十九届二中、三中、四中全会精神，以习近平新时代中国特色社会主义思想为指导，加快构建全国一体化网上政务服务体系，推进跨层级、跨地域、跨系统、跨部门、跨业务的协同管理和服务，真正实现让企业和群众到政府办事像“网购”一样方便。各级政府要推动企业和群众办事线上“一网通办”（一网），线下“只进一扇门”（一门），现场办理“最多跑一次”（一次）。到2018年底，“一网、一门、一次”改革初见成效，先进地区成功经验在全国范围内得到有效推广。

数字政府作为实现国家治理体系和治理能力现代化的战略支撑，是数字中国的重要组成部分，是优化营商环境、推动社会经济高质量发展的重要抓手和引擎，是践行新发展理念、增强发展动力、增强人民福祉的必然选择。当前，各地区、各部门以习近平网络强国战略思想为指导，数字政府建设如火如荼，全方位探索政府数字化转型路径，从体制机制、管理职能、基础设施建设、在线政务服务、新技术应用等方面创新政府治理模式成为电子政务发展的新方向。

本章小结

- 行政机关是指依法行使国家权力、执行国家行政职能的机关。机关行政是指各级政府及其职能部门，为发挥行政职能、实现行政目标而对行政机关内部事务和工作环境进行的管理活动。机关行政具有综合性、辅助性、协调性和政策性的特点，其原则包括服务、节俭、清正、效率和联系等原则。

- 机关行政在整个行政组织中处于中枢和要害地位，机关行政的主要职能是参与政务、管理事务、搞好服务。具体来说，机关行政的主要职责有：参与政务，即辅助领导进行决策；管理事务，即协调沟通上下级；搞好服务，即服务好领导和群众。

- 机关行政管理包括机关会议管理、机关文书管理、机关档案管理和机关事务管理。会议的主要功能包括决策、控制、协调和教育等。行政会议包括例行会议、联席性会议、布置总结会议、经验交流会、座谈会、电话会议和紧急会议。会议管理的目标是控制会议数量，提高会议质量。

● 机关文书管理是指对机关文书的制发、传递、处理等环节和程序的规范化管理。它是沟通行政信息、实现行政管理职能的重要手段。具有领导和指导、联系和沟通、规范和约束、依据和凭证、宣传和教育等作用。为提高文书的质量，机关文书管理必须遵循准确、及时、精简和保密的基本原则。

● 档案是指过去和现在的国家机构、社会组织以及个人从事政治、军事、经济、科学技术、文化、宗教等活动直接形成的对国家和社会有保存价值的各种文字、图表、声像等不同形式的历史记录。机关档案管理的内容主要包括收集、整理、鉴定、保管、利用和统计，具有机要性、科学性和服务性的特征。

● 机关事务管理是指机关管理部门负责的机关专业和职能部门以外的其他事务管理，它是机关行政管理的有机组成部分。其原则主要包括服务、节约、效能和制度化等原则。一般包括环境事务管理、生活事务管理、财物事务管理和接待事务管理等，这是行政机关管理中最复杂、最烦琐的管理，又是行政管理中最基础性的管理。

● 机关行政现代化是指在机关行政中注入现代管理的理念，使用现代科学的管理方法和先进的技术手段，使行政机关管理能适应现代行政管理的要求，达到较高的管理水平和工作质量。其内容包括机关行政观念的现代化、机构设置现代化、管理方式现代化、办公手段现代化和人员配备现代化。

● 电子政务是指国家机关在政务活动中，全面应用现代信息技术、网络技术以及办公自动化技术等进行办公、管理和为社会提供公共服务的一种全新的管理模式。广义电子政务应包括所有国家机构在内；而狭义的电子政务主要包括直接承担管理国家公共事务、社会事务的各级行政机关。电子政务有利于提高政府决策的科学化、改善政府公共服务的质量、实现资源共享和降低行政成本。

复习思考

一、概念题

行政机关　　机关行政　　电子政务　　机关文书管理　　机关事务管理

机关行政现代化

二、思考题

1. 如何理解机关行政的特征与职能？
2. 机关文书管理的含义及原则是什么？
3. 会议的功能与原则有哪些？

4. 档案管理的主要内容有哪些？

5. 如何做好机关事务管理工作？

6. 如何实现行政机关管理的现代化？

三、材料阅读与拓展思考

人民时评：以电子政务助力治理升级

打造更加统一、便捷、高效的政务服务平台，关键在于有效整合，打通跨部门、跨层级、跨区域信息共享的“任督二脉”。

小小一张电子卡，线上线下全打通。近日，在福建福州举办的首届数字中国建设成果展览会上，人力资源和社会保障部签发首张全国统一的电子社保卡，引发社会关注。在这个展览会上，独具特色的电子政务馆，更让人感受到电子政务的快速发展。

“互联网＋公安”加速了证件异地办理；“互联网＋海关”大大提升通关便捷度；环保部门上线的“环保云”，为重污染天气应急管理提供技术支撑；最高法推出的司法拍卖网络平台，既便利了群众，也压缩了权力寻租空间……近年来，随着政府管理创新与新兴信息技术的深度融合，我国公共服务信息化水平持续提升。在近日的全国网络安全和信息化工作会议上，习近平总书记再次强调，“加快推进电子政务，构建全流程一体化在线服务平台，更好解决企业和群众反映强烈的办事难、办事慢、办事繁的问题”。

推动电子政务发展，是“以信息化推进国家治理体系和治理能力现代化”的必然要求。这不仅意味着行政技术的提升，更是治理理念的升华。近年来，浙江“最多跑一次”、江苏“不见面审批”、上海“一网通办”等举措相继推开，“让百姓少跑腿、信息多跑路”成为一种治理自觉。一些地方还邀请互联网公司参与，致力于把政务信息化扩大到智慧城市建设。围绕电子政务，顶层设计与基层探索交相辉映，百姓办事需求与政府职能优化有效对接，企业技术供给与地方产品需求良性互动，搭建起多层次、多侧面的生动场景。

纵览电子政务在线服务平台，也应看到，我们依然面临着顶层设计不足、标准化程度偏低的问题。处身展览会现场，这种感受十分明显：各类系统供应商百舸争流，虽然产品功能差别不大，但标准差异却不小。从市场发展的角度看，这或许有利于充分竞争；从政务发展的角度看，却容易因难以打通而陷入“万码奔腾”的数据割裂。现实中，一些电子政务新平台本是便民之举，却由于种种原因，给人造成新的不便。如何变重复注册为一次认证？如何打破信息孤岛实现互联互通？能否超越简单的信息发布，丰富信息应用方式？凡此种种，都亟待在实践中加以破解，也呼唤尽快建立完善标准统一的国家政务服务平台。

打造更加统一、便捷、高效的政务服务平台，关键在于有效整合。从社保信息到房产信息，从身份信息到交通大数据，只有打通跨部门、跨层级、跨区域信息共享的“任督二脉”，才能推动政务信息资源畅快流动，为治理现代化提供可靠抓手。进而言之，政务大数据具有独特的公共价值，相关政务数据的流动，不应囿于政府机构内部。在明确规则、加强监管的基础上，有效对接市场和公众需求，不仅有助于充分释放政务数据的红利，也能倒逼解决政务数据的开放共享难题，助推电子政务向2.0时代迈进。

加快发展电子政务，已经构成数字中国建设不可或缺的重要一环。当互联网日益成为人类社会的关键基础设施、信息化应用场景更加广泛融入日常生活，群众对政府优化电子政务、提升治理效能，有了更高期待。这样的期待，必将推动治理者走出“舒适区”，紧跟大数据、云计算等新兴技术潮流，为数字中国、智慧社会添砖加瓦；也必将有利于锻造更高效的行政服务体系，为推进治理体系和治理能力现代化激发更多正能量。

资料来源：何鼎鼎，《以电子政务助力治理升级》，载于《人民日报》2018年4月24日，第5版。

拓展思考题：

1. 如何理解推动电子政务发展是“以信息化推进国家治理体系和治理能力现代化”的必然要求？

2. 结合材料谈谈中国电子政务发展的困难和关键点在哪里？

3. 推进电子政务发展，让企业和群众到政府办事像“网购”一样方便。这样的电子政务管理目标能否实现？你怎么看？

第十二章

行政文化

行政文化在行政管理学中占有重要的地位。行政文化是行政实践的精神成果，是行政活动得以进行的环境，是社会文明的主要构成。行政文化是行政体制的深层结构，是行政管理的灵魂。行政文化通过行政人员的思想意识影响着行政实践。任何国家的任何行政人员都要生活在一定的行政文化环境下，任何行政实践都离不开行政文化环境，行政文化在国家行政建设过程中起着重要的作用。本章主要研究和阐述行政文化的含义、特征与类型、形式，行政文化影响。重点是行政文化的含义、形式和创新；难点是行政文化创新。

第一节　行政文化概述

一、行政文化的概念

（一）文化的含义

“文化”是一个广泛而复杂的概念。对文化的解释有多种，如17世纪德国法学家普芬多夫认为：文化是指社会人的活动所创造的东西以及有赖于人和社会生活而存在的所有东西的总和。这个定义涵盖一切物质因素和非物质因素。另一应用比较广泛的定义是由英国学者泰勒在其1871年出版的《原始文化》一书中所给出的：文化是一个复杂的整体，包括知识、信仰、艺术、道德、法律、风俗以及人作为社会成员所获得的任何技巧与习惯。

而国内的学者对于文化的定义有广义和狭义之分。广义的文化泛指人类社会历史实践过程中所创造的物质财富和精神财富的总和；狭义的文化仅指精神财富。但在人类社会活动的不同领域，由于人们实践的内容和形式的差别，又形成了不同的实践领域的文化。对文化做出明确的定义或者分类有一定的难度，但不可否认的是，文化在人类生活的各个领域都发挥着极为重要的作用。

（二）行政文化的含义

1. 学界对行政文化含义的认识

文化作为一种复杂的社会现象，在不同的社会生活领域具有不同的内容和表现形式，在行政活动领域即表现为行政文化。在公共行政领域，行政文化如何影响政府行政行为、行政体制及行政发展，已经成为学界关注的重要方面。行政文化是人类社会文化系统的组成部分，是行政实践的产物，是行政意识形态的具体体现。作为上层建筑中精神活动的行政文化是国家的阶级属性、民主文化和行政体制等诸多因素相互作用的产物。

目前，我国学界对行政文化概念的认识还没有完全统一，行政文化还没有明确、统一与公认的概念，专家学者往往从不同研究视角去界定行政文化。一般意义上，行政文化概念有狭义和广义之分。夏书章（2003）指出，行政文化的内涵，有广义和狭义的不同界定。就广义而言，行政文化是指行政意识形态及与之相适应的行政制度和组织结构；从狭义来说，行政文化仅指行政意识形态，即在行政实践活动基础上所形成的，直接反映行政活动与行政关系的各种心理现象、道德现象和精神活动状态。从狭义角度来说，张金鉴（1982）认为，行政文化是指政府官员和公务人员应该共同信守的行为模式、生活方式、人群关系及价值观念。张康之（1999）认为行政文化主要是精神与心理层面的，在客观上表现为行政体系的隐性结构，是一种贯穿于行政体制、行政法律、公共政策中的“客观精神”；在主观上是既定的社会历史时期中一般文化、社会心理及行政体系赖以建立的特定思想体系在行政人员身上造成的心理积淀，包括行政管理技术层面。竺乾威（2012）认为行政文化是文化在行政活动中表现出来的一种独特的文化形式，它借助于行政主体、行政活动、行政对象而体现相应的特质。麻宝斌（2013）认为行政文化是公共行政的“软件”，包括行政心理、行政意识、行政思想、行政理念、行政道德、行政规则、行政价值、行政信念、行政习惯、行政传统等，是行政体系和行政行为的深层结构，也被称作行政活动的灵魂。庄锡福（2008）认为，行政文化就是渗透于政府公务员行政行为和政府行政体制中的行政价值取向、行政伦理道德和行政思维方式，及作为行政客体的公民对公务员行政行为和政府行政体制的认识、评价中显示的价值倾向、思维方式和道德要求的总和。

2. 本书对行政文化含义的认识

行政文化有狭义与广义之分。狭义的行政文化概念更侧重于从精神活动层面理解行政文化，行政文化是直接反映行政活动与行政关系的各种心理现象、道德形象的总和，是引导具体行政行为的意识取向，即在公共产品或公共服务供给等实践活动基础上生成的，能直接折射出行政活动与行政主体的各种心理状况、道德表现和精神活动。

广义的行政文化指的是行政上层意识与行政组织机构连同内部制度系统的集合，概念的外延比较广泛。行政文化是行政行为与活动的导航与依据，是人文精神与现实思想观念、习惯的结合，核心是人的心理、精神，主要表现为行政个体、群体或组织的思想、价值观、道德观念等。行政文化还包含宏观层面的制度体系、中观层面的组织与群体共享的文化假设、微观层面的群体与个人的行政心理层面，如认知、情感、评价等。

我们认为，行政文化是指社会成员在行政实践活动中所形成的反映各种行政管理现象的行政意识形态。其基本内容包括：一是行政文化的本质是行政意识形态，是对行政实践和活动中的各种现象的认识成果和高度概括，同时构成了行政实践赖以进行的环境；二是行政文化反映的是行政管理活动中出现的各种现象，包括心理的、精神的、观念的和道德的现象，具有一定的倾向性和共同性。

（三）行政文化与其他文化现象的关系

在现实生活中，行政活动与其他社会活动既有区别又密切相关、相互渗透。行政文化是相对于社区文化、乡村文化、校园文化、企业文化而言的一种具有行政特点的文化形态，这里主要是特指各级党政机关国家公务员在行政活动中，影响甚至决定其行为的一系列行政理念、行政道德、行政规则、行政环境等。

就文化形态来看，行政文化与其他社会文化现象是对立统一的辩证关系。行政文化的形成、变化和发展，受到哲学、世界观、政治思想体系、法律意识、价值观念以及一般的社会道德伦理和心理的影响、制约、作用，同时行政文化现象又反作用于这些其他社会文化现象，影响、制约着这些文化现象。行政文化与其他文化现象不仅相互联系，而且在一定的条件下又是可以相互转化的。

二、行政文化的特征与类型

（一）行政文化的特征

第一，行政文化的时代性。行政文化是一定时代的产物，它的出现需要一定的社会条件，它是人类社会文化发展到一定阶段的成果。就人类历史而言，行政文化的出现以国家行政活动为前提，是社会私有制、阶级、国家等历史现象的伴随物。神权政治时代的行政文化是迷信的、神秘的，封建专制时代的行政文化是尚权威、重服从，资产阶级革命时代的行政文化是讲人权、尚实效、重法治，社会主义民主政治时代的行政文化则重科学、为民众、尚服务。

第二，行政文化的政治性。行政文化在有阶级的社会中，具有鲜明的阶级性和政治倾向性。行政文化的政治本质和阶级意志在于它在阶级社会中，总是一定的政治统治工具和阶级意志的表现，总是为一定的阶级利益服务的。不同阶级的行政文化，其阶级性往往以不同的形式表现出来，或冲突对抗，或同一转化。

第三，行政文化的差异性。行政文化的差异性主要表现在行政文化的具体形式上，不同民族、不同区域的行政文化各具特色，无论是民族习惯还是传统上都有别于其他民族和地区。随着行政文化的不断发展，各民族逐渐积淀成自己的行政文化传统，构成各自的行政文化特色。不同国家的行政文化常常因不同的国度和民族而形成不同的模式，美国的行政文化通常表现出民主、自由、积极、奋发的特色，德国的行政文化表现出重法、守纪、严正、整齐的特色，英国的行政文化则有尚典、守旧、泥古、重名的色彩。由于任何行政管理活动都是由特定社会成员所进行的，因此，差异性在行政文化的建设中起着十分重要的作用。

第四，行政文化的渗透性。行政文化处于不断变化和发展中，不同地域和民族的文化可以相互渗透，其间新的文化成因不断出现，使其具有更为丰富的内容和形式。随着时代的发展，各种新的行政管理经验的出现、各种新的管理技术的应用，为行政文化的相互渗透和转化提供了基础，不管是积极的还是消极的转化，不管是滞后的还是前瞻的转化都会随着管理实践的发展而得到验证。

第五，行政文化的延续性。行政文化的延续性有两方面含义，一是指任何行政文化都是对以往存在的行政文化的某种扬弃，同时又都在时间和空间上出现了推移和扩展；二是指作为人类社会整体的行政文化的连续性。这种整体性的文化连续性，从量上看，只要存在行政活动，其延续便是无限的，其发展是不可间断的；从质上看，这种历史延续主要体现在对优秀的行政文化遗产的继承与发扬等方面。行政文化的延续性的基础是社会物质生产发展的历史连续性，直接作用于社会行政实践的历史连续性。

（二）行政文化的类型

根据行政文化的关系，行政文化可分为主体行政文化和客体行政文化。任何行政关系均由行政主体和行政客体组合而成，由于主客体双方在行政关系中的不同地位，从而形成不同的文化形态，进而共同构成特定的行政文化。主体行政文化是指行政管理过程中，实际拥有行使行政权力的个体和组织的行政意识。行政主体文化的核心，是对行政权力的性质的确认、维护和使用，它直接决定着特定行政文化的本质属性与基本特征，是构成特定行政关系的主导因素。

客体行政文化是指行政管理过程中，不直接行使国家行政权力并作为行政管理对象的个人、群体和组织的行政意识。其核心是对行政主体的行为合理性的评价，评价标准因各自的利益不同而呈现出多样性，当客体认为行政主体行为合理时，易与主体形成同一性的行政文化，相反则难以形成同一性的行政文化。若行政主体的行为被行政客体评价为不合理，并长期得不到改善和调整时，会造成行政文化主客体间的异质性，甚至带来意识形态的危机。因此，客体行政文化在行政文化的构成中，虽不居于主导地位，但仍具有不可忽视的作用。

三、行政文化的形式

行政文化的形式十分丰富，主要包括行政心理、行政意志、行政规范、行政评价、行政伦理等。

（一）行政心理

就行政心理这一概念的内涵来说，行政心理是行政关系体现者（个体的或群体的、组织的）的知觉、情感、态度和个性的总和，及其对行政关系和行政活动的自发的感性反映形式。所谓行政关系的体现者，包括实施行政管理的人和接受行政管理的人，是行政主体与客体（在此指人）的统称。

行政心理的实质，就是人们对于社会行政、政治和经济现实的主观反映，是社会精神现象的一个重要组成部分，并能通过行政行为能动地作用于包括行政体制在内的社会政治制度。行政心理除具有与其他行政文化相同的性质（如历史性、阶级性、民族性、变动性、连续性等）外，还有其自身特征：直接感受性、时代性、能动作用的内在性。

（二）行政意志

行政意志是人们决心达到某种行政活动目标而产生的精神状态，是行政心理上升至理性的强化结果。行政意志的形成，实质上是人们做出某一行政行为时在对错之间、善恶之间、道德与非道德之间实行的持续的理性选择。因此，行政意志有着强烈的目的性和坚定性，表现为为了实现特定的行政目标而执着坚持，这种强目标性是人们主观能动性和行政人格的重要体现。

（三）行政规范

行政规范作为确定或指导各种行政关系、行政活动的标准和规则，既是行政意志的最集中体现，也是行政意志转化为行政实践后的合理性成果。其表现形式包括成文规范，也包括行为规范或典范。行政规范的特征主要体现在以下三个方面。

第一，协调性。行为规范是道德性规范和法规性规范的有机统一，体现了两者功能的协调一致。

第二，原则性。行政规范以正向或反向方式承载着种种行政原则，一定的行政规范为行政系统的行政管理活动提供行为依据。

第三，外在控制性。各种行政文化对于人们的行为均有一定的控制性，但行政心态和行政意志的行为控制是内在的，其实现过程是由内向外的逐渐显现，而行政规范的控制作用是在主体之外存在的，其实现过程则是由外向内的不断变化。

（四）行政评价

行政评价是在特定意识形态下，人们对社会实际存在的或可能发生的各种行政行为所作的价值判断。行政评价一般分为社会评价和自我评价两种形式，社会评价主要指社会舆论，其中包括一定社会集团和阶级有意识、有目的地通过舆论工具所传播的正式社会舆论，也包括人们自发产生的自然传播的民间舆论，社会舆论在性质上有进步与落后之分，在作用上有积极和消极之分。

自我评价主要是借助于内心信念或主观意志对自身行政管理行为、行政管理方式实施的评价。在评价中，个体自身既是评价者，又是被评价者。与社会评价相比，自我评价更为深刻、直接、迅速，是形成良好行政文化不可缺少的重要构成部门。在行政评价中，自我评价实质上反映着社会对个体行为的一般评价。因此，在一定意义上，自我评价是社会评价的特殊形式。

（五）行政伦理

行政伦理是指从事政府行政管理工作的国家公务员在行使公共权力、管理公共事务的活动中，处理自身与工作对象之间、上下级之间、同事之间以及公私、得失等关系时，应当遵循的原则和规范。行政伦理调整的对象是各级国家公务员的职业活动关系，调整的范围包括政府内部各部分之间的关系和政府与社会之间的关系。行政伦理是指行政人员的职业伦理。它涉及行政人员的义务与责任、行政组织伦理及公共管理的伦理准则和价值选择等。行政伦理常表现为行政管理人员的伦理观、行政理想、行政精神等方面的状况。

第二节　行政文化的影响

党的十九大报告提出“坚定文化自信、推动社会主义文化繁荣兴盛”，凸显了加强文化治理的重要性。行政文化作为行政管理的灵魂，是推动和影响当代中国行政体制改革的重要影响因素，是我国行政体系完善和发展的环境依据。行政文化对于优化行政组织、深化行政管理体制改革、提高政府行政管理效能等发挥着重要的影响作用。

一、影响行政组织的优化

（一）行政组织优化的意义

行政文化在行政组织的建设和运行中具有重大指引性意义，行政文化对组织机构改革、组织内部人员职位安排、增强组织凝聚力有重要的影响。在政府内部，行政文化通过间接驱动的方式，推动政府职能转变。从横向来讲，行政文化在一定程度上代表政府的当前心理状态，这种状态一旦与现实环境形成张力，整个行政组织系统可能会出现失衡状态，政府内部开始产生做出改变的动机，其输出从组织结构上表现为推进机构改革。

（二）行政组织优化的形式

行政文化影响行政组织的优化，具体表现为既定的行政价值观念，会影响人们对于行政职位的选择，行政思想和行政原则对行政组织中上下级关系处理有重要影响。任何具体的行政组织形式都是人们选择的结果，其中行政条件和资源状况制约着人们的选择，行政主体对行政方式、组织制度和管理模式的认同与否亦决定着这一选择。

目前，在我国的行政组织发展中，大多数组织都是通过制定一系列硬性的规章来约束组织内部人员的行为，进而督促员工更好地为政府的发展而工作，但在组织的实际运行中，面对一些实际问题，这些规章有时候并不能发挥高效的作用。如官僚主义、高高在上、遇事推诿、为政不廉、任人唯亲等行政观念很大程度上与封建的等级制度、价值观念、思维方式、伦理道德等行政文化氛围有关。

反之，如果形成优良的行政文化环境，就会让员工体会到组织就像自己的家一样。高效的行政组织是内部人员在工作事务上遵循一定的准则、高效完成任务的同时，还能具有凝聚力，是真心实意地为组织效力，而行政文化正是发挥了这种作用。在客观因素大致相同的情况下，人们会因为行政文化的差异而选择不同的组织形式，而在客观因素不同的情形下，人们也会由于行政文化的同一性而选择相同的组织形式。同时，行政文化在行政组织形式的改革或变化过程中也起着重要作用。

二、影响行政行为的选择

（一）行政行为选择的作用

行政文化可以说是政府行政管理的灵魂，它贯穿于行政管理全过程，是政府行政体系潜在的软实力，以一种潜在的力量引导行政组织成员的行政行为，调动行政人员的主动性、积极性和创造性。行政文化指导和制约人们的行政行为，任何特定的行政活动无不受到行政文化的制约，无论是行政决策还是行政执行，都是如此。

行政文化作用于行政行为往往是通过行政人员的观念、信仰、习惯来实现的，行政人员是行政行为的主体，在行政过程中，行政文化环境对行政人员的观念起着直接的决定作用，社会成员进入行政活动领域后，不可避免地带有原有行政文化影响下的各种积极或消极的因素，并在一定的行政体系内和具体的行政活动中形成特定的思想观念。行政文化通过人们的行政心理、行政意识、行政思想、行政习惯对行政行为产生作用。

（二）行政行为选择的影响

行政文化对行政行为的影响是全面的、直接的，不仅影响行政决策是否果断、科学、可行，而且影响行政执行是否快捷、完整、灵活。具有自觉行政意识和进取行政思想的人，能够成为当机立断、独立思考的决策者和坚定、灵活的执行者；反之，则成为优柔寡断、故步自封的决策者和僵化、拖拉的执行者。

不同类型的行政文化对行政行为的影响也不同，开放型的行政文化氛围会使决策者的行为更开放、民主，表现为高效率倾向；相反，封闭型的行政文化氛围则会使决策者因循守旧、唯书唯上、思想僵化。民主型的行政文化氛围会使决策者的决策具有创造性、灵活性和综合性；相反，专制型的行政文化氛围会使决策者专横武断、刚愎自用。晦暗型的行政文化氛围会使决策者心胸狭隘、玩弄权术、争功诿过，造成行政风气腐败；相反，明朗型的行政文化氛围则会使决策者胸襟开阔、宽宏大度、公平正直、坚持原则，从而形成廉正健康的行政风气。当然，由于文化背景的不同，人们判断决策者和执行者的标准是不同的。但无论评价标准如何，行政文化对人们行政行为的影响是巨大的。

三、影响行政体制的完善

（一）行政文化影响行政体制改革

行政文化是行政管理的灵魂，是推动行政体制改革的深层结构。行政文化通过行政人员的思想意识影响着行政实践。行政文化从多方面影响行政体制，这种影响和作用是潜在的、复杂的，通过历史条件、地理环境、民族特性、文化心理、文化传统、社会制度、政治状况和经济水平等对行政体制发生作用。封闭的地理环境、落后的社会制度、较低经济水平下形成的崇尚权威、注重人治、讲求等级制的行政文化会产生专制主义中央集权的行政体制；相反，开放的地理环境、先进的社会制度、较高经济水平下形成的崇尚民主、注重法制、讲求平等的行政文化会产生民主色彩地方分权的行政体制。

（二）行政文化影响行政体制稳定

行政文化一经形成，就成为行政组织成员价值取向的依据，为行政人员所接受认同，从而达到了激发行政人员积极性和创造性的目的。行政观念的形成与演变，离不开人由感性转变至理性的内在过程，即人在实践基础上，在对客观存在及其规律的感知、分析、判断、推理等一系列活动中，人的心理活动、道德要求和精神状况始终起着重要作用。行政价值取向一经形成，具有稳定性，行政文化的稳定性有助于行政体制的稳定。

四、影响行政风气的改良

（一）有利于良好行政风气的形成

行政文化的背景与环境直接制约和影响着行政风气的形成。一个国家、一个行政组织或人员拥有什么样的行政风气，往往受到文化背景和文化环境的制约，同时受到历史的、现实文化的影响。行政文化的优劣直接影响着社会风气的优劣，优秀的行政文化是良好行政风气形成的基础。行政文化与政府治理是相互联系又相互作用的。建设符合社会发展规律的行政文化对于改良社会风气，推进和实现有效政府治理大有裨益。

（二）有利于良好行政风气的发展

符合并能反映社会发展规律的行政文化，不仅能在观念层次上引导良好的行政风气的养成，而且也能在人的心理与日常行为方式上发挥作用，以渐变的方式改变着人的习惯，推动良好行政风气的发展。推动行政文化创新，包括服务型行政文化、创新型行政文化、法治型行政文化、廉政型行政文化和效能型行政文化，这些行政文化形成行政风气改良的文化基础。行政文化能渗透人心，影响人的道德要求和人生价值观念，起到法治手段难以起到的作用，对良好行政风气的不断进步发展具有积极意义。

五、影响行政效率的提高

推进行政效率提升，不仅仅要依靠刚性的制度性建设，更需要一种柔性的力量来发挥潜移默化、水滴石穿的效果，这种柔性的力量就是行政文化。行政文化能够影响行政人员的思想和行为，从而对行政效率提升起到阻碍或促进的作用。

（一）封闭守旧的行政文化阻碍行政效率提高

行政效率的高低，关键在于人的思想、精神和作风等主观因素，并非设备、手段和规则等客观物质条件。相同的设备、统一的手段和相同的规则，由于人们的主观因素不同，其效率会有天壤之别。中国传统行政文化中的“人情政治”与“关系政治”使很多行政人员不思进取，行政官僚作风严重，形式主义盛行，任人唯亲泛滥，整个行政系统缺乏生机与活力。这些封闭守旧的行政文化一定程度上制约和阻碍行政效率的提高。

（二）开放进取的行政文化促进行政效率提高

伴随市场经济的深入发展，我国经济社会竞争性和开放性不断增强，开放进取的行政文化形态不断发展与完善。在人员任用方面，现代行政文化更强调“任人唯贤”，要按照个人能力及对社会贡献来确定每个人的价值和他们在社会体系中的地位。现代行政文化要在真理面前人人平等、机会面前人人平等，反对等级观念、裙带关系、任人唯亲，总体来看是平等、公平的。开放进取的行政文化使行政组织形成向心力和凝聚力，市场经济的开放性、人员录用机会均等，社会体系竞争力加强、公平与效率兼顾的原则，这些文化理念浸润整个行政系统，必然增加行政系统的活力，进而提高行政活动的效率。行政管理者的高效行政思想，为争取高效行政而艰苦奋斗的精神，从实际出发、实事求是的工作作风，这些既是以往优秀的行政文化的积极成果，又是现实行政文化推动高效行政的有力保障。

可见，行政文化作为提高政府行政效率的内在动力，在行政效率提升中起着举足轻重的作用。当然，文化有其自身的特殊性，若想让存在于政府行政组织中的行政文化能够提升行政效率、促进政府效能建设，就需要深挖行政文化中的一些潜在因素，将精力集中在那些阻碍政府效能建设的因素上，深究其产生的原因，并不断创造优秀的文化成果，使之更好地推动行政效率提高。针对制约行政效率提升的行政文化负面因素，要及时扭转和调整行政观念、重估行政价值、调试行政心理、改变行政习惯，从而为提高行政效率奠定基础。

总之，行政文化对行政管理的影响是广泛而深远的，被称为“行政的非正式组织”，行政文化通过行政行为、行政观念、行政体制、行政效率对任何特定的社会行政活动产生影响，这种影响不是直观的、简单的过程，这是一个十分复杂的、多样的、潜在的过程。

第三节　行政文化创新

一、中国传统行政文化影响

（一）传统行政文化的基本内容

传统行政文化是传统文化在行政领域里的表现形态，主要包括传统行政思想、传统行政心理和传统行政观念三个互为关联的部分。传统行政思想是古代人们在行政实践中形成的主观想法和见解的总称，传统行政思想的内容较为丰富，既有仍具现代价值的“民本”思想、仁政思想等，也有已落伍的思想。

传统行政心理是古代人们在行政思想传播过程中形成的关于行政实践的稳固的行政态度、行政情绪、行政愿望、行政信念等集体心理现象。它是行政思想在人们心理层面上的积淀，是一种比行政思想内容更为丰富、形式更为多样、作用范围更为广阔的精神因素。与传统行政思想有别，传统行政心理是一种不容易被改造、被抹去的感情、态度、信仰和潜意识。传统行政心理一经形成，就会对人们的行政行为产生持久的、稳定的、牢固的影响。

传统行政观念是传统行政思想、行政体制和行政心理在人们头脑中留下的概括的映象。传统行政观念直接作用于行政体制和行政运行机制，影响着人们的行政实践。其内容十分复杂和丰富，既有仍然符合现代政治、行政发展需要的观念，又有阻碍市场经济进程和社会进步的“官本位”观念、“宗法”观念、“特权”观念、“等级”观念、“人治”观念，还有良莠混杂、瑕瑜互现的“无为”观念等。

（二）传统行政文化中消极因素的特点

第一，封闭性。中国传统行政文化的封闭在很大程度上取决于中国古代较为封闭的地理环境。东临大海，西为高山沙漠所阻隔，中国古代文化几乎是在少有外来文化作用的条件下形成的。文化的封闭导致古代中国很少向外开放，无法知道外界的信息，行政观念数千年一脉相承，行政体制世代相袭。

第二，排异性。行政文化的封闭与行政文化的排异心理是分不开的。在中国传统文化中，“非我族类，其心必异”曾是人们广泛接受的观念，在思想文化领域则表现为对外来文化的排斥。在这种文化背景影响下，人们对外界情况及其变化常常持不屑一顾的态度。长期以来的“中华中心论”“中华文明论”导致古代中国对世界先进的行政管理水平和管理理论知之甚少，妨碍了行政观念的改变和行政技术手段的更新。

第三，保守性。在农耕文明下的传统社会，人们日出而作，日落而息。习惯于简单再生产，安于现状，不思进取，求稳怕乱，不愿创新和改革。这种传统文化影响所及，使行政改革缺乏推动力，人事管理缺乏激励机制，人们对行政改革缺乏必要性和自觉性认识，脆弱的心理承受能力导致改革中止或迟缓，尤其是改革中涉及利益调整时更是阻力重重。

第四，重形式而轻效率。传统行政文化注重形式，官场办事讲究烦琐程序和规则，公文样式千篇一律，导致行政管理中爱做“官样文章”，办事拖拉，机构臃肿，人浮于事，决策迟缓，阻碍行政效率的提高和行政目标的实现。

第五，重人治而轻法治。传统行政文化中治国安邦往往是重人轻法的，从先秦“有治人，无治法”“法不能独立，……得其人则存，失其人则亡”（《荀子·君道篇》）到明清“有治人无治法，若不得其人即使尧舜之仁，皆苛政也”（《清世宗实录》）大体反映了这一点。中国历代法典中从来没有约束皇帝权力的条款，法自君出，权力支配法律，用人治事多为长官意志，以致人们习惯于接受能拯救自己的清官和救星，对保障社会正常运转和人民基本权利的法律没有兴趣，不习惯用法律来捍卫自己的权利，人情风盛行。在行政活动中往往表现为行政权力凌驾于法律之上，行政决策和执行缺乏法律的约束，有法不依、执法不严成为常态。

（三）传统行政文化中积极因素的影响

1. 影响政府机构改革

政府机构改革的目标是建立办事高效、运转协调、行为规范的行政管理体系，提高为人民服务的水平。它内在地包括了民主和效率两个相互依存的价值取向，这与传统行政文化的某些民主性思想有相通之处，而这些在现代社会仍具价值的思想对政府机构改革目标的制定和实现起着促进作用。

第一，“民本”思想的积极影响。古代“民本”思想是指以民众为社稷之根本，并以民众为发政施治之基础与标准的政治和行政学说。“民本”思想的主要内容既包括“君为民立”“吏为民役”“得其心，斯得其民矣”的民本价值观，也包括爱民、利民、保民、富民等实现民本思想的措施和手段，还包括察民情、顺民意、安定民生、体恤民疾和取信于民的方式和目的。当前中国的政府机构改革，归根结底是要提高为人民服务的水平。从这个意义上讲，“民本”思想有助于政府机构改革目标的制定和实现。

第二，“仁政”思想的积极影响。古代“仁政”思想是同霸政思想相对立的，“仁政”思想是一种“以德行仁者王”的王道行政学说，它以“德治”为运作基础，是一种将行政问题道德化的学说，“仁政”思想的主要内容包括制民以“恒产”、薄税赋、轻刑罚、救济穷人、保护工商等几个方面。这种思想至今仍有超时代、超阶级的价值。对政府机构改革而言，要实现民主和效率的改革目标，就必须精简机构、裁撤冗员、减轻纳税人的负担，同时又要完善社会保障制度，“惠顾在社会竞争中的最不利者”。由此来看，古代“仁政”思想对促进政府机构改革仍然具有积极意义。

2. 促进行政关系协调

在社会转型时期，由于我国政治、经济、文化的飞速发展和剧烈变动，行政系统面临许多新的问题与压力，这就要求必须加强行政协调。这里的行政协调仅指行政系统内部关系的协调，既包括中央政府和地方政府、地方政府之间、地方政府内部的各种关系的协调，又包括地方政府与职能部门条块关系的协调。行政关系协调是政府机构改革的应有之义。

传统行政文化中关于人际关系的某些有价值的思想和观念，可以作为行政关系协调的一个重要原则，如“贵和”观念、“和而不同”的观念等。这些观念在改革中央政府和地方政府的关系，调整地方政府内部利益关系的过程中，仍具有积极的意义。

3. 引导行政道德建设

建设一支高素质的行政人员队伍是政府机构改革的目的之一。为建立这样一支队伍，必须加强行政道德建设。现阶段我国行政道德的理论、措施、手段和方法的建设都可以从传统行政文化中找到可资借鉴的资源。例如，忠于国家，严守机密；依法行政，秉公办事；不谋私利，廉洁奉公；忠于职守，勤政负责；精通政务，高效行政；各司其职，团结合作等规范性内容，与传统行政文化中的“忠恕”观念、重义轻利观念等都有诸多相通之处。

行政道德建设中的一些措施、手段和方法，如教育手段、监察手段、法律手段和制度手段等，与古代行政文化中传承下来的“教化”、监察、法治手段亦有着惊人的相通之处。这些对行政道德建设都可以起到一定的引导作用。

二、现代行政文化的创新

行政文化创新就是根据经济社会发展的要求，转变行政文化落后观念，创新行政文化内涵，形成具有时代特征的行政文化体系的过程。适应时代发展的行政文化创新能够通过文化柔性力量直接或间接地影响和制约行政人员的具体行政活动，指导其与政府治理现代化发展要求相适应，进而为推进和实现有效政府治理提供内在动力。因而，对于当前正处于多元化的社会转型期，挖掘行政文化的正能量，树立和培育科学的行政文化是推进和实现行政发展的重要途径。

（一）培育先进的行政理念

1. 先进的行政理念的基本含义

所谓先进的行政理念，就是坚持以马克思列宁主义、毛泽东思想、邓小平理论、“三个代表”重要思想、科学发展观、习近平新时代中国特色社会主义思想为行动指南，坚持以人为本，全心全意为人民服务，坚持科学执政、民主执政和依法执政，做到执政为民、服务发展。

国家公务员必须要树立正确的世界观、人生观和价值观，树立顾全大局、忠于职守、诚实守信、公道正派、无私奉献的行政道德观，权为民所用、情为民所系、利为民所谋的行政权力观，相信群众、依靠群众、关心群众、服务群众的行政群众观，求真务实、开拓创新、雷厉风行、讲求实效的行政效率观，努力发扬自强不息、开拓开放的人文精神。要使公务员真正树立起先进的行政理念，重在教育，实在推动，深在践行，贵在坚持。

2. 先进的行政理念的科学内涵

树立符合现代治理要求的行政理念，用新理念取代不适应时代要求的旧理念是行政文化创新的重要工作，应积极树立以下理念。

第一，协作理念。国家治理要求政府具有"多中心"思维，承认多元主体在各自领域的治理地位，合理界定政府与市场、社会的关系边界，主动与市场、企业、社会组织进行合作，发挥各方的资源优势和治理优势。

第二，法治理念。将对权力的崇拜转变为对法律权威的信仰，使行政权力处于法律、制度和程序的严格限制下，降低政府行为的不确定性，使公共事务得到公平、公正和稳定的解决。唯有如此，政府才能以一个健康的形象参与治理。

第三，服务理念。现代治理需要服务型政府，政府必须合理协调管理职能和服务职能，将公共服务视为自身价值所在，提高公共服务水平。

第四，公平理念。追求效率应以维护社会公平正义为前提，创造机会使社会各领域、各阶层都能平等参与国家治理，都能通过稳定的渠道表达自己的利益需求和治理意见。同时，也要公平分配国家治理的成果，缩小区域间、阶层间的社会鸿沟。我们应当且必须重视文化的作用，只有从更高层面（思想、观念、理念、价值）求新求进，才能更好引导和驱动政府职能转变、社会转型和整体协调可持续发展。

（二）树立公共的行政精神

树立公共的行政精神，将满足社会公共利益作为价值诉求，要求政府和公务员树立服务行政文化精神、民主行政文化精神、法制行治文化精神、高效行政文化精神。

第一，树立服务行政文化精神。树立公共服务精神是培育现代行政精神文化的核心内容，是推进政府治理现代化的根本性要求。作为整个社会公共利益的捍卫者和推动者，政府机关及其行政人员把全心全意为人民服务作为尽忠职守的首要责任和义务。因此，推进和实现有效政府治理，离不开服务行政文化精神的有力支撑。

第二，树立民主行政文化精神。民主是社会主义发展的内在要求，是推进和实现有效政府治理的重要途径。社会主义民主就是要实现人民当家作主的根本要求，而政府管理公共事务就应充分体现尊重民意、代表民意、实现民意的民主精神。只有这样，才能为社会公众参与政府治理提供有效的、合法的有序参政渠道，让其表达意愿和诉求，并由政府收集、听取、考虑和采纳社会公众的合理意见与诉求。同时，要促使政府治理过程公开透明，为社会公众的知情权和监督权提供保障。

第三，树立法治行政文化精神。法治行政文化精神是政府治理现代化的基本特质。推进政府治理法治化，就是要自觉维护法律至高无上的权威，一切行政管理活动都要以法律为唯一准绳。只有这样，才能使依法行政的公共精神深入人心，有效地维护好公平公正的社会秩序。促使政府机关及其行政人员自觉地遵守宪法和法律，严格按照法律法规办事，同时又自觉地维护宪法和法律的尊严，捍卫宪法和法律的权威。从而形成良好的法治行政文化氛围，为推进和实现有效政府治理提供可靠的精神支撑。

第四，树立高效行政文化精神。树立高效行政文化精神就是要求政府治理不但要实现数量上的效率，还要实现质量上的公平。

（三）建立严密的行政规范

“不以规矩，不成方圆。”要以《公务员法》和现行的有关法律法规为基本依据，建立具有创造性、针对性和可操作性的行政行为规则，使“执政为民、服务发展”的行政理念转化为政策措施，转化为行政行为方式，转化为行政道德实践。

第一，规范决策程序。对涉及经济社会发展全局的重大事项，要广集民智，充分进行协商和协调；对专业性、技术性较强的重大事项，要认真进行专家论证、技术咨询和决策评估；对与群众利益密切相关的重大事项，要实行公示、听证等制度，并建立决策失误追究制度。

第二，规范办事流程。理顺部门之间的关系，杜绝相互推诿扯皮，推行限时办结和超时许可，着力提高行政行为效率。

第三，规范行政质量标准。按照部门职责和一岗一责的要求，确定质量标准，并建立与之相配套的评议评价和奖优罚劣机制。

第四，规范政务公开。在保证国家信息安全的前提下，进一步扩大政务公开的范围，提高行政行为的透明度。

（四）营造良好的伦理环境

要建立健全监督体系，形成对党政机关及其公务员的工作作风、服务态度、工作水平进行全方位检查和监督的网络。要注重通过大力宣传和报道“执政为民、服务发展”的先进典型，适当曝光和鞭挞阻碍“执政为民、服务发展”的反面事例，在各级党政机关及其公务员队伍中营造争先进、创一流的良好氛围，让人们在具体的事实和鲜活的报道中体验感悟“执政为民、服务发展”的行政文化理念。有效促使公务员摒弃官官相护的传统文化，破除任人唯亲的裙带作风，克服办事推诿、公文履行的官僚主义，消除以权谋私吃拿卡要的腐败现象，让不法不轨的公务员无藏身之地，受到严厉惩处。引导公务员行政伦理创新实践，在全社会创造一种加快发展的良好环境，带动行政文化更加先进和谐。

本章小结

- 文化有广义和狭义之分。广义的文化泛指人类社会历史实践过程中所创造的物质财富和精神财富的总和；狭义的文化仅指精神财富。行政文化是社会成员在行政实践活动中所形成的反映各种行政管理现象的行政意识形态。行政文化具有时代性、政治性、差异性、渗透性、延续性等特征。
- 行政文化可分为主体和客体行政文化。主体行政文化是指行政管理过程中，实际拥有行使行政权力的个体和组织的行政意识；客体行政文化是指行政管理过程中，不直接行使国家行政权力并作为行政管理对象的个人、群体和组织的行政意识。
- 行政文化作为行政管理的重要环境条件之一，对行政管理实践有着十分重要的影响。主要包括行政目标的实现、行政组织的优化、行政观念的整合、行政风气的改良、行政体制的改革、影响行政效率的提高。
- 行政文化的形式十分丰富，主要包括人们的行政心理、行政意志、行政规范、行政评价、行政伦理等。
- 传统行政文化的基本内容包括传统行政思想、传统行政心理和传统行政观念三个互为关联的内容。传统行政文化中消极因素的影响包括封闭性、排异性、保守性、重形式而轻效率、重人治而轻法治；传统行政文化中积极因素的影响包括政府机构改革、行政关系协调和行政道德建设。
- 行政文化是推动行政体制改革的内在驱动力，是推进政府治理现代化的思想文化基础。行政文化的革新可以对行政机构、行政职能、行政作风、行政方式等方面产生革命性的影响，而政府治理模式的转变同样也可以对行政机关及其行政人员的行政理念、价值观念、行为选择等方面进行再造。
- 现代行政文化的创新主要包括培育先进的行政理念、树立公共的行政精神、建立严密的行政规则、营造良好的伦理环境。

复习思考

一、概念题

文化　　行政文化　　行政心理　　行政意志　　行政规范　　行政评价　　行政伦理

二、思考题

1. 如何理解行政文化的含义与特征？
2. 行政文化的类型与形式有哪些？
3. 行政文化对行政管理实践的影响有哪些？
4. 传统行政文化的基本内容是什么？
5. 试述行政文化创新的主要途径。

三、材料阅读与拓展思考

党的十九大关于文化建设的四个突出特点

一、党的十九大报告明确了新时代文化建设的基本方略

党的十九大报告，提出了新时代文化建设的基本方略。可以概括为四句话：明确了文化建设在中国特色社会主义建设总体布局中的定位，提出了新时代文化建设的目标，指出了新时代文化建设的着力点，提出了新时代文化建设的基本要求。

第一，党的十九大报告进一步明确了文化建设在中国特色社会主义新时代的基本定位。党的十九大报告指出，中国特色社会主义新时代的主要矛盾是人民日益增长的美好生活需要和不平衡不充分的发展之间的矛盾。这意味着当代中国从站起来、富起来向强起来的转换中，当代中国人的需求也在发生深刻变化，已经由主要满足物质需求，转化为主要满足精神需求。文化建设的核心就是满足人的精神需求。满足文化需求是满足人民日益增长的美好生活需要的重要内容。正如习近平同志所说，满足人民过上美好生活的新期待，必须提供丰富的精神食粮。这说明，在中国特色社会主义新时代，文化建设的地位更加重要，作用更加凸显。

第二，提出了新时代文化建设的目标。就是坚持中国特色社会主义文化发展道路，激发全民族文化创新创造活力，建设社会主义文化强国。

第三，指出了新时代文化建设的着力点。一言以蔽之，当今和未来相当长一段时间，建设中国特色社会主义文化，就是秉承中国的文化价值理念，坚持中国的文化立场，立足于当代中国的文化发展现状，思考和解决当代中国人关心的文化问题，提出中国的文化方案。

第四，提出了新时代文化建设的基本要求。就是三个坚持：坚持为人民服务、为社会主义服务，坚持百花齐放、百家争鸣，坚持创造性转化、创新性发展。

二、党的十九大报告强调文化自信的基础性地位

坚定文化自信是党的十九大报告当中文化建设部分的关键词。党的十九大报告中提到“没有高度的文化自信，没有文化的繁荣兴盛，就没有中华民族伟大复兴”。习近平

总书记也说“四个自信”中，文化自信是更基础、更广泛、更深厚的自信，文化自信是最根本的自信。可以讲文化自信是处于一种基础性的地位。为什么总书记把文化自信提得这么高？我觉得有以下几个方面的原因。

第一，文化自信是建设社会主义文化强国的动力之源。我们讲文化自信是基于对文化发展规律的认识和把握，我们之所以能够坚定文化自信，首先是基于中国强大的经济实力，为当代中国文化的繁荣提供了保障。从历史上看，一个国家、一个民族国力强盛，一个国家的文化往往也会比较繁荣。

第二，先进的文化理念是经济发展、社会进步最重要的动力之一。就像党的十九大报告所讲的，没有高度的文化自信，没有文化的繁荣兴盛就没有中华民族的伟大复兴。把文化自信作为文化乃至民族复兴的一个动力之源。总书记的论述深刻体现了辩证法的思想和逻辑，马克思主义讲经济是基础，但同时也讲上层建筑，包括意识形态，对经济基础有强大的反作用力。

第三，推动中国文化繁荣兴盛需要坚定文化自信。党的十九大报告当中提出，我们中华民族五千多年文明历史所孕育的中华优秀传统文化，党领导人民在革命、建设、改革中创造的革命文化和社会主义先进文化，都是我们中国特色社会主义文化的优势所在。有以上三种文化的支撑，我们应该有足够的自信。也正是在这点上，是其他民族乃至政党所难以比拟的。

三、创新是党的十九大报告的主线，也是推动新时代文化繁荣兴盛的主线

强调创新的重要性是党的十九大报告的一个突出特点，可以讲，创新是党的十九大报告的主线，也是推动新时代文化繁荣兴盛的主线。报告开篇就讲“登高望远、居安思危，勇于变革、勇于创新，永不僵化、永不停滞”。在谈到新时代中国特色社会主义思想的精神实质和丰富内涵时，在第七条“坚持社会主义核心价值体系”中，强调要“推动中华优秀传统文化创造性转化、创新性发展”。在第七大部分“坚定文化自信，推动社会主义文化繁荣兴盛”中，在论述新时代文化建设目标时提出，要“激发全民族文化创新创造活力，建设社会主义文化强国”。在谈到繁荣发展社会主义文艺时，强调要“提升文艺原创能力，推动文艺创新”。在谈到推动文化事业和文化产业发展时，强调要“深化文化体制改革，完善文化管理体制”。此外，还强调要激发和保护企业家精神、鼓励创新文化，等等。总之，创新贯穿在总书记有关文化建设论述的全过程，也是推动新时代文化繁荣兴盛的主线。这也提示我们要鼓励创新创造，就一定要营造一个宽松的环境。正像党的十九大报告所讲的，要坚持百花齐放、百家争鸣。要坚持为人民服务、为社会主义服务。需要有包容的精神，需要鼓励探索、宽容失败，营造一个有利于创新创

业的环境。

四、党的十九大报告的论述体现了辩证思维

党的十九大报告有关文化建设方面的论述很有张力，为政策落实保留了很大的伸缩空间，具有很大的弹性。比如，第七大部分“坚定文化自信，推动社会主义文化繁荣兴盛”，第一点“牢牢掌握意识形态工作领导权”中，一方面强调要“落实意识形态工作责任制，加强阵地建设和管理”，同时也强调要“注意区分政治原则问题、思想认识问题、学术观点问题”，这实际上是告诫我们既要坚持原则，又要区别对待；既有集中又有民主，既有纪律又有自由，既有统一意志又有个人心情舒畅、生动活泼。又比如提出要深入挖掘中华优秀传统文化蕴含的思想观念、人文精神、道德规范，同时也强调要继承创新，展现中华文化的时代风采，这些论述都充分体现了辩证的思维。在具体落实过程当中，实际上文化领域大量的问题都有一个如何处理好原则性和灵活性，普遍性和特殊性的关系，也是在考验我们的智慧。

资料来源：祁述裕，《党的十九大关于文化建设的四个突出特点》，载于《行政管理改革》2017 年第 11 期。

拓展思考题：

1. 新时期文化建设的基本方略是什么？

2. 如何理解新时期文化建设必须以人民为中心？

3. 结合材料谈谈，怎样理解当前文化建设的弹性与张力？

第十三章

行政发展

行政发展是社会整体发展的重要组成部分，行政发展与整个社会的发展呈现出一种互动态势，对政治、经济、文化、社会生活等方面的发展具有重要的促进作用。行政发展最终目的是适应客观环境发展变化的需要，提高行政能力和行政效率。深入研究行政发展，对建立适应社会主义市场经济需要的新型行政管理体制、促进我国行政管理的科学化和现代化具有重要意义。本章主要研究行政发展的基本理论、动力、阻力与途径，并对西方行政改革及其启示进行了阐释。重点是行政发展的概念、模式与特点、动力与阻力；难点是西方行政改革对我国的启示。

第一节　行政发展概述

一、行政发展的概念

（一）行政发展的含义

对于行政发展的含义，学者们有以下几种认识。

第一，认为行政发展是指通过一定的方式，改变既存的行政系统及其活动方式，使其过渡到一种新的状态，以期行政系统能够更好地与社会取得动态平衡，发挥更大的行政能量（王沪宁，1989）。

第二，认为行政发展就是行政系统在与其生存环境相互作用过程中，按照其环境系统自身发展所提出的要求，利用其提供的支持和条件，积极完善自身功能，改变运行方向，提高效率，以保持与环境协调平衡的过程（刘熙瑞，1989）。

第三，认为行政发展是政府为适应行政环境不断发展变化的需要，而在行政管理的理念、方法、模式、技术等方面，不断进行变革以达到与行政环境相协调的过程（郭济，2003）。

第四，认为行政发展是指通过一定的方法和途径，创造、维持和加强行政能力，健全行政体系，改善行政活动方式和行政关系，提高行政效率，改变原有的与环境不相适应的行政形态，使其进化为与环境保持新的动态平衡的更高一级的行政形态，以使行政更好地执行政治权威意志的过程（范和生，2001）。

第五，认为行政发展是行政系统为了适应行政环境的变化和提高行政效率，按照行政管理的客观规律，采用科学方法，健全行政体系，改善行政活动方式，以改善生存状态，提升行政能力，更好地执行国家政治意志，促进社会协调发展的过程（杜宝贵，2017）。

本书采用第五种观点，即杜宝贵对行政发展的定义。如前面所述，行政管理是在一定的行政环境中产生，也必将随着环境变化而不断发展变化。行政发展通常是行政系统为适应环境的变化而变化，以便更好地执行政治权威意志、服务于特定的行政环境的过程。它在相当程度上是与行政改革联系在一起的，行政改革是行政发展的重要手段与途径。

（二）行政发展理论的演变

任何一个组织，都必须随着客观环境的变化和发展不断地进行适应与完善，提高组织的效能，使组织立于不败之地，行政组织也不例外，这也是行政发展理论产生和发展变化的根本原因。发展是一种过程或一种目标，无论是对发展中国家还是对发达国家来说，都极为重要。从系统论的观点来看，行政发展是整个社会发展的一个组成部分，它与政治发展、经济发展、文化发展等一起构成了整体的社会发展，并推动着经济社会各项事业的发展进步。

1. 行政发展理论的起源

行政发展理论产生于第一次世界大战，第二次世界大战后迅速发展成为一门新的综合边缘性学科——发展学。起初发展理论主要集中在发展经济学理论，后来逐渐扩大到政治、文化和行政等方面。

发展行政学是在种种发展理论的建构中于 20 世纪 50 年代形成的。最初使用“发展行政”一词的是美国管理人员甘特和荷兰经济学家弗里斯等人，但早在行政管理学的形成期，学者们就开始对行政发展的问题予以关注，如早期的行政学思想家威尔逊，就提出“在政府工作方面如同在道德领域一样，最最困难的事情莫过于取得进步了”，并将行政工作的进步方向确定为在宪法保障下发展行政管理工作。在行为科学行政理论的后期，巴纳德和西蒙对行政发展研究作出了巨大贡献，主要包括以下两个方面。

第一，巴纳德以“组织平衡论”直接阐述了行政发展议题，填补了传统行政理论在组织发展方面缺乏系统阐述的空白。行政发展被视为一种发生于组织成员与组织实体间的正向流变状态，也即组织生命力在于成员贡献等于或大于组织提供的诱因。

第二，组织平衡既是内在的（体现为组织内部成员与组织实体间的互动），也是外在的（体现为组织实体与外界环境间的互动）。巴纳德与西蒙侧重从中观与宏观层面，而非微观的个体层面，把握行政发展的内涵。

2. 行政发展理论的形成

在美国学者里格斯等一大批学者的努力下，最终创建并形成了发展行政学。该理论流派有关行政发展内涵的见解主要包括以下观点。

第一，行政发展是一种从不发达状态向发达状态进步的过程。在实践中，行政发展被特地用来描述发展中国家在公共行政领域的改革过程。可以说，发展行政学本源意义上的行政发展内涵带有政治的歧视性，因为它最初是作为西方发达行政体系透析落后的发展中国家行政体系的一个便利工具而被提出，继而又被西方政府及学者用作扶助这些受援国实施发展政策的理论工具。

第二，行政发展是一个具有方向性的过程。

第三，行政发展有别于发展行政，这是里格斯对行政发展内涵的重大贡献。里格斯认为，发展行政学有两个中心：一是发展行政（即“发展计划的行政”，特指大规模的组织尤其是政府所使用的方法以及为达到其初始设定的发展目标而设计的政策和计划）；二是行政发展被重点用来描述“加强行政能力”这一层含义，即行政发展既成为执行发展计划时增强成功前景的手段，也成为优先计划的副产品。正是从这一时期开始，“行政发展”这一概念成为公共行政学的一个基本范畴，行政发展的研究也正式成为公共行政学的一个专门性课题。

（三）行政发展的原因

任何国家的行政组织及其功能、行政原则、行政行为，无论当初设计时多么完美，运行了一段时间后，由于内外环境的发展变化，也必然产生变革的要求，以适应客观环境的变化，使组织体系及其功能、权责更加完善和统一。产生行政发展需要的因素有很多，归纳起来主要有外部环境变化和组织内部要求两个方面，组织内部环境发生变化对行政发展的要求主要是政府发展战略的要求以及保证组织长久生命力的要求。

1. 外界环境的变化

环境的变化是行政发展的主要影响力量。环境之所以会对行政的发展产生重大影响，因为任何行政组织都是开放的系统，行政环境决定、影响或制约行政管理的模式。行政管理都处在一定的行政环境中，并受到行政环境的影响和制约，有什么样的行政环境，就有什么样的行政管理。

行政管理必须适应行政环境的变化，由于行政环境不是一成不变的，所以行政管理也不是一成不变的，行政管理必须从客观的行政环境出发，寻求适宜的行政管理模式。面对经济全球一体化的形势，传统的以高度复杂性、高度正规化和高度集权化为特征的科层制组织结构形式，已无法对迅速变化的外界环境做出灵敏反应。为适应外界环境的变化，要求行政机构向着弹性化或有机化的方向发展，以便使组织变得更加精干、快速、灵活和富有创新性。

2. 政府发展战略的要求

一个国家或政府在发展的过程中，需要不断对其战略的形式和内容做出调整。新的战略一旦形成，行政组织结构及其功能、行政原则就应当进行调整、变革，以适应新战略实施的需要。

国家或地方政府的战略会在两个层次上影响组织的设计：一是不同的战略要求开展不同的活动，由此影响到职务和部门的设计；二是战略重点的改变会引起职能部门活动重心的转移和核心职能的改变，从而使各部门、各职务在组织中的相对位置发生变化，相应要求对各管理职务以及部门之间的关系、行政原则进行调整。

3. 组织长久竞争力的保证

英国著名学者帕金森（C. Northcote Parkinson）在1957年《帕金森定律——组织病态之研究》一书中就指出了官僚机构的运动规律，指出了官僚组织机构、事业单位易于发生又极难改进的近似病态的多种现象。因为这些现象均是广泛存在的不良的组织现象，他总结出官僚机构会按照“生长膨胀—再膨胀—衰亡”的规律进行发展，这个规律被称为“帕金森定律”。

按照帕金森定律，行政机构有不断膨胀的趋势，因此不断进行组织变革是保持组织长久生命力的重要保证。为实现组织与外部环境的动态平衡，必须不断完善组织结构，使组织结构既具有一定的稳定性又具有足够的适应性；同时，还要不断优化组织管理功能，创造和谐的组织氛围，不断提高行政组织的效率和效能。

二、行政发展的模式与特点

（一）行政发展的模式

行政发展模式是指行政发展的特点、方式、途径与过程的总称。按照地区特点划分，行政发展模式主要包括英美模式、法德模式、希腊模式、内源式发展模式和外源式发展模式。

1. 行政发展的英美模式

行政发展的英美模式的基本特点是利用私营部门的管理理念来重塑政府，核心在于大力推进政府职能的市场化，以带动行政功能、内部机构和行为方式的全面改革。改革方式包括以权力分散和放松规制为主要内容的公共行政的民主化；以国有企业和事业单位等公共部门的民营化为主要内容的公共部门民营化；以把市场竞争机制引入公共服务为主要内容的公共服务市场化；以将企业文化有条件地移植到公共行政当中，从而改善政府工作效率为主要内容的公共管理企业化；以推行电子政务为主要内容的公共运营信息化等。

英美模式的主要特征是：以调控代替直接提供公共服务；以行政程序的简化与灵活化代替繁文缛节，节约资金以开展革新实践；行政决策与行政执行机构相分离，并建立自治执行局；由竞争带来的私有化政策得到了更加广泛的应用；领导风格与人事管理程序（录用、解聘、动员等）更加灵活；决策权放宽使得公务员责任制更加明确；以客观事实、既定结果和顾客为导向的行政运作模式。

2. 法德模式

行政发展的法德模式是以法国和德国为代表的一种行政发展模式。这种类型的行政发展主要发生在行政文化崇尚科层制传统的国家。这种模式的特点是不打乱各个行政机构的运作，而只是对行政机构实行更严格的管理监控，在行政发展的步骤上，崇尚非连续性的渐进主义。

这种行政发展模式的主要手段为：调整公共事业、压缩人事开支、转变组织机构。这种发展模式从目的上看，是行政管理走向现代化的进程；从发展的时空上看，反映出行政改革的一种长期进程。

3. 希腊模式

行政发展的希腊模式是指，行政发展以行政合法性和制度化作为改革与发展的当务之急。除希腊外，具有这一类型行政发展模式的国家还有意大利、西班牙等。

这些国家的公共机构要么组织不完善，要么刚刚脱离前韦伯制状态。这些国家零星地引进了一些管理主义的改革措施，有的则把韦伯制作为更现实的改革目标。

4. 内源式发展模式

行政发展的内源模式是在行政发展进程中将本国、本地区的文化传统同市场经济的特殊要求有机地结合起来，充分调动社会各方面的积极性和创造性的过程。该模式以韩国等国家为代表。

内源式发展模式的基本特点：一是政府始终把自身的改革同自身的生存结合起来，危机意识比较强；二是强调公共部门的民营化，以这种措施来为政府的职能和机构“瘦身”，政府同民间特别是私人企业保持着良好的关系，以此来发挥其管理经济的职能；三是将传统行政文化和现代文官制度有机地结合起来，使得公务员制度始终保持较强的生命力；四是行政改革与发展大多是在一党执政的情况下推行的，这有利于保持行政发展的连续性，不至于由于政党的更替而导致行政发展出现断层。

5. 外源式发展模式

以发达国家的经验和做法为基础，在不考虑本国历史、文化、社会现实的情况下，完全输入发达国家的制度、文化、技术、思想方式和行为方式等，来实现本国的行政发展。该模式为多数发展中国家所实施。

外源式发展模式的基本特点：一是行政改革与行政发展是以相对落后的社会经济条件为基础的，所以起点比较低；二是行政改革是在外力强迫下的“自我手术”，缺乏改革与发展的内源性和自发性；三是政府权力高度集中，严重缺乏社会中介组织或中介组织发育不良；四是动荡不安的社会局面造成了行政改革与行政发展的极大障碍，导致政府缺乏权威，体制不健全，机构涣散，效率低下。

（二）行政发展的特点

在上述定义下，可以看出行政发展具有以下特点。

第一，行政发展具有积极的意义。行政发展是行政形态不断适应外界环境，进行自我更新、自我完善，使组织运行更具效率的过程，因此具有积极的意义。

第二，行政发展是一个动态的过程。主要表现在：一是行政发展是一个结构性调整的过程，行政组织机构的调整是行政发展的基础和重要内容；二是行政发展是一个渐进的过程，行政系统的发展总是采取逐渐递进的步骤，而少有一蹴而就的发展情形；三是行政发展是一个从点到面，逐渐扩散的过程。

第三，行政发展是为实现政治权威意志而形成的。行政发展是基于内外动因的推动，适应行政环境发展需要，为了更好地执行政治权威意志，实现政府管理目的而产生的。行政发展的内在动力是行政组织内部一些积极的变革人士自主产生的改革推动力，外部动力是社会系统诸要素的变化，如政治、经济、科技、文化等要素的变化，会使行政环境发展改变，行政环境的变化会不断推动行政系统的发展变化，实现和维持行政系统与环境之间新的平衡，最终实现行政目标，体现政治权威意志。

第四，行政发展是一个整体。一方面，作为上层建筑的行政系统，必须适应经济、社会、文化发展的需要，如我国市场经济的发展和完善必然要求政府的机构设置和职能方式进行相应转换，要求政府加强宏观调控能力，而将产品生产计划、定价决策等职能让位于企业；另一方面，行政系统内部是由诸多要素组成的，这些要素既相互独立又相互影响，如政府职能的转变要与行政机构的变动和人事制度的改革相协调。

第二节　行政发展动力与阻力

一、行政发展的动力

行政发展动力是指人们随着客观环境的变化而产生的与时俱进的变革思想和行为，即发动、赞成和支持变革并努力去实施变革的力量。各层级管理者特别是高层管理者居安思危的忧患意识和开拓进取的精神，以及能鼓励革新、敢于担当风险、不怕失败的勇气，或是领导者把握了客观事物的发展趋势因而引发的变革动机、欲望和行为，都可能形成变革的推动力量。行政发展动力主要来自外部动力和内部动力两个方面。

（一）行政发展的外部动力

行政发展的外部动力来自行政系统与环境的互动，环境中的政治、经济和文化因素是推动行政发展的力量。例如，政治环境、经济发展、文化环境、社会变革等在社会环境发生明显变化的情境中，必然要求对国家行政组织及其功能、行政原则进行变革。

第一，政治环境动力。政治与行政有着最为紧密的关系，政治发展对行政发展的影响最为直接。国家政体（专制政体、民主政体等）的转变、战争情况或其他大的危机的出现（如经济危机、金融危机等）、宪法的修改涉及行政体系方面、执政党的交替等，都必然导致行政制度和行政组织、行政行为的相应变化。

第二，经济发展动力。国家行政组织很大一部分是依据管理和服务于经济的发展需要而建立的，经济制度的变化必然导致行政制度的变革；随着经济的发展进步，行政组织和行政规范、行政观念也必须发展变化，否则就会阻碍经济的发展；经济政策的变化也会对行政体系提出不同的要求。总之，一定的经济状况需要有与之相适应的行政制度和行政组织。

第三，文化环境（包括意识形态）动力。任何一个行政体系的结构形式、运转程序、决策过程以及行政人员的行为、态度、价值观等，都直接或间接地受到文化的影响和制约。当一种新的行政文化、行政价值产生并逐步取代旧的行政文化、行政价值时，行政系统及行政行为的发展就有可能成为现实。

第四，社会变革动力。随着一个国家阶级地位的变革、社会阶层的发展变化，就会产生权利再分配、利益再调整的需求，从而提出变革行政体系及其功能的任务；社会现代化程度的发展变化、人口素质的变化、城市现代化程度的提高和城乡结构的变化，以及人民群众民主意识的提高、参政意识的强化、法制意识和道德水准的进步，都会推动行政体系的发展和行政人员行为模式的进步。

（二）行政发展的内部动力

行政发展的内部动力主要来自行政体系本身的发展规律，即行政体系本身自然生长的趋势。主要包括以下几个方面。

第一，行政目标和行政价值观。目标是价值观的产物，也是组织战略的凝聚点。因此，价值观和目标的变化（重新修正或制定）将改变行政的行为方向或行为方式，引起行政体系的变革。

第二，新的技术和管理方法。新技术的出现（既包括物质的，也包括方法的）可以使行政系统采用新技术、新方法，从而实现行政手段的现代化，大幅度地提高行政效率。技术水平的提高和行政组织在改进技术方面所做的努力，将对行政发展产生广泛深刻的影响。例如，现代信息技术的广泛应用、电子政务的深度开发、无纸化办公的发展，极大地提高了行政效率，对行政组织的精简、统一、效能目标的实现，是有力的推动和技术保障。

第三，专家和专家群体。政府内部一些有使命感的责任人，如一些专家和专家群体，往往是行政发展的中坚力量。他们利用丰富和优越的系统知识、理论和方法，对组织的历史、现状和发展前途作出科学的分析和论证，而这正是行政发展所必需的。由于他们的介入和帮助，国家行政体制及其功能的发展变革往往会变得比较清晰和容易，因此专家和专家群体是现代国家行政发展的一个动力。

第四，管理思想和方式的变革。管理思想和管理方式的改变，必然引起行政系统和行政观念、行政行为的改变。首先，管理过程的每一个环节都可能产生管理思想和管理方式的改善和进步，从而推动行政制度的发展；其次，管理本身就是最经常、最重要、最直接的一种发展动力，在管理实践中，管理者对目标、效率的追求往往会产生改善行政组织的内动力。

第五，行政组织成员社会变革意愿。每个行政组织成员都具有各自的利益需求，成员的动机、愿望、态度以及与之相一致的群体效应，会产生行政变革的推动力。行政组织成员不满足现状和要求变革的愿望常表现为意见、建议、方案、呼吁、消极抵抗等行为，并以此来促成或加强领导阶层变革意识，因而行政组织成员的普遍的变革意愿是变革顺利进行的重要条件。

二、行政发展的阻力

行政发展在某种程度上是一种利益的分配和再分配，因而会受到来自各方面阻力的影响。就行政组织而言，因其特殊的地位和社会职能，发展阻力是比较复杂的。各种社会行为主体都十分关注国家行政发展的结果对自身的影响，从而引发自身的行为。成功的领导者应该既注意到所面临的发展阻力可能会对发展产生的消极、不利的影响，并采取措施减弱和转化阻力。同时，还应看到发展的阻力并不都是破坏性的，如果能够积极处理，可以将其转化为积极的、建设性的力量。阻力的存在可以使领导者对所拟订的发展方案和思路进行更加理智、更全面的思考和修正，以使行政发展方案不断完善和优化，从而取得更好的发展效果。一般来说，行政发展主要来自外部阻力和内部阻力两个方面。

（一）行政发展的外部阻力

对发展中国家而言，行政发展的外部阻力主要表现在以下几个方面。

第一，市场经济发展不完善的制约。一般认为，要建立适应市场经济的政府体制，必须正确处理政府与社会、政府与市场、政府与企业之间的关系，合理界定政府的职能范围。然而，对发展中国家而言，市场经济发展的不充分性是普遍存在的，它制约了政府能力与行政发展的速度。

第二，社会经济发展配套程度的制约。行政组织机构是上层建筑体系中的一个小系统，同时它又是经济基础和上层建筑的结合。它的变革必须与政治制度、法律制度和经济制度的发展相配套、相适应并协同进行，否则任何一方的发展滞后都会影响整个社会发展与发展的进程，其直接的表现必然是各种矛盾在不同系统之间或系统的不同层级之间上下左右移动。显然，行政系统外部的阻力是一种“客观”的外在因素，它对行政发展的影响不具有实质性和决定性的意义，而且随着社会经济的发展会自发减弱。

（二）行政发展的内部阻力

1. 组织成员对发展的抵制态度

美国学者纽曼在《积极的控制》一书中分析了发展对人们心理的影响，指明了发展与信心、混乱和不安的变量关系。政府及其公务员由于对发展的目的、方式、后果的不完全的、模糊的、主观的了解和理解，而对发展持怀疑和反对的态度，从这个意义上说，合理的、实事求是的发展宣传是发展成功的重要条件。

政府及其公务员思维方式的习惯性是指对一定工作方式和环境的较为固定的看法或某种较为持久的认同，习惯性的力量常是巨大的，它对行政发展的阻力包括职业认同感和对行政发展更新的潜在的不安全感。

2. 政府及其公务员对发展的抵制

国家行政的发展结果对不同社会行为主体会产生不同的影响。由于行政发展总会对某些人的利益造成一定的损失，因此对一定的社会行为主体来说，如果发展是其自身忌讳的，那么对发展持消极、冷漠和反对的态度是很自然的。

利益差别主要包括权益、地位和既得经济利益等。某些公务员因其自身的既得利益必然会产生自利的行为，并且公务员属于社会中权力和利益的既得者阶层，任何危及他们既得利益的发展变革，无疑都会遇到阻力，即直接地对行政发展的抵制和反抗。

3. 政府官员行政价值观念的制约

在发展中国家，在传统的观念中，政府的“守夜人”角色、“官本位”思想仍然存在于政府官员的头脑中。而市场经济是这种全能政府观念的最大挑战，在市场经济条件下需要重新认识政府职能的总体变化。

适应市场经济体制需要的政府职能转变，客观上要求政府进一步放弃对微观经济生活的干预权力，最为明显的就是审批权，但转轨时期造成的收入差距扩大与社会失范，诱使一些政府官员产生权力利益化的错误思潮，对放弃权力存在着不同程度的抵触。因此，政府职能转变必须下定决心克服阻力，才能取得明显进展。

4. 组织结构或制度的阻力

既存的体系和制度往往具有很大的惯性，这种巨大的惯性能使一种行政体系、制度生存下去，并保持稳定的生命力。

此外，传统体制、传统程序、传统习惯、传统观念又是一种巨大的阻挠行政发展的惰性力量和保守力量，如传统体制、传统习惯造成的行政效率低下等。

三、行政发展的途径

总体上说，行政发展的途径主要是运用行政发展动力，减少行政发展阻力。行政发展必须不断地克服阻力，激活行政发展的动力，给行政体系注入新的活力以抵消消极因素，形成新的更适应社会环境要求的行政制度。在实践中，对阻力的克服主要有以下几种对策，且这些对策往往是交替或混合使用。

第一，创造有利的组织文化，为发展营造有利的氛围。使人们感觉到发展势在必行、迫不得已和公平合理，从而建立理解和支持发展的基础。

第二，做好宣传，让组织成员广泛参与发展的决策与实施。及时和有效地开展关于发展的正确性、重要性的宣传，以避免由于不了解情况而可能产生的误会和抵制等。还要让与发展相关的行为主体直接参加关于发展的讨论、决策和实施。这种方法有利于集思广益，也有助于激励相关行为主体的积极性，同时可以增加相关人员对发展的理解和支持，从而加强变革的主体意识，主动承担责任，努力推动变革。

第三，建立有利发展的制度和规范。利用制度、准则、规范、压力和一致性的意识来克服发展的阻力。

第四，运用科学的领导艺术和领导方法减少阻力。通过领导权威，利用行政决定、行政命令、行政法规、行政决策等强制性手段，强行推动发展；利用个人的威望或非正式组织的个人影响力来达到减少阻力的目的。

第五，通过表扬、奖励等具体方式，公开表示对发展所需的新观念、新态度、新技术、新行为的充分肯定。在这方面，行政高层领导人公开的肯定态度或倾向性，往往对抑制关于发展的反对态度有重要意义。

第三节　西方行政改革及启示

各国行政改革的实践都表明，行政改革是随着本国的政治、经济、文化、社会的变迁而产生的。从宏观上来说，这是上层建筑必须符合经济基础的需要，是为了保证上层建筑更好地为经济基础服务而改革的。行政改革是行政发展过程中的重大步骤，是行政发展的特殊形态，也是行政发展依赖的途径。行政改革与行政发展相伴而生，使国家行政组织实现跨越式发展。

一、行政改革的基本理论

（一）行政改革的含义

美国学者 K. R. 霍普认为，行政改革可以定义为：为了根本改变政府官僚机构的结构和办事程序，以及有关人员的态度和行为而专门筹划和慎重进行的努力，旨在提高组织的效能，实现国家的发展目标。从技术和实践的观点看，改革是对政府机器的重建。

我国学者范和生（2001）认为，行政改革是指国家行政机关为适应内外环境的变化，对行政管理的诸方面因素进行的调整和变革。它包括组织结构的调整、行政职能的转变以及人事制度、领导制度、行为方式和运行机制等方面的改革。

（二）行政改革的原则

第一，良性互动原则。行政改革不是孤立存在的，它离不开政治、经济和社会等因素的影响，因而行政改革必须与政治、经济和社会发展互为前提、互为基础。在某种程度上，行政改革是政治改革的组成部分，行政改革可促进与推动政治改革、经济改革与社会发展；反之，政治、经济、社会的发展也需要行政改革，最终实现社会的全面发展与变迁。

第二，稳定性原则。行政改革的稳定性原则，一方面指行政体系各部分之间相互依存、相互协调，获得一种和谐的发展速度，是一种渐进、稳定、健康的发展；另一方面指行政改革必须在保持改革、发展和稳定三者的协调关系下展开，始终是在稳定的政治、经济环境和有序的社会秩序下展开，在稳定中推进改革与发展，在改革与发展中实现社会稳定。

第三，制度化原则。行政改革需要连续的制度支持即制度化来保证。制度化要求行政体制运行制度化，要求把低组织化和非正规化的国家行为转变为高度正规化和有组织的行为，这说明既没有绝对恶劣的体制，也没有一成不变、完美无缺的体制。制度化原则要求在改革行政体制时既要有短期打算又要有长期计划，不可朝令夕改，必须保持政策的稳定性和连续性。制度化原则所体现的稳定、规范、有序是行政改革的价值导向与制度的根本保证。

第四，适度化原则。行政改革是一项复杂的系统工程。既要有制度支持，还要注意改革的“度”，且什么部门、什么时间、改革的性质、改革的程度和速度等都要遵循系统的整体性和相关性原则。一般而言，行政改革总是体现为具体、现实和部分的改革，而系统的整体改革则是靠各个部分改革及这些改革之间的相互协调统一关系实现的，这就对每个部分的改革都提出了一个“度”，使之与整体相适应。

第五，科学化原则。遵循行政改革的规律、科学的原则和程序，进行科学的决策，实现行政体制的合理化是行政改革顺利进行的保证。否则，会给组织带来消极的结果，使行政的改革和发展与行政目标背道而驰，达不到行政改革的目标。

如前所述，行政发展是一个动态的过程，行政改革作为行政发展的一种特殊形式，是在特定的社会环境和自我判断的交互作用下，经过一定的发展阶段，实现某种更新，即对行政内容进行系统的再设计，变革固有的体制、行政结构、系统功能和行政原则。

（三）行政改革的过程

一般说来，行政改革的过程可分为七个阶段：一是对组织的历史和现状进行反省、检讨、批评，并对组织的内外环境进行跟踪监视和分析研究；二是感知、觉察和了解组织的问题所在，进而认识变革的必要性；三是确定变革的目标，做好宣传解释工作，创造有利条件，做好变革前的准备工作；四是分析现状，明确变革的现实条件和理想条件之间的差距，尽量克服阻力或加强动力；五是找到解决问题的方法，包括制定、评价、选择变革方案，同时确定实验性的先行变革模式并检测其可行性，在此基础上确定变革计划和制定测量绩效的标准；六是根据已确定的方案具体实施变革；七是对照计划予以反馈和评价，巩固变革的成果，如果不符合目标，则按照以上步骤重新循环。

二、西方国家的行政改革

（一）行政改革的历史背景

西方国家的行政管理改革是在特定的历史背景下进行的。社会环境的变化使传统行政管理模式的不适应性日渐暴露出来，而政府面临的困境使改革显得十分必要和迫切。行政改革既是对传统管理模式进行的检讨和反思，也是摆脱政府自身困境的必然选择。其历史背景如下。

1. 破解政府困境的需要

由于石油危机和福利国家负担过重等因素，西方各国出现了普遍的经济衰退，政府面临的困境可归结为财政危机、管理危机和信任危机，而这些危机被认为是政府职能扩张和规模膨胀的结果。

政府职能的大规模扩张始于20世纪30年代中期，主要体现在经济职能和社会职能两个方面。其中，前者表现为政府对市场和经济生活的大规模干预，主要标志是凯恩斯主义宏观经济政策的盛行和随后的微观经济管理活动（如市场管制、保护产业的规制等）；后者在美国表现为经历了20世纪30年代和60年代两次政府社会职能扩张高峰，在欧洲表现为20世纪40年代后期开始的建立“人民社会主义”和“福利国家”的努力。

2. 科学技术的深刻影响

科学技术飞速发展，对经济和社会的影响明显增强，尤其是信息技术的发展和应用，深刻地改变着人类社会，使得国际间的政治、经济、社会联系大大加强。美国学者罗伯特·赖克在其1900年出版的《国家的作用》一书中曾说，“我们正在经历一场变革，这场变革将重新安排即将到来的世纪的政治和经济。可以说，到那时将不存在国家的产品和技术，不再有国家的公司和国家的工业。届时将不再有国家的经济，至少是像我们所了解的那样的概念。在国家边界以内剩下的只是构成一个国家的人民”。经济全球化导致国际经济竞争加剧和加速，对各国带来的挑战和压力迫使政府改革行政管理，提升国家竞争力。

3. 公众对政府期望值的增高

进入20世纪70年代，世界冷战格局结束，和平与发展成为当代世界的主题，各国政府面临着许多新的挑战，政府必须处理的公共事务日益增多，而可资利用的公共资源却日益减少，由于社会的稳定，公众对政府的期望值普遍增高，要求政府“工作更好，成本更少”，但政府却因为无法获得充足的资源以及政府本身的种种痼疾而疲于应付。

私营企业的革新精神和由此取得的成就对政府产生了压力和示范效应，大众传媒的普及和日益增长的监督作用加速了政府改革进程。20世纪80年代以来，发达国家对其公共部门进行了一种被称为“新公共管理运动”的改革，其深刻性、广泛性、持续性引人注目。

改革的显著特征：一是公共部门的企业化管理；二是重塑政府与公共部门及其与社会的关系；三是在公共部门中引入私营管理方式以提高公共物品的供给效能。这些改革的最终目的都是为了增强政府行政能力，提高公共管理和公共服务水平。改革比较有效地改善了西方国家行政体制对社会发展的适应性。20世纪90年代以来，“治理”作为一种改革方案逐步受到西方发达国家的推崇，管理主体的多元化和权力的多中心化成为西方发达国家行政管理改革和公共事务管理的新方向。

（二）行政改革的理论依据

1. 公共选择理论的基本内容

公共选择理论是西方国家行政改革的主导理论，主要内容包括公共物品理论、选举理论、利益集团理论、寻租理论和政府失灵理论等。该理论以市场经济条件下政府行为的局限作为研究重点之一。该理论认为，造成政府官僚作风、效率低下的原因之一是缺乏竞争，之所以出现这种情况，是因为公共决策是一个十分复杂的过程，存在着种种困难、障碍或制约因素，使得政府难以制定并实施好的或合理的公共政策，导致公共决策失误，因而造成市场失灵，带来巨大的资源浪费及社会灾难。据此，公共选择理论主张以下几方面内容。

第一，组织类型的理性选择。该理论认为，私人企业、非盈利性公共机构、半独立性公共公司和政府官僚机构等各种类型的组织，都可以提供公共服务。但在特定的情况下对特定的服务来说，某一类组织会比其他组织干得更好，由此产生了组织类型的理性选择问题。过去的错误在于对官僚组织的过分依赖。

第二，市场机制与个人选择。市场机制主要是竞争机制——公私组织之间、公共组织之间的充分竞争。这种竞争给公众提供了“用脚投票”（即自由选择服务机构）的机会。公民由此获得了至高无上的市场权力，就像顾客通过对产品的选择决定企业命运一样，公民对服务机构的选择可以决定单个公共机构的存亡，这必然迫使公共机构竭力改善服务以赢得更多的“顾客”。

第三，分权化。分权化并非公共选择学派首创，但公共选择的分权主张有其特色——分权可以达到“权威分割”。

2. 公共选择理论对行政改革的影响

公共选择理论对政府与市场关系尤其是政府失败问题的讨论、对于处理好政府与市场的关系、合理而有效地发挥政府的经济职能、避免政府失败，具有一定的启发意义。

第一，公共选择理论提醒人们，必须高度重视市场经济条件下政府干预行为的适度性和局限性。市场是有缺陷的，政府也会失败。市场和政府之间的关系是互替的，是一种外在的制衡和互补关系。因此，必须把握好政府干预市场的范围、限度和内容，明确政府应当弥补市场机制，而不是取代这种机制。

第二，公共选择理论告诉人们，经济过程与政治过程是相互联结的，政治过程的缺点将对经济产生不良的影响。因此，为使市场经济体制更好地运行，必须及时进行政治及行政体制的改革，注重政府职能的转变，根据市场经济运行的内在要求进行机构改革。

第三，公共选择理论提醒人们，必须加强法制建设特别是实现公共决策（政府决策）的法制化。

第四，公共选择理论提醒人们，必须正视市场经济条件下政府行为的经济人特征，并适当考虑政府行为的经济效益，抑制权力寻租及腐败。

（三）行政改革的主要内容

1. 西方行政体系的发展

从20世纪70年代末期开始，为了摆脱困境、提高政府绩效，各国政府都十分注意通过“政府再造”即行政改革来实现行政发展，以此来迎接全球化、信息化、国际竞争加剧的挑战。西方国家率先启动和实施了各种改革方案，如法国的革新行政管理计划，葡萄牙的公共选择计划，美国的国家绩效评估报告，英国的效率稽核、财务管理改革方案及续阶方案等。通过这些行政改革措施，西方各国的行政体系在多方面实现了较大的发展，主要表现在以下几个方面。

（1）行政职能市场化。西方各国行政改革首先都是重新定位政府角色，他们把政府组织划分为政策组织、规制组织、服务提供组织和服从性组织四种类型，并认为前两者负责“掌舵”（制定政策），而后两者的职能是“划桨”（执行政策）。划桨与掌舵的职能只能通过市场化途径分离，因而改革内容表现为调整政府与社会关系，建立小政府模式。实践中的具体措施有非国有化、自由化（缓和规制）和压缩式管理。

（2）行政管理分散化。与职能市场化趋向相关联，西方国家在推行行政改革的过程中大多着力于缩小政府行政范围，分散政府行政权力。包括：中央政府与地方政府之间分权，使地方政府拥有比以往更大的权力；政府组织内部层级之间的分权是压平层级、授权一线。

（3）公共服务社会化。西方国家行政改革突出对市场和社会力量的利用，推行公共服务社会化，政府业务合同出租、公私合作、以私补公和授权社区。

（4）政府理念企业化。所谓政府理念企业化就是运用企业家在经营中所追求的讲效率、重质量、善待消费者和力求完美服务的精神，在企业中广泛运用科学的管理方法，改革政府公共管理部门，重塑政府形象。包括：奉行顾客主义，注重提高公共服务的质量，主要是公共服务小规模化，在公共服务中引进市场竞争机制，推行公民参与式管理；引进私营部门的管理方法和经验，提高公共部门的工作效率，如引进绩效目标管理，实行全面质量管理。

（5）政府治理电子化。加速政府信息化步伐，实行电子政务，运用信息科技提高政府服务效率和治理质量。

2. 西方治理理论的发展

20世纪90年代以来，治理理论以其平等、合作、多中心和网络化的理论主张，为解决政府失灵、市场失灵等复杂管理现象提供了全新的视角。治理理论是对公共事务复杂化的回应，是对传统行政管理单中心治理范式的挑战，同时也为协调政府和市场这两种机制提供了新范式。

治理理论对西方行政改革产生了日益重要的影响。20 世纪 90 年代以来，西方国家促进合作的政府改革不断涌现，新一轮的行政改革体现在政府内部结构和运行机制上，主张联合行动和整体性治理，比较有代表性的是英国工党政府率先发起，联合若干政府或是更多层级政府一起提供整体化服务，通过“一站式”服务、大部门制等措施，使政府运行机制由原来的各自为政转向整体运作。

美国境内联合政府行动方兴未艾，俄勒冈的“无错门”活动旨在为公民提供整体性服务，就是公民在寻求州一级公共服务的时候可以获得第一个政府接待方的帮助，不论他找的第一个接待方是哪一个政府机构。与此同时，美国的网络化治理模式更加注重政府、市场和社会在公共事务中的多元合作。21 世纪以来，伴随公共事务日趋复杂化，世界各国政府改革尽管具体措施不同，但是多中心、网络化的合作治理、协同治理达成高度共识。

通过放权或者分权，进一步扩大了公民参与；通过减少各种不必要的规章制度，实现了从重视规章到重视结果的转变；通过引进企业家政府的管理理念，实现了从不讲管理成本到注重行政管理产出的转变；通过打破政府对公共服务和社会事务的垄断，实现了从重管理、轻服务到公共服务社会化、多样化、标准化和长期化的转变等；通过合作治理，实现了政府与市场、社会之间在公共事务管理中的有机协调，为公共事务管理提供了崭新的治理之道。这些行政改革措施有效地提高了行政绩效和公民对于政府施政的满意度，进一步推动了社会的协调发展，巩固了政府权威的正当性与合法性，促进公共利益最大化目标的实现

三、西方行政改革对我国的启示

从当代西方国家行政改革的内容和措施来看，改变政府机构与经济发展中的不合理状况，加强政府职能和制度的创新，是西方国家行政改革的目标。结合我国的实际情况来看，我国的行政改革也可以从以下两个方面进行。

（一）改革和加强政府职能——行政改革的核心问题

政府管理创新的关键在于政府职能转变取得实质性进展，应主要解决好以下两个方面的问题。

1. 重新界定和明晰政府应具备的职能

（1）宏观调控职能。我国市场经济体制逐步完善，但由于市场机制的内在缺陷，需要政府部门对宏观的总量进行调节和控制，主要是调节总供给和总需求，维持社会总量基本平衡，防止经济发展过程中的周期性波动。运用税收政策、产业政策引导微观经济主体即企业的发展方向，分清哪些产业是明显优势，哪些产业差距较大，根据不同产业制定不同对策，指导产业结构的合理化和最优化发展，搞好社会再分配，组织全社会力量推动经济发展。

（2）市场监管职能。在市场经济下政府仍需利用其独有的强制力，对企业和私人的经济活动行为进行某些限制，主要是规范市场行为，防止垄断、过度竞争而造成企业之间的“自相残杀”以及非法侵犯他人的权益，杜绝经济违法、扰乱社会秩序的行为等，从而给市场经济主体营造一个公平竞争的环境，逐步建立一个开放、完善的市场体系，这是政府不可推卸的责任。

（3）社会服务职能。政府在抓好经济调节、市场监管的同时，要切实加强社会管理和公共服务职能。政府对微观经济主体领域的干预将逐步取消，社会服务职能将逐步取代审批职能，政府不应只是掌管权力，而应以透明的政策和法律为经济主体服务，加强对行业协会的指导，对行业协会、商会等中介组织进行整顿和规范，使其发挥行业自律作用。

（4）协调管理职能。各经济主体在市场竞争中，往往会发生利益冲突。政策环境、银企关系、部门利益、培育有国际竞争力的大公司和跨国公司等都需要政府协调。保障社会成员的利益、增进社会福利、实现并维护一定的公共目标、建立和完善社会保障制度、保障低收入阶层的生活、维护社会公平和稳定等工作，政府的协调同样不可缺少。政府应根据既定规则，进行公正的协调、处理，合理界定冲突者之间的经济利益关系，防止超经济的强制行为发生。要按照国际惯例和市场经济的规则和法律办事，严格执法、严格监督。同时，要加快企业建立现代企业制度的步伐，完善法人制度，促进企业自我约束、自我发展的良性循环。

总之，政府的管理职能应退出微观经济领域，集中精力加强宏观经济调控，创造良好的市场环境，建立和完善公平竞争、规范有序的市场体系，打破部门、行业垄断和地区封锁，发挥市场在资源配置和结构调整中的基础作用，提高社会公共服务水平。

2. 加强政府行为的法律化、规范化和自律化

政府行为的规范，就是要从过去的管别人转变到主要为社会服务上来，主要应从以下三个方面入手。

（1）政府行为的法律化。凡是法律（广义的）规定的，行政必须坚决执行和遵守。主要包括：一是不越位，不要把那些法律没有规定或要求政府应该管理的、实际上管不了也管不好的事情揽在手里；二是不缺位，法律规定政府应当管的事，一定要管住管好；三是不错位。政府不能既当“裁判员”又当“运动员”；四是不扰民，政府应当管的事情，办事手续越简便、越透明越好。

（2）政府行为的理性化。除法律规定外，还应当有一套包括职业道德在内的、更高层次的行政行为规范或原则，保证政府的自由裁量权不被滥用，保证政府公务员正确地执行法律，使政府的行为既合法又合理，真正实现依法行政的目的。这种更高层次的行为规范或者原则，就是政府行为的理性化规范。

（3）政府行为的自律化。执法首先要自身守法，不能利用法律赋予的权力敲诈勒索，否则执法行为的法律化、理性化就会成为空话。这其中尤其要强调的是自律，强调政府行为的自我约束。

（二）行政管理体制和机构改革——行政改革的基础和重要内容

党的十六大提出，要形成“行为规范、运作协调、公正透明、廉洁高效”的行政管理体制；党的十七大报告指出，要“加快行政管理体制改革，建设服务型政府。行政管理体制改革是深化改革的重要环节”；党的十八大提出推动政府职能向“创造良好发展环境、提供优质公共服务、维护社会公平正义”转变。党的十八届三中全会则在党的十八大提出建设“职能科学、结构优化、廉洁高效、人民满意”的服务型政府的基础上进一步提出建设法治政府的目标。党的十九大报告明确指出，“全面深化改革总目标是完善和发展中国特色社会主义制度、推进国家治理体系和治理能力现代化”。深化简政放权、放管结合、优化服务改革是推动经济社会持续健康发展的战略举措，推进行政管理体制改革是全面深化改革的重要内容。

1. 建设服务型政府

服务型政府要做到以人为本，保障和实现人的基本权利，重点解决各种民生问题，寓管理于服务之中，更好地为基层、企业和社会公众服务。

建设服务型政府也是实现政府职能向创造良好的发展环境、提供优质高效的公共服务、维护社会公平正义的根本转变，实现政府管理与服务方式向以人为本、便民高效、程序规范、公开透明的根本转变，从而最终建立起适应社会主义市场经济体制、和谐社会要求的社会主义公共行政体制。

2. 健全行政运行机制

健全行政运行机制，形成权责一致、分工合理、决策科学、执行顺畅、监督有力的行政管理体制；进一步理顺部门职责关系，明确界定部门职能分工，建立对各部门履行职能情况的监督和评价机制；依法规定各类行政决策主体的决策权限，严格规范行政决策程序，健全行政决策责任制度；优化行政决策信息系统，实现行政决策的科学化、民主化与法制化。

此外，还要提高政府执行力，重组政府业务流程；全面推进依法行政，建立健全权责明确、行为规范、监督高效、保障有力的行政执法体制，全面推行行政执法责任制度，实行行政执法依据公开制度、执法行为评议考核制度和执法过错责任追究制度；完善行政监督机制，形成人大监督、政协监督、政党监督、行政系统内部监督、专门机构监督、新闻舆论监督相结合的监督体系。

3. 健全政府职责体系

在科学界定政府职能的基础上，合理划分各级政府、政府各部门及工作人员的职责权限，明确责任范围，做到权责统一；推行行政问责制，明确政府及其工作人员的政治责任、行政责任、法律责任、道德责任与结果责任；完善政治、行政、法律、道德与结果责任追究机制。

此外，还要强化对政令落实不力的责任追究，强化对行政不作为、乱作为的责任追究，强化对决策失误的责任追究，强化对损害群众切身利益行为的责任追究，强化对预防和处置突发公共事件不力的责任追究；建立以行政首长为重点的行政问责制度，完善行政问责程序，规范行政问责行为。

4. 优化政府组织结构

建立科学合理的政府行政组织机构是行政机构改革的目标。坚持全面、统一、精干、效能的原则，加大机构整合力度，探索实行职能有机统一的大部门体制，解决政府部门分工过细、职责交叉的问题。形成以政府组成部门、执行机构、监管机构为主体的政府机构序列。完善政务沟通协调体系，健全部门间协调配合机制。

正确处理中央与地方关系，依法规范中央和各级地方政府经济社会管理的职能和权限，理顺中央和地方的职责和分工，形成合理的政府层级结构。协调推进政府机构、事业单位、社会组织的配套改革，形成公共部门与社会组织相协调的公共治理结构体系。

进入 21 世纪以来，回顾历史、展望未来，我们会发现在行政管理理论与实践的过程中，人们正面临着许多新的历史性的挑战，如何深化行政改革，建设有中国特色的社会主义行政体制和行政机构，意义重大。从政府宏观管理角度上如何看待和处理理论与实践的关系、国家和社会的关系、政府和市场的关系、政府行政制度与管理有效性的关系等问题仍然值得系统思考，慎重选择。从世界各国行政改革的实践来看，行政改革、行政发展是伴随着本国以及世界范围内的政治、经济、文化、社会的变迁而产生的，改革和发展、行政管理不断创新已经成为一种不可逆的潮流趋势。

本章小结

● 行政发展是指通过一定的方法和途径，创造、维持和加强行政能力，健全行政体系，改善行政活动方式和行政关系，提高行政效率，改变原有的与环境不相适应的行政形态，使其进化为与环境保持新的动态平衡的更高一级的行政形态，以使行政更好地执行政治权威意志的过程。

● 行政发展模式是指行政发展的特点、方式、途径与过程的总称。按照地区特点划分，行政发展模式主要包括英美模式、法德模式、希腊模式、内源式发展模式和外源式发展模式。

● 行政发展的特点是：行政发展具有积极的意义，是一个动态的过程、是基于内外动因的推动，为实现政治权威意志而产生的，作为一个整体的行政的发展。

● 外界环境的变化是行政发展的主要影响力量。任何行政组织都是开放的系统，行政环境决定、影响或制约行政管理的模式。行政管理必须适应行政环境的变化，政府发展战略的要求组织长久竞争力的保证

● 行政发展是由于内、外动力的推动而不断发展的。外部动力包括政治环境、经济环境、文化环境（包括意识形态）、社会变革等动力；内部动力包括行政组织内部行政目标和行政价值观的变化、新的技术和管理方法、专家和专家群体的推动、管理思想和方式的变革。

● 行政发展过程中要不断克服的内、外部阻力。对于发展中国家而言，外部阻力主要是市场经济发展不完善性和发展配套程度的制约。内部阻力主要来自组织成员的阻力、组织结构或制度的阻力。行政发展必须不断地克服阻力，激活行政发展的动力，形成新的更适应社会环境要求的行政制度。

● 行政改革是行政发展过程中的重大步骤，是行政发展的特殊形态，也是行政发展依赖的途径。行政改革原则包括良性互动、稳定性、制度化、适应化和科学化等原则。

● 借鉴当代西方国家行政改革的成功经验，结合我国的实际情况，我国的行政改革也应在政府职能改革、行政管理体制改革和机构改革方面有所加强。要重新界定和明晰政府应具备的职能，加强政府行为的法律化、规范化、自律化；行政管理体制改革应建

设服务型政府、健全行政运行机制、健全政府职责体系和优化政府组织结构。

复习思考

一、概念题

行政发展　行政改革　行政发展动力　行政发展阻力

二、思考题

1. 如何理解行政发展的模式及特点？
2. 行政发展的影响因素有哪些？
3. 行政发展的动力与阻力都有哪些？
4. 如何运用行政发展动力，减少行政发展阻力？
5. 试述我国行政改革的取向。

三、材料阅读与拓展思考

如何推进国家治理体系和治理能力现代化建设

习近平总书记指出，党的十八届三中全会提出的全面深化改革的总目标，就是完善和发展中国特色社会主义制度、推进国家治理体系和治理能力现代化。这是坚持和发展中国特色社会主义的必然要求，也是实现社会主义现代化的应有之义。

习近平总书记强调，改革开放以来，我们党开始以全新的角度思考国家治理体系问题，强调领导制度、组织制度问题更带有根本性、全局性、稳定性和长期性。今天，摆在我们面前的一项重大历史任务，就是推动中国特色社会主义制度更加成熟更加定型，为党和国家事业发展、为人民幸福安康、为社会和谐稳定、为国家长治久安提供一整套更完备、更稳定、更管用的制度体系。这项工程极为宏大，必须是全面的系统的改革和改进，是各领域改革和改进的联动和集成，在国家治理体系和治理能力现代化上形成总体效应、取得总体效果。

习近平总书记指出，国家治理体系和治理能力是一个国家的制度和制度执行能力的集中体现，两者相辅相成。我们的国家治理体系和治理能力总体上是好的，是有独特优势的，是适应我国国情和发展要求的。同时，我们在国家治理体系和治理能力方面还有许多亟待改进的地方，在提高国家治理能力上需要下更大气力。只有以提高党的执政能力为重点，尽快把我们各级干部、各方面管理者的思想政治素质、科学文化素质、工作本领都提高起来，尽快把党和国家机关、企事业单位、人民团体、社会组织等的工作能力都提高起来，国家治理体系才能更加有效运转。

习近平总书记指出，推进国家治理体系和治理能力现代化，必须完整理解和把握全面深化改革的总目标，这是两句话组成的一个整体，即完善和发展中国特色社会主义制度、推进国家治理体系和治理能力现代化。我们的方向就是中国特色社会主义道路。

习近平总书记强调，一个国家选择什么样的治理体系，是由这个国家的历史传承、文化传统、经济社会发展水平决定的，是由这个国家的人民决定的。我国今天的国家治理体系，是在我国历史传承、文化传统、经济社会发展的基础上长期发展、渐进改进、内生性演化的结果。我国国家治理体系需要改进和完善，但怎么改、怎么完善，我们要有主张、有定力。中华民族是一个兼容并蓄、海纳百川的民族，在漫长的历史进程中，不断学习他人的好东西，把他人的好东西化成我们自己的东西，这才形成我们的民族特色。没有坚定的制度自信就不可能有全面深化改革的勇气，同样，离开不断改革，制度自信也不可能彻底、不可能久远。我们全面深化改革，是要使中国特色社会主义制度更好；我们说坚定制度自信，不是要故步自封，而是要不断革除体制机制弊端，让我们的制度成熟而持久。

习近平总书记指出，推进国家治理体系和治理能力现代化，要大力培育和弘扬社会主义核心价值体系和核心价值观，加快构建充分反映中国特色、民族特性、时代特征的价值体系。坚守我们的价值体系，坚守我们的核心价值观，必须发挥文化的作用。民族文化是一个民族区别于其他民族的独特标识。要加强对中华优秀传统文化的挖掘和阐发，努力实现中华传统美德的创造性转化、创新性发展，把跨越时空、超越国度、富有永恒魅力、具有当代价值的文化精神弘扬起来，把继承优秀传统文化又弘扬时代精神、立足本国又面向世界的当代中国文化创新成果传播出去。只要中华民族一代接着一代追求美好崇高的道德境界，我们的民族就永远充满希望。

习近平总书记强调，制定出一个好文件，只是万里长征走完了第一步，关键还在于落实文件。我们在学习宣传全会精神上还要下细功夫、苦功夫、深功夫，夯实全面深化改革的思想认识基础。在学习理解上，要防止一知半解、断章取义、生搬硬套，要弄清楚整体政策安排与某一具体政策的关系、系统政策链条与某一政策环节的关系、政策顶层设计与政策分层对接的关系、政策统一性与政策差异性的关系、长期性政策与阶段性政策的关系，既不能以局部代替整体、又不能以整体代替局部，既不能以灵活性损害原则性、又不能以原则性束缚灵活性。在贯彻落实上，要防止徒陈空文、等待观望、急功近利，必须有时不我待的紧迫意识和夙夜在公的责任意识抓实、再抓实。改革是循序渐进的工作，既要敢于突破，又要一步一个脚印、稳扎稳打向前走，确保实现改革的目标任务。全面深化改革是立足国家整体利益、根本利益、长远利益进行部署的，要注意避免合意则取、不合意则舍的倾向，破除妨碍改革发展的那些思维定式。科学把握当今世界和当代中国的发展大势，顺应实践要求和人民愿望，对于阻碍党和人民事业发展、危害国家和人民利益、影响国家长治久安的不利因素，该改的就要坚定不移地改，这才是对历史负责、对人民负责、对国家和民族负责。

资料来源：习近平，《完善和发展中国特色社会主义制度 推进国家治理体系和治理能力现代化》，载于《人民日报》2014 年 2 月 18 日，第 1 版。

拓展思考题：

1. 推进国家治理体系和治理能力现代化的内涵是什么？
2. 国家治理体系选择的依据是什么？
3. 如何进一步推进国家治理体系和治理能力现代化？

主要参考文献

1. 曹洪军：《环境经济学》，经济科学出版社 2012 年版。

2. ［美］戴维·L. 韦默：《公共政策分析林论与实践》，刘伟译，中国人民大学出版社 2013 年版。

3. 丁煌：《西方行政学说史》（第二版），武汉大学出版社 2010 年版。

4. 杜宝贵：《行政管理学概论》，高等教育出版社 2017 年版。

5. 樊钉：《公共政策》，国家行政学院出版社 2013 年版。

6. ［美］古贝、林肯：《第四代评估》（公共政策经典译丛），秦霖等译，中国人民大学出版社 2008 年版。

7. 郭小聪：《行政管理学》（第三版），中国人民大学出版社 2012 年版。

8. 姜明安：《行政法论丛》，法律出版社 2012 年版。

9. 蒋翰庭：《行政管理学基础》，机械工业出版社 1989 年版。

10. ［美］拉雷·N. 格斯顿：《公共政策的制定——程序和原理》，朱子文译，重庆出版社 2001 年版。

11. 李方、李福玉：《行政管理学基础》，高等教育出版社 1988 年版。

12. 刘萍、李红星：《领导学》，黑龙江人民出版社 2007 年版。

13. 刘萍、李红星：《论公务员依法行政》，黑龙江人民出版社 2008 年版。

14. 刘萍、王炜、李红星：《行政管理学》，经济科学出版社 2008 年版。

15. ［美］罗森布鲁姆：《公共行政学——管理、政治和法律的途径》，中国人民大学出版社 2013 年版。

16. 麻宝斌：《社会正义与政府治理：在理想与现实之间》，社会科学文献出版社 2012 年版。

17. 马国贤、任晓辉：《公共政策分析与评估》，复旦大学出版社 2012 年版。

18. 彭和平：《公共行政管理》（第三版），中国人民大学出版社 2008 年版。

19. 彭和平：《公共行政学》，中国人民大学出版社 2015 年版。

20. 齐明山：《行政学导论》（第三版），中国人民大学出版社2014年版。

21. ［美］乔纳森·阿尔特：《危机1932：罗斯福百日新政与美国决胜时刻》，余红译，海天出版社2010年版。

22. 申智军、倪小宇：《新编行政管理学概论》，中国人民公安大学出版社2012年版。

23. 谭健等：《现代行政管理手册》，辽宁人民出版社1987年版。

24. 田禾：《中国社会主义行政管理学导论》，西南师范大学出版社1986年版。

25. ［美］托马斯：《公共决策中的公民参与》，孙柏瑛等译，中国人民大学出版社2014年版。

26. ［美］托马斯·R. 戴伊：《理解公共政策》（第十二版），谢明译，中国人民大学出版社2011年版。

27. 王殿林、王炜：《领导艺术论》，黑龙江人民出版社2006年版。

28. 王乐夫、许文惠：《行政管理学》，高等教育出版社2000年版。

29. ［美］威廉·N. 邓恩：《公共政策分析导论》（第四版），谢明等译，中国人民大学出版社2011年版。

30. 魏娜、吴爱明：《当代中国政府与行政》（第三版），中国人民大学出版社2012年版。

31. 向美清：《现代中国行政管理学教程》，法律出版社1990年版。

32. 谢明：《公共政策导论》（第三版），中国人民大学出版社2012年版。

33. 谢明：《公共政策分析概论》（修订版），中国人民大学出版社2011年版。

34. 颜昌武、马骏：《公共行政学百年争论》（当代西方公共行政学思想经典译丛），中国人民大学出版社2010年版。

35. ［英］伊格尔顿：《理论之后》，商正译，商务印书馆2009年版。

36. 臧旭恒：《转型时期消费需求升级与产业发展研究》，经济科学出版社2012年版。

37. ［美］詹姆斯·E. 安德森：《公共政策制定》（第五版），谢明等译，中国人民大学出版社2009年版。

38. 张德信、李兆光：《现代行政学》，红旗出版社1993年版。

39. 赵国俊：《机关管理的原理与方法》（第三版），中国人民大学出版社2012年版。

40. 赵瑞峰：《现代公共政策分析概论》，航空工业出版社 2009 年版。

41. 中国人民银行货币政策分析小组：《2012 年第二季度中国货币政策执行报告》，中国金融出版社 2012 年版。

42. 竺乾威：《公共行政学》（第三版），复旦大学出版社 2014 年版。

43. Evert Vedung, *Public Policy and Program Evaluation*, New Brunswich, New Jersey: Transaction Publishers, 1997.

44. Frank J. Goodnow, *Politics and Administration: A Study in Government*, London: Macmillan & Co., Ltd., 1900.

45. James E. Anderson, *Public Policymaking*, Houghton Mifflin Company, Boston, 2000.

46. James P. Lester and Joseph Stewart, *Public Policy: An Evolutionary Approach*, Second Edition, J. R, 1998.

47. Leonard D. White, *Introduction to the Study of Public Administration*, New York: The Macmillan Company, 1926.

48. Paul A. Sabatier (ed.), *Theories of the Policy Process*, Boulder, Colorado: Westview Press, 1999.

49. R. J. Stillman, *Public Administration: Concepts and Cassess*, 1959.

50. Thomas R. Dye, *Top Down Policymaking*, New York: Chatham House Publishers, 2001.

51. Thomas R. Dye, *Understanding Public Policy*, Prentice Hall, 2002.

52. Waldo Dwight, *The Study of Public Administration*, New York: Random House, 1955.

53. Wayne Parsons, *Public Policy: An Introduction to the Theory and Practice of Policy Analysis*, Edward Elgar Publishing Limited, 1996.

图书在版编目（CIP）数据

行政管理学／王炜，金菊，洪富艳主编．—2 版．
—北京：经济科学出版社，2021.1
高等院校公共经济管理系列教材
ISBN 978－7－5218－2369－1

Ⅰ.①行…　Ⅱ.①王…②金…③洪…　Ⅲ.①行政管理－管理学－高等学校－教材　Ⅳ.①D035

中国版本图书馆 CIP 数据核字（2021）第 026455 号

责任编辑：齐伟娜　程　铭　初少磊
责任校对：靳玉环
责任印制：李　鹏　范　艳

行政管理学
（第二版）
王炜　金菊　洪富艳　主编
王曙光　主审
经济科学出版社出版、发行　新华书店经销
社址：北京市海淀区阜成路甲 28 号　邮编：100142
总编部电话：010－88191217　发行部电话：010－88191540
网址：www.esp.com.cn
电子邮箱：esp@esp.com.cn
天猫网店：经济科学出版社旗舰店
网址：http://jjkxcbs.tmall.com
北京季蜂印刷有限公司印装
787×1092　16 开　22 印张　415000 字
2021 年 1 月第 2 版　2021 年 1 月第 1 次印刷
ISBN 978－7－5218－2369－1　定价：68.00 元
（图书出现印装问题，本社负责调换。电话：010－88191510）